Peter Ryom

LES MANUSCRITS DE VIVALDI

Peter Ryom

LES MANUSCRITS DE VIVALDI

Antonio Vivaldi Archives

Copenhague 1977

Le texte est composé avec Intertype Baskerville chez Starco sats, Copenhague.
Les exemples musicaux sont dus à l'auteur. Copiées d'après les manuscrits, les citations reproduisent dans la notation originale les particularités et les irrégularités des contextes individuels. Les clichés, y compris ceux des planches, sont confectionnés par Perssons Cliché & Offset I/S, Copenhague.
La reliure est due à I/S Harry Fløistrup Bogbinderi, Copenhague.

Imprimé à Copenhague par Aug. Olsens Eftf.,
Bogtrykkeri, Hellerup.
ISBN 87-87677-00-8

Nous avons peine à deviner ce qui est sur la terre,
et ne trouvons qu'avec effort ce qui est à notre portée;
qui donc a pu découvrir ce qui est dans les cieux?
(Sagesse IX, 16)

LA VERITA'
IN CIMENTO
Drama per Musica
DA RAPPRESENTARSI
Nel Teatro di S. Angelo
L'Autunno dell'Anno 1720.
DEDICATO
A SUA ECCELLENZA
Il Signor Conte
SAVA WLADISLAVICH
CONSIGL. AUL. DI S. M. TZAR. &c.

IN VENEZIA, MDCCXX.
Per Marino Rossetti in Merzeria
all'Insegna della Pace.
Con Licenza de' Superiori.

Page de titre du livret

TABLE DES MATIERES

PREFACE

La fonction principale du présent ouvrage est de communiquer quelques résultats de l'examen détaillé auquel a été soumise la documentation de la production musicale de Vivaldi. L'analyse en a été effectuée dans le but de dresser le *Répertoire des Œuvres d'Antonio Vivaldi,* ouvrage dans lequel toutes les sources musicales actuellement connues, manuscrites et imprimées, sont l'objet d'une description individuelle destinée à présenter les éléments sur lesquels sont fondées nos connaissances relatives à chaque composition inventoriée. Soulevant l'étude systématique de ces éléments — et tout particulièrement ceux des *manuscrits autographes* du compositeur — le présent exposé est de son côté consacré à la description générale des recherches effectuées et à l'évaluation des méthodes d'analyse appliquées.

La motivation d'étudier spécialement ces questions est avant tout liée étroitement à la nature du sujet traité. Abstraction faite des renseignements concernant les compositions individuelles, l'examen critique de la documentation a donné lieu à quelques observations importantes qui pour plusieurs raisons paraissent être capitales pour la musicologie vivaldienne, notament parce qu'elles ont un rapport direct avec l'un des aspects fondamentaux de la question relative à l'authenticité des textes musicaux.

De fait, il a non seulement été possible de constater, dans les manuscrits autographes, une certaine régularité de l'écriture musicale du compositeur, de la disposition des partitions et des diverses indications pratiques, etc.; mais il s'est en même temps avéré indispensable, pour l'exploitation scientifique des sources, de connaître les différents aspects de la technique graphique de Vivaldi. Autrement dit, pour relever d'un manuscrit autographe les informations musicales ou historiques, il faut savoir comment repérer, comment identifier et comment interpréter les nombreuses indications et inscriptions qu'il renferme. Qui plus est, les documents soulèvent un certain nombre de problèmes de nature et d'importance inégales, problèmes qu'occasionne d'un côté le caractère individuel — et parfois aparemment ambigu — des manuscrits de Vivaldi, et qui d'un autre côté sont dus aux circonstances particulières de la transmission de ceux-ci. La musicologie vivaldienne se voit en vérité obligée d'accorder une vive attention à certains aspects de la documentation; l'importance de ceux-ci, et parfois même leur existence, ne se dégagent cependant que d'une étude détaillée et critique des manuscrits.

Depuis leur découverte, les manuscrits des collections *Foà* et *Giordano* à la Biblioteca Nazionale Universitaria de Turin ont fort naturellement influencé considérablement les travaux effectués dans le but d'étudier et de connaître l'œuvre du compositeur vénitien. Ainsi, les auteurs des ouvrages biographiques et analytiques ont pu examiner et exploiter ces riches fonds, et ils ont effectivement réussi à présenter de nombreuses informations importantes. Une grande partie des compositions ont en outre été publiées en éditions modernes qui, à leur tour, ont servi à d'innombrables exécutions en salle de concert et à une vaste quantité d'enregistrements sur disque. Tout cela reflète de toute évidence l'estime dont la musique de Vivaldi est de nos jours l'objet.

Quelle que soit cependant l'ampleur de ces divers travaux et activités, il serait injuste pour des raisons différentes d'en accepter d'emblée les résultats d'un point de vue scientifique. D'abord, la renommée de Vivaldi est fondée presque exclusivement sur sa production de musique instrumentale. Il faut reconnaître, certes, que les premières étapes de sa « renaissance » — à savoir la découverte au XIXe siècle des concertos transcrits par J. S. Bach — ont éveillé la curiosité à l'égard de son style instrumental, mais cela n'explique que partiellement le fait que les études musicologiques et les entreprises éditoriales de notre siècle ont manifestement été centrées sur les œuvres instrumentales. En négligeant de porter la même attention à tous les genres musicaux qu'il a cultivés, la musicologie vivaldienne reflète inévitablement une certaine imperfection. De plus, les résultats auxquels ont abouti mes propres études diffèrent, parfois même considérablement, des résultats que communiquent les auteurs des divers ouvrages sur Vivaldi et les éditions de ses œuvres. Plusieurs informations avancées tant au sujet des œuvres et des documents qu'à l'égard du compositeur et de son mode de travail me paraissent effectivement insuffisantes ou inexactes. La caractère fort subjectif de ces affirmations critiques est naturellement une raison prépondérante pour laquelle il a paru utile de soumettre la question des méthodes d'analyse appliquées à une étude spéciale.

La matière se divise naturellement en quatre parties précédées d'un aperçu de la situation actuelle de la musicologie vivaldienne; celui-ci a la fonction d'analyser et d'évaluer les travaux effectués à l'égard des tâches principales à accomplir. Les trois premières parties sont consacrées respectivement aux problèmes que soulèvent en particulier les manuscrits à Turin, à l'étude de la graphie musicale de Vivaldi et à celle de la formation des textes musicaux; la Quatrième Partie soulève de son côté de manière relativement succinte la question générale de l'authenticité des compositions.

Plusieurs questions dont l'étude s'impose naturellement au sujet de la documentation des œuvres d'un compositeur ont d'un autre côté dû être laissées hors de considération ou n'ont été abordées que dans la mesure où elles se présentent comme des éléments indispensables pour l'analyse critique des manuscrits. En premier lieu se situe à ce propos le problème absolument fondamental de la *chronologie* des œuvres. Ce problème soulève en lui-même d'innombrables questions concernant les méthodes de recherche et les sources d'information et oblige de plus à analyser non seulement les manuscrits autographes mais l'ensemble de la documentation de manière détaillée. Etant donné, cependant, que l'ampleur des études relatives à ce problème (causée tant par le nombre et la diversité des documents actuellement connus que par la limitation des sources d'information relevées) retarderait considérablement la publication de l'ouvrage, j'ai préféré renoncer à exposer la question systématiquement. Toutefois, reconnaissant l'importance capitale de la soulever de manière scientifique, j'ai trouvé utile d'avancer au passage quelques observations démontrant dans quelle mesure les résultats des études effectuées au sujet du rétablissement authentique des textes pourront être mis en valeur à ce propos. Il faut souligner, cependant, que ces observations, communiquées dans l'espoir d'être de quelque utilité aux études et aux recherches poursuivies, n'ont aucunement la prétention d'être ni exhaustives, ni objectivement sûres. Chaque indice de datation signalé doit indispensablement être vérifié et contrôlé avant d'être mis en valeur.

Il convient de préciser que l'analyse de la documentation a été faite, à quelques exceptions près, de deux manières différentes. D'un côté, la grande majorité des sources musicales ont été examinées sur place, à savoir dans les salles de lecture des bibliothèques où elles sont conservées; ainsi, tous les manuscrits autographes ou renfermant une inscription quelconque ajoutée par Vivaldi ont sans exception été étudiés dans leur état naturel. D'un autre côté, l'ensemble de la documentation a été examinée par le concours de microfilms ou de photocopies dont une collection intégrale se trouve à ma disposition et qui comprend quelques reproductions en couleurs. Il y a lieu d'ajouter que chacune de ces deux méthodes d'analyse en général peut être regardée comme indispensable: certains détails —

tels que filigranes ou couleurs d'encre dissemblables — qui échappent à la reproduction photographique ordinaire, ne peuvent être observés que par l'examen direct. Inversement, le microfilm a l'avantage de permettre l'étude renouvelée d'un texte, de se prêter autrement dit à la vérification continuelle des informations relevées.

En dépit de cela il serait faux de regarder le présent exposé comme un ouvrage communiquant l'ensemble des connaissances qu'il y a moyen d'acquérir. Ainsi, les exemples signalés, choisis souvent parmi de nombreux cas analogues, ne représentent en général qu'une partie des possibilités qu'offre l'étude de la documentation. De plus, malgré tous les efforts, il est certain que de nombreux détails ont pu m'avoir échappé, détails qui auraient concouru à rendre l'exposé de telle ou telle question plus nuancé, voire plus exact. L'ouvrage démontre en fin de compte surtout la nécessité de poursuivre les recherches et d'intensiver les études.

Les travaux effectués en vue de la rédaction du présent ouvrage ont été considérablement facilités par le fait que j'ai reçu, de la part de l'*Université de Copenhague* et du *Conseil de recherces de lettres et sciences humaines du Danemark,* des bourses qui m'ont assuré les moyens non seulement d'avoir accès à la documentation mais encore d'obtenir les meilleures conditions de travail. Qu'il me soit permis d'adresser ma plus vive reconnaissance à ces deux institutions.

C'est le même sentiment de profonde gratitude que je dois exprimer à l'égard des musicologues et des bibliothécaires qui ont eu la bienveillance de mettre leurs connaissances et leurs expériences à ma disposition. En tout premier lieu, le professeur *Jens Peter Larsen,* Université de Copenhague, a depuis une quinzaine d'années suivi mes études avec le plus grand intérêt et m'a donné, à maintes occasions, de précieux conseils. C'est notamment le professeur J. P. Larsen, qui, directement et indirectement, m'a inspiré à poursuivre les recherches et à chercher à appliquer les méthodes de la science historique. De même, j'ai bénéficié en large mesure des avis que m'a donnés le professeur *Rudolf Eller,* Université de Rostock. L'étude des manuscrits récemment découverts à Manchester a été complétée par les nombreuses observations que m'a communiquées le docteur *Michael Talbot,* Université de Liverpool. Je dois remercier également le professeur *Stelio Bassi,* Biblioteca Nazionale de Turin, et le docteur *Wolfgang Reich,* Sächsische Landesbibliothek à Dresde. A M. *Peter Augustinus,* Copenhague, je dois de même exprimer ma plus sincère reconnaissance.

Aussi intéressante que puisse être en elle-même l'analyse critique des textes musicaux et aussi importantes que puissent paraître les connaissances acquises sur le plan de la théorie, les résultats de l'étude scientifique ont surtout une fonction pratique qu'il ne faut pas perdre de vue: permettre l'exécution authentique des œuvres, répondant dans la mesure du possible aux intentions du compositeur.

C'est dans cette perspective qu'a été rédigé et publié le présent ouvrage. Aussi est-ce un devoir particulièrement agréable d'exprimer ici ma plus vive reconnaissance à la personne qui, au travers d'une longue collaboration, m'a aidé à voir les œuvres de Vivaldi non pas comme des textes musicaux, sujets d'analyses abstraites et d'études théoriques, mais comme un moyen d'expression, M. *Claudio Scimone.* Les innombrables — et parfois interminables — discussions que nous avons faites à Padoue, à l'occasion des enregistrements par *I Solisti Veneti,* entrant dans les détails les plus variés, ont été une source d'inspiration inestimable. C'est ainsi principalement à M. C. Scimone que je dois d'avoir appris dans quelle mesure la musicologie et la pratique musicale se complètent et s'étaient mutuellement. En vérité, ces deux disciplines sont inséparables.

Charlottenlund,
en octobre 1976

ABREVIATIONS

BUC	voir Bibliographie (p. 500) n° 90
ca.	environ *(circa)*
F.	Fanna, voir Bibliographie (p. 497) n° 24
fol.	folio
mes.	mesure
MGG	Die Musik in Geschichte und Gegenwart
NBA	Neue Bach-Ausgabe
NMA	Neue Mozart-Ausgabe
op.	opus
P	Pincherle, voir Bibliographie (p. 499) n° 70
p., pp.	page, pages
r	recto
Répertoire	Répertoire des Œuvres d'Antonio Vivaldi, voir Bibliographie (p. 500) n° 86
RISM	voir Bibliographie (p. 500) n° 89
RV	sigle désignant la numérotation des œuvres de Vivaldi, adoptée dans le *Répertoire* et dans le *Verzeichnis*
v	verso
Verzeichnis	Verzeichnis der Werke Antonio Vivaldis, voir Bibliographie (p. 500) n° 85
vol.	volume
s, ss	suivant, suivants
ut_1, ut_3	clef d'ut à la première, troisième ligne
I, II, III	numéros des mouvements (les chiffres romains suivent un numéro RV)
I, 1; II, 1	numéros des actes (chiffres romains) et des scènes (chiffres arabes) des opéras (les numéros suivent le titre des œuvres dramatiques)

INTRODUCTION

L'espace de temps qui nous sépare de Vivaldi nous oblige à envisager de prime abord le fait absolument fondamental que tous les renseignements que nous désirons acquérir à son sujet, quelles qu'en soient la nature et l'importance, ne peuvent être obtenus que par application des méthodes de la science historique. Il s'ensuit avant tout que les *documents* occupent la place centrale des investigations: à la vérité, aucune information, aucune observation, aucune conclusion ne peut être regardée comme authentique et exacte si elle n'émane pas d'un document quelconque. Le caractère historique des études détermine donc la nature et l'orientation des premiers devoirs qu'a dû accomplir la musicologie vivaldienne à l'égard de la documentation, à savoir le *recensement* des sources et la *reproduction* des textes restitués. Ce sera en effet surtout en analysant la manière dont elle s'est engagée dans l'accomplissement de ces deux tâches fondamentales qu'il sera possible de se faire une idée objective de l'ampleur et de la qualité des travaux effectués jusqu'à présent.

En dépit de l'aspect parfaitement évident de la question, il n'est pas inutile, semble-t-il, de souligner que les *œuvres* du compositeur en question sont sans conteste le principal objet de notre attention. Que le but des recherches soit d'imiter les moyens d'exécution de l'époque, de connaître les circonstances de la formation des œuvres, d'établir la place qu'elles ont occupée dans la vie musicale d'autrefois, etc., les compositions constituent le noyau des études. Ce sont elles qui motivent les recherches supplémentaires au sujet de la biographie du compositeur, de sa psychologie, de sa manière individuelle de travailler, de son milieu social. Aussi importantes et intéressantes qu'elles puissent paraître, ces questions ne sont qu'accessoires étant donné qu'elles ont inévitablement la fonction de concourir à de plus amples et de plus exactes connaissances concernant les œuvres mêmes.

En raison de ce fait, les documents qui renferment **les textes musicaux sont** absolument les plus importants. Tous les autres documents, quelle que soit par ailleurs la valeur que l'on puisse leur assigner à cause des informations qu'ils contiennent, ne sont que d'importance secondaire par rapport aux documents musicaux.

Les documents musicaux se subdivisent d'après leur nature en deux groupes d'importance historique inégale: les manuscrits entièrement ou partiellement autographes, c'est-à-dire écrits par la main de l'auteur des textes qu'ils contiennent, s'opposent manifestement à tous les autres documents. Alors que ceux-ci – qu'ils soient écrits à la main par quelque copiste ou gravés aux frais d'un éditeur – comportent toujours le risque de ne pas reproduire fidèlement et exactement tous les détails du texte original, les manuscrits autographes se situent pour ainsi dire à la source: il n'y a pas d'intermédiaire entre la volonté du compositeur et les textes qu'il a écrits. Les manuscrits autographes présentent en effet les moyens les plus sûrs de prendre connaissance des intentions de l'auteur. Si, en outre, ils contiennent des corrections, des ratures, des retouches, etc., effectuées par le compositeur lui-même, la valeur des documents musicaux autographes prend une nouvelle dimension: ils nous permettent d'étudier sa manière de travailler, sa technique de composition, sa façon de concevoir la substance musicale. En plus de leur qualité de documents musicaux, ils se situent donc en même temps sur le même niveau que les documents non musicaux puisqu'ils servent à l'étude non plus des œuvres mêmes, mais de la personne à qui elles remontent.

De leur côté, les documents non musicaux (qui ne peuvent être désignés comme « documents historiques » puisque ce terme s'applique également aux documents musicaux) embrassent une très grande variété de sources d'information se rapportant à la vie du compositeur. Faisant connaître les événements et les circonstances les plus dissemblables – naissance, formation musicale, emplois, voyages, succès et déceptions, maladies, état civil, etc. – ces documents se subdivisent en de nombreux groupes dont il sera inutile de chercher à développer ici la nature et le caractère individuel.

Le recensement des sources et des œuvres

Le premier problème que soulève l'exploration d'une documentation historique consiste à en dresser l'inventaire et à déterminer la nature de chaque source: le recensement critique des documents est en effet une opération dont dépendent toutes les autres, étant donné qu'elle comporte non seulement le simple dénombrement, mais concerne aussi, et surtout, l'identité des œuvres et l'authenticité des textes qu'ils renferment.

Malgré l'importance d'accomplir ce devoir fondamental la musicologie ne dispose, à l'heure actuelle, d'aucun inventaire intégral des documents vivaldiens connus. Ceci remonte au fait que, d'un côté, personne n'a encore tenté de dresser systématiquement la liste des innombrables documents non musicaux, et d'un autre côté que les inventaires des diverses collections de documents musicaux publiés jusqu'ici sont, sans exception, insuffisants notamment pour ce qui concerne les informations historiques et bibliographiques. A la liste fort incomplète des éditions anciennes, dressée par W. Altmann[1], se sont ajoutés quelques catalogues et quelques articles présentant les nouvelles découvertes, mais constituant dans l'ensemble une documentation très insuffisante pour des études musicologiques. Ceci s'applique particulièrement aux inventaires du fonds le plus important, celui de la Biblioteca Nazionale de Turin.

Quelques années après leur découverte, les 27 volumes des collections Foà et Giordano furent inventoriés par O. Rudge[2] qui publia des tables thématiques manuscrites des œuvres instrumentales et d'une partie des compositions vocales. En dépit de l'existence de plusieurs catalogues thématiques des œuvres de Vivaldi les listes d'O. Rudge ont pendant une longue période constitué un supplément utile à ces ouvrages parce qu'elles présentent les compositions dans l'ordre où elles figurent dans chaque volume. Toutefois, les informations relatives à chaque œuvre sont peu nombreuses: en dehors des incipit de chaque mouvement, parfois inexacts, elles ne comprennent que les indications abrégées des ensembles instrumentaux. L'inventaire dressé par P. Damilano est beaucoup plus exhaustif quoiqu'il ne renferme pas les incipit des œuvres. Malheureusement, il contient un certain nombre d'inexactitudes et d'erreurs: aux nombreuses informations susceptibles de correction se joignent plusieurs détails importants qui de toute évidence sont passés inaperçus à l'auteur. Ces deux inventaires ne communiquent aucune information au sujet de la nature des manuscrits.

Pour ce qui concerne les catalogues des *œuvres* de Vivaldi, la musicologie n'est guère plus avancée à l'heure actuelle. Cette question a déjà été l'objet d'une étude spéciale traitant des divers aspects du catalogage et examinant de manière critique les principaux inventaires des compositions instrumentales[3]; il suffira donc d'avancer ici quelques observations générales à leur sujet et de soulever, d'autre part, la question des catalogues des œuvres dramatiques, ceux-ci n'ayant pas encore été l'objet d'études spéciales.

L'insuffisance des catalogues thématiques des compositions de Vivaldi a trois causes importantes et significatives.

---

1. Les notes se trouvent à la p. 485.

Premièrement, les auteurs des divers inventaires se sont bornés, volontairement ou involontairement, à n'envisager qu'une partie des compositions dont on avait connaissance. Ainsi, l'*Inventaire Thématique* de M. Pincherle ne concerne que la musique instrumentale, les œuvres vocales étant *a priori* laissées hors de considération. De même, le *Catalogo Numerico-Tematico delle Opere Strumentali,* dressé par A. Fanna, présente exclusivement les compositions instrumentales publiées par l'Istituto Italiano Antonio Vivaldi chez Ricordi. De son côté, le *Catalogo Numerico Tematico* de M. Rinaldi, qui est une compilation de divers inventaires dressés par W. Altmann, O. Rudge, U. Rolandi, etc. et qui contrairement aux deux autres catalogues se veut exhaustif, comprend en effet tous les domaines de musique instrumentale et vocale cultivés par Vivaldi; mais en raison d'une grande quantité d'erreurs et de lacunes la musicologie vivaldienne n'a pu en faire usage qu'en mesure limitée. Qui plus est, les recherches effectuées depuis la parution de ces inventaires ont donné lieu à la découverte d'un assez grand nombre de documents musicaux jusqu'alors inconnus.

C'est surtout dans l'espoir de suppléer à ce défaut qu'a été publié en 1974 le *Verzeichnis der Werke Antonio Vivaldis*[4] qui fait mention de toutes les compositions attribuées à Vivaldi dont il a été possible d'avoir connaissance. Cependant, il faut remarquer que cet ouvrage doit remplir surtout la fonction de publier la nouvelle numérotation des œuvres; le problème du recensement des documents musicaux des œuvres de Vivaldi n'est pas résolu par la publication de cet ouvrage: se bornant à présenter l'inventaire des compositions il ne renferme ni les références détaillées aux manuscrits et aux imprimés de l'époque, ni les descriptions de ces documents. A cet égard, le *Verzeichnis* ne diffère point des catalogues thématiques antérieurs qui, eux, ont l'avantage de communiquer – quoique de manière souvent incomplète et susceptible de corrections – tout au moins les références bibligraphiques.

Deuxièmement, les inventaires des compositions vivaldiennes ne sont pas suffisamment exacts et détaillés pour ce qui concerne la présentation des œuvres. Les informations destinées à fixer l'identité d'une composition (titre, incipit, ensemble instrumental et vocal, etc.) s'opposent maintes fois aux indications des documents, ce qui réduit considérablement la valeur des inventaires en qualité d'ouvrages de référence. A cela s'ajoute que la présentation des œuvres n'est en général pas assez détaillée pour permettre l'identification exacte des versions individuelles des compositions. Vivaldi a en effet souvent, pour des raisons différentes et par application de techniques dissemblables, remanié ses propres œuvres de telle sorte qu'elles existent en deux ou trois versions plus ou moins inégales. Comme on le verra plus loin, notamment dans la Troisième Partie, la détermination de l'existence des versions différentes soulève parfois de nombreux problèmes, mais il est significatif que plusieurs œuvres dont les divergences ne donnent lieu à aucune hésitation à cet égard sont passées inaperçues. Sans aucun doute faut-il attribuer ces défauts à l'imperfection des études auxquelles les divers auteurs ont soumis les documents et à l'insuffisance des connaissances concernant la manière de travailler de Vivaldi.

Troisièmement, à l'exception de l'Inventaire Thématique de M. Pincherle qui ne signale toutefois qu'un nombre fort restreint de manuscrits autographes, les anciens catalogues thématiques de la musique vivaldienne ne renferment aucune autre information au sujet de la nature des documents que la simple distinction entre manuscrits et imprimés. En distinguant quatre catégories de manuscrits («autographes», «manuscrits partiellement autographes», «copies» et «copies avec inscriptions autographes») le *Verzeichnis* se borne, de son côté, à signaler de manière succinte la nature des documents les plus importants des compositions individuelles, mais il est inutile d'en développer l'insuffisance pour des études musicologiques poursuivies. Aussi, l'une des principales fonctions du *Répertoire* est-elle de communiquer la description de chaque manuscrit, déterminant aussi exactement que possible les parties écrites par Vivaldi lui-même. Cependant, ces exposés, pour des raisons évidentes, ont dû être limités à ne comprendre que les éléments fondamentaux et les plus urgents. A la vérité, il appartient aux éditions critiques de communiquer les analyses des documents entrant dans les menus détails et soulevant les problèmes les plus spéciaux.

Contrairement à l'impression qui pourrait se dégager des observations précédentes, les œuvres dramatiques de Vivaldi n'ont nullement été négligées de la part de la musicologie, du moins pour ce qui concerne le recensement des compositions. Tandis que les œuvres instrumentales ont été inventoriées par une dizaine d'auteurs au maximum, il existe plus de 25 catalogues différents des œuvres théâtrales du maître vénitien. Ce grand nombre semble avoir deux explications: d'une part l'opéra occupe de manière générale une place importance dans l'histoire de la musique depuis la Renaissance, et les historiens ont très tôt reconnu que Vivaldi devait être compté parmi les auteurs d'une assez vaste production théâtrale (en effet le premier inventaire date de 1792). D'autre part, les opéras de Vivaldi sont à la fois beaucoup moins nombreux et, pour plusieurs raisons, nettement plus faciles à inventorier que les compositions instrumentales. Aussi est-il parfaitement logique qu'une grande partie des inventaires des opéras aient été publiés dans des articles lexicographiques: Gerber (1792), Fétis (2e éd., 1865), Mendel-Reissmann (1879), Eitner (1904), Manferrari (1954), Grove's Dictionary (par A. Loewenberg, 1954), MGG (par R. Eller, 1966), etc. Bien que les auteurs de ces inventaires ne semblent pas les avoir dressés sans avoir effectué quelques travaux de recherches individuels – seul l'inventaire du Musikalisches Conservations-Lexikon de Mendel et de Reissman paraît se fonder exclusivement sur une seule liste antérieure[5] – les exposés se limitent naturellement à ne comprendre que les informations les plus importantes concernant les dates et les lieux des représentations, les auteurs des textes, et – le cas échéant – la contribution de Vivaldi aux œuvres composées par plusieurs musiciens. Relativement semblables les uns aux autres, sinon pour le nombre d'opéras recensés tout au moins pour l'ampleur des renseignements, ces inventaires pourront être laissés hors de considération. De même, les listes d'opéras assez nombreuses, publiées dans les monographies sur Vivaldi ou dans les catalogues de ses compositions, que les auteurs ont formés principalement en compilant les inventaires existants, ne méritent aucune attention particulière ici, n'apportant à la vérité rien d'intéressant à l'étude des recherches effectuées et des méthodes appliquées par la musicologie; il suffira de rappeler qu'à défaut de recherches méthodiques, les auteurs ont le plus souvent repris les informations incomplètes et inexactes de leurs sources d'information[6]. Les inventaires des opéras de Vivaldi dressés selon les méthodes historiographiques – c'est-à-dire basés exclusivement sur les résultats de l'examen auquel a été soumise la documentation même des œuvres en question – sont de la sorte assez peu nombreux.

Les observations suivantes, avancées au sujet des cinq inventaires qui paraissent être les plus intéressants et importants de ce point de vue, n'ont pas seulement la fonction de critiquer les résultats obtenus, mais servent en plus à étudier les diverses questions que soulèvent, en général, l'exploration et l'exploitation des différentes catégories de documents disponibles.

En 1928, deux ans après la découverte du fonds de musique ancienne qui devait désormais porter le nom de *Mauro Foà,* A. Salvatori publia à Venise sa célèbre étude sur la vie de Vivaldi et communiqua à cette occasion une liste d'opéras comprenant 39 titres au total. Quoique très incomplète et aujourd'hui naturellement périmée, la liste de Salvatori a le mérite de signaler l'existence d'au moins sept opéras qui n'avaient pas paru dans les inventaires antérieurs; deux d'entre eux s'étaient trouvés en partition manuscrite dans la collection Foà, à savoir *Tito Manlio* et *Teuzzone,* dont l'auteur n'avait toutefois pas réussi à déterminer la date et le lieu des représentations. Les principales vertus de son exposé reposent cependant sur le fait que l'auteur l'a fondé en grande partie sur les informations que lui a fournies l'étude des livrets: les dates et les lieux des représentations (dont Salvatori ne communique toutefois pas tous les détails) et quelques-uns des titres par lesquels était désigné Vivaldi. En dehors de certains renseignements, à l'époque nouveaux, l'exposé de l'auteur italien nous apprend avant tout l'utilité d'examiner ces opuscules qui, ainsi qu'il sera brièvement démontré plus loin, sont à la vérité des documents historiques d'importance capitale pour l'exploration de l'œuvre dramatique et, dans une certaine mesure, pour l'étude de la biographie de Vivaldi. Pourtant, bien que plusieurs auteurs plus récents aient cité l'ouvrage de Salvatori, souvent en le critiquant, ils ne semblent pas avoir tiré les conclusions logiques de sa leçon. C'est ainsi que M. Pincherle, en orientant sa monographie vers la seule musique instrumentale de Vivaldi et de son époque, a négligé d'exploiter les riches sources d'information que sont les divers documents relatifs à son œuvre vocal; même jusqu'en 1973 les historiens n'ont pas su en profiter: R. Giazotto, qui pourtant a le mérite d'avoir signalé l'existence de plusieurs genres de documents jusqu'alors inconnus, semble ne pas avoir consulté l'ensemble des livrets actuellement connus en effectuant ses recherches.

A l'occasion de la «semaine musicale» à Sienne, les 16 21 septembre 1939, l'Accademia Chigiana publia un petit recueil d'articles et d'inventaires sur la vie et l'œuvre de Vivaldi. Cette publication renferme, outre les catalogues thématiques d'O. Rudge cités plus haut, la liste des *Opere ed Oratorii di Antonio Vivaldi* dressée par U. Rolandi. Quoique assez bref – comme celui de Salvatori il se présente sous la forme d'un tableau – l'inventaire mérite une attention particulière, notamment parce qu'il constitue un progrès notoire par rapport aux listes antérieures. Sous les six rubriques *Titolo, Poeta, Anno e Stagione, Città, Teatro* et *Osservazioni,* Rolandi a réuni une grande quantité d'informations, souvent nouvelles, au sujet des 45 titres d'opéras signalés. Parmi les observations particulièrement remarquables il y a lieu de mentionner les deux suivantes: premièrement, l'auteur indique, pour les titres pertinents, que la partition s'en trouve à Turin. Encore que ces informations se bornent à ne signaler que l'existence des manuscrits – elles ne comprennent ni les références bibliographiques détaillées, ni la détermination de leur nature – elles ont pourtant l'avantage de permettre au lecteur de se faire une idée de l'ampleur de cette documentation. Deuxièmement, alors que Salvatori n'avait signalé qu'une seule reprise d'un opéra *(Ottone in Villa* 1713 et 1729), Rolandi a pu déterminer que plusieurs opéras de Vivaldi de son vivant ont été repris une ou deux fois, soit sur la même scène, soit ailleurs, et parfois même sous un autre titre. Cette constatation n'est pas sans importance parce qu'elle soulève d'emblée quelques problèmes fondamentaux. Ainsi, l'inventaire exhaustif des opéras ne doit pas seulement comprendre les titres des œuvres mais il doit préciser de manière générale l'identité individuelle de chaque œuvre théâtrale; il s'ensuit en outre que pour être complet l'inventaire doit signaler toutes les représentations dont on peut avoir connaissance. Cette dernière question est, comme on le verra plus loin, étroitement liée au problème de l'identification de la version individuelle des partitions qui sont transmises. Enfin, les diverses reprises nous obligent à envisager le problème de la chronologie avec le plus grand soin.

Bien que M. Pincherle ait délimité le sujet de son importante monographie sur Vivaldi à la musique instrumentale, son ouvrage présente un inventaire des opéras et des oratorios du compositeur vénitien[7]. Il est vrai que le musicologue français n'a pas eu, selon toutes les apparences, les moyens d'étudier la documentation complète de ces œuvres, notamment les livrets et les partitions, si bien que l'auteur n'a pu éviter quelques erreurs; mais la liste mérite pourtant d'être signalée ici non seulement à cause de la richesse d'informations qu'elle présente mais surtout parce que M. Pincherle a consulté certaines sources d'informations qui, sinon passées inaperçues aux auteurs précédents, tout au moins n'ont pas été citées spécifiquement par eux. En se basant principalement sur les divers catalogues d'opéras, M. Pincherle a le mérite d'avoir exploité systématiquement les ouvrages de Bonlini, de Groppo et d'Allaci publiés au XVIIIe siècle. Ces catalogues des opéras vénitiens et des œuvres théâtrales italiennes en général sont effectivement des documents historiques très importants et utiles.

La seconde édition de la monographie sur Vivaldi de R. Giazotto comporte, comme la première, un inventaire des œuvres élaboré par A. Girard. Mais tandis que celui de la première édition ne se distingue guère des exposés lexicographiques, celui de la dernière édition est en raison de l'ampleur des informations qu'il communique un ouvrage digne d'une certaine attention. L'inventaire des opéras présente ainsi, pour la première fois, des renseignements bibliographiques détaillés au sujet des partitions manuscrites à la Biblioteca Nazionale de Turin. Bien que la nature des documents (autographe, copie, etc.) ne soit pas signalée, l'ouvrage devrait être un instrument particulièrement utile à la musicologie vivaldienne; mais malheureusement, sa valeur en qualité d'ouvrage de référence est considérablement atténuée par le fait que l'auteur s'est fondé, semble-t-il, sur les informations du catalogue cité plus haut des manuscrits à Turin, dressé par P. Damilano. Comme il a été dit, cet inventaire présente un certain nombre d'erreurs de caractère fondamental lesquelles A. Girard n'a pas corrigées. A cela s'ajoute que l'inventaire renferme encore quelques titres (tels que *Sarce* et *Mitridate)* qui remontent non pas à la documentation historique mais aux confusions des catalogues antérieurs. L'inventaire d'A. Girard a d'autre part l'avantage de communiquer, sans doute d'après P. Damilano, la liste des airs détachés à Turin et de signaler, pour quelques-uns d'entre eux, l'opéra dont ils proviennent. Encore très incomplètes, ces informations soulèvent de manière générale le problème de l'identification exacte de l'origine des nombreux airs détachés qui sont transmis à Turin et dans une vaste quantité d'autres collections.

Quels que soient les mérites et les avantages des divers inventaires d'opéras signalés jusqu'ici, ils ont tous l'inconvénient de se fonder sur des connaissances insuffisantes de la documentation. Les auteurs ont, semble-t-il, trop souvent négligé de consulter les sources manuscrites et imprimées de l'œuvre dramatique de Vivaldi et ont de ce fait eu tendance à se fier aux renseignements qu'ont pu fournir les ouvrages antérieurs sans les soumettre à l'examen critique obligatoire. Un tel reproche ne peut certainement pas être avancé à l'égard de l'ouvrage qu'a achevé récemment R. Strohm: ce musicologue a effectué un énorme travail de recherches et est de la sorte arrivé à des résultats autant impressionnants quant au nombre d'informations inédites que remarquables pour la richesse des renseignements communiqués. C'est ainsi, par exemple, que l'inspection systématique d'innombrables partitions diverses, de collection d'airs, de manuscrits et de recueils imprimés a occasionné la découverte d'une quantité considérable de documents musicaux jusqu'alors inconnus à la musicologie vivaldienne. Ceci dit, il faut malheureusement ajouter que l'auteur expose un certain nombre d'erreurs et de méprises qui, abstraction faite des lapsus évidents, remontent à la fois à une connaissance imparfaite de la technique de composition chez Vivaldi et de son écriture, et à l'application de méthodes insuffisamment développées[8].

La reproduction des textes restitués

Pour en revenir aux devoirs que doit accomplir la musicologie vivaldienne à l'égard des documents, on peut constater avec R. Marichal que «la première tâche qui s'impose à un historien, aussitôt qu'il aura dressé la liste des documents sur lesquels il travaillera, est d'en 'établir' ou d'en contrôler le texte». L'auteur admet qu' «éditer un texte est toujours une tâche difficile et ingrate: une édition est une copie, et qui dit copie dit faute; on commet presque inévitablement des fautes, même lorsqu'on copie un texte imprimé, à plus forte raison lorsqu'on copie un texte manuscrit», mais il souligne d'un autre côté indirectement que le métier du musicologue ne diffère pas de celui de l'historien, car «l'art d'éditer les textes, l'*ecdotique,* est le même quels que soient les textes, narratifs ou documentaires – en général, il est plus facile pour les seconds –, gravés, peints, écrits, etc. On aurait pu penser que les méthodes devaient différer suivant que les textes ont été écrits dans une écriture alphabétique ou idéographique; l'expérience nous montre qu'il n'en est rien»[9].

La véracité de ces affirmations a été reconnue, en général, par les historiens de la musique, mais ne semble pas, pourtant, avoir influencé la musicologie vivaldienne: ce sont en effet les travaux effectués dans ce domaine qui témoignent le plus manifestement et le plus clairement du retard qu'elle possède actuellement. A quelques rares exceptions près les œuvres de Vivaldi n'ont pas encore été publiées en éditions critiques, et une grande quantité de compositions demeurent par surcroît inédites. L'établissement d'une publication intégrale de ses œuvres, fondée sur de sérieuses études historiques et musicologiques constitue à la vérité un devoir très important dont l'accomplissement est fort souhaitable, car tant que les musicologues sont obligés à baser leurs études soit sur des éditions dont les textes ne correspondent pas exactement à ceux des documents, soit sur les documents mêmes qui sont dispersés dans au moins une soixantaine de bibliothèques, la musicologie ne jouit certainement pas des conditions les meilleures.

Il est vrai que l'*Istituto Italiano Antonio Vivaldi* depuis 1947 a publié plus de cinq cents volumes renfermant chacun une composition instrumentale, et il est vrai que cette édition a joué un rôle de grande importance pour l'intérêt et la popularité dont la musique de Vivaldi est de nos jours l'objet, mais quels que soient les mérites sur le plan pratique de cette édition, il serait injuste de lui attribuer une valeur trop grande sur le plan de la musicologie.

Avant tout l'édition de Ricordi ne comprend pas l'ensemble intégral des compositions instrumentales de Vivaldi. En dehors des œuvres transmises incomplètement (dont certaines auraient pu être publiées étant donné qu'elles ont pu être enregistrées sur disque: RV 431, 432, etc.) plusieurs compositions ont été laissées hors de considération. Il n'est pas question ici des œuvres découvertes depuis quelques années, celles-ci ne pouvant naturellement pas entrer les cadres déjà fixés, mais il s'agit principalement d'un certain nombre de compositions en versions différentes de celles qui ont été publiées. Même dans les cas où les versions inédites sont connues de manuscrits autographes, les éditeurs ont souvent préféré la version imprimée à l'époque au détriment de la version manuscrite originale. C'est ainsi qu'ont été publiés, par exemple, les concertos op. 8 n° 11 et op. 9 n° 1 et 4, tandis que les versions provenant des partitions à Turin (RV 210, 181 et 263), différentes des versions imprimées au XVIIIe siècle et suffisamment intéressantes pour mériter d'être mises à la portée des musiciens et des musicologues, demeurent inédites. De ce fait, on s'explique difficilement pourquoi les deux versions (des trois connues) du concerto RV 208(a) sont publiées (tomes 314 et 452), et pourquoi le concerto op. 10 n° 5 (RV 434 pour flûte traversière) a été remplacé par celui de la source manuscrite autographe à Turin (RV 442 pour flûte à bec). De même, on s'étonne de ne pas trouver dans l'édition de Ricordi le concerto pour hautbois op. 11 nº 6 (RV 460); le catalogue d'A. Fanna signale qu'il serait identique au concerto pour violon op. 9 nº 3 (tome 127), supposition qui remonte sans doute à l'Inventaire Thématique de M. Pincherle mais qui n'en est pas moins inexacte: la confrontation des deux sources démontre que les divergences dépassent le simple remplacement de l'instrument soliste par un autre. Les éditeurs ont en outre cherché à limiter strictement l'édition à la musique instrumentale, ce qui explique, par exemple, que les versions «instrumentales» de l'ouverture de l'opéra *Il Giustino* aient été exclues (RV 111 et 111a). En conséquence on n'aurait pas dû publier le concerto F. XI n. 37 (RV 117) qui est effectivement une version «instrumentale» d'une autre ouverture, à savoir celle de *La Sena Festeggiante* (RV 693). Cependant, il serait facile de corriger les défauts de ce genre en publiant les œuvres qui ne sont pas encore éditées et qui appartiennent pourtant au domaine de la musique instrumentale.

Il sera par contre nettement plus difficile de corriger et d'améliorer les textes musicaux mêmes qui sont rétablis d'après la documentation suivant des principes qui doivent paraître un peu singuliers, du moins si on les compare aux méthodes éditoriales des éditions des œuvres de Bach (NBA), de Mozart (NMA), etc. Pour ce qui concerne Vivaldi, la publication de chaque composition est fondée sur un seul manuscrit ou sur une seule édition de l'époque même dans les cas relativement nombreux où on en connaît plusieurs sources. Il n'est donc pas possible d'étudier les multiples et inévitables variantes des textes qui sont parvenus jusqu'à nous. De plus, la confrontation des divers documents qui ont servi à l'édition – notamment les manuscrits autographes – et des textes reproduits par Ricordi révèle que les éditeurs n'ont pas toujours respecté ou compris les indications qui se dégagent directement ou indirectement des sources. Pour relever ces indications, qui dans les manuscrits autographes remontent sûrement à Vivaldi et qui par conséquent constituent une partie intégrale des textes à reproduire, il est souvent indispensable de soumettre les documents à des analyses détaillées et critiques, mais ces études n'ont visiblement pas été effectuées dans la mesure nécessaire et possible. Il y a lieu de noter ici que ces observations critiques ne s'appliquent pas exclusivement à l'édition publiée par Ricordi. Certaines compositions éditées par Eulenburg, Universal Edition, etc. souffrent des mêmes défauts d'exactitude et de soin.

L'occasion se présentera à maintes reprises, dans le présent ouvrage, de signaler des exemples de textes corrompus, d'indications mécomprises, d'interprétations inexactes, etc. Le nombre d'erreurs dans les éditions modernes est à la vérité si élevé qu'il ne sera pas possible d'en noter la totalité; les exemples qui seront cités serviront donc surtout à mettre en relief certains aspects fondamentaux du travail éditorial qui se rapporte aux œuvres de Vivaldi. Cependant, en raison du rôle important que joue l'édition de Ricordi pour l'estime dont la musique de ce compositeur est de nos jours l'objet, il semble opportun de soulever ici quelques questions principales à son sujet.

Premièrement, il est évident que les œuvres y sont éditées suivant des principes fort dissemblables et variés. Alors que certaines partitions renferment d'innombrables signes d'articulation, de nuances d'intensité, etc. que les éditeurs ont ajoutées individuellement dans le but de faciliter l'exécution des compositions, d'autres ne présentent que les textes musicaux tels qu'ils sont communiqués dans les sources employées. Il est vrai que les indications de ce genre normalement y sont présentées de telle sorte qu'elles se distinguent visiblement des indications authentiques et originales; mais abstraction faite du caractère inévitablement subjectif des «améliorations» de ce genre (dont plusieurs paraissent souvent discutables), l'application de procédés éditoriaux divergents pour la reproduction des textes est forcément une source d'incertitude et de doute.

Deuxièment, on trouve assez souvent dans les partitions publiées par Ricordi des notes explicatives indiquant la manière dont se présente un certain passage dans la source employée; il est normalement question d'erreurs d'écriture notoires que les éditeurs ont corrigées. Les informations de ce genre sont naturellement très importantes, mais elles sont en l'occurrence trompeuses, car elles ne présentent qu'un petit nombre des modifications que les éditeurs ont effectuées dans les textes. A titre d'exemple, certains passages solistes qui dans les partitions autographes ou dans les autres sources sont écrits en notation abrégée sont reproduits en notation résolue, sans que le texte original soit communiqué. Dans les cas assez nombreux où l'exécution exacte de ces passages n'est pas indiquée spécifiquement dans les documents, il aurait été juste de signaler que le texte reproduit est une interprétation qui remonte à l'éditeur. Souvent, en effet, la solution proposée n'est pas la seule possible (voir pp. 250ss).

Enfin, les informations communiquées au sujet des sources qui ont été employées pour la publication des œuvres individuelles sont très insuffisantes. Pour les manuscrits, elles se bornent à mentionner le nom de la bibliothèque ou du fonds où se trouve le document en question. Cette information n'est par contre pas communiquée au sujet des œuvres gravées à l'époque de Vivaldi; dans certains cas les titres des éditions anciennes sont reproduits intégralement, mais cela n'est à la vérité qu'un renseignement d'importance secondaire: il aurait été plus utile d'indiquer sur quel exemplaire se fonde l'édition. L'*Istituto Italiano Antonio Vivaldi* aurait effectivement pu rendre de très grands services à la musicologie vivaldienne en cummuniquant au début de chaque volume – éventuellement à l'endoit où se trouve le tableau du catalogage adopté –

quelques renseignements de base au sujet des documents mis en valeur: bibliothèque, cote, nature (autographe, copie, édition gravée), disposition (partition, parties séparées), etc. Même si de telles informations n'entrent pas dans les menus détails, ils auraient l'avantage d'informer le musicologue ou le musicien désireux d'étudier le texte original.

—

Il est bien évident que les deux tâches dont il a été question précédemment ne sont pas les seules que doit soulever la musicologie; les études d'autres problèmes qui concernent également la documentation des œuvres du compositeur et qui sont d'importance capitale pour la description exhaustive de sa production, sont certainement indispensables. Mais quel que soit l'objet des études à effectuer elles ne doivent être abordées que si elles se fondent sur de solides connaissances des problèmes fondamentaux de la documentation autographe. C'est la conclusion que l'on semble pouvoir tirer des travaux effectués jusqu'à présent par la musicologie vivaldienne non seulement à l'égard des premiers devoirs fondamentaux étudiés plus haut, mais aussi au sujet de la description générale de son œuvre, de son travail créateur, de son style musical.

Il n'est naturellement pas possible de démontrer brièvement l'imperfection des divers exposés biographiques et analytiques qui – tels ceux de M. Pincherle, de W. Kolneder ou de R. Giazotto – sont basés sur une documentation incomplète: la rectification consistera en général à compléter leurs affirmations par des informations passées inaperçues ou à corriger les détails – assez nombreux – qui sont inexactement présentés, mais qui en somme, regardés individuellement, n'on pas les conséquences les plus graves. Il existe cependant quelques questions où l'insuffisance des méthodes d'analyse appliquées a donné lieu à de fausses conceptions non sans importance pour l'opinion générale que l'on a de Vivaldi.

Ainsi, dans quelques ouvrages biographiques, le compositeur est dépeint comme un musicien qui écrivait ses œuvres avec une rapidité extraordinaire et avec une facilité qui aura même étonné ses contemporains. Plusieurs auteurs citent des extraits d'une lettre que le président de Brosses adressa à un ami en 1739; Vivaldi y est décrit comme un «*vecchio* qui a une furie de composition prodigieuse» et il ajoute que «je l'ai ouï se faire fort de composer un concerto, avec toutes ses parties, plus promptement qu'un copiste ne pouvait les copier»[10]. Selon M. Pincherle, la précipitation de Vivaldi expliquerait «bien des traits» de son style dont «la plupart des faiblesses n'auraient pas d'autres causes». Le défaut de temps plus ou moins permanent aurait influencé considérablement le musicien et l'aurait en quelque sorte empêché d'apporter le soin voulu à ses œuvres; ceci expliquerait la substance musicale parfois un peu décevante de certains mouvements «bâclés à deux parties», les multiples emprunts de thèmes et de mouvements composés par lui-même ou par d'autres musiciens, et même les erreurs et les oublis dont témoigneraient plusieurs manuscrits[11].

Il est sans doute vrai que la situation matérielle de Vivaldi et l'obligation qu'il partageait avec tant d'autres musiciens de livrer une certaine quantité de musique dans un espace de temps limité ont été des facteurs importants, et il est fort probable qu'un tempérament vif l'ait incité à travailler rapidement. Il serait donc injuste de sous-estimer ces aspects caractéristiques de son œuvre, mais de l'analyse critique des manuscrits se dégagent d'un autre côté de nombreux traits qui nous obligent à concevoir la technique vivaldienne d'une manière plus détaillée et plus nuancée. L'attention de la part du compositeur à l'égard de ses propres œuvres se reflète manifestement dans de nombreuses partitions; souvent il est même évident que Vivaldi a dû consacrer un temps considérable, effectuant un travail ample et long, avant de parvenir à la version définitive des compositions, telles que nous les connaissons actuellement. D'autre part, les diverses «erreurs» qu'il aurait commises sont en réalité souvent parfaitement volontaires – si tant est qu'elles ne soient pas causées par une interprétation inexacte des documents de la part des musicologues.

PREMIERE PARTIE

LES MANUSCRITS DES FONDS MAURO FOA ET RENZO GIORDANO

A. TRANSMISSION DES MANUSCRITS DE VIVALDI

1. ORIGINE DES MANUSCRITS

Le premier problème qui s'impose pour l'étude critique des manuscrits vivaldiens des fonds déposés à la Biblioteca Nazionale de Turin concerne leur origine et leur histoire. Cette question a très naturellement occupé plusieurs musicologues qui ont relaté de façon plus ou moins détaillée la découverte en 1926 de la vaste collection de musique ancienne qui porte le nom de *Mauro Foà* et qui fut complétée quelques années plus tard par la collection intitulée *Renzo Giordano*[1]. Il fut établi dès le début qu'il s'agit de deux parties d'une seule collection fondée au XVIIIe siècle par le comte Giacomo Durazzo mais qu'elle avait été partagée entre ses héritiers, puis graduellement tombée dans l'oubli. Il ne sera pas nécessaire d'insister sur les circonstances de sa découverte puisqu'elles ont déjà été l'objet de recherches bibliographiques effectuées notamment par Gabriella Gentili Verona qui en a publié un exposé circonstancié.

Par contre il importe de soulever encore une fois le problème de l'origine des manuscrits vivaldiens et de leur acquisition par Durazzo. Etant donné que les recherches intensives effectuées au sujet de cette question particulière jusqu'à plus ample informé n'ont apporté aucun document historique susceptible de nous informer de manière certaine, le problème doit être examiné par le concours des manuscrits musicaux mêmes. Bien qu'ils soient évidemment de valeur douteuse à ce propos et laissent en effet maintes questions en suspens, ils comportent pourtant certains aspects qui nous permettent de tirer des conclusions importantes.

Du fait même que la collection de musique des deux fonds à Turin a été formée par Durazzo il convient de soulever de prime abord la question de savoir si les manuscrits vivaldiens constituaient une entité déjà au moment où il en entra en prossession ou si, au contraire, il les a acquis progressivement, de sources différentes. La présence d'un certain nombre de partitions non autographes, renfermant des œuvres vocales d'autres compositeurs (G. M.

---

1. Les notes se trouvent aux pp. 486ss.

Ruggieri, A. Bernabei et plusieurs anonymes) mais pourtant contenues dans les volumes de manuscrits vivaldiens (Foà 40, Giordano 32 et 33), pourrait étayer la seconde supposition. Il est vrai, certes, qu'il ne sera pas possible en se basant sur les sources d'information actuellement disponibles, d'exclure que Durazzo ait formé graduellement la collection vivaldienne et que les divers groupes de manuscrits (opéras, compositions instrumentales, etc.) aient une origine différente. Cependant, plusieurs traits semblent indiquer qu'il s'agit d'une entité remontant non pas à Durazzo mais à Vivaldi personnellement et que la collection, renfermant le matériel de travail du compositeur, a constitué sa propre réserve de musique.

Celui qui pour la première fois prend connaissance des manuscrits vivaldiens à Turin est inévitablement frappé par la quantité extraordinaire de partitions que renferment les deux fonds. D'un total d'environ 460 compositions, dont quelques-unes se trouvent en deux copies, les collections ne comportent en effet que sept œuvres écrites en parties séparées; qui plus est, cinq de celles-ci sont les doubles des partitions des mêmes œuvres:

RV 367	partition: Foà 31, fol. 91–102 parties séparées: Giordano 34, fol. 103–110
RV 372	partition: Foà 30, fol. 2–11 parties séparées: Giordano 29, fol. 1–11
RV 534	parties séparées: Giordano 34, fol. 65–74
RV 608	parties séparées: Foà 40, fol. 251–298
RV 612	partition: Giordano 35, fol. 127–128 et 143–144 parties séparées: Giordano 35, fol. 126, 129–133 et 135–142 (le fol. 134 n'existe pas)
RV 620	partition: Giordano 35, fol. 124–125 parties séparées: Giordano 35, fol. 113–123
RV 683	partition: Foà 27, fol. 53–61 parties séparées: Foà 27, fol. 254–261

(A cette liste s'ajoutent plusieurs parties séparées individuelles provenant vraisemblablement de manuscrits actuellement incomplets; ils ont été conservés, semble-t-il, pour des raisons différentes.)

La prépondérance notoire des partitions reflète d'emblée le caractère général de la collection: il est absolument certain qu'il ne s'agit pas du matériel d'exécution formant éventuellement le répertoire de quelque orchestre ou de quelque institution. Au contraire, les manuscrits ont sans aucun doute possible avant tout servi à la confection de matériel d'exécution. Cet aspect particulier des partitions est corroboré par la présence de très nombreuses indications et explications destinées non pas aux exécutants d'une œuvre mais au *copiste* d'un manuscrit: *Si scrive tutto* (RV 187), *Scrivete tutto un tuono più alto e scrivete tutto in 5 poste* (RV 442), *Copiatele all'8va alta* (RV 327), *Scrivete le note di sopra all'organo e quelle di sotto al Violino* (RV 554), *Mà voi scrivete tutto* (RV 166), etc. D'autre part, de nombreux manuscrits renferment des corrections et des ratures effectuées au moment même de l'écriture de la partition, et plusieurs compositions ont été remaniées plus ou moins considérablement dans les manuscrits, si bien que ceux-ci ne renferment pas une mais deux ou trois versions des œuvres. Comme on le verra plus loin, les partitions de Vivaldi renferment en outre d'innombrables abréviations diverses qui témoignent non seulement d'une certaine économie du travail chez le compositeur, mais qui démontrent aussi que les documents ne peuvent pas avoir servi directement, tels qu'ils se présentent, à l'exécution des œuvres. Il n'est pas exclu, évidemment, qu'ils ont pu avoir été employés comme des partitions de direction, mais aucun indice n'a été retrouvé qui puisse attester qu'ils aient eu cette fonction.

Il est en général implicitement admis que les manuscrits des fonds de Turin constituent – tout au moins pour ce qui concerne la musique instrumentale – la production que Vivaldi a écrite pour *Il Pio Ospedale della Pietà*[2], ce que pourraient affirmer quelques délibérations où sont fixés les devoirs du «maestro de' concerti». Celui-ci devra en effet, par exemple en 1735, *soministrare a queste nostre Figlie li conserti, e compositioni per ogni genere d'Instrumenti*[3]. Cependant, ces sources n'attestent pas qu'il y ait identité entre sa production pour La Pietà et le contenu des fonds de Turin. Ceux-ci renferment en réalité de nombreuses œuvres, vocales et instrumentales, qui n'ont pas été composées pour les filles de l'Ospedale: en dehors des opéras qui se soustraient d'emblée au répertoire d'un conservatoire religieux, on peut citer la *Serenata a 3* RV 690 qui est écrite *Pour Monsieur la Mar: du Toureil* (?) ou la serenata «Gloria e Himeneo» RV 687 qui peut-être fut écrite à l'occasion du mariage de Louis XV de France à Maria Leszczynska le 5 septembre 1725. Et parmi les compositions instrumentales on trouve également quelques rares œuvres que Vivaldi apparemment a écrites pour des personnes qui n'avaient sans doute aucun rapport direct avec La Pietà: les deux trios pour violon, lut et basse continue RV 82 et 85 ainsi que le concerto pour lut, deux violons et basse RV 93 portent une dédicace de la main de Vivaldi: *P[er] S[ua] E[eccelenza] Il Conte Wrttby;* sur la première page du manuscrit qui contient le concerto pour basson RV 502 Vivaldi a inscrit, puis rayé, le nom de *Gioseppino Biancardi,* et les leux concertos pour une et deux mandolines RV 425 et 532 étaient peut-être destinés, ainsi que le suggère M. Pincherle, au marquis Guido Bentivoglio à Ferrare[4] (voir en outre d'autres exemples pp. 63s).

En tenant compte du fait que Vivaldi n'avait pas l'habitude d'indiquer dans ses partitions la destination de ses compositions, on ne peut pas exclure que les collections de Turin, outre les œuvres déjà citées, comprennent une certaine quantité d'œuvres qu'il aura écrites ni pour le théâtre, ni pour La Pietà, mais destinées à des occasions ou à des groupes de musiciens dont les circonstances et les détails toutefois se perdent dans l'obscurité. Il est ainsi fort probable qu'il ait composé – outre les cantates RV 685 et 686 et outre les opéras *Tito Manlio* et *Teuzzone* – des œuvres instrumentales lors de ses séjours à Mantoue; et puisque plusieurs œuvres vocales écrites pour cette ville se trouvent à Turin, il est logique de penser que les concertos qu'il y a éventuellement composés y soient également conservés.

Ceci n'empêche pas, évidemment, qu'une très grande partie des œuvres vivaldiennes des fonds Foà et Giordano peuvent avoir été écrites pour les filles du conservatoire religieux à Venise, mais les compositions dont on sait positivement qu'elles ont été exécutées à La Pietà sont fort peu nombreuses; il est assez remarquable, en outre, que ces œuvres sont toutes des compositions vocales sacrées.

Par l'intermédiaire de quelques documents de l'époque nous connaissons les noms de plusieurs musiciennes de La Pietà[5]: Alina, Angeletta, Angelica, Anna Maria, Antonia, Apollonia, Barbara, Bianca Maria, Candida, Cattarina, Cecilia, Chiaretta, Giulia, Luciana, Lucietta, Marina, Michieletta, Polonia, Prudenza, Silvia, etc. Quelques-uns de ces noms apparaissent dans les manuscrits de Turin: la partition du seul oratorio conservé, *Juditha Triumphans* RV 644, représenté suivant les indications du livret à La Pietà en 1716, renferme quelques airs écrits spécialement pour *Barbara;* dans le manuscrit du psaume 147, *Lauda Jerusalem* RV 609, Vivaldi a inscrit les noms des solistes qui chantent à l'unisson: *Marg*[a] *e Julietta* dans un chœur, *Fortunata e Chiaretta* dans l'autre; le motet *Claræ stellæ scintillate* RV 625 est composé pour *la Sig*[a] *Geltruda;* enfin, l'une des versions du *Magnificat* (RV 611) renferme cinq airs, insérés dans le manuscrit d'une version antérieure (RV 610), écrits pour *Apollonia, Bolognese, Chiaretta, Ambrosina* et *Albetta* (voir p. 430).

En dehors de cela les collections Foà et Giordano ne comportent pas d'autres indices sûrs d'exécutions à La Pietà. Il est de ce fait particulièrement intéressant de noter que quelques manuscrits récemment retrouvés affirment que plusieurs œuvres instrumentales à Turin ont été jouées au Pio Ospedale. Ainsi, sur la copie non autographe à Manchester du concerto pour violon RV 286, Vivaldi a lui-même ajouté l'indication *p la Sig*[a] *Anna Maria.* (Dans la même collection anglaise se trouve, également en parties séparées non autographes, le manuscrit du concerto RV 762, à la page de titre duquel le compositeur de sa propre main a inscrit les mots: *p la Sig*[a] *Anna M*[a] *alla Pietà;*

ce concerto ne se trouve cependant pas à Turin[6]). Que le concerto RV 286 soit en outre contenu dans le recueil intitulé *La Cetra* que Vivaldi dédia en 1728 à l'empereur Charles VI affirme d'autre part que le compositeur ne l'a pas uniquement réservé à la violiniste du conservatoire vénitien.

Ces différentes observations semblent donc confirmer que les collections à Turin remontent ni à une institution quelconque, ni à Durazzo, mais à Vivaldi personnellement. Le fait que quatre des manuscrits non autographes qui renferment des œuvres d'autres musiciens manifestement ont passé entre ses mains semble corroborer cette hypothèse:

1) Foà 40, fol. 63–97 (RV Anh. 23) renferme le *Gloria* en deux chœurs de Giovanni Maria Ruggieri, dont le dernier mouvement reparaît en versions légèrement transformées dans chacun des deux *Gloria* de Vivaldi, RV 588 et 589.
2) Giordano 33, fol. 115–120 (RV Anh. 35) contient une composition anonyme et non autographe du psaume 147, *Lauda Jerusalem,* dont la substance musicale se retrouve en version modifiée dans le psaume 115, *Credidi propter quod,* de Vivaldi, RV 605.
3) Giordano 33, fol. 121–128 (RV Anh. 25) renferme une composition également anonyme et non autographe, à savoir le 2e verset du psaume 69, *Domine ad adjuvandum me,* suivi de la doxologie. Sur le verso du dernier folio de ce manuscrit Vivaldi a inscrit une esquisse de 6 mesures, provenant peut-être du début de la composition anonyme.
4) Giordano 37, fol. 161–250 est le manuscrit incomplet (actes I et II) de l'opéra *Orlando furioso* de Giovanni Alberto Ristori, renfermant à la fois les restes de la version qui fut exécutée en 1713 et les indications autographes de Vivaldi destinées à la formation de la version représentée en 1714, vraisemblablement sous sa direction.

Plusieurs des compositions non autographes et sans nom d'auteur sont écrites par les mêmes copistes, et il est donc probable que toutes les œuvres qui ne sont pas de Vivaldi aient fait partie de sa propre collection. Ceci n'a rien d'étonnant: puisqu'il devait fournir une certaine quantité de musique à La Pietà il est très possible qu'il se soit procuré des compositions d'autres musiciens soit pour les exécuter telles qu'elles étaient, soit pour en emprunter, suivant l'usage de l'époque, la substance musicale. Pour ce qui concerne les manuscrits non autographes des œuvres de Vivaldi, il est logique de penser que le compositeur, avant de vendre ou d'offrir le manuscrit original d'une œuvre, l'ait fait recopier afin de ne pas s'en séparer définitivement. Cela expliquerait du moins le fait que la majorité des manuscrits non autographes des compositions vivaldiennes soient copiées en partition et non pas en parties séparées.

En conclusion de ces diverses observations on semble donc pouvoir affirmer que l'ensemble des manuscrits contenus dans les 27 volumes à Turin remontent très vraisemblablement à Vivaldi. La question est maintenant de savoir comment Durazzo en devint le propriétaire.

D'origine gênoise, Giacomo Durazzo (1717–1794) séjourna à Vienne à partir de 1749 en qualité d'ambassadeur de la République de Gênes, mais il fut nommé ambassadeur impérial d'Autriche à Venise en 1764[7]. Il est donc à peu près certain qu'il entra en possession des manuscrits vivaldiens soit à Venise, soit à Vienne, mais les circonstances exactes n'ont pas pu être déterminées, malgré les recherches intensives effectuées notamment par Gabriela Gentili Verona. W. Kolneder suppose qu'il a acheté les documents à l'occasion de son séjour à Venise[8], c'est-à-dire après 1764, mais il semble en vérité plus probable qu'il s'en assura la possession à Vienne.

En 1740 ou 1741 Vivaldi quitta sa ville natale pour se rendre à Vienne, sans doute pour offrir ses services soit à la cour impériale de son ancien protecteur Charles VI, soit à celle de François Etienne, beau-fils de l'empereur, de qui Vivaldi depuis environ 1735 était «Maestro di Capella»[9]. On semble pouvoir exclure qu'il dût y exercer des fonctions ecclésiastiques; il se sera donc rendu en Autriche en qualité de musicien et de compositeur, et il aura donc fort naturellement emporté ses propres réserves de musique.

Le reçu signé à Vienne le 28 juin 1741 par Vivaldi pour la vente au comte de Collalto de *tanta musica* paraît indiquer qu'il avait des compositions auprès de lui[10]. Malheureusement, Vivaldi n'a pas eu le soin de préciser le nombre et la nature des compositions qu'il a vendues à cette occasion, et il est donc théoriquement possible qu'il s'agisse d'œuvres nouvellement composées. Cependant, l'inventaire thématique manuscrit du répertoire musical de la cour du comte de Collalto[11] mentionne une sinfonia et quinze concertos sous le nom de Vivaldi, compositions qui – tout au moins en partie – ont pu provenir du marché conclu à Vienne le 28 juin 1741. Et étant donné que plusieurs des compositions signalées dans cette table thématique remontent à une époque sensiblement antérieure à cette date, il y a lieu de croire que le musicien ait vendu les manuscrits (copiés?) d'une série de compositions qu'il avait écrites depuis longtemps et emportées à Vienne: six de ces œuvres du catalogue thématique se trouvent en effet en partitions autographes à Turin.

2. RELIURE ET CLASSEMENT DES MANUSCRITS

Si la question de savoir à quelle époque et à quel endroit Durazzo a acquis les manuscrits vivaldiens ne peut être résolue définitivement, il est possible – et plus avantageux – de déterminer l'origine de leur groupement en 27 volumes et de l'aspect extérieur de ceux-ci. On peut effectivement établir avec certitude que Vivaldi, à sa mort, n'a pas laissé les documents dans l'état où ils se présentent actuellement. Principalement, plusieurs traits indiquent nettement que la reliure en parchemin des 27 volumes ne remonte pas à l'époque où ils étaient encore en sa possession, mais est due aux soins d'une autre personne, peut-être Durazzo. Un assez grand nombre d'autres ouvrages musicaux de sa collection – tels que les 16 volumes de tablature allemande (Foà 1–8 et Giordano 1–8)[12], l'opéra *Amor vuol giuventù* de Giovanni Battista Mariani (Foà 10), ou le volume de cantates italiennes (Giordano 14) – sont reliés d'une manière absolument identique à celle des volumes de manuscrits vivaldiens.

Chacun des 27 volumes est introduit par une page liminaire, feuille de papier de qualité semblable dans tous les volumes et reliée avec les feuilles de papier à musique. Sur le recto de ces feuilles est inscrite, à l'encre, une indication plus ou moins exacte du contenu. Les confusions de ces «titres» ne sont pas nombreuses, certes, mais elles sont suffisantes pour démontrer que les inscriptions ne remontent pas à l'auteur des œuvres, quoiqu'elles soient écrites par une et même main au XVIIIe siècle. Les pages liminaires renferment en outre dans certains cas une tomaison qui, chez plusieurs auteurs, a servi comme moyen d'identification et de référence: ce sont ces chiffres que communiquent les premiers catalogues d'O. Rudge, de M. Rinaldi et de M. Pincherle. Ajoutons que les volumes qui renferment des opéras contiennent en général plusieurs pages de cette catégorie, destinées à séparer les compositions les unes des autres. (Pour des raisons un peu obscures, P. Damilano, dans son inventaire des manuscrits, n'a reproduit que les inscriptions de ces pages pour désigner les opéras; comme il a déjà été dit, il ne s'agit cependant pas des titres originaux, ceux-ci se trouvent en effet inscrits au début des manuscrits mêmes; cf. planches 31 et 32.)

Foà 27: *Dj / Don Antonio Viualdi / Cantate / Tomo I*
Foà 28: *Dj / Don Aantonio Viualdi / Cantate / Tomo II*
Foà 29: *Dj / Don Antonio Viualdi / Concerti à più uoci / Tomo II*
Foà 30: *Dj / Don Antonio Viualdi / Concertj / Tomo III*
Foà 31: *Dj / Don Antonio Viualdi / Concerti / Tomo IV*
Foà 32: *Dj / Don Antonio Viualdi / Concerti / Tomo VII*
Foà 33: *Il Teuzzone / Atti tré, con Sinfonia, e Coro / Musica di Don Ant° Viualdi*
La Veritá in cimento / Atti tré, con Sinfonia / Musica di D. Ant° Viualdi
Foà 34: *IL Giustino / Atti tré / con Sinfonia in prencipio, e / Coro in fine. / Musica di Don Antonio Viualdi*
Foà 35: *Arsilda Regina di Ponto / Atti tre, con Sinfonia, Musica / di Don Antonio Viualdi / Cantata in S. Angelo in Autuno 1716*
Foà 36: *Rosmira Fedele / Atti tré, con Introducione in principio, / e Coro in fine. Musica / di Don Ant° Viualdi / cantata nel Teatro di S. Angelo nel Carneuale 1738*
La Griselda / Atti tré, con Sinfonia / Musica di D. Ant° Viualdi
Foà 37: *Ottone in Villa / Atti tré, con Sinfonia / Musica di D. Ant° Viualdi*
Tito Manlio / Aatti tré / Musica di Don Antonio Viualdi
Foà 38: *Armida al Campo d'Egito / Atto primo, e terzo, con Sinfonia / Musica di Don Antonio Viualdi / cantata nel Teatro di S. Angelo nell'Inuerno 1718*
Catone in Vtica / Atto Secondo, e Terzo / Musica di D. Ant° Viualdi
Foà 39: *L'Olimpiade / Atti trè, con Sinfonia à prencipio / Musica di Don Antonio Viualdi / cantata in Teatro di S. Angelo l'Inuerno 1734*
La Dorilla / Atti tré, con Sinfonia, e Cori cantono, e ballano / Musica di D. Ant° Viualdi / Cantata nel Teatro di S. Angelo in Inuerno 1734
Foà 40: *Dj / Don Antonio Viualdi / Opere Sacre / Tomo IV*
Giordano 28: *Di / Don Antonio Viualdi / Concerti à più uoci / Tomo I*
Giordano 29: *Dj / Don Aantonio Viualdi / Concerti / Tomo V*
Giordano 30: *Dj / Don Antonio Viualdi / Concerti / Tomo VI*
Giordano 31: *Dj / Don Antonio Viualdi / Concerti / Tomo VIII*
Giordano 32: *Dj / Don Antonio Viualdi / Opere Sacre / Tomo I*
Giordano 33: *Dj / Don Aantonio Viualdi / Opere Sacre / Tomo II*
Giordano 34: *Dj / Don Antonio Viualdi / Opere Sacre / Tomo III*
Giordano 35: *Dj / Don Antonio Viualdi / Opere Sacre, e Concerti / Tomo V*

Giordano 36: *Il Farnace / Atti tré, con Sinfonia / Musica di Don Antonio Viualdi*
Baiazet / Atti tré, con Sinfonia / in principio, e Coro in fine / Musica di Don Antonio Viualdi
Giordano 37: *Il Tigrane / Atto Secondo / Musica di D. Ant^{o} Viualdi*
Il Farnace / Atto p^{mo}, e 2do Musica di / Don Antonio Viualdi, cantata / nel Teatro di S. Angelo l'Autuno 1727
Orlando Furioso / Atto Primo, e Secondo
Giordano 38: *Orlando finto Pazzo / Atti trè / Musica di Don Antonio Viualdi / Cantata nel Teatro di S. Angelo l'Autuno 1714*
L'Incoronazione di Dario / Atti trè con Sinfonia / Musica di Don Aant^{o} Viualdi / Cantata nel Teatro in S. Angelo / in Inuerno 1717
Giordano 39: *L'Atenaide / in atti trè, Musica di / Don Antonio Viualdi*
Tito Manlio / in atti tré Musica di Don Antonio / Viualdi / con Coro in fine
Giordano 39bis: *Orlando Furioso / Atti tré / Musica di Don Ant^{o} Viualdi*
La fida Ninfa / Atti trè / Musica di D. Ant^{o} Viualdi

Les feuilles des pages liminaires et des pages de séparation ont nettement été préparées à l'avance, des lignes ayant été tracées au crayon avec une règle, et les inscriptions ont probablement été faites dès que les volumes étaient reliés. Dans quelques tomes, tels que Foà 38 et 39, l'inscription encore humide de la première page liminaire a laissé des taches d'encre sur le verso de la feuille d'en face, ce qui indique en effet que les inscriptions ont été faites au moment même de la reliure des manuscrits.

D'après la teneur des inscriptions il se dégage clairement que leur auteur n'était pas bien informé, ni trop attentif. Avant tout, il est frappant qu'il n'a indiqué que les représentations d'opéra qui ont eu lieu au théâtre de Sant'Angelo à Venise, et il faut donc supposer qu'il a ignoré les circonstances des représentations d'opéras tels que *Ottone in Villa* (Vicence 1713), *Il Giustino* (Rome 1724), *La Fida Ninfa* (Vérone 1732), etc. Mêmes les autres théâtres vénitiens ne figurent pas sur les pages liminaires: San Samuele (pour *Griselda* 1735), San Moisè (pour *Armida al Campo d'Egitto* 1718); par contre, quelques représentations au Sant'Angelo sont passées inaperçues: *Orlando furioso* 1727, *La Verità in Cimento* 1720.

Les indications relatives à l'opéra *Armida al Campo d'Egitto,* dont la partition se trouve dans Foà 38, sont particulièrement révélatrices. Les premières représentations ont eu lieu à Venise au théâtre San Moisè pendant la saison de carneval 1718 et à Mantoue aux mois d'avril et de mai la même année, mais l'opéra fut repris, sous un autre titre (à savoir *Gl'inganni per vendetta)* à Vicence en 1720, puis sous l'ancien titre au Sant'Angelo en 1731 et en 1738. La confrontation de la partition et des livrets imprimés à l'occasion de chacune de ces représentations révèle, comme on le verra plus loin de manière détaillée (pp. 393s), que le manuscrit renferme deux versions différentes de la composition: celle de 1718 à Venise et celle de 1738; mais ces détails sont visiblement passés inaperçus à l'auteur des pages de titre. Il n'a pas remarqué non plus que la partition autographe de *Farnace* du volume Giordano 37 est datée de 1738 par Vivaldi lui-même; en outre, le titre autographe de l'opéra *Il Bajazet* (Giordano 36), affirme que la musique est *di Auttori diuersi,* ce qui ne correspond pas au texte de la page liminaire où Vivaldi est au contraire désigné comme seul auteur de l'œuvre. Il faut noter toutefois que la personne qui a rédigé ces textes a réussi, par l'intermédiaire d'une source d'information inconnue, à identifier les opéras, ce qui est d'autant plus remarquable que Vivaldi, comme on le verra plus loin, parfois a négligé d'en inscrire le titre dans les partitions. Il est ainsi assez remarquable que la partition de l'opéra *Orlando Furioso* de G. A. Ristori (troisième œuvre du volume Giordano 37) soit identifiée et que le nom de Vivaldi ne soit pas inscrit sur la feuille de séparation située au début du manuscrit.

L'ensemble de ces indications parfois inexactes démontre que Vivaldi – de qui il faut supposer qu'il savait quand et où furent représentés ses opéras – n'a pas été responsable des pages liminaires. Comme celles-ci en plus ont été écrites au moment de la reliure des manuscrits, il s'ensuit qu'il ne peut pas être celui qui a eu le soin de relier et de classer les documents.

Cette constatation n'exclut pas, d'un autre côté, que certaines compositions aient été reliées déjà avant la mort de Vivaldi, mais que les anciens volumes aient été décomposés par la suite. Le manuscrit de l'opéra *Ottone in Villa* (Foà 37) est rogné les trois bords ce qui en réduit les dimensions par rapport au manuscrit subséquent du même volume. Il est donc vraisemblable que le premier document ait été relié avant d'être situé dans le volume où il se trouve actuellement. O. Rudge[13] communique en outre quelques exemples de pages qui ont été rognées de telle sorte que Vivaldi a dû y réinscrire, plus haut, les parties de basse mutilées de ses partitions: dans le manuscrit du concerto pour violon RV 330 il s'est même donné la peine d'ajouter, au fol. 211v, sous les notes réinscrites à la portée des premiers violons ripieni: *Questo è il Basso perche sotto è stato tagliato.* Le même accident est arrivé au fol. 204v du même manuscrit, mais ici Vivaldi ne l'a pas réparé. Le retranchement du bas de chacune des feuilles du manuscrit est très probablement dû à une reliure antérieure de celui-ci, car – contrairement à ce qu'affirme O.

Rudge[14] – il ne peut pas s'agir de la reliure définitive; cela aurait effectivement impliqué que tous les folios du volume soient réduits aux mêmes dimensions, du moins dans la hauteur, mais cela n'est pas le cas: comparées à celles du manuscrit en question, dont la hauteur mesure 30,5 cm, les dimensions de ce volume s'élèvent pour certains manuscrits jusqu'à 34,0 cm, tels que les documents qui précèdent et qui suivent (fol. 188–201 [RV 155 et 288] et fol. 212–254 [RV 282, 278, 380 et 163]).

D'intérêt nettement plus élevé paraît la concordance de dimensions d'une série de manuscrits situés dans plusieurs volumes différents. Ces manuscrits ont été rognés sur le côté et sur le bord inférieur; la coupure de biais caractéristique (voir planches 2 et 6) du côté démontre que les manuscrits ont été taillés en bloc, et cela signifie qu'ils ont vraisemblablement, à une certaine époque, été reliés ou tout au moins formé un ensemble, datant du vivant de Vivaldi: ici également il a dû réinscrire quelques mesures mutilées (RV 229, fol. 17). Cette constatation n'est d'ailleurs pas sans importance, car elle pourrait contribuer à une datation approximative des compositions en question. Il n'est pas possible, toutefois, en partant des seules dimensions, d'établir ni le nombre exact de cet ensemble – plusieurs manuscrits ont logiquement pu disparaître – ni l'ordre dans lequel ils se sont présentés d'origine. La liste suivante de ces manuscrits particuliers, qui ne peut être donc considérée comme exhaustive, est dressée suivant l'ordre de leur position actuelle dans les volumes:

1	Foà 30,	fol. 61–68	RV 250	
2	Foà 32,	fol. 221–232	RV 536	
3	Giordano 29,	fol. 63–72	RV 246	
4		fol. 98–107	RV 153	(voir pp. 413ss)
5		fol. 120–125	RV 138	
6		fol. 245–253	RV 362	*La Caccia,* op. 8 nº 10
7		fol. 283–294	RV 233	
8	Giordano 30,	fol. 12–21	RV 229	(voir pp. 389ss)
9		fol. 27–30	RV 153	(voir pp. 413ss)
10		fol. 92–99	RV 160	
11		fol. 100–107	RV 328	*Per il P.* (ou *D*?)
12		fol. 264–273	RV 314	*Per Mons: Pisen:*
13	Giordano 31,	fol. 314–323	RV 107	
14		fol. 364–373	RV 91	
15	Giordano 34,	fol. 79–87	RV 234	*L'Inquietudine*
16		fol. 88–95	RV 270	*Il Riposo* et *Per il Natale*
17		fol. 141–150	RV 199	*Il Sospetto*

Les recherches de critères supplémentaires pouvant indiquer plus exactement en quoi consistait cet ensemble et de quelle époque il date sont jusqu'à présent restées sans résultats. Il se peut que les 16 compositions aient simplement formé une sorte de réserve particulière dans laquelle Vivaldi a puisé par la suite, soit pour son usage personnel, soit en mettant les œuvres à la disposition d'autres musiciens: ainsi, quatre concertos au moins ont été révisés ou même remaniés plus ou moins radicalement (n°s 4 et 9, 8, 12, 16), et il a lui-même écrit les copies de deux compositions (n°s 12 et 15). D'autre part, il a dédié un ou peut-être deux concertos à son ancien élève J. G. Pisendel (n°s 11 et 12); 8 concertos se trouvent en copies à Dresde (n°s 3, 6, 8, 11, 12, 13, 17) ou à Paris (n° 10), et un concerto fut imprimé et vendu au public (n° 6).

C'est par l'intermédiaire d'une observation analogue qu'il est possible d'établir que les airs détachés contenus dans le volume Foà 28, fol. 41–176, sont compris non pas dans une, mais dans deux collections: la première comprend les airs n°s 1 à 27, inscrits sur les fol. 41–106 dont les dimensions varient (ca. 22,5 × 30,5 cm [fol. 41–44], ca. 23,0 × 31,0 cm [fol. 45–48], etc.); la seconde se compose des airs n°s 28 à 50 que l'on trouve aux fol. 107–176 qui, ayant été coupés en bloc sur les trois bords et ayant donc les mêmes dimensions (ca. 23,0 × 30,0 cm), ont sans doute à une certaine époque formé un ensemble individuel.

Signalons enfin que l'examen approfondi des documents vivaldiens à Turin aura de fortes chances pour mener à la constatation d'anciens groupements et d'ensembles d'œuvres analogues.

Celui qui s'est chargé de classer et de relier les manuscrits a de toute évidence cherché à établir un certain ordre en réunissant dans un volume des compositions appartenant à un genre particulier ou ayant les mêmes ensembles instrumentaux et vocaux. C'est ainsi que l'on remarque d'emblée que les concertos pour instruments à vent – basson, hautbois, flûte, cors, trompettes – sont assemblés dans les volumes Foà 32 et Giordano 31, tandis que les concertos pour violoncelle, pour viole d'amour ou pour plusieurs violons sont réunis dans les tomes Foà 29 et Giordano 28; de même, les concertos pour violon et pour orchestre sans solistes se trouvent principalement dans Foà 30/31 et Giordano 29/30; les volumes Giordano 32 et 33 renferment surtout des œuvres vocales sacrées, et les compositions profanes – cantates, *serenate,* airs d'opéra détachés – sont réunies dans Foà 27 et 28. Enfin, les volumes Foà 40 et Giordano 35 contiennent les manuscrits de format en hauteur, les autres volumes étant tous de format oblong.

Cependant, malgré ces efforts, le classement n'a pas été effectué selon des principes rigoureusement systématiques. L'oratorio *Juditha Triumphans* RV 644 se trouve ainsi à la fin d'un volume qui renferme des cantates et des airs d'opéra (Foà 28); plusieurs œuvres instrumentales sont situées parmi les compositions vocales du volume Giordano 35; par contre, on trouve le manuscrit de l'antienne incomplète *Regina Cœli* RV 615 dans le tome Giordano 34 où sont assemblés des concertos instrumentaux; les compositions d'autres musiciens sont mêlées à celles de Vivaldi; alors que les deux partitions, autographe et copiée, de l'opéra *Arsilda Regina di Ponto* sont réunies dans un seul volume (Foà 35), les deux manuscrits de *Tito Manlio* sont situés dans chacun son volume (Giordano 39, manuscrit autographe, et Foà 37, manuscrit copié). Il serait relativement aisé de multiplier ces exemples de classement inconséquent qui donnent inévitablement l'impression d'un certain désordre dans les 27 volumes, impression qui est d'un autre côté fortement corroborée par la présence de manuscrits décomposés, de folios séparés de leur contexte, de fragments de compositions, etc. Quelques exemples suffiront pour démontrer cet état des choses.

Le manuscrit du concerto pour violon RV 330 s'est originellement terminé par une double feuille renfermant la fin du troisième mouvement, mais par mégarde sans doute cette feuille a été insérée dans le premier mouvement, si bien que le manuscrit doit être lu dans l'ordre suivant: fol. 202–203, 206–207, 208–211, 204–205. Le manuscrit qui contient le concerto pour violon RV 350 se compose de deux fascicules dont le premier se trouve entre les manuscrits des concertos RV 286 et RV 303 du volume Foà 30, tandis que le second par inadvertance en a été séparé et placé entre les documents qui renferment les concertos RV 140 et 141 du même volume. Enfin, le manuscrit qui contient le *Gloria* RV 588 et l'introduction RV 639 est composé de sept fascicules, dont le premier, qui renferme la page de titre des deux compositions enchaînées et le début de la partition de l'*Introdutione,* s'est trouvé à la fin du manuscrit. A l'occasion de la restauration de la reliure, l'ordre des fascicules a cependant été rétabli, mais cela a d'autre part nécessité une correction du foliotage. La table suivante communique les anciens et les nouveaux numéros des folios:

Fascicule n°	1	55–58	26–29
	2	26–29	30–33
	3	30–33	34–37
	4	34–37	38–41
	5	38–43	42–47
	6	44–47	48–51
	7	48–54	52–58

Malgré cet inconvénient le rétablissement du manuscrit à son état original est parfaitement justifié. Par contre, il faut regretter que l'ordre primitif des fascicules du manuscrit qui contient les différentes versions du psaume 112, *Laudate pueri Dominum,* RV 602, 602a et 603, n'ait pas été conservé: on l'a modifié à l'occasion de la restauration mentionnée, sans doute avec l'intention de le rendre plus juste, mais malheureusement avec le résultat contraire. Ce manuscrit constitue en effet un des exemples les plus intéressants et instructifs de la manière dont Vivaldi a transformé ses compositions, aspect qui ne se dégage pas de l'ordre actuel des fascicules. En raison de son importance en qualité d'exemple caractéristique de la technique de transformation l'analyse détaillée en est communiquée dans la Troisième Partie (voir pp. 394ss).

Les anciens catalogues des œuvres de Vivaldi et les inventaires des fonds de Turin signalent en outre l'existence de quelques compositions contenues dans des manuscrits défectueux. Pour certains concertos M. Pincherle indique ainsi, par exemple, que «le finale manque dans le ms.» (P 55, RV 468), «manquent les leux derniers mouvements (lacune du ms.)» (P 141, RV 438), «un seul mouvement» (P 397, RV 745), etc. Ces compositions ne sont pas inventoriées individuellement dans le catalogue d'A. Fanna, mais figurent dans la table de concordances des numéros de l'Inventaire Thématique et du catalogue italien. Il est d'ailleurs significatif que les anciens inventaires ne s'accordent pas toujours à l'égard de ces documents. A titre d'exemple, le concerto P 399 (RV 320), qui selon M. Pincherle et O. Rudge comprend trois mouvements, est désigné comme «incompleto» par A. Fanna.

L'examen critique des manuscrits vivaldiens confirme en effet que plusieurs œuvres nous sont parvenues dans un état d'imperfection: une feuille ou un fascicule ont été retranchés des manuscrits et ont disparu sans laisser la moindre trace. Très souvent il est donc impossible de déterminer si les pertes datent de l'époque où les documents étaient encore entre les mains de Vivaldi, ou si elles sont dues, au contraire, aux diverses manipulations dont les manuscrits ont été l'objet après sa mort. Les diverses irrégularités des manuscrits à Turin sont dues en effet, comme on l'a vu, non seulement à un défaut de soin, voire de compréhension, de la part de celui qui au XVIIIe siècle était chargé du classement des documents à l'intérieur de chaque volume, mais aussi aux transpositions effectuées à une époque plus récente.

Si cependant les lacunes évidentes de certains manuscrits démontrent qu'ils ont été endommagés après l'achèvement des compositions qu'ils renferment, il serait faux d'en déduire que tous les manuscrits de concertos qui ne contiennent qu'un ou deux mouvements aient subi le même genre de détérioration. Théoriquement, il est possible – et, comme on le verra plus loin, il est même fort vraisemblable – que Vivaldi ait parfois abandonné une composition avant de la terminer. Elle ne devra donc pas être désignée comme incomplète mais comme *inachevée* (pourtant, aucun des anciens catalogues ne fait cette distinction importante). On ne peut pas exclure non plus qu'un manuscrit apparemment incomplet nous soit parvenu intégralement avec un seul ou avec deux mouvements. Dans quelques manuscrits qui contiennent des concertos qui sont désignés comme incomplets dans les anciens catalogues, Vivaldi a en effet inscrit des indications qui démontrent que les mouvements absents n'ont pas été inscrits dans les mêmes manuscrits, mais se sont trouvés ailleurs (RV 431 et 432, voir p. 295).

En conclusion, l'état actuel des documents vivaldiens des fonds Foà et Giordano nous oblige à envisager continuellement l'éventualité de lacunes, de dislocations et de juxtapositions inexates des fascicules et des folios. Pour l'étude critique des textes musicaux il est évidemment indispensable de tenir compte de ce genre d'irrégularités et de chercher à en déterminer les raisons. Les problèmes que suscite la documentation à ce propos sont avant tout occasionnés par la manière dont Vivaldi a formé ses manuscrits; avant d'étudier les diverses méthodes qui permettront de vérifier l'intégralité des documents il importe donc d'analyser la structure du manuscrit vivaldien.

B. ASPECT MATERIEL DES MANUSCRITS

1. STRUCTURE DES MANUSCRITS

En partant d'une définition générale exprimant qu'un manuscrit est l'ensemble des feuilles de papier sur lesquelles sont inscrites une ou plusieurs compositions, on constate dès l'abord une chose importante au sujet des documents autographes de Vivaldi: ses manuscrits ne contiennent qu'une seule œuvre. Il est vrai que de nombreux documents renferment, comme on le verra notamment dans la Troisième Partie, des compositions en plusieurs versions, mais ce qu'il importe de noter c'est qu'il n'existe pas – ainsi que l'on en trouve chez d'autres compositeurs – des manuscrits collectifs en partition ou des recueils de compositions qu'il a écrites bout à bout. Il y a donc, autrement dit, identité entre composition et manuscrit. Pour ce qui concerne les documents des collections Foà et Giordano cette observation s'applique également aux manuscrits non autographes: à l'exception des deux collections de manuscrits partiellement autographes qui renferment les airs d'opéra détachés, Foà 28, fol. 41–106 et 107–176 (voir plus haut p. 42), chacun des 27 volumes dont se composent les deux fonds à Turin comprend autant de manuscrits qu'il renferme de compositions. Ceci est confirmé notamment par la présence, à l'intérieur d'un volume, de manuscrits de dimensions différentes et de qualités de papier inégales.

En raison de ce fait il convient de soulever ici le problème des références bibliographiques. Ce problème, qui consiste à convenir d'une dénomination précise permettant l'identification exacte de chaque document, mérite une attention particulière parce que la littérature vivaldienne, et notamment les divers catalogues, reflète un certain désaccord. Comme on l'a déjà vu, les inventaires dressés par O. Rudge, M. Rinaldi et M. Pincherle désignent les manuscrits à Turin par l'intermédiaire de l'ancienne tomaison; mais tandis que les inventaires d'O. Rudge signalent le numéro d'ordre de chaque composition – information qui n'est pas communiquée par M. Rinaldi – M. Pincherle procède différemment pour les deux collections. Les œuvres du fonds Foà n'étant pas numérotées, l'auteur français a indiqué, pour ces compositions, le folio où elles commencent, tandis que celles du fonds Giordano sont désignées par le numéro d'ordre. Les catalogues plus récents d'A. Fanna et de P. Damilano contiennent les nouvelles cotes des volumes et désignent chaque composition par le numéro du premier et du dernier folio de la notation musicale. Comme il sera démontré plus loin, ce procédé n'est pas très pratique, donnant parfois lieu à des confusions. Dans le *Répertoire* les références comprennent le premier et le dernier folio de chaque manuscrit; naturellement, les volumes individuels sont désignés par la nouvelle tomaison. Pour des raisons pratiques, les manuscrits sont le plus souvent désignés dans le présent ouvrage par les seuls numéros d'identification des œuvres qu'ils contiennent (RV); on trouvera la liste des manuscrits autographes aux pages 503 et suivantes.

La plupart des manuscrits se composent, suivant la longueur des compositions qu'ils contiennent, d'un ou de plusieurs fascicules. Ceux-ci sont en général formés d'une grande feuille de papier rectangulaire, pliée en quatre et coupée en largeur; le résultat est une paire de feuilles doubles situées de telle sorte que l'une soit placée à l'intérieur de l'autre, formant ainsi un cahier de quatre folios (ou feuilles), soit de huit pages[15]. (Comme on le verra plus loin, les fascicules incomplets ou comprenant inversement trois, quatre ou plusieurs feuilles doubles existent aussi.)

Chaque page est préparée d'avance à l'écriture musicale, un certain nombre de portées y étant tracées à l'encre. Elles sont le plus souvent délimitées aux deux extrémités par des traits verticaux tirés à la règle. La grande majorité des documents autographes sont de format oblong et comprennent 10 portées par page; mais quelques rares fascicules de ce format sont à 12 portées, tel que le premier fascicule du manuscrit qui renferme le concerto pour viole d'amour RV 393 (fol. 319–322). D'autre part, le nombre de portées tracées sur les pages des manuscrits de format en hauteur varie entre 12 et 18. Citons à titre d'exemple les manuscrits des compositions vocales RV 636 (12 portées), RV 605 (16 portées) et du concerto pour deux violoncelles RV 531 (18 portées).

Toutes les portées des manuscrits de Vivaldi sont sans exception à cinq lignes. Mêmes les portées contenant les parties de lut (RV 82, 85, 93 et 540), notées fréquemment à l'époque en tablature ou en portées à six lignes, sont écrites en portées ordinaires.

Le manuscrit mesurant en moyenne 23,0 sur 31,0 cm est le plus fréquent, mais les dimensions varient très souvent légèrement. Voici par exemple les dimensions approximatives de quelques manuscrits du volume Foà 30:

fol. 2–11	23,0 × 31,0 cm	fol. 61–68	22,0 × 30,0 cm
fol. 12–23	23,0 × 30,5 cm	fol. 79–90	23,5 × 31,5 cm
fol. 50–54	23,0 × 30,0 cm	fol. 101–105	23,0 × 31,0 cm
fol. 55–60	22,0 × 31,0 cm	fol. 150–153	23,0 × 30,5 cm

Comme on a déjà eu l'occasion de le voir, les dimensions des manuscrits de format en hauteur sont plus variables.

Le manuscrit vivaldien le plus simple à tous les points de vue comprend un seul fascicule de huit pages (quatre folios) sur lesquelles est inscrite une composition qui commence au recto du premier folio et s'achève au verso du dernier. Parmi les exemples de manuscrits ayant cette structure simple on peut citer le tout premier document de la collection Foà, volume 27: le manuscrit fol. 2–5 qui contient la cantate RV 662 constitue nettement une entité, ce dont témoigne notamment le fait qu'il est séparé du fascicule subséquent (fol. 6–9, cantate RV 657) par l'extrémité intérieure de la page liminaire du volume, repliée sur le dos de ce premier fascicule. La cantate RV 662 se compose de trois mouvements, à savoir l'air «Par che tardo oltre il costume», le récitatif «Quando tu d'Anfitride» et l'air «Allor che in Cielo notte», mouvements que Vivaldi suivant ses habitudes a répartis dans le manuscrit de telle sorte que l'espace qui sépare deux mouvements soit réduit à un minimum:

fol. 2r	titre, nom d'auteur, début du premier air
fol. 2v	suite du premier air
fol. 3r	suite du premier air
fol. 3v	fin du premier air, récitatif
fol. 4r	debut du second air
fol. 4v	suite du second air
fol. 5r	suite du second air
fol. 5v	fin du second air

Pour des compositions plus longues, dont la notation requiert plus de huit pages – et qui sont naturellement de beaucoup les plus nombreuses – Vivaldi se servait parfois de fascicules de trois ou de plusieurs feuilles doubles. Le concerto pour deux mandolines RV 532 est ainsi inscrit sur les 16 pages d'un seul fascicule; il en est de même, par exemple, pour le concerto pour violon RV 331 qui se trouve dans un fascicule de 12 folios ou pour le concerto *p l'Orchestra di Dresda* RV 577 que Vivaldi a écrit dans un seul fascicule de 16 feuilles. Mais quoique ce type apparaisse régulièrement, le compositeur a normalement ajouté au premier fascicule de quatre folios soit un on plusieurs cahiers, soit un ou plusieurs folios suppémentaires. Le manuscrit du concerto pour violon RV 252 comprend ainsi deux fascicules de chacun huit pages qui renferment les deux premiers mouvements plus les 110 premières mesures du finale, et une double feuille contenant les 64 dernières mesures de ce mouvement. Pour inscrire les dernières mesures d'une composition,

Vivaldi a aussi employé un simple folio supplémentaire qui en général est collé sur le dernier folio du fascicule principal. C'est ainsi que le manuscrit du concerto pour violon RV 352, entre autres, se compose d'un fascicule de quatre folios (50–53) à la fin duquel est fixée une cinquième feuille (54) qui contient les 41 dernières mesures du finale.

Il est intéressant de remarquer que ces feuilles supplémentaires – qu'elles soient ajoutées à la fin du manuscrit ou, en cas de correction du texte musical, insérées à l'intérieur du document – proviennent parfois d'anciens manuscrits abandonnés. Les 12 dernières mesures du concerto pour orchestre RV 120 sont inscrites sur le verso d'une feuille de papier sur laquelle Vivaldi avait commencé à écrire la partie des premiers violons d'orchestre du concerto RV 562(a), projet auquel il a renoncé arrivé à la mes. 16 du premier mouvement; par mégarde la feuille a été collée à l'envers sur le fascicule, si bien que la fin du concerto RV 120 se présente au verso du folio ajouté. En retournant une feuille double, faisant éventuellement partie d'un fascicule, de telle sorte que l'inscription abandonnée du recto du premier folio soit situé au recto de la dernière feuille, Vivaldi semble s'être parfois procuré l'espace nécessaire pour achever une composition. Ce procédé expliquerait tout au moins le fait que les cinq dernières mesures du concerto pour basson RV 496 sont inscrites sur le recto du dernier folio qui contient les deux premières accolades et le titre rayé d'une composition dont il n'a écrit aucune note: *La Disunione Con*^{to} *Del Viualdi.*

Les compositions qui sont plus courtes que celles qui remplissent d'un bout à l'autre les huit pages d'un fascicule, sont en général inscrites dans des cahiers de quatre folios, laissant de la sorte inutilisées, selon la longueur des œuvres, une ou plusieurs pages à la fin des manuscrits. La cantate RV 685 est écrite dans un fascicule de 12 pages (3 feuilles doubles) dont seulement les 11 premières pages ont servi à la notation musicale, et dans le manuscrit de la cantate RV 650 elle s'achève à la sixième page, laissant ainsi le recto et le verso du dernier folio en blanc. Le nombre de pages qui, à l'exception des portées tracées d'avance, sont restées sans inscriptions peut être relativement élevé: du fascicule Giordano 35, fol. 37–44 qui contient l'introduction au Dixit RV 636, les neuf premières pages ont suffi pour l'écriture de la composition, si bien que les sept dernières pages sont restées inutilisées. La même chose se produit évidemment dans les manuscrits qui comprennent plusieurs fascicules dont les compositions n'occupent pas la totalité des pages disponibles. Le manuscrit du concerto pour basson RV 492, composé de deux fascicules de chacun quatre folios, est un des nombreux exemples de manuscrits qui se terminent ainsi par un folio inutilisé.

De l'examen des manuscrits il apparaît d'un autre côté que Vivaldi – ou quelqu'un d'autre – parfois a retranché un ou plusieurs folios d'un manuscrit. La coupure d'un folio est normalement faite de telle manière qu'une bande de papier soit laissée près du dos du fascicule, maintenant l'autre moitié de la double feuille en place. Le retranchement apparent d'une partie d'un manuscrit doit de toute évidence donner lieu à des considérations particulières, car il peut avoit été effectué avec des intentions différentes. Dans le manuscrit du concerto pour flûte traversière RV 427 il est a peu près certain que le dernier folio du second fascicule a été enlevé volontairement, probablement pour servir ailleurs: le concerto s'achève à la sixième page de ce fascicule et le dernier folio a donc vraisemblablement été laissé inutilisé. De la même manière s'expliquerait, par exemple, la disparition du dernier folio du manuscrit qui contient le concerto pour orchestre RV 115. Par contre, le retranchement des folios enlevés à l'intérieur d'un manuscrit semble avoir une motivation différente; logiquement, les pages disparues ont dû renfermer originellement la suite du texte musical inscrit au folio qui précède, et il faut donc supposer que Vivaldi ait désiré supprimer la section – à moins qu'elle ne soit perdue à la suite de quelque accident.

A cet égard la copie autographe du concerto pour violon RV 314 à Dresde est intéressante, car la partition renferme plusieurs fautes d'écriture que Vivaldi a corrigées instantanément et qui démontrent d'ailleurs que le modèle de la copie ne peut être que le manuscrit Giordano 30, fol. 264–273 (voir pp. 300s). Le dernier fascicule de la copie ne comprend que trois folios, une feuille étant manifestement retranchée au milieu à droite. La bande qui subsiste contient les restes d'une inscription quelconque dont on ne peut naturellement pas reconstituer le contenu, mais qui provient sans doute des traits d'accolades et probablement des clefs inscrites au début de chaque accolade. Il est donc vraisemblable que Vivaldi se soit trompé de nouveau en écrivant le texte de ce folio disparu et qu'il ait préféré le retrancher pour reprendre la copie au folio suivant. La confrontation des deux manuscrits autographes confirme qu'il s'agit effectivement de la copie intégrale et inaltérée du concerto.

La bande de papier laissée de manière analogue au milieu du manuscrit qui contient la *Sinfonia al Santo Sepolcro* RV 169 ou au milieu du second fascicule du manuscrit du concerto pour deux flûtes traversières RV 533 contient également les restes de traits d'accolades et de clefs, mais ici l'explication ne semble pas être la même, car contrairement à la copie autographe du concerto RV 314, Vivaldi n'a pas répété les clefs et les armures à chaque accolade dans les deux manuscrits en question. Les folios disparus ont par conséquent dû renfermer autre chose, peut-être les débuts de compositions abandonnées: Vivaldi aura retourné, selon la méthode décrite plus haut, une feuille double, retranché le second folio inutile et ajouté le premier à l'intérieur du manuscrit. Aucune des deux compositions mentionnées ne paraît incomplète.

Un cas particulier et différent apparaît dans le manuscrit du concerto pour hautbois RV 453 où la bande de papier située entre les folios 372 et 373 ne provient pas d'une coupure analogue à celle des documents examinés précédemment. Il s'agit ici du dernier folio du manuscrit qui est une feuille supplémentaire ajoutée au dernier fascicule de deux folios; Vivaldi ne l'a pas collé sur le folio précédent suivant le procédé dont il a été question plus haut, mais il a plié l'extrémité de la feuille supplémentaire à quelques millimètres du bord pour la fixer, sans doute avec du fil, sur le dos du fascicule précédent.

Enfin, il faut noter que le retranchement d'un ou de plusieurs folios paraît impliquer une perte réelle: dans le manuscrit du concerto pour violon RV 378 la dernière feuille du seul fascicule qui subsiste a visiblement été coupée et a disparu. Le concerto se trouve par conséquent dans un état d'imperfection causé non seulement par la mutilation du mouvement initial, dont la fin sans doute était inscrite sur le folio retranché, mais aussi par la disparition des mouvements subséquents, contenus vraisemblablement dans un ou deux fascicules perdus.

Le manuscrit Giordano 31, fol. 428–432 qui contient le premier mouvement du concerto pour flûte traversière RV 438 est à ce propos fort problématique. Il se compose de cinq feuilles de format en hauteur, mais a pourtant été logé dans un volume de manuscrits de format oblong. Il semble en effet avoir compris cinq feuilles doubles formant un fascicule dont les pages sont revêtues de portées tracées verticalement. La seconde moitié du fascicule a été retranchée, laissant d'un côté les cinq feuilles qui renferment le seul mouvement initial, d'un autre côté cinq bandes situées entre le dernier folio et le manuscrit suivant. L'état actuel du document ne permet pas d'établir si les feuilles retranchées ont contenu les deux mouvements suivants du concerto.

Comme il sera démontré plus loin, Vivaldi a très souvent remanié d'une manière plus ou moins radicale ses propres compositions. Les manuscrits qui renferment des œuvres dont le texte musical a été transformé soulèvent, au sujet de la structure des documents, un certain nombre de questions particulières qu'il sera nécessaire d'étudier séparément. Bien que ces questions se rapportent pricipalement aux problèmes qui seront soulevés dans la Troisième Partie, il sera utile d'analyser ci-après quelques exemples instructifs de manuscrits modifiés.

La technique de modification la plus simple a été mise en œuvre par exemple dans le manuscrit du concerto pour violoncelle RV 409: dans le troisième mouvement Vivaldi a rayé les mesures 20 à 29, inscrites au verso du fol. 130, et la section ainsi supprimée a été remplacée par un nouveau texte, mes. 20 à 38 de la version définitive, qu'il a écrit sur le verso d'une feuille supplémentaire, fol. 131, collé sur le folio subséquent (voir planches 15 et 16). Le même procédé de correction se voit appliqué dans le manuscrit du concerto pour violon RV 263 où les mes. 103–117 appartenant à la version originelle du mouvement initial sont biffées (fol. 219 recto et verso) et remplacées par les 10 mesures (mes. 103–112 de la version définitive), inscrites sur le recto de la feuille supplémentaire (fol. 218) qui est collée sur le folio suivant du manuscrit. Ici Vivaldi a jugé nécessaire d'ajouter quelques indications explicatives, sans doute destinées aux copistes: sur le verso du folio qui précède la feuille insérée il a inscrit les mots *Sopra l'altra carta,* et à la fin de la nouvelle section se trouve l'indication *Sopra il Libro.*

Le concerto pour violon RV 390 a également subi quelques modifications qui ont nécessité l'application de techniques que l'on trouve parfois chez Vivaldi. D'origine, le manuscrit comprenait quatre fascicules se composant respectivement de 4, 2, 4 et 2 folios: 133–136, 137–138, 139–142 et 143 plus 132. Le concerto s'achève à la première page du dernier fascicule, les trois autres pages en étant inutilisées. Par la suite le compositeur a révisé et modifié son concerto: l'introduction lente, Adagio de 13 mesures, est rayée et remplacée par un nouveau commencement, Andante molto de 11 mesures. Pour inscrire cette nouvelle section, Vivaldi a retourné le dernier folio du manuscrit de telle sorte qu'il soit situé en tête du document. L'Andante molto est inscrit au verso de cette feuille, tandis que le recto assume la fonction de page de titre (voir p. 61). Dans le finale, d'autre part, une section commençant après la mes. 157 (fol. 142r) est supprimée: la dernière mesure de cette page (mes. 158 de la version primitive) est simplement rayée, et à l'accolade supérieure du verso de la même feuille Vivaldi a collé un feuillet recouvrant le texte déjà inscrit et renfermant la nouvelle version; les deux premières mesures de l'accolade inférieure à la même page sont également barrées. Il est donc logique de croire que la modification du texte comprenne avant tout un raccourcissement de la section refaite.

L'application de la même technique – ajouter une section refaite en l'inscrivant sur un feuillet collé sur la partie à retrancher – se trouve assez souvent dans les manuscrits de Vivaldi. Ainsi, les deux premières mesures du mouvement initial du concerto pour violon RV 333 sont remplacées par quatre nouvelles mesures que le compositeur a écrites sur un feuillet dont seul le bord à gauche est collé sur la première page du manuscrit. Le feuillet aurait en effet, s'il y avait été rattaché aux deux extrémités, recouvert une section plus longue que les deux mesures à retrancher.

Un peu plus compliquée mais très instructive et importante apparaît la technique de transformation que Vivaldi a appliquée dans le manuscrit du concerto pour violon RV 281 où les modifications du texte musical ont été faites dans le finale. Vivaldi avait initialement inscrit ce mouvement commençant au verso du fol. 159 – dont le recto contient la fin du second mouvement – et s'achevant au verso de la dernière feuille du manuscrit, fol. 165. Cependant, il n'en a sans doute pas été satisfait, car sur les deux pages intérieures d'une feuille double supplémentaire, fol. 163–164, il a refait la fin du mouvement à partir de la mes. 121 et a inséré par la suite cette feuille dans le manuscrit entre les fol. 162 et 165, originellement voisins: dans la nouvelle version se suivent donc le recto du fol. 162 – qui renferme le texte musical jusqu'à la mes. 120 – et le verso du fol. 163 qui reprend la suite du mouvement. Afin de maintenir en place cette double feuille insérée, Vivaldi a effectué une opération caractéristique dont on trouve de nombreux exemples dans ses manuscrits: aux deux extrémités extérieures la double feuille supplémentaire est rattachée avec du fil au folio qui précède et à celui qui suit. Les deux morceaux de fil ont plus tard été enlevés, mais l'opération a laissé des trous dans la marge des deux paires de folios (162 et 163, 164 et 165). Par ce procédé les inscriptions du verso du fol. 162 et du recto du fol. 165 ont automatiquement été supprimées. En l'occurence, la feuille supplémentaire est particulièrement intéressante, car elle renferme, aux versos des deux folios qui contiennent la nouvelle section, la partie de *Cembalo* autographe du même concerto; la partie n'est toutefois pas complète puisque la notation du dernier mouvement s'arrête brusquement à la mes. 120 (voir p. 61).

La technique de «coudre» deux ou plusieurs folios que Vivaldi désirait unir afin de supprimer les textes musicaux qu'ils contiennent apparaît très souvent dans les manuscrits à Turin, et notamment dans les partitions d'opéra, où le nombre de feuilles réunies de cette manière peut être très considérable. Dans le manuscrit qui contient le second acte de *La Virtù trionfante* Vivaldi a par exemple assemblé les folios 14 à 17 pour que soit retranchée la première version de l'air «Care pupille tra mille e mille» de la scène 4. Le même air est refait sur les mêmes paroles et est inscrit sur les feuilles supplémentaires 17–19 qui sont insérées dans le manuscrit. Les dernières mesures de la version primitive se trouvent au fol. 20r; pour les retrancher Vivaldi y a attaché avec du fil un feuillet sur lequel il a inscrit la fin de la seconde version de l'air.

De manière analogue il a retranché les deux premières scènes du troisième acte de *La Verità in Cimento,* inscrites aux fol. 275–285: ces 11 feuilles ont été rattachées avec du fil, si bien que l'acte commence à la scène 3. Le retranchement de ces sections est d'ailleurs confirmé par le livret de l'opéra dont le texte de la scène 1 est identique à celui de la scène 3 de la partition (voir pp. 104ss).

Un exemple particulièrement intéressant de ce procédé se trouve au début de la partition de *Rosmira fedele.* Cet opéra que Vivaldi a compilé d'airs composés par divers auteurs, est introduit par une ouverture inscrite en partition non autographe aux. fol. 2–8. De cette œuvre, qui est intitulée *Introdutione Di Girolamo Micheli,* Vivaldi n'a exceptionnellement repris que le premier mouvement. En effet, il a rattaché avec du fil les fol. 6–8 qui renferment les deux derniers mouvements de l'ouverture. Que ce retranchement soit effectué par Vivaldi à l'occasion de la composition de l'opéra en question et ne remonte pas à une époque antérieure ou à un autre musicien, est confirmé par le fait qu'il a trouvé, à la fin du premier mouvement, fol. 6r, l'espace d'inscrire la partie de basse du chœur initial dont la partition complète se trouve au fol. 9v. Cette partie de basse doit sans doute être regardée comme un repère destiné aux copistes et affirme que les fol. 6r et 9r doivent se suivre; la fin du troisième mouvement de l'ouverture, inscrite au fol. 8v, est rayée.

Pour assembler deux folios Vivaldi a enfin quelquefois employé de la cire à cacheter ainsi que l'on en trouve, par exemple, à la fin de la sinfonia de l'opéra *L'Olimpiade,* dont la partition comporte deux finales. Cependant, le premier, inscrit aux fol. 4v et 5r, a été retranché par le collage des deux feuilles, et le second a été ajouté sur les pages suivantes du fascicule[16].

2. PROBLEMES DE L'INTEGRALITE DES MANUSCRITS

La nécessité de soulever la question de l'état des manuscrits est due, comme on l'a vu, à l'aspect irrégulier qu'ont certains documents autographes des collections Foà et Giordano. Composés normalement de plusieurs fascicules, comprenant souvent des feuilles supplémentaires qui sont ajoutées d'origine ou par la suite, écrits fréquemment en plusieurs étapes, les documents – qui par surcroît sont transmis en état suffisamment désordonné pour donner lieu à la plus grande prudence – soulèvent effectivement de nombreux problèmes au sujet de l'établissement de la structure authentique des manuscrits. En dépit du risque de prêter attention à des aspects et à des indices dont le caractère pourrait sembler bien évident, il n'est pourtant aucunement superflu d'étudier systématiquement ces problèmes et d'en noter les conséquences. Non seulement la musicologie vivaldienne a-t-elle, jusqu'à présent, négligé de soulever ces questions, mais l'étude des irrégularités a encore l'avantage de concourir à de plus amples connaissances de la manière dont Vivaldi a travaillé et dont il a écrit ses textes musicaux. Certaines méthodes de vérification s'identifient en effet à l'exploitation des inscriptions diverses des manuscrits desquels la description de la sorte aura une dimension particulièrement importante.

Les questions qui se posent se divisent logiquement en deux groupes: d'une part il faut chercher à déterminer les diverses catégories d'irrégularités et de lacunes que peuvent présenter les documents, et d'autre part il est indispensable d'évaluer les méthodes qui pourront être mises en œuvre dans le but de trouver la solution aux problèmes individuels. Il faut souligner toutefois que les deux sortes de questions sont étroitement liées, car un indice qui se montre utile pour la détermination de l'intégralité d'un manuscrit peut aisément, au sujet d'un autre document, avoir l'effet opposé et en motiver de la sorte l'examen particulièrement attentif. De cette constatation, dont l'exposé suivant donnera plusieurs exemples, suit avant tout le principe scientifique fondamental que les diverses méthodes doivent se compléter et s'étayer mutuellement dans la mesure possible.

Les problèmes que suscitent l'état actuel des documents et la structure variable des manuscrits de Vivaldi comprennent d'une part la question de l'intégralité des textes musicaux, et d'autre part la question de la cohérence de deux fascicules ou de deux folios subséquents. Ces deux questions doivent être envisagées séparément, étant de caractère essentiellement différent.

La première question consiste naturellement à déterminer si le document analysé nous est parvenu avec quelque lacune. Notons pour commencer que la disparition d'une section d'un manuscrit – que ce soit au début, au milieu ou à la fin du document – peut se produire tant pour le manuscrit original que pour les fascicules ou les folios que Vivaldi y avait ajoutés par la suite à l'occasion d'une modification quelconque du texte primitif. De cette différence se dégage évidemment la nécessité de savoir comment établir l'existence des lacunes. Tandis que la disparition d'un fascicule ou d'un folio du manuscrit original est relativement facile à observer puisque le texte musical normalement sera transmis incomplètement, il est par contre presque impossible de prouver qu'une section ajoutée plus tard au manuscrit, renfermant une nouvelle version du texte, ait existé car elle peut aisément avoir disparu sans laisser la moindre trace; cependant, il faut noter que les techniques que Vivaldi a appliquées pour modifier la structure d'un document très souvent sont telles qu'elles ont dû laisser quelques marques (taches de cire, trous de couture, etc.), et les manuscrits de Turin contiennent effectivement au moins un exemple de détérioration dont l'existence peut être décelée par le concours d'indices de ce genre (voir p. 117)[17].

Une fois repérée, l'existence d'une lacune quelconque pose en outre automatiquement le problème de restituer le texte musical ou, si cela est impossible, d'évaluer approximativement l'ampleur des pertes. La disparition du début d'un manuscrit ajoute, à cette difficulté, celle d'identifier la composition d'où provient le fragment qui subsiste.

Pour ce qui concerne les problèmes de la cohérence de deux fascicules ou de deux folios subséquents, les motivations d'analyser les documents avec attention particulière sont plus nombreuses et plus compliquées. Elles se divisent, suivant leur caractère, en trois catégories différentes.

En tout premier lieu, la présence de quelque discontinuité ou d'interruption des textes musicaux inscrits au verso d'une feuille et au recto de la feuille suivante, appelle inévitablement à l'examen détaillé et critique de la structure du manuscrit. On peut discerner quatre différents cas de discontinuité:

1. le texte du verso et celui du recto suivant appartiennent à deux contextes différents;

2. le texte du verso s'interrompt brusquement, le recto suivant renferme le début d'un autre mouvement;
3. le verso contient la fin d'un mouvement, le texte du recto suivant commence en plein milieu d'un mouvement;
4. le verso contient la fin d'un mouvement, le recto suivant renferme le début d'un autre mouvement.

Evidemment, chacune de ces quatre irrégularités peut être occasionnée par une détérioration quelconque du document qui présentera donc une véritable lacune; mais elles peuvent aussi bien avoir d'autres causes dont il importe de déterminer la nature. Ainsi, le premier cas de discontinuité apparaît quand un fascicule ou un folio est déplacé par rapport à son contexte original. Les deuxième et troisième cas se présentent notamment lorsque Vivaldi a écrit un nouveau mouvement dans un fascicule supplémentaire qu'il a ajouté au manuscrit original: la composition ainsi ajoutée provoque le plus souvent une coupure du texte musical de la version primitive. Le quatrième et dernier cas se trouve très fréquemment dans les manuscrits et peut simplement remonter à la manière dont le compositeur a disposé la partition. Si les deux textes sont inscrits dans un et même fascicule, l'incision ne pose en général aucun problème: les deux mouvements doivent bien se suivre. Si par contre le début du nouveau mouvement est inscrit à la première page d'un nouveau fascicule, il y a lieu d'en étudier la cohérence avec attention: théoriquement, il est toujours possible que le mouvement qui commence ainsi ne fasse pas partie de la composition qui est inscrite aux feuilles précédentes; dans ce cas il faut donc effectivement chercher à prouver que l'enchaînement soit authentique.

Les mêmes genres de discontinuités apparaissent en outre entre les textes inscrits au recto et au verso d'une et même feuille. Etant donné que celle-ci ne peut pas à la fois faire partie de deux manuscrits différents, il s'agit généralement d'une feuille ajoutée à un manuscrit mais provenant d'un autre document duquel elle a été retranchée par Vivaldi. Les problèmes que posent de telles feuilles comprennent de toute évidence avant tout l'identification des deux textes qui y sont inscrits. L'un fera normalement partie du texte du manuscrit dans lequel le folio est inséré; quant à l'autre, la détermination de son contexte original peut donner lieu parfois à des problèmes considérables, le fragment n'étant souvent pas suffisamment long pour en permettre l'identification certaine.

La deuxième catégorie d'indices susceptibles d'occasionner l'examen critique de la cohérence comprend en quelque sorte une variante de la première. Les partitions de Vivaldi étant normalement disposées de telle manière que les mouvements se suivent sans interruption, les pages inutilisées éventuelles n'apparaissent en général, comme on l'a vu plus haut, qu'à la fin d'un manuscrit, c'est-à-dire à la suite du finale de la composition. De ce fait, l'existence de pages non utilisées à l'intérieur du manuscrit, séparant deux mouvements l'un de l'autre, doit motiver l'étude critique du document. Celui-ci peut en effet, théoriquement, comprendre une composition inachevée et être suivi d'un fragment provenant d'une autre œuvre. Vivaldi semble lui-même avoir fait attention aux problèmes que pourraient susciter de telles pages inutilisées, car il y a souvent inscrit le mot *Segue*. Cette indication n'assure toutefois pas que le mouvement subséquent fasse réellement partie de la composition (cf. plus haut, cas nº 4). Il y a lieu d'ajouter que les fascicules supplémentaires, insérés par la suite dans un manuscrit, contiennent souvent, à la fin et quelquefois au début, des pages inutilisées.

La troisième motivation de s'occuper particulièrement de la question de la cohérence est fondée sur la présence d'inégalités d'aspect plus ou moins apparentes. Ces différences sont relativement nombreuses et variées et concernent notamment:

1. l'écriture de Vivaldi (degrés d'évolution différents de sa graphie; caractères dissemblables, etc.);
2. la disposition des partitions;
3. la couleur d'encre;
4. la qualité générale du papier (dimensions différentes des fascicules; filigranes dissemblables; nombre, couleur, largeur, etc. des portées).

Ces éléments auront normalement, dans un manuscrit qui renferme une composition écrite d'un bout à l'autre en une opération plus ou moins continue un caractère d'homogénéité qui peut être, comme on le verra plus loin, un critère déterminant de la cohérence de deux fascicules juxtaposés. Cependant, il est certain que les conclusions que l'on pourrait tirer en se basant sur la seule apparence des documents doivent être regardées avec prudence. Deux manuscrits écrits à une et même époque par une et même main auront fort naturellement un caractère semblable, et rien n'empêche au contraire qu'un manuscrit composé de fascicules dont par exemple les dimensions sont inégales, dont les filigranes sont dissemblables ou qui présentent deux couleurs d'encre différentes, puissent constituer néanmoins une entité d'origine. Comme on en a déjà vu quelques exemples, Vivaldi a en outre très souvent remanié ses textes musicaux, peut-être même longtemps après avoir composé les versions primitives, ce qui provoque inévitablement des divergences d'apparence. Il importe de ce fait de connaître les divers aspects de la technique graphique de Vivaldi et de savoir comment interpréter les indices de discontinuité et de lacunes que présentent les manuscrits.

Aux séparations de mouvements causées principalement par la structure irrégulière des manuscrits s'ajoutent enfin des différences d'ordre musical qui se rapportent tant aux ensembles instrumentaux et vocaux qu'aux tons des mouvements. Dans les concertos, les *sinfonie* et les sonates et dans certains groupes de compositions vocales les derniers mouvements correspondent normalement aux mouvements initiaux, tandis que les mouvements médians peuvent présenter des contrastes plus ou moins accentués. L'ensemble en est souvent réduit et le ton est parfois différent. Ce principe de construction est si fréquent chez Vivaldi que les quelques œuvres exceptionelles doivent être soumises à un examen particulièrement critique, notamment lorsque la structure des manuscrits qui les contiennent par surcroît est susceptible de soulever le doute au sujet de la cohérence des fascicules.

3. RETABLISSEMENT DE LA STRUCTURE AUTHENTIQUE DES MANUSCRITS

Les nombreuses questions que posent de la sorte les manuscrits vivaldiens des fonds Foà et Giordano peuvent en général être résolues par l'application de méthodes d'analyse différentes. Avant d'en entreprendre l'évaluation individuelle il convient d'en noter sommairement quelques aspects communs. Elles se divisent en deux catégories différentes. La première comprend l'analyse des manuscrits mêmes ou plus exactement celle des diverses inscriptions qu'ils contiennent. Il est fort intéressant de remarquer à ce propos que Vivaldi a inscrit un certain nombre d'indications dont quelques-unes semblent être destinées, entre autres fonctions, à déterminer l'intégralité des manuscrits et à marquer l'ordre exact des fascicules et des folios. Pour des raisons évidentes il est d'importance capitale de relever ces indications et d'en noter les formes et les emplacements. Les inscriptions qui seront analysées comprennent les indications inscrites au début et à la fin des compositions, la numérotation des fascicules et le nombre de mesures inscrit à la fin d'un mouvement. La seconde catégorie de méthodes d'analyse implique inversement l'étude d'autres documents puisqu'elle comprend les diverses opérations de collationnement. Il sera question à ce propos non seulement des textes musicaux contenus dans les manuscrits non autographes et dans les éditions gravées à l'époque, mais encore des textes chantés des compositions vocales.

a. Les indications initiales

Vivaldi a indiqué dans la plus grande partie de ses manuscrits la fin des compositions qu'ils renferment; les indications terminales ne peuvent à la vérité avoir d'autre fonction. Il est donc logique de penser que les indications initiales diverses – titre, nom d'auteur, désignation des instruments, dédicace, etc. – y sont inscrites non seulement pour signaler le contenu du manuscrit, pour nommer l'auteur de la composition, etc., mais aussi, par analogie, pour en marquer le commencement. Ces observations sont confirmées par les quelques manuscrits analysés plus haut (voir pp. 52s) dans lesquels le compositeur a modifié le début ou la fin d'une œuvre: chaque fois que la transformation a impliqué la modification de la structure du manuscrit, il y a réinscrit les indications initiales ou terminales. Pour démontrer ce principe chez Vivaldi il suffira de revoir quelques exemples dont il a été question plus haut sous d'autres rapports.

A la première page de la version primitive du concerto pour violon RV 390 (le concerto commençait originellement au fol. 133), Vivaldi a inscrit le titre de la composition et le nom de l'auteur: *Con^{to} Del Viualdi.* Le début du concerto étant rayé et remplacé par un nouveau commencement, il a réinscrit cette même indication à la fois à la première page du folio situé devant le manuscrit (fol. 132) laquelle occupe donc la place d'une page de titre: *Con^{to} / Del Viualdi,* et en tête de la section refaite (fol. 132v).

Dans le manuscrit du concerto pour violon RV 281, la fin de la première version du finale, dont la partition s'achève au fol. 165v, est marquée par un simple paraphe, tandis que la nouvelle fin, inscrite au recto du folio supplémentaire qui renferme au verso la partie de *Cembalo,* est désignée par le mot *Fine.*

Les indications initiales des manuscrits de Vivaldi se divisent, selon leur emplacement par rapport au début de la notation musicale, en deux groupes. Le plus souvent il les a inscrites en tête de la première page du manuscrit, audessus de la première accolade. Dans d'autres cas il a inversement réservé le recto de la première feuille pour ces indications *(page de titre)* de telle sorte que le début de la composition soit inscrit au verso de cette même feuille ou à la première page du folio suivant.

Les indications inscrites en tête de la première page (voir par exemple planches 6, 10, 13, 14) sont de beaucoup les plus fréquentes. C'est là que Vivaldi a inscrit les titres de la majorité des compositions instrumentales et d'un certain nombre des œuvres vocales: motets, cantates, introductions aux grandes œuvres liturgiques, etc. En effet, les exceptions sont assez rares. Parmi les concertos en partition – les quelques manuscrits autographes en parties séparées actuellement connus sont hors de considération – on trouve ainsi une page de titre individuelle aux deux concertos composés pour la fête de l'Assomption, à savoir RV 581 et 582 (inversement, le titre des autres concertos pour deux orchestres est inscrit normalement en tête des manuscrits: RV 583, 584 et 585). De même, le *Concerto Funebre* RV 579 et l'introduction au *Gloria* RV 642 sont exceptionnellement introduits par une page de titre. Il en est de même pour le concerto pour deux violons RV 507, inscrit dans un manuscrit de format en hauteur. Enfin, le concerto pour violon RV 390 comporte, comme on l'a vu plus haut, plusieurs inscriptions initiales dont la présence est motivée par les modifications de la substance musicale du premier mouvement: ce n'est que par la suite que le manuscrit a été muni d'un frontispice.

Les compositions dont les manuscrits sont, inversement et d'une manière générale, introduits par une page qui ne renferme que les indications initiales, comprennent notamment les grandes œuvres vocales: cantiques, parties de la messe, psaumes, *serenate,* etc. Mais parmi elles on trouve également des exceptions. Ainsi, le *Salve Regina* en double chœur RV 618 ou le psaume 110, *Confitebor tibi Domine,* RV 596 ont des titres inscrits en tête des manuscrits. Pour les opéras Vivaldi a appliqué, semble-t-il, divers procédés; les manuscrits de ces grandes œuvres dramatiques seront analysés plus loin.

Les indications initiales comprennent en général, sans égard à l'emplacement, au moins les deux espèces d'informations déjà mentionnées, à savoir le titre de la composition et le nom d'auteur, auxquelles se joignent incidemment des inscriptions accessoires dont il sera question plus loin.

Le *titre de l'œuvre* proprement dit se compose ordinairement de la désignation du genre musical, accompagné suivant certaines règles de celle de l'ensemble instrumental ou vocal de l'œuvre: *Concerto* ou – ce qui est le plus fréquent – *Con^{to}* suivi d'indications telles que *à Flauto Solo, P Fagotto, con 2 Trombe,* etc.; *Suonata dà Camera à 2 Violini; Motetto à Canto Solo Con Istrom^{ti}; Cantata ad Alto Solo con Istrom^{ti};* etc. La teneur des titres est étroitement liée à la nature et au caractère des compositions et devra par conséquent être étudiée par rapport à la description des partitions et de la notation musicale.

Vivaldi a signé ses manuscrits en y écrivant son nom soit immédiatement à la suite du titre de la composition *(Con^{to} Del Viualdi),* soit séparément. On doit remarquer à ce propos qu'il s'est normalement servi de la simple formule *Del Viualdi.* Les exceptions à cette règle, à Turin, sont très rares. C'est ainsi, sans doute entraîné par sa précipitation, qu'il a écrit *Del Viual* au début du manuscrit qui renferme le concerto RV 557, la dernière syllabe de son nom ne comprenant qu'un trait oblique et un point. Dans le manuscrit qui contient le concerto RV 548, il n'a pas écrit le mot *Del,* probablement en raison du défaut d'espace causé par la longueur du titre: *Con^{to} Con Haubois, e Viol^{o} obligati.* Dans les manuscrits non autographes, le nom de Vivaldi est de manière générale accompagné par le titre et le prénom du compositeur, souvent sous une forme plus ou moins abrégée: *Del Sig^{r} D[on] Ant[oni]o Viualdi.* Il est intéressant d'observer, à ce propos, que Vivaldi semble lui-même avoir approuvé l'emploi de cette formule; toujours est-il qu'il s'en est servi pour signer personnellement des copies non autographes. Des trois sonates pour violoncelle RV 47, 44 et 39, dont les manuscrits se trouvent à Naples, la seconde, écrite par un copiste, comporte le nom autographe *Del S: D. Ant^{o}*

Viualdi, tandis que les deux autres contiennent la formule habituelle, toujours ajoutée par le compositeur lui-même. C'est par la même formule qu'il a signé les parties séparées du concerto pour violon RV 294 déposées à Manchester, mais à la partie de violon principal il a toutefois inscrit l'indication *Con^{to} Del S. D. Ant^{o} Viualdi.* A la page de titre autographe du recueil de sonates copiées, retrouvé récemment dans la même bibliothèque anglaise, il a inscrit le texte suivant: *Suonate / à Violino Solo, e Basso per il Cembalo / Del Sig: D. Antonio Viualdi / Maestro di Capella dà Camera / di S. A. S. / Il Sig: Filippo Langravio / d'Hassia Darmistath.* A en juger d'après ce titre extraordinairement détaillé, le manuscrit a sans doute été écrit pour être offert à une personne dont nous ignorons l'identité; l'écriture nette de la partition, dont le texte musical à quelques endroits a été corrigé par l'auteur, ne peut qu'étayer cette supposition.

Les inscriptions situées à la première page d'un manuscrit peuvent en outre comprendre quelques indications de nature différente. Au titre de l'œuvre s'ajoute parfois le nom descriptif que Vivaldi a donné à quelques compositions instrumentales ou l'indication de l'occasion pour laquelle est destinée une œuvre: *L'Inquietudine* RV 234, *L'amoroso* RV 271 (le titre descriptif est exceptionnellement écrit à la droite du titre de l'œuvre: *Con^{to} Del Viualdi), La Caccia* RV 362, etc. C'est ainsi que doit être interprété également le mot *Conca* inscrit en tête du manuscrit qui renferme le concerto pour orchestre RV 163. Parfois le nom descriptif ou l'indication de la destination fait partie du titre de la composition: *Con^{to} Intitolato La Notte* RV 104, *Con^{to} alla Rustica* RV 151, *Suonata à 4 al Santo Sepolcro* RV 130, *Con^{to} p la Solennità di S. Lor^{zo}* RV 556, *Motetto p la Solen[n]ità di S. Antonio* RV 634, etc.

D'autre part, Vivaldi a parfois inscrit des indications laissant supposer qu'il ait dédié ses œuvres à une personne ou à un orchestre: *p Mon: Pisen:* RV 314 (la copie autographe du même concerto qui se trouve à Dresde, 2389/0/70, porte également le nom de Pisendel et fait partie des œuvres qu'il a dédiées à son ancien élève), *p Mar: de Morzin* RV 496, *p l'Orchestra di Dresda,* RV 577, *In Lode di S. A. S. il S. Prencipe Felippo d'Armistath / Govern^{e} di Man^{a} / etc.* RV 686. Les indications de ce genre soulèvent, de manière générale, quelques problèmes. D'une part, les inscriptions sont parfois abrégées, si bien que la signification exacte en est obscure. Ainsi, le sigle que Vivaldi probablement personnellement a ajouté en tête du manuscrit non autographe du concerto RV 574, *p. S. A. S. I. S. P. G. M. D. G. S. M. B.* ou celui qui figure à la première page du manuscrit qui renferme le concerto pour violon RV 171, *p. S. M. C. C.* désignent sans aucun doute possible des personnes dont l'identité cependant n'a pas été décelée[18]. D'autre part, les indications sont insuffisantes pour déterminer la nature des rapports que Vivaldi a eu avec les personnes en question. Les problèmes historiques que suscitent ces indications méritent à la vérité une attention particulière non seulement sous le point de vue de la biographie vivaldienne, mais aussi sous le rapport de la documentation des œuvres puisqu'elles seront vraisemblablement des indices dont l'étude permettra de jeter un peu de lumière sur la question importante de la chronologie.

Aux premières pages des manuscrits de Vivaldi on trouve enfin incidemment des indications probablement autographes dont le caractère varie mais dont la signification n'a pas pu être déterminée: lettres, chiffres, signes, sigles, etc. Elles sont sans doute inscrites pour assumer une fonction précise – on pourrait suggérer une numérotation ou un classement quelconque – et il ne sera sans doute pas inutile d'en approfondir l'examen critique.

L'absence d'indications initiales soulève de toute évidence la question de l'intégralité d'un manuscrit. Notons d'abord que les documents qui ne renferment aucune inscription quelconque au début sont très rares. Les manuscrits qui n'ont pas de nom d'auteur, tels que celui du concerto pour hautbois RV 453 ou celui de la cantate RV 685, contiennent tout au moins une indication – titre de la composition, dédicace, etc. – permettant d'en établir l'intégralité. Le problème se pose en effet exclusivement au sujet des quelques documents qui n'ont absolument aucune indication ou dont les inscriptions paraissent ne pas être des indications initiales. Ce sont les œuvres suivantes: RV 598, 613, 615, 633, 644, 687 et 745.

Les trois premières de ces compositions sont écrites sur des textes liturgiques ce qui nous permet d'établir, comme on le verra plus loin, que les manuscrits de deux d'entre elles n'ont subi apparemment aucune détérioration. La première commence par le verset initial du psaume 111, *Beatus Vir qui timet Dominum* (vêpres du dimanche), la seconde comprend les strophes n°s 1, 2 et 5 de l'hymne *Gaude Mater Ecclesia.* La troisième est par contre manifestement incomplète puisqu'elle commence par le troisième verset *(Resurrexit sicut dixit)* de l'antienne mariale *Regina Cœli;* vraisemblablement, un fascicule situé d'origine en tête du manuscrit et renfermant les premiers mouvements de la composition – plus les indications initiales – a-t-il disparu.

Le manuscrit qui renferme le finale du concerto RV 745 a dû subir le même genre de détérioration. Qu'il s'agisse réellement d'un finale, fait qui n'est signalé dans aucun des anciens catalogues, se dégage du manuscrit à la fin duquel Vivaldi a inscrit l'une de ses indications terminales habituelles, à savoir le mot *Finis.* L'absence d'un titre et l'indication terminale suffisent pour déterminer l'emplacement du fascicule par rapport aux sections perdues. Il n'est pas exclu, d'un autre côté, que Vivaldi ait composé le mouvement isolément afin de le mettre à la place du finale d'un concerto dont nous ignorons toutefois l'identité (voir p. 295).

Les deux compositions de musique vocale sacrée, désignées par les numéros RV 633 et 644, soulèvent chacune un certain nombre de problèmes intéressants et seront examinées plus loin. Signalons ici que la première, le motet *Vestro Principi divino*, semble nous être parvenue intégralement, et que le manuscrit de la seconde, l'oratorio *Juditha Triumphans*, vraisemblablement est transmis avec quelques lacunes, notamment au début.

Le manuscrit de la dernière œuvre citée plus haut, RV 687, commence par une indication qui ne peut être regardée comme une indication initiale proprement dit. A la première page, qui renferme le début du récitatif initial, Vivaldi a inscrit les seuls mots *La Gloria* et en-dessous *Himeneo*, si bien que la composition se présente sans nom d'auteur et sans désignation du genre musical. Probablement, le manuscrit a originellement été précédé d'un fascicule renfermant une sinfonia, introduite éventuellement par un frontispice communiquant les informations habituelles. La disparition d'un fascicule initial expliquerait non seulement l'anonymat du manuscrit, mais encore la présence, sinon un peu singulière, des mots cités; ceux-ci seraient donc non pas le titre de la composition mais la «liste» des personnages dont les noms apparaissent régulièrement dans la partition suivant la marche de l'action. Cette liste nous permet en outre de constater que le récitatif qui commence à la première page constitue réellement le début de la partie vocale de l'œuvre.

Les partitions d'opéra qui sont parvenues jusqu'à nous paraissent affirmer que Vivaldi a appliqué divers procédés pour l'inscription des indications initiales des œuvres dramatiques, mais les manuscrits qui subsistent ne semblent pas être suffisamment nombreux pour permettre d'en fixer les règles.

Le principal problème que posent ces documents consiste a déterminer si un opéra commence par une ouverture *(sinfonia)* ou si la composition s'ouvre par le premier récitatif ou chœur. Dans plusieurs manuscrits on trouve effectivement une ouverture, mais étant donné que celle-ci est inscrite, sans exception parmi les manuscrits autographes, dans un fascicule individuel qui ne contient aucune section de l'opéra même, la question est de savoir si elle en fait réellement partie. Le problème remonte au fait que, parfois, les indications initiales des ouvertures ne comprennent que le mot *Sinfonia* inscrit seul (sans même le nom d'auteur) à la première page du manuscrit, et que le titre de l'opéra même, de manière générale, se trouve inscrit au début du premier acte, c'est-à-dire entre le troisième mouvement de l'ouverture et le premier mouvement – récitatif ou chœur – de la scène première. Ainsi se présentent les partitions des opéras *Bajazet*, *Griselda*, *L'Incoronazione di Dario* et

L'Olimpiade. Le même problème se pose évidemment à l'égard des opéras dont le titre n'est pas inscrit dans la partition et dont les seules indications *Atto Primo* et *Scena Prima* doivent assurer l'intégralité du texte musical: *Armida al Campo d'Egitto, Ottone in Villa* et *La Verità in Cimento.* Théoriquement, les ouvertures qui précèdent ces partitions peuvent provenir d'une autre composition dramatique et par inadvertance avoir été situées au début des manuscrits.

Inversement, les documents qui se présentent sans ouverture peuvent avoir été affectés par la perte du fascicule qui la renfermait; les partitions des œuvres scéniques suivantes commencent ainsi par le récitatif ou le chœur inscrit soit sous le titre de l'opéra à la première page du manuscrit, soit au folio suivant: *Farnace* (manuscrit incomplet [?], daté de 1738), *La Fida Ninfa, Orlando furioso.* Il en est de même pour les partitions non autographes d'*Arsilda Regina di Ponto,* de l'*Atenaide,* de *Teuzzone* et de *Tito Manlio,* ainsi que les trois partitions autographes qui ne comportent pas le titre de l'œuvre: *Orlando finto pazzo, Tito Manlio* et l'oratorio *Juditha Triumphans.* Qu'un tel retranchement de l'ouverture puisse réellement se produire peut être affirmé par le manuscrit partiellement autographe de *Teuzzone* (Foà 33) dont l'ouverture, sans doute par inadvertance de la part de celui qui a effectué le classement des manuscrits, a été logée dans le volume Giordano 36; la provenance de ce manuscrit se dégage du titre que Vivaldi y a personnellement inscrit: *Il Teuzzone / Sinfonia / Atto Primo.* L'ouverture est identique à celle d'*Arsilda Regina di Ponto.*

En raison du fait que Vivaldi s'est servi parfois d'une sinfonia pour introduire plusieurs opéras différents – à l'exemple cité s'ajoute l'ouverture d'*Armida al Campo d'Egitto* qui se retrouve comme la sinfonia d' *Ercole su'l Termodonte*[19] – ou d'en faire une composition purement instrumentale, le retranchement éventuel de l'ouverture d'une composition dramatique peut remonter au compositeur. On ne peut pas exclure non plus que Vivaldi, à défaut de temps, ait simplement emprunté un concerto instrumental afin de s'en servir comme ouverture. Ainsi, le concerto pour orchestre à cordes RV 134, qui comporte le titre *Con^{to} Del Viualdi,* a été transformé par la suite en ouverture, ce que confirme la désignation de *Sinf^{a}* qu'il a ajoutée au titre; malheureusement, le document ne précise ni la nature, ni l'identité de l'œuvre que devait introduire le concerto.

Certains manuscrits ne posent par contre aucun problème à ce sujet, le titre de l'opéra étant inscrit au début de l'ouverture qui précède la partition: *La Dorilla* (manuscrit non autographe; le titre de l'opéra est ajouté par Vivaldi) et *Il Giustino.* L'intégralité des manuscrits et la cohérence des fascicules sont encore plus certains pour ce qui concerne les deux partitions dont les titres sont inscrits à la fois au début de la sinfonia et du premier acte: *Arsilda Regina di Ponto* et *Farnace* (manuscrit partiellement autographe; Vivaldi a personnellement ajouté le titre au début de l'ouverture).

Contrairement à ses habitudes pour les indications initiales des actes II et III, lesquels commencent normalement par les mots *Atto Secondo* [*Terzo*] et *Scena Prima* suivis des noms des personnages, le manuscrit qui renferme l'*Atto Secondo* de *La Virtù trionfante dell'amore e dell'odio overo Il Tigrane,* est introduit par le titre *Il Tigrane* et par l'indication *Musica del Viualdi.* Ce procédé s'explique par le fait que Vivaldi n'a écrit que le second acte de l'opéra, les deux autres étant composés par Benedetto Micheli (I) et Nicola Romaldi (III). Exceptionnellement, Vivaldi a répété, au début du second acte, le titre de l'opéra *Rosmira Fedele.*

A ces diverses partitions d'opéra dont les indications initiales, en dépit de leurs apparences manifestement dissemblables, assurent que les textes musicaux nous soient parvenus complètement pour ce qui concerne les sections vocales, se joint enfin un manuscrit qui commence par l'indication *Atto Secondo / Scena Prima* sans le titre de l'œuvre; c'est le manuscrit de *Catone in Utica* qui nous est transmis sans le premier acte et sans l'ouverture éventuelle. Le retranchement de ces deux sections remonte au XVIIIe siècle, ce que confirme le texte de la page de séparation qui en précède la partition (voir p. 38, Foà 38).

b. Les indications terminales

Pour marquer la fin d'une composition Vivaldi s'est servi, en général, de deux genres d'indications différentes: 1) le prolongement sinueux des doubles barres finales, et 2) les mots *Finis* ou *Fine,* complétés selon les circonstances par quelque indication supplémentaire *(dell'Atto Primo,* etc.). Il n'a pas été possible, jusqu'à présent, de déterminer si l'emploi des deux termes de *Finis* et de *Fine* est lié à une époque plus ou moins précise ou à certaines œuvres. Les difficultés que soulèvent une telle analyse remontent pour la plupart au fait que Vivaldi très souvent a écrit les mots si hâtivement qu'ils se présentent fréquemment sous une forme plus ou moins abrégée: *Fin, Fi* ou simplement la lettre *F* laquelle est souvent même remplacée par un trait de plume rapide *(paraphe).* De même, il paraît très difficile d'établir si Vivaldi a employé l'une et l'autre de ses indications terminales suivant certaines règles, car bien que l'une d'elles soit suffisante pour désigner, à elle seule, la terminaison d'une œuvre et se trouve effectivement isolée à la fin d'un assez grand nombre de manuscrits, il a pourtant très fréquemment inscrit les deux à la fois. Cependant, malgré l'impression de fortuité à ce propos, on semble pouvoir observer que la nature des indications terminales souvent est déterminée par la façon dont s'achève la partition du finale d'une composition.

Comme on le verra plus loin, les manuscrits du compositeur vénitien ne contiennent pas toujours la totalité des sections à jouer; souvent – et notamment à la fin des mouvements – il s'est contenté d'indiquer la reprise d'une section antérieure. Ceci est évidemment le cas dans les multiples airs avec *da capo,* dont seules les deux premières sections sont écrites, tandis que le *da capo,* reprise de la première section, suivant les habitudes de l'époque n'est désigné que par les lettres *D. C.* Il en est de même pour ce qui concerne une très grande quantité de mouvements de concertos instrumentaux; fréquemment, la partition de ceux-ci s'achève par le dernier solo, le tutti final qui n'est autre que la reprise intégrale ou partielle du tutti initial étant simplement désigné de manière analogue. Il convient d'ajouter que, sans égard à la présence de ces renvois, chaque mouvement s'achève toujours par une double barre ordinaire, inscrite à la suite de l'accord final ou de la note de raccord (voir au sujet de ce dernier terme p. 204).

La fin des compositions qui s'achèvent par un mouvement duquel l'écriture comporte toutes les sections à jouer – dont la partition, autrement dit, se termine par l'accord final désigné par un point d'orgue – est normalement indiquée par le prolongement sinueux des doubles barres, indication qui n'apparaît effectivement qu'à la fin des compositions. Inversement, lorsque le mouvement final s'achève par le renvoi à une section antérieure, la fin de la composition est souvent marquée par le seul mot *Fine (Finis)* ou par les inscriptions qui en sont dérivées. Voir planches 5 et 28.

A ces observations on trouve cependant de si nombreuses exceptions qu'il serait injuste d'y voir des habitudes ou des règles générales. Il existe ainsi plusieurs œuvres dont le finale s'achève par un *da capo* mais dont les manuscrits comportent pourtant soit les deux indications à la fois, soit le seul prolongement des doubles barres: RV 327, 350, 470, 545, etc. De même, bien que la composition sans titre RV 687 s'achève par un *Duo* avec *da capo,* la fin en est marquée par les deux indications terminales. Par contre, d'autres manuscrits – tels que ceux des concertos RV 250, 454, etc. ou celui du psaume 115, *Credidi propter quod,* RV 605 – qui se terminent par l'accord final ne comportent que l'autre indication: *Fine, Finis,* paraphe, etc. Enfin, la terminaison des introductions aux grandes œuvres vocales liturgiques (RV 635 à 642) est désignée parfois par une indication exceptionnelle, qui correspond toutefois à la nature de l'œuvre: *Segue Miserere* (RV 638), *Subito Dixit* (RV 636), etc.; mais parmi ces compositions on trouve d'autre part aussi l'indication *Finis* (RV 635, 642).

En raison du fait que les indications terminales, contrairement aux inscriptions situées au début d'une œuvre, ne doivent accomplir qu'une seule fonction, il est assez facile de comprendre que Vivaldi, dans plusieurs manuscrits, a négligé – vraisemblablement par simple distraction – de les inscrire. L'absence des indications qui marquent la fin des compositions oblige cependant par principe à soulever la question de l'intégralité des documents: elle peut en effet, dans certaines circonstances, être un indice de lacunes.

Comme il a déjà été affirmé, un certain nombre de partitions autographes sont suivies d'une ou de plusieurs pages inutilisées. Etant donné que Vivaldi normalement a disposé ses partitions de telle sorte qu'un minimum d'espace sépare les mouvements les uns des autres, il est logique de penser qu'il eût commencé l'écriture d'un mouvement subséquent sur les pages encore disponibles qui se trouvent à la suite du dernier mouvement qui nous est parvenu. C'est ainsi qu'il y a lieu de regarder les manuscrits qui s'achèvent sans indications terminales mais qui comportent une ou plusieurs pages laissées en blanc comme complets. Parmi les nombreux exemples de documents qui ne soulèvent aucun doute pour ces raisons il suffira de signaler les manuscrits de quelques œuvres: RV 295 (une page inutilisée), RV 399 (3 pages), RV 527 (2 pages), RV 560 (5 pages), RV 664 (2 pages). Il en est de même pour les manuscrits dont la fin du dernier mouvement qu'ils renferment est inscrit au verso de l'ultime folio: lorsqu'elle est suivie de portées inutilisées, suffisamment nombreuses pour contenir le début d'un mouvement subséquent, il est raisonnable de croire qu'il s'agit d'un document sans lacunes. Encore une fois, il suffira de mentionner quelques manuscrits dont l'intégralité des œuvres se voit assurée par ces indices: RV 287 (la fin du troisième mouvement est inscrite aux cinq portées supérieures, les cinq portées inférieures sont inutilisées), RV 481 (même observation), RV 655 (huit portées qui auraient pu contenir quatre accolades à deux portées sont inutilisées).

Pour ce qui concerne les manuscrits qui ne s'achèvent ni par une indication terminale, ni par un espace assez ample pour renfermer le début d'un mouvement subséquent éventuel, l'intégralité du document doit par principe être mise en doute. Le plus souvent il suffit cependant d'étudier la structure des compositions pour se faire une idée de l'état dans lequel elles sont transmises. A titre d'exemple, le manuscrit du concerto pour basson RV 475 qui s'achève sans indications terminales, à l'accolade inférieure inscrite au verso du dernier folio, peut théoriquement avoir été suivi d'un ou de plusieurs mouvements, mais cela s'opposerait à la forme habituelle du concerto vivaldien. En l'occurence, les trois mouvements (désignés par *All° non molto, Ad°* et *All° non molto)* paraissent former une entité sans lacunes; voir planche 23.

Particulièrement intéressants sous ce rapport sont les manuscrits des deux concertos pour basson qui sont désignés comme incomplets par les auteurs des anciens catalogues. Le premier, RV 468, ne comporte effectivement qu'un Allegro molto et un Andante, et l'autre, RV 482, ne se compose que d'un

Allegro molto. Etant donné cependant que les deux manuscrits s'achèvent par une page inutilisée, sur laquelle le compositeur aurait écrit le début du finale de l'un et du mouvement lent de l'autre, il est bien plus vraisemblable que Vivaldi ait abandonné les deux œuvres avant de les achever. Qu'il s'agisse ainsi non pas de compositions incomplètes mais d'œuvres *inachevées* est d'une certaine manière corroboré par la dernière accolade du mouvement RV 482. Celle-ci est à cinq portées mais ne comporte que les parties de basson et de basse continue; pourtant, contrairement à ses propres habitudes graphiques, Vivaldi a négligé d'inscrire les barres de mesure aux portées des violons et des altos: arrivé à la fin du mouvement, il avait probablement déjà pris la décision de ne pas achever la composition.

Il existe enfin un petit nombre de partitions dans lesquelles Vivaldi a marqué la fin de mouvements qui ne sont pas les derniers des manuscrits par des indications terminales. Ceci s'oppose manifestement aux habitudes du compositeur et mérite une attention particulière. Pour quelques manuscrits, ces indications terminales extraordinaires sont des indices importants pour l'étude de la formation des textes musicaux et elles seront donc analysées plus loin sous ce rapport (RV 19, 25, 400, etc.). Dans d'autres cas, il est évident que Vivaldi a dû inscrire les indications en question, situées à la fin du premier mouvement d'une œuvre, par simple erreur. C'est sans doute ainsi par distraction qu'il a achevé l'Allegro initial du concerto pour violon RV 321 par le prolongement sinueux des doubles barres finales et par le mot *Fi* qu'il a rayé, vraisemblablement immédiatement après l'avoir écrit. De même, il y a lieu de supposer que le prolongement des doubles barres à la fin du premier mouvement du concerto pour viole d'amour RV 397 soit une méprise de la part du compositeur.

c. Numérotation des fascicules (signatures)

Les compositions d'une certaine longueur sont contenues, comme on l'a déjà vu, dans des manuscrits qui par nécessité se composent de plusieurs fascicules. Vivaldi a certainement lui-même envisagé les problèmes que pourrait susciter un nombre trop encombrant de cahiers: afin d'en assurer l'ordre exact, il les a parfois numérotés en inscrivant un petit chiffre – la signature – sur la première page de chacun d'eux; les signatures sont toujours inscrites en haut, soit à droite, soit à gauche.

A titre d'exemple, les fascicules du manuscrit qui renferme le grand concerto RV 569 sont numérotés de 1 à 8:

Fascicule n°	1	fol. 104–107	comporte le titre en première page
	2	fol. 108–111	
	3	fol. 112–115	
	4	fol. 116–119	renferme la fin du 1er mouvement, le 2e mouvement et le début du finale
	5	fol. 120–123	
	6	fol. 124–127	
	7	fol. 128–131	
	8	fol. 132–133	feuille double contenant les 5 dernières mesures du finale qui se termine par le prolongement sinueux des doubles barres et par le mot *Finis*.

L'importance des signatures est évidente: elles permettent en effet de constater, par exemple, que le manuscrit Foà 28, fol. 26–58 qui renferme l'introduction au Gloria RV 639 et le *Gloria* RV 588 – manuscrit dont le premier fascicule, comme on l'a vu plus haut (voir p. 43), par inadvertance avait été situé à la fin du document – non seulement a été remis à l'état correct, mais ne présente en plus aucune lacune.

Bien que l'on trouve ces numéros d'ordre dans plusieurs autres manuscrits de compositions instrumentales – tels que ceux des concertos RV 581, 582, 564 – ils ont naturellement avant tout été inscrits dans les documents qui contiennent les très grandes œuvres vocales: opéras, *serenate*, psaumes, l'oratorio, etc. Cependant, il faut noter que Vivaldi a suivi des principes différents en numérotant les fascicules de ses manuscrits.

Premièrement, il a parfois négligé de numéroter le premier fascicule d'un manuscrit de telle sorte que le premier chiffre inscrit est le *2*. C'est par exemple le cas du manuscrit qui contient le concerto pour violon RV 257 dont seuls les deux derniers fascicules comportent la signature (*2* au fol. 312 et *3* au fol. 314). On trouve le même procédé appliqué dans plusieurs partitions d'opéra.

Deuxièmement, le ou les fascicules qui renferment l'ouverture des grandes œuvres vocales dramatiques ne sont jamais numérotés. La numérotation des fascicules – que le chiffre *1* soit écrit ou non – commence au premier fascicule des mouvements vocaux (récitatif ou chœur initial), c'est-à-dire, dans une partition d'opéra, à la scène 1 du premier acte. Il n'y a donc pas moyen, par l'intermédiaire de ces indications, de déterminer si un opéra qui nous est transmis sans ouverture en a été privé par accident ou si l'œuvre doit réellement commencer sans introduction instrumentale.

Troisièmement, la numérotation des grandes œuvres vocales qui sont subdivisées en plusieurs sections (actes ou *parte*) recommence au début de chaque section, ce qui est confirmé par la présence d'indications terminales inscrites à la fin de chacune d'elles (*Fine dell'atto Primo*). La partition complète d'un opéra se compose ainsi en réalité non pas d'*un* mais de *quatre* manuscrits: le premier renferme l'ouverture et les trois autres contiennent chacun un acte. Mais étant donné que les fascicules appartenant à une seule partition de la sorte sont désignés par les mêmes numéros et que l'ordre n'en est pas fixé de telle manière qu'une confusion soit exclue, Vivaldi a en plus indiqué, dans quelques manuscrits, de quelle section chaque fascicule doit faire partie: les signatures sont parfois soulignées d'*un* trait pour les fascicules appartenant au premier acte, de *deux* traits pour ceux qui font partie du second acte, etc. On trouve ce procédé appliqué dans plusieurs partitions d'opéra, telles que *La Fida Ninfa* ou *Catone in Utica* (dont le premier acte toutefois a disparu).

De toute évidence, une telle distinction précise entre les diverses sections d'une composition n'apparaît que dans les manuscrits les plus longs. Aussi, le document cité plus haut, RV 569, est-il particulièrement intéressant: les signatures des huit fascicules sont soulignées chacune de trois traits, ce qui laisse supposer que le manuscrit, à une certaine époque, a été le troisième d'une collection; le titre de l'œuvre transforme la supposition en certitude: *Con^{to} 3°*. (Malheureusement, les deux compositions qui l'ont précédé n'ont pas jusqu'à présent pu être identifiées parmi les manuscrits actuellements connus.)

Les exemples de numérotation des fascicules cités plus haut ont ceci de commun qu'ils sont tous fort simples et plus ou moins réguliers; de ce fait les signatures ont été particulièrement aptes à fixer l'ordre des cahiers à l'intérieur des divers manuscrits et d'en établir l'intégralité. D'autres documents présentent par contre, à cet égard, un certain désordre qui remonte notamment, semble-t-il, aux différentes transformations dont les compositions ont été l'objet de la part de leur auteur. Les fascicules supplémentaires ajoutés aux manuscrits et renfermant soit une nouvelle version d'un mouvement, soit un morceau qui doit être inséré dans le texte déjà écrit, ne sont pas numérotés ou autrement désignés; d'autre part, les signatures primitives sont conservées malgré les transformations du manuscrit, si bien qu'il nous est impossible de constater par l'intermédiaire des numéros la disparition éventuelle d'un fascicule supplémentaire.

Le manuscrit de l'oratorio *Juditha Triumphans* est à ce propos fort intéressant. Comme on l'a vu plus haut, le document a peut-être compris d'origine un fascicule renfermant une sinfonia, mais à cela s'ajoutent d'autres lacunes éventuelles. La composition est divisée en deux parties, inscrites dans deux manuscrits: Foà 28, fol. 209–253 et fol. 254–302. Le premier se compose, à l'état primitif, de neuf fascicules numérotés en haut à droite de 1 à 9, mais

Vivaldi a par la suite ajouté trois nouvelles sections. Les fol. 217–219 (plus une bande de papier) sont un fascicule renfermant une nouvelle composition de l'air de Vagaus «Matrona inimica te quævit» que Vivaldi a écrite spécialement *Per la Sig*^{ra} *Barbara*. Sans signature, le fascicule se trouve inséré entre les deux premiers folios de celui qui contient la version primitive de l'air, fol. 216 et 220, emplacement parfaitement logique. Inversement, l'autre composition refaite pour la même cantatrice, l'air de Vagaus «O, Servi, volate et Domino», inscrit aux fol. 247–248, semble être déplacé, car on le trouve inséré dans le fascicule qui contient l'air de Juditha «Veni, veni, me sequere» et non pas dans celui qui renferme la version primitive, plus exactement entre les fol. 238 et 239. De caractère différent apparaît enfin l'air «Quamvis ferro et ense» inscrit, d'une écriture plus hâtive que le reste du manuscrit, dans un fascicule supplémentaire, fol. 241–244, inséré entre le récitatif «Tu quoque Ebraica ancilla» (fol. 240) et l'air de Juditha «Veni, veni, me sequere» (fol. 245). Cette composition ajoutée n'est apparemment pas destinée à remplacer une version antérieure de l'air, mais par l'intermédiaire du livret on constate qu'elle doit interrompre le récitatif «Quem vides prope» (fol. 227); en effet, à la 8e mesure du récitatif, Vivaldi a indiqué *Aria p Vagao*. Mais étant donné que l'air ainsi ajouté ne comporte aucune indication permettant d'en fixer l'emplacement, il y a lieu de supposer que Vivaldi l'a situé dans le manuscrit de telle sorte qu'il puisse être facilement repéré, mais qu'il ait par la suite, sans doute par accident, été déplacé. Bien que Vivaldi n'ait pas inscrit, au début de cet air ajouté, le nom de Barbara, c'est pourtant vraisemblablement pour elle qu'il l'a composé puisqu'il est chanté, comme les deux versions refaites, par le personnage de Vagaus.

Le second manuscrit qui renferme la *Pars Altera* de l'oratorio se compose de onze fascicules très régulièrement numérotés de 1 à 11; pourtant, malgré cette régularité – ou plutôt à cause d'elle – il nous est impossible d'interpréter exactement les indications que Vivaldi a inscrites à la fin de l'air «Si fulgida per te»: *Ozias* et *O mirabilis Deus*. Selon le livret le personnage d'Ozias doit, à la suite de l'air cité, chanter un récitatif dont les premières paroles sont effectivement «O mirabilis Deus in servis suis» et un air «Ridete in Monte, Vigete in Prato». De toute évidence, les indications du manuscrit se rapportent à ces deux mouvements, mais la question est de savoir d'une part si Vivaldi les a composés – ce qu'il aura fait, le cas échéant, à une certaine époque après l'achèvement de la version primitive de l'oratorio – et d'autre part à quel endroit ces deux mouvements ont été situés dans le manuscrit. La numérotation des fascicules ne comporte en effet aucun indice permettant d'avancer une réponse à ces deux questions.

La numérotation des fascicules de quelques manuscrits présente enfin un certain désordre qui soulève automatiquement la question de la cohérence des cahiers, laquelle doit être assurée par la mise en œuvre de méthodes différentes. Quelques exemples de partitions d'opéra apparemment très irrégulières seront signalés plus loin.

Signalons pour terminer que l'emplacement des signatures peut s'avérer d'utilité pour l'étude de la question de la chronologie. Dans les partitions d'opéra datant des premières années – *Ottone in Villa* (1713), *Arsilda Regina di Ponto* (1716), *La Verità in Cimento* (1720) et d'autres – elles sont normalement écrites en haut à droite, mais à partir d'environ 1727, semble-t-il, on les trouve en haut à gauche; c'est en effet à cet endroit que Vivaldi les a inscrites dans les partitions d'*Orlando furioso* (1727), de *La Fida Ninfa* (1732), de *L'Olimpiade* (1734), de *Catone in Utica* (1737) et dans la partition incomplète de *Farnace* datée de 1738.

d. Nombre des mesures

Une indication de caractère apparenté à la numérotation des fascicules se trouve dans quelques manuscrits où Vivaldi, pour des raisons probablement différentes, s'est donné la peine de compter et de noter le nombre des mesures que comprennent les mouvements d'une œuvre. Ces chiffres sont évidemment d'importance considérable pour la détermination de l'intégralité des textes musicaux; comme on en verra quelques exemples dans la Troisième Partie, ils permettent en outre parfois de tirer des conclusions intéressantes au sujet de la formation des œuvres. Pourtant, les chiffres en question ne doivent pas être mis en jeu sans prudence, car Vivaldi a appliqué plusieurs procédés en comptant les mesures.

Dans la partition du concerto pour orchestre RV 151 il a ainsi inscrit, à la fin du manuscrit, le chiffre 128 qui est le nombre total des mesures des trois mouvements: le premier en comprend 60, le second 16 et le finale se compose de deux reprises de respectivement 19 et 33 mesures, soit en tout 128 mesures notées. Ce qui rend ce manuscrit digne d'être mentionné, c'est le fait qu'il constitue une exception aux habitudes vivaldiennes telles qu'on les trouve appliquées dans les autres partitions qui contiennent ces chiffres. En effet, Vivaldi a normalement inscrit le nombre de mesures à la fin de chaque mouvement individuel.

Pour les mouvements qui sont écrits sans abréviations (notamment sans *da capo)* les chiffres ne posent aucun problème immédiat. Les trois chiffres que Vivaldi a inscrits, par exemple, à la fin des mouvements dont se compose le concerto pour violon RV 248 confirment que l'œuvre nous est parvenue sans lacunes: le premier Allegro, dont la partition renferme plusieurs corrections des barres de mesure, comporte 129 mesures, chiffre que le compositeur a inscrit à la fin du mouvement; l'exactitude de ce chiffre est d'autant plus certaine que Vivaldi avait d'abord écrit le nombre 130 qu'il a corrigé sans doute après vérification; de même, le second et le troisième mouvements comprennent respectivement 46 et 148 mesures, nombres qui sont confirmés par les chiffres inscrits à la suite des barres finales des partitions. Le mouvement médian du concerto est particulièrement intéressant, car il comprend cinq sections dont les tempos changent: *Largo* mes. 1–6, *Presto* mes. 7–24, *Adagio* mes. 24–31, sans indication *(Presto?)* mes. 32–41 et *Adagio* mes. 42–46. Les chiffres qui sont inscrits dans le manuscrit du *Kyrie* en double chœur RV 587 soulèvent à ce propos un petit problème; ils semblent indiquer que, pour Vivaldi, l'œuvre se compose de quatre mouvements: 1) *Kyrie eleison* de 74 mesures, 2) *Christe eleison* de 66 mesures, 3) *Kyrie eleison (Adagio)* de 7 mesures et 4) *Kyrie eleison (Allegro)* de 46 mesures. Cependant, la subdivision du dernier *Kyrie* n'est pas chose certaine. Comme on en verra plus bas un exemple, Vivaldi a parfois noté, dans des mouvements composés de plusieurs sections aux rythmes et aux tempos variés, le nombre de mesures dont chacune d'elles se compose. Malgré la présence d'une double barre à la fin du second *Kyrie* de 7 mesures la section doit sans doute être regardée comme part intégrale du mouvement vif[20].

Les mouvements qui sont écrits en notation abrégée (voir pp. 187–239) – dont les partitions, autrement dit, s'achèvent par un renvoi à une section antérieure – soulèvent quelques difficultés parce que Vivaldi a appliqué plusieurs procédés pour en compter les mesures.

Les répétitions indiquées par les doubles barres de reprise sont généralement négligées pour le dénombrement, ainsi qu'en témoigne par exemple le chœur «Dell'Eusino con aura» du premier acte de *Farnace,* scène 3: la partition comprend au total 26 mesures (10 plus 16) et Vivaldi a inscrit ce chiffre à la fin du mouvement. De même, bien que le second mouvement du concerto RV 106 comprenne 64 mesures à l'exécution, Vivaldi a inscrit le chiffre 32 puisqu'il n'a compté que celles dont se compose la partition: 12 mesures pour la première section et 20 pour la seconde.

Dans les airs avec *da capo* il semble en règle générale n'avoir tenu compte que des mesures écrites. A la fin du premier air de l'introduction au Dixit RV 636 il a inscrit le chiffre 103 qui correspond au nombre de mesures de la partition; mais à l'exécution le mouvement en comprend 189, car aux 103 mesures écrites se joignent les 86 mesures qui constituent le *da capo.* Dans la cantate RV 684 on trouve la même chose: le second air, par exemple, comporte 130 mesures notées, mais comme les 108 premières mesures doivent être répétées, le mouvement en comprend réellement 238. Dans le premier air de la même composition Vivaldi a agi un peu différemment: il a noté le nombre des mesures à la fin des deux sections dont se compose le mouvement, *Larghetto* $\frac{4}{4}$ de 27 mesures et *Andante molto* $\frac{3}{8}$ de 31 mesures; à la fin, il a prescrit la reprise d'une partie seulement du *Larghetto (D. C. al Segno* ⁂ *)*, si bien que l'air à l'exécution comprend 80 mesures au total.

Pour la musique instrumentale Vivaldi n'a pas agi avec la même régularité que celle qu'il a mise en œuvre pour les compositions vocales. Souvent, les chiffres qui sont inscrits à la fin des mouvements de concertos avec *da capo* comprennent les sections qui ne sont pas écrites. C'est en effet ainsi qu'il a compté les mesures dans les manuscrits des concertos pour violon RV 350 et 330 dont les documents, comme on l'a vu plus haut, sont irréguliers, les fascicules et les folios étant situés en ordre discontinu. La fin des deux mouvements vifs de chacun de ces concertos comporte un renvoi au tutti initial, mais les chiffres inscrits correspondent aux nombres de mesures qu'ils comprennent au total, y compris celles des reprises. L'existence de ces chiffres a permis de déterminer que les manuscrits en question, malgré leurs irrégularités, sont parvenus jusqu'à nous sans lacunes et que l'ordre exact des folios et des fascicules a pu être rétabli.

Bien que ce procédé de dénombrement paraisse être le plus fréquent pour les partitions d'œuvres instrumentales on trouve pourtant des chiffres qui ne comprennent que les mesures écrites, suivant donc l'exemple de la musique vocale.

La nécessité de vérifier soigneusement ces indications est soulignée notamment par l'existence d'un certain nombre de manuscrits qui présentent quelques irrégularités et inexactitudes d'origine différente. Dans par exemple le manuscrit du concerto pour violon RV 171, le finale, Allegro non molto en $\frac{4}{4}$ comprenait originellement 77 mesures auxquelles s'ajoute la reprise de trois mesures du tutti initial, soit 80 mesures au total. A la fin du mouvement Vivaldi a inscrit ce chiffre, mais il a dû observer par la suite une erreur dans la notation musicale: 25 mesures étaient écrites à la mesure de $\frac{2}{4}$. Il a corrigé l'erreur en rayant une barre de mesure sur deux et en indiquant la répétition d'une mesure, si bien que les 25 mesures sont réduites au nombre de 13. Le mouvement ne comporte donc, en fin de compte, que 68 mesures, y compris celles de la reprise, mais le compositeur n'a pas rectifié le chiffre 80 qu'il avait inscrit à la fin du mouvement. De telles corrections du texte musical effectuées après l'inscription du nombre de mesures apparaissent dans quelques partititions où elles ont cependant une signification différente de celle de l'exemple cité. Les conclusions importantes que l'on peut tirer de ces partitions concernent notamment la question de la formation des œuvres et seront donc développées dans la Troisième Partie.

Comme l'exemple cité en témoigne, il arrive d'autre part que Vivaldi a écrit une mesure à deux temps dans un mouvement de $\frac{4}{4}$, incident qui se produit en général à la fin d'une accolade. Lorsque l'espace n'est pas suffisant pour renfermer une mesure complète, il n'en a écrit que la première moitié et a inscrit habituellement l'autre moitié à l'accolade suivante. Mais dans plusieurs cas il semble avoir oublié qu'il devait reprendre la suite d'une mesure inachevée et a écrit une mesure complète à quatre temps. (Souvent il s'est aperçu de l'erreur et l'a corrigée en ajoutant de nouvelles barres de mesure et en rayant celles qui étaient tracées primitivement. C'est manifestement ce qui est arrivé à la fin du premier mouvement du concerto pour violon discordé RV 391: le rythme des 15 dernières mesures qui suivaient une mesure à deux temps est de cette manière ramené à l'état correct et l'accord final, noté originellement en rondes, est simplement transformé en blanches.) Cependant, il lui est arrivé d'oublier – ou de laisser volontairement – une mesure à deux temps. Dans le manuscrit du concerto pour violon RV 389 où l'on trouve de nombreux exemples de mesures écrites sur deux portées consécutives (fol. 69r, 1e et 2e accolade; même page, 2e accolade et fol. 69v, 1e accolade; fol. 70v, 1e et 2e accolade; etc.) la page qui renferme la fin du mouvement initial commence ainsi par une mesure à deux temps qui suit une mesure complète à quatre temps (fol. 72v et 73r). En indiquant, à la fin du mouvement, le nombre de mesures, 80 (encore une fois ce chiffre n'inclut pas la reprise de trois mesures du tutti initial), Vivaldi a confirmé qu'il ne s'agit pas d'une erreur – ou tout au moins qu'il a laissé telle quelle la mesure.

Bien que les chiffres indiquant le nombre de mesures de chaque mouvement soient souvent, comme le démontrent les quelques exemples cités, de valeur considérable pour déterminer l'état des documents, ils soulèvent pour certaines partitions inversement des problèmes fort compliqués. A cause des questions particulières que posent les concertos RV 273 et RV 346, les études en sont remises à plus loin (pp. 405ss et 217s); par contre il convient de voir ici la partition du concerto pour deux violons et deux violoncelles RV 575.

Le problème que pose ce document consiste à savoir si le premier mouvement, Allegro en $\frac{4}{4}$, sans *da capo,* est complet ou si la discordance entre le nombre réel de mesures et le chiffre indiqué à la fin témoigne d'une lacune éventuelle du manuscrit. Pour commencer, il faut noter que Vivaldi, sans doute quelque temps après l'écriture du manuscrit, a ajouté un chiffre au seul mouvement initial et non pas, comme on le trouve le plus souvent, à la fin de chaque mouvement d'une composition. Le chiffre en question, 97, s'oppose d'une manière frappante au nombre réel de mesures, à savoir 83 ou plus exactement $82\frac{1}{2}$ puisque la première mesure du fol. 139r (mes. 68 du mouvement) n'a que deux temps. Comme le démontrent les exemples précédents, la présence d'une telle mesure n'est pas chose extraordinaire; ce qui surprend ici, c'est la brièveté du tutti auquel appartient la mesure en question. Il ne comprend, en effet, que trois mesures et à cela s'ajoute que deux motifs différents, dérivés du tutti initial, se succèdent brusquement:

Exemple 1

La juxtaposition de divers motifs est très caractéristique pour la construction des tuttis dans le concerto vivaldien (voir pp. 188ss), mais en l'occurrence chacun d'eux paraît être incomplet. Le premier, mes. 66 et 67, est le début d'un développement qui est sensiblement plus ample dans les autres tuttis du mouvement (mes. 1–5, 27–31, 51–53), et le second semble au contraire être la fin d'une marche harmonique qui apparaît plus ou moins complètement aux mes. 11–15, 54–56 et 79–83. La disparition éventuelle d'une feuille située entre les fol. 138 et 139, renfermant au début la suite de la mes. 67 et à la fin la première partie de la marche harmonique qui se termine par les deux premiers temps de la mes. 68 actuelle, est une supposition qui se voit même étayée par la structure du manuscrit. Le mouvement initial est inscrit dans un fascicule de 6 folios auxquels s'ajoute une feuille supplémentaire, fol. 135, collée sur la feuille suivante. Chaque folio contient, dans le présent manuscrit, de 12 à 16 mesures et rien n'empêche donc, semble-t-il, que les 14½ mesures constituant la suite du texte musical inscrit au verso du fol. 138 aient été inscrites sur une autre feuille supplémentaire disparue. A cette supposition s'oppose cependant la structure musicale du mouvement. Celui-ci se compose de cinq tuttis et de quatre solos disposés selon le schéma suivant:

Tutti I	sol majeur	mes. 1–15	14½ mesures
Solo I		mes. 15–27	
Tutti II	ré majeur	mes. 27–36	8½ mesures
Solo II		mes. 36–50	

Tutti III	si mineur	mes. 51–58	7½ mesures
Solo III		mes. 58–66	
Tutti IV	sol majeur	mes. 66–69	3 mesures [½, 1, ½]
Solo IV		mes. 70–78	
Tutti V	sol majeur	mes. 78–83	5½ mesures

Etant donné que la section éventuellement perdue a dû être située à l'intérieur du tutti IV, celui-ci aurait compris environ 17½ mesures, ce qui l'aurait rendu plus long que le tutti initial; une telle disposition de la matière est cependant invraisemblable. Que la section perdue, d'un autre côté, se soit composée d'un solo encadré de deux tuttis ne paraît pas non plus probable, parce que le mouvement se serait terminé par trois tuttis en sol majeur et que le solo en question aurait été extraordinairement bref. Quoi qu'il en soit, la documentation actuellement connue ne fournit aucune solution à l'énigme que soulève ainsi le nombre de mesures que Vivaldi a inscrit.

C'est la même conclusion qu'il faut tirer de l'étude du manuscrit qui contient le concerto pour violon RV 328. Les trois mouvements sont notés sans *da capo* et comportent respectivement 102, 14 et 200 mesures, mais les chiffres indiqués sont 99, 14 et 98. Le désaccord ne s'explique pas facilement: dans le premier mouvement il peut s'agir d'un mécompte de la part de Vivaldi, mais pour le finale la différence entre les 200 mesures et le chiffre 98 est trop considérable pour remonter à une simple inattention.

e. Caractère général des partitions et des manuscrits

Aux diverses inscriptions analysées ci-dessus se joignent enfin nombre d'indices plus ou moins individuels à un manuscrit dont l'étude s'avère parfois avantageuse pour en déterminer l'état. De nature relativement variée et échappant dans certaines circonstances à la description objective, ces indices concourent à l'aspect général du document. Quelques exemples suffiront pour en démontrer le caractère.

Dans le manuscrit du concerto pour violoncelle RV 401, où le finale est séparé du mouvement lent par une page inutilisée – circonstance qui soulève comme on l'a vu la question de la cohérence des fascicules – l'unité du document ressort de la notation très particulière de la partition. Au lieu d'écrire, suivant ses habitudes, la partition en accolades à cinq portées, Vivaldi a pour une raison quelconque choisi une disposition différente: chaque accolade ne comprend que quatre portées, à savoir les violons I (clef d'ut_1), les violons II et les altos à l'unisson (clef d'ut_3), le violoncelle solo (clef d'ut_4) et la basse continue (clef de fa). Puisque cette notation insolite apparaît dans chacun des trois mouvements du concerto, mais ne figure dans aucun autre manuscrit autographe connu, on peut conclure que le dernier fascicule, dont le caractère graphique est par surcroît identique à celui des sections précédentes, fait bien partie du même manuscrit.

De même, les divers degrés de l'évolution de la graphie vivaldienne semblent permettre d'établir que certains fascicules situés de suite forment une entité. C'est ainsi notamment par l'intermédiaire de critères graphiques qu'il paraît justifié de regarder les ouvertures d'opéras désignées par le seul mot *Sinfonia* comme part intégrale des partitions qu'elles précèdent actuellement. En effet, les innombrables détails qui caractérisent les partitions des *Sinfonie* situées au début des manuscrits de par exemple *Ottone in Villa* ou *L'Olimpiade* se retrouvent dans les partitions des ces mêmes œuvres; il paraît de ce fait légitime de considérer ces introductions instrumentales comme les ouvertures des opéras cités.

En qualité de moyen de vérification l'aspect général des manuscrits comporte toutefois de nombreuses faiblesses et ne doit pas être mis en œuvre sans la plus grande prudence. Il y a pour cela deux raisons.

D'un côté, certains manuscrits présentent une apparence fort hétérogène qui doit soulever automatiquement le doute au sujet de la cohérence des feuilles et des fascicules dont il se compose. Le manuscrit du concerto pour orchestre RV 150 est à ce propos fort instructif: il comprend d'une part une double feuille, fol. 154–155, mesurant ca. 23,0 × 31,5 cm, laquelle renferme le premier mouvement. Elle est suivie, d'autre part, de la seconde moitié d'un fascicule qui comprenait à l'orgine six folios. Les trois premiers sont retranchés (les bandes de papier se situent devant la double feuille), et les trois feuilles qui subsistent, fol. 156–158, mesurant ca. 23,0 × 28,0 cm, contiennent les deux derniers mouvements. Outre les dimensions différentes et les qualités dissemblables du papier, ces deux sections du manuscrit présentent une considérable divergence pour ce qui concerne la graphie de Vivaldi et la couleur d'encre, si bien qu'il faut conclure que les textes ont été écrits à des époques différentes. Il est donc théoriquement possible qu'il s'agisse de fragments provenant de deux manuscrits différents et situés, par le jeu du hasard, l'un après l'autre dans le volume Giordano 29. Cette dernière supposition se voit toutefois réfutée par l'existence d'une autre source de la même œuvre: le onzième concerto du recueil non autographe de 12 concertos pour orchestre à la Bibliothèque Nationale à Paris se compose des mêmes mouvements[21].

De cet exemple on peut donc couclure qu'un manuscrit, malgré son apparence irrégulière, peut constituer une entité; mais cette observation n'autorise naturellement pas de négliger la question de la cohérence des fascicules aux aspects dissemblables, ce dont témoigne par exemple le manuscrit du concerto pour orchestre RV 126. Alors que les deux mouvements vifs sont entièrement autographes, la partition du mouvement lent, qui est inscrite sur les trois premières pages d'une double feuille ajoutée au manuscrit (fol. 24–25), est écrite de deux mains différentes: Vivaldi a personnellement inscrit le début jusqu'à la mes. 11 et quelque copiste a écrit la suite du mouvement. Les dimensions de la double feuille, ca. 23,5 × 31,0 cm, s'opposent à celles des feuilles qui renferment les deux mouvements vifs, ca. 23,0 × 31,0 cm. A ces divergences s'ajoute enfin le ton du mouvement médian dont le sol mineur paraît fort singulier dans un concerto vivaldien en ré majeur. Pour cette composition aucune autre source n'a été retrouvée qui puisse en confirmer l'authenticité. On ne peut donc pas exclure que l'Andante ait été copié pour entrer dans une autre partition et par erreur situé entre les deux mouvements vifs du concerto RV 126; dans ce cas la composition serait transmise incomplètement, le mouvement lent original ayant disparu.

D'un autre côté, l'apparence générale relativement homogène d'un manuscrit composé de plusieurs fascicules n'est pas un critière suffisamment puissant pour écarter à lui seul le doute au sujet de la cohérence des sections. Quelques documents apparemment réguliers, constituant pour des raisons graphiques et codicologiques une entité, se montrent pourtant problématiques d'un point de vue musical.

La cohérence des trois mouvements dont se composent, par exemple, les concertos RV 151 et 159, œuvres dont l'ensemble instrumental des finales diffère de celui des mouvements précédents, est automatiquement confirmée par la structure des manuscrits: il se composent chacun d'un seul fascicule; le même critère affirme que le finale, en ut majeur, du concerto pour basson RV 500 fait bien partie de l'œuvre dont l'Allegro initial est en la mineur. Par contre, le finale du concerto en si bémol majeur pour deux violons RV 529 ne peut avec certitude être considéré comme part intégrale de la composition, étant donné que ce mouvement, en mi bémol majeur, est inscrit dans un fascicule individuel et qu'il n'appartient donc pas structurellement aux deux mouvements précédents. Même si l'aspect graphique et la qualité du papier sont très semblables dans les deux sections, raison pour laquelle les trois mouvements sont inventoriés comme ceux d'une composition entière, on ne peut pas exclure qu'il s'agisse de deux fragments de manuscrits datant de la même époque, mais situés fortuitement l'un à la suite de l'autre.

Une question analogue se pose au sujet du manuscrit qui renferme le concerto pour violoncelle RV 410 (Foà 29, fol. 247–254), qui se compose visiblement de trois sections: un fascicule de quatre folios (247–250) mesurant environ 23,5 × 31,5 cm, suivi de deux doubles feuilles dont les dimensions sont de 23,0 × 30,5 cm et qui sont situées l'une à l'intérieur de l'autre. Qu'il s'agisse non pas d'un fascicule normal, mais de deux doubles feuilles individuelles, se dégage du fait que l'une (fol. 251–254) ne comporte pas de traits verticaux marquant le début et la fin des portées, tandis qu'ils se trouvent dans le second (fol. 252–253). Le premier fascicule ne contient que l'Allegro initial du concerto, lequel est donc structurellement séparé des deux autres mouvements; ceux-ci présentent par surcroît quelques différences graphiques par rapport au premier mouvement.

Sous le rapport du caractère général des manuscrits il convient de soulever l'importante question des filigranes. Ces empreintes, laissées dans le papier au moment de sa production, se sont avérés de très grande valeur pour l'étude critique de documents historiques, fait dont la littérature musicologique comporte de nombreux témoignages instructifs. Il sera naturellement impossible de résumer ici les résultats auxquels ont abouti les recherches effectuées à ce propos dans la documentation des œuvres de Bach, de Hændel, de Haydn, de Mozart, etc., et il sera de même inutile de développer systématiquement l'application de cette méthode d'analyse, celle-ci étant déjà l'objet d'exposés circonstanciés.

Pour ce qui concerne les manuscrits de Vivaldi, il importe de signaler pour commencer que le papier dont il s'est servi comporte normalement un dessin quelconque; les documents qui n'en contiennent pas sont, semble-t-il, assez peu nombreux. A en juger d'après les études accomplies jusqu'à présent on semble pouvoir affirmer que la grande majorité des figures sont celles du papier italien le plus commun, les *tre lune*. Sensiblement moins fréquentes sont celles qui représentent des animaux, des armes, etc. A titre d'exemple, les premiers folios du manuscrit qui contient le célèbre *Concerto Funebre* RV 579 comportent un dessin représentant une sorte de fleur de lis courronnée, lequel, s'il peut être identifié et daté, pourra éventuellement fournir des indices importants relatifs aux circonstances dans lesquelles la composition a été écrite.

Il s'ensuit donc que la documentation vivaldienne comporte l'un des éléments fondamentaux servant à l'étude critique des manuscrits, mais plusieurs difficultés en ont empêché l'exploitation optimale. Avant tout, il est évident que pour être d'utilité à la musicologie, les filigranes doivent être repérés et reproduits aussi exactement que possible. Alors que plusieurs dessins sont aisément reconnaissables, d'autres sont très faibles et ne peuvent que difficilement être copiés. Ce problème n'est naturellement pas exclusif à la documentation vivaldienne, mais la méthode que propose à ce sujet par exemple J. LaRue n'est pas applicable tant que les manuscrits sont réunis et reliés en d'épais volumes. Il sera sans doute indispensable de les décomposer afin de pouvoir examiner attentivement chaque feuille et d'en calquer tous les détails des filigranes[22].

Un tel procédé est d'autant plus nécessaire que la majorité des dessins sont les trois croissants et se ressemblent par conséquent assez considérablement. Il existe cependant une gamme de variantes qui, dès que les figures individuelles seront relevées, pourront être classées et groupées, éventuellement en ordre de provenance et en ordre chronologique. Particulièrement utiles à cet égard sont – outre les diverses contremarques – les variations de la distance qui sépare les lignes verticales de la vergeure. C'est ainsi que l'on peut observer que ces distances varient avec le dessin des croissants, avec la présence et la forme des contremarques, etc.

Par l'étude de ces variantes, relativement faciles à observer et à mesurer, il a effectivement été possible de constater l'existence de qualités dissemblables de papier à l'intérieur d'un seul manuscrit. Parmi les exemples de documents vivaldiens qui se composent ainsi de fascicules vraisemblablement d'origine différente, il suffira d'analyser la partition du concerto pour basson RV 471. Le manuscrit de cette œuvre comprend deux fascicules de respectivement sept et quatre folios; le premier comporte au milieu une bande de papier provenant d'une feuille retranchée, mais comme on le verra plus bas, le texte semble être complet:

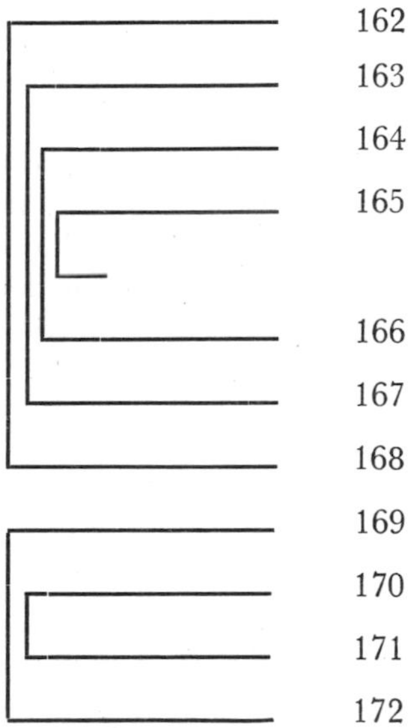

Les filigranes des deux fascicules sont assez aisément repérables et comportent les *tre lune*. Les dessins des croissants sont cependant très différents: alors que ceux du premier fascicule sont relativement larges, ceux de l'autre sont visiblement plus minces et plus fins. De plus, les distances entre les quatre lignes verticales qui touchent les croissants sont de respectivement 28, 31 et 32 mm dans le premier, mais mesurent 30, 30 et 30 mm dans le second. Au surplus, le fol. 169 comporte une contremarque représentant une arbalète, figure qui n'a pas été trouvée dans le premier fascicule.

Cette brève description suffit pour démontrer que les deux parties du manuscrit sont de qualité dissemblable, conclusion qui soulève naturellement la question de la cohérence. Pourtant, plusieurs indices affirment que le manuscrit constitue une entité. Vivaldi a disposé la partition de telle sorte que le finale commence au fol. 168 et qu'il continue, sans lacunes apparentes, à la première page du fascicule suivant. De plus, le concerto a été modifié par l'application d'une technique spéciale qui est décrite dans la Troisième Partie (voir pp. 284ss) et comporte de ce fait des indications qui corroborent la cohérence des fascicules. Enfin, la couleur d'encre et la graphie de Vivaldi sont exactement les mêmes dans les deux parties du document.

C'est un fait bien connu par la musicologie que les compositeurs d'autrefois avaient souvent, à une et même époque, différentes qualités de papier à leur disposition, et le manuscrit de Vivaldi cité ne constitue en aucune manière un cas exceptionnel. Mais l'existence des documents hétérogènes soulève inévitablement de grands problèmes quant à l'exploitation des filigranes en qualité de sources d'information, notamment au sujet de l'établissement de la cohérence des fascicules.

Pour démontrer la nature de ces difficultés il sera utile d'examiner un manuscrit qui pour plusieurs raisons se montre problématique. Il est question du document autographe qui renferme la composition intitulée *Introd[e] al Gloria ad Alto Solo con Istrom[ti] Del Viualdi* RV 637, dont le dernier mouvement, l'air «In te beate Pater», contenu dans un fascicule individuel, se sépare des mouvements précédents. Signalons pour commencer que les introductions au Gloria, au Dixit et au Miserere sont normalement composées de trois mouvements, à savoir de deux airs séparés d'un récitatif ou inversement d'un air situé entre deux récitatifs (seule l'introduction au Gloria RV 640 – dont le manuscrit ne comporte aucune indication terminale – ne comprend que deux mouvements, un air et un récitatif). A l'exception de la composition en question, RV 637, le texte de chacune de ces introductions se termine par des paroles faisant plus ou moins directement allusion à la grande œuvre liturgique qui doit suivre: ... *læti cantate* ... (RV 635), ... *ergo cantate dixit* ... (RV 636), ... *et gloria cantate* ... (RV 640), ou ... *tu bonus nostri quoque miserere* (RV 641). Dans le RV 637 cette anticipation se trouve cependant dans le récitatif médian: ... *et in Victoria tua Gloriam cantabo,* lequel mouvement devrait donc être le finale. L'air suivant dans le volume est de plus introduit par l'indication *P. C.* qui signifie vraisemblablement *Primo Coro,* mais les parties précédentes n'ont aucune indication laissant supposer qu'il s'agisse d'une composition à double chœur. A ces observations s'ajoute le fait que les qualités du papier sont dissemblables, ce qu'affirment notamment les filigranes. Encore une fois il s'agit de papier à trois croissants, mais les lignes verticales sont séparées d'intervalles différents: les quatre lignes qui traversent les croissants se situent à respectivement 32, 34 et 31 mm l'une de l'autre dans le premier fascicule, et à 30, 34 et 30 mm dans le second. Il est donc fort probable que les deux fascicules ne forment pas une entité, malgré l'apparence fort semblable de la graphie. Pourtant, le fait que Vivaldi ait inscrit le mot *læta* au-dessous du mot *Gloriam* dans le récitatif peut être un indice important: il s'agit ainsi probablement d'une modification du texte effectuée dans le but de permettre l'adjonction des paroles supplémentaires avant l'exécution du *Gloria in excelsis Deo.* Il n'est pas exclu, de plus, que cette modification fût accomplie par la suite, c'est-à-dire quelque temps après l'écriture des mouvements contenus dans le premier fascicule, mais comme on l'a vu, les différences des filigranes ne sont pas toujours des indices sûrs.

Quoi qu'il en soit, il est certain que la musicologie vivaldienne devra poursuivre systématiquement l'étude des filigranes, non seulement sous le rapport de l'intégralité des manuscrits, mais encore – et surtout – en vue des études de la chronologie des compositions.

f. Reproductions des textes musicaux

Pour la vérification de l'intégralité des manuscrits et de l'ordre exact des fascicules, la confrontation des textes musicaux à Turin avec ceux qui sont contenus dans les copies manuscrites et imprimées des mêmes œuvres est une méthode qui peut évidemment être appliquée avec avantage. Parmi les innombrables exemples de compositions qui sont transmises en plusieurs sources, exemples qui seraient aptes à illustrer l'utilité du collationnement en ce sens qu'ils démontreraient que les documents des fonds Foà et Giordano ne présentent aucune irrégularité, il paraît au contraire plus avantageux de signaler quelques œuvres desquelles l'existence de documents supplémentaires a permis le rétablissement des textes incomplets ou incohérents des partitions autographes. Le manuscrit à Turin du concerto pour viole d'amour RV 397 est un exemple du 3e cas de discontinuité (voir p. 57): les fol. 296v et 297r renferment en effet respectivement la fin du mouvement lent et les mes. 99–158 du finale. Ce n'est que par le concours du manuscrit non autographe 2389/0/

82 qu'il a été possible de restituer les 98 mesures qui se trouvaient inscrites sur les feuilles situées d'origine entre les deux folios cités. De manière analogue, la confrontation des deux manuscrits qui existent du concerto pour deux violons RV 508 a permis de vérifier le rétablissement de l'ordre exact des fascicules à Turin. Bien que le texte du manuscrit anonyme 2389/0/49 ne corresponde pas dans tous les détails à celui de la partition autographe, il confirme que les folios devraient être situés dans l'ordre suivant: fol. 246–252, 255, 253–254, 256.

Comme les deux manuscrits du dernier concerto cité en témoignent, la confrontation des diverses sources d'une œuvre révèle que les textes ne sont pas toujours absolument identiques, ce qui occasionne naturellement quelques difficultés non seulement au sujet de la vérification des documents à Turin, mais aussi à l'égard de la question fondamentale de l'authenticité des diverses versions qui nous sont transmises: d'autres musiciens ont facilement pu modifier les compositions de Vivaldi. Cependant, dans les cas – qui sont d'ailleurs assez nombreux – où les divergences peuvent sûrement lui être attribuées, les comparaisons des divers documents sont spécialement utiles et instructives. Les quelques exemples suivants démontreront quelques aspects de la question, laquelle sera l'objet d'une étude spéciale dans la Troisième Partie. Pour ce qui concerne les exemples suivants, l'authenticité ne soulève aucune hésitation.

Le premier concerto publié dans le recueil de douze concertos, *La Cetra* (op. 9) édité par Michel Charles Le Cene à Amsterdam en 1727, se retrouve en partition autographe à Turin; mais la version imprimée, RV 181a, ne correspond pas entièrement à celle qui fut écrite par Vivaldi, RV 181. Tandis que les deux premiers mouvements sont identiques dans les deux sources, les finales sont des compositions différentes. Celui du concerto imprimé se trouve cependant aussi à Turin, dans le manuscrit fol. 171–174 du volume Foà 30. Etant donné que ce mouvement est inscrit dans un fascicule individuel – le début du mouvement se trouve au fol. 171r – il est théoriquement possible qu'il n'appartienne pas aux deux mouvements précédents, inscrits aux fol. 167–170, mais qu'il ait au contraire été inséré dans le manuscrit du concerto RV 181 et par erreur situé à son emplacement actuel. Il y a deux raisons pour réfuter une telle hypothèse. D'une part, la graphie de Vivaldi et la qualité du papier du fascicule fol. 171–174 sont absolument identiques à celles du fascicule qui renferme les deux mouvements précédents, si bien qu'il faut supposer qu'il s'agisse des trois mouvements d'un concerto original. D'autre part, ce même concerto a été copié intégralement par Vivaldi lui-même dans le manuscrit en parties séparées, initulé *La Cetra,* ce qui confirme définitivement la cohérence des deux fascicules à Turin. D'un autre côté, cela affirme que le compositeur, vraisemblablement en vue de la publication du concerto

RV 181, en a bien retranché le finale et l'a remplacé par celui de l'autre œuvre, RV 183.

Le manuscrit qui renferme le concerto pour violon RV 210 soulève un problème de nature différente. En appliquant sa technique de correction habituelle, Vivaldi a rayé de longs passages de soliste dans les deux mouvements vifs et a inscrit les nouvelles sections sur les pages de plusieurs folios insérés dans le manuscrit. Celui-ci comporte un tel nombre de ratures et de corrections différentes qu'il paraît impossible d'en déterminer exactement les diverses étapes. Ainsi, le finale s'est achevé, à un certain moment, par une cadence (indiquée par les mots *Qui si ferma a piacimento)* et le dernier tutti semble avoir été refait à plusieurs reprises. A l'origine le manuscrit a probablement compris les fol. 184–188, 191, 193–195, 198–200, 203, 204–206. Par la suite Vivaldi a inséré les feuilles supplémentaires contenant les nouveaux passages de soliste: fol. 189–190 (au verso duquel se trouve la partie de violon d'un air d'opéra, «La cervetta timidetta»), 201–202 et enfin une dernière feuille insérée originellement entre les fol. 203 et 204; par accident elle s'est détachée du manuscrit et a été située à la fin du volume Giordano 29 (fol. 304). Les modifications des deux Allegros du concerto sont intéressantes sous le rapport de la question du collationnement pour deux raisons différentes.

La confrontation du texte musical tel qu'il se présente actuellement avec ceux d'autres sources révèle d'une part que les modifications que Vivaldi a effectuées ont eu pour but de remplacer les solos de la version primitive par ceux qui se trouvent dans les mouvements vifs du concerto pour violon et deux orchestres RV 582. C'est en effet en confrontant les deux documents qu'il a été possible de déterminer que le manuscrit du concerto RV 210 se présente actuellement dans un état d'imperfection et d'établir l'emplacement exact du folio qui en a été retranché. D'autre part, la version primitive du concerto correspond au texte imprimé en 1725 par Michel Charles Le Cene dans l'op. 8 n° 11. De ce fait, on peut conclure que, ou bien Vivaldi a effectué les diverses transformations après avoir préparé le concerto à l'édition, ou bien qu'il a préféré publier la première version malgré les modifications auxquelles elle a été soumise.

Normalement, le collationnement est regardé de la part des historiens comme une technique indispensable qui doit être mise en œuvre dans le but d'établir, d'après toutes les sources qui sont parvenues jusqu'à nous, le texte original et authentique. Malgré l'évidence de cette affirmation, la question mérite d'être développée au sujet des manuscrits de Vivaldi.

Effectivement, les auteurs et les éditeurs de la musicologie vivaldienne semblent sinon avoir ignoré l'utilité de conférer les divers textes, tout au moins avoir négligé d'appliquer systématiquement cette méthode fondamentale de la science historique. Cela n'a pas manqué d'influencer défavorablement les travaux effectués. Il a déjà été signalé que les éditions publiées Ricordi et par d'autres maisons d'édition ne reproduisent le texte que d'un seul document sans égard à l'existence d'autres sources des mêmes œuvres; un certain nombre des erreurs notoires que présentent ces publications auraient en effet automatiquement été évitées si les éditeurs avaient consulté l'ensemble des documents disponibles. Bien que les questions que soulèvent les œuvres analysées ci-après soient plus loin l'objet d'études détaillées, il paraît opportun de réunir ici quelques exemples instructifs démontrant la nature et l'ampleur de ces erreurs.

Le second mouvement du concerto pour hautbois RV 454 est noté, dans la partition autographe, en partition à deux portées désignées par les clefs de sol et de fa. Alors que la portée supérieure est celle du hautbois soliste, ce que confirme l'indication *Solo* inscrite au-dessus de la première mesure, la portée inférieure comporte l'accompagnement dont les instruments ne sont toutefois pas indiqués. Suivant les habitudes graphiques de Vivaldi il est cependant certain qu'il s'agit de la basse continue (comme on le verra plus loin, toute autre instrumentation de la partie aurait été explicitement indiquée). Pourtant, dans le tome 2 de l'édition de Ricordi, le hautbois est accompagné par les altos et la basse continue ce qui s'oppose non seulement au manuscrit autographe – dont les indications certainement peuvent paraître insuffisantes ou ambiguës – mais encore à l'édition gravée du concerto, op. 8 nº 9. Dans cette source toutes les parties, à l'exception du soliste et de la basse, contiennent l'indication *Largo Tacet* pour le mouvement lent; dans la partie de basse le mouvement est même gravé en partition conformément à celle du manuscrit autographe. Si les éditeurs avaient consulté la source imprimée du concerto, cela aurait non seulement écarté toute hésitation au sujet de l'accompagnement, mais encore permis de signaler, à l'instar du 12ᵉ concerto du même recueil imprimé (RV 178 = RV 449, tome 85), que l'instrument soliste peut être remplacé par un violon (RV 236); même dans la réimpression datant de 1973 cette indication importante n'a pas été ajoutée dans le volume publié par Ricordi.

En publiant le 11ᵉ concerto de l'op. 7, RV 208a, pour Eulenburg (nº 1237), F. Schroeder a cru opportun de se fonder, outre sur un exemplaire du recueil imprimé, sur une source manuscrite du concerto, à savoir le manuscrit non autographe en parties séparées qui se trouve à Schwerin. Il paraît un peu singulier que l'éditeur, tout en renvoyant le lecteur à l'Inventaire Thématique de M. Pincherle, n'ait pas noté que ce catalogue signale l'existence de deux autres sources de la composition: le manuscrit (autographe) à Turin et le recueil publié en Angleterre, *Select Harmony*. Si F. Schroeder avait préparé l'édition du concerto en analysant l'ensemble des sources ainsi disponibles, la partition aurait non seulement été plus exacte – certains détails qui se présentent différemment dans les documents non étudiés sont effectivement passés inaperçus – mais l'éditeur n'aurait certainement pas affirmé à tort que le manuscrit à Schwerin contenait «Bachs hinzugefügten zweiten Satz in einer Rückübertragung für Violine».

Pour des raisons qui sont assez faciles à comprendre, relevant de la manière dont Vivaldi a disposé les partitions de certains concertos pour deux violons, les éditeurs de Ricordi ont uni, par exemple pour le concerto RV 523, tome 140, les parties des deux instruments solistes de telle sorte qu'elles jouent à l'unisson avec les violons I de l'orchestre dans les tuttis:

Allegro molto

Violon principal I
Violon principal II
Violon I
Violon II

Exemple 2

Comme on le verra plus loin cette disposition ne répond pas aux intentions de Vivaldi. Le manuscrit non autographe en parties séparées à la Bibliothèque Nationale à Paris[23], lequel n'a visiblement pas été examiné en vue de la publication du concerto, confirme en effet que les deux violons solistes doivent se joindre respectivement aux violons I et aux violons II lorsqu'ils ne sont pas solistes:

Allegro molto

Violon principal I
Violon principal II
Violon I
Violon II

Exemple 3

La partition autographe du concerto pour flûte à bec RV 442 renferme une indication importante que Vivaldi a ajoutée au début du mouvement lent, mais dont les éditeurs de Ricordi n'ont pas saisi le sens. Le mouvement qui est noté en partition à quatre portées est reproduit, tome 46, dans le ton original – fa mineur – ce qui est parfaitement correct puisque c'est le ton du mouvement dans la version originelle du concerto. Dans l'édition le mouvement est accompagné par une note disant que le manuscrit contient «un'annotazione, certamente apocrifa, la quale dice: 'Scrivete un tuono più alto e scrivete tutto in 5 poste' (battute). Tale annotazione, tutt'altro che chiara, si riferisce evidentemente ad una qualche particolare esecuzione del brano». Sans tenir compte des faits que l'indication citée est authentique (autographe) et que le mot «poste» sans doute signifie «portées» *(righe)*, l'indication ajoutée devient parfaitement claire lorsqu'on compare le texte du manuscrit avec celui de l'édition hollandaise des six concertos pour flûte traversière, op. 10, où le même concerto se trouve comme la cinquième œuvre du recueil. Dans la source gravée, le mouvement lent est en sol mineur *(un tuono più alto)*; la «cinquième» portée est sans doute celle des violons II de l'orchestre, dont la partie est notée dans le manuscrit à l'unisson avec les violons I. Bien qu'il s'agisse d'instruments solistes différents dans les deux sources du concerto – détail qui a échappé aux éditeurs aussi bien qu'A. Fanna – la confrontation des documents en question s'avère particulièrement utile en l'occurence. Si elle avait été effectuée, l'enchaînement du dernier solo à la reprise du tutti initial dans le premier mouvement n'aurait pas été réalisé par l'intermédiaire d'une mesure à deux temps (mes. 69), mais conformément aux principes que Vivaldi a appliqués lui-même (voir l'exemple 53 à la p. 203).

En raison de la négligence que les éditeurs vivaldiens ont ainsi de manière générale manifesté à l'égard du collationnement, il ne sera pas inutile de souligner qu'il est indispensable de confronter l'ensemble des sources connues d'une œuvre, même dans les cas où le manuscrit autographe de Vivaldi est inconnu. Abstraction faite des variantes éventuelles qui se dégagent automatiquement d'une telle opération, elle doit être effectuée – comme pour les manuscrits autographes à Turin – dans le but d'en établir l'intégralité. Les détériorations et les irrégularités que l'on peut observer dans les 27 volumes des fonds Foà et Giordano ne sont de toute évidence pas exclusives: les copies manuscrites et les recueils imprimés ont également pu nous parvenir dans un état d'imperfection.

C'est précisément les cas, par exemple, au sujet de l'édition de Walsh et Hare du recueil intitulé *Two Celebrated Concertos* dont les exemplaires connus sont plus ou moins défectueux. En publiant le concerto RV 335, qui porte le titre de *The Cuckow* dans les gravures anglaises, G. F. Malipiero paraît n'avoir eu que l'exemplaire du British Museum à sa disposition. S'il avait consulté celui du Fitzwilliam Museum à Cambridge ou s'il avait connu l'édition de John Jones du même recueil, il aurait évité les lacunes et les erreurs invraisemblables que présente le volume 487 de l'édition de Ricordi. L'existence d'une partie de violon I – qui dans l'édition de Malipiero est dérivée du violon principal, ce qui transforme quelques solos en tuttis – et l'existence d'une partie d'orgue – dont l'absence au British Museum explique les étranges pauses générales dans le finale, notamment aux mes. 220–222 de l'édition – ne peuvent effectivement être notées que par la confrontation des diverses sources disponibles.

g. Les textes chantés des œuvres vocales

De même que l'étude critique des textes musicaux – qu'ils soient transmis en un manuscrit unique ou connus de plusieurs sources différentes – s'avère indispensable pour la détermination de l'état dans lequel ils sont parvenus jusqu'à nous et pour le rétablissement de l'ordre exact des sections éventuellement dispersées, l'analyse des textes chantés des compositions vocales peut dans certaines circonstances être effectuée avec avantage. L'étude des paroles chantées soulève cependant un certain nombre de problèmes particuliers dont il convient de tenir compte et qui concernent notamment l'identification.

Avant tout, il importe de découvrir un autre document renfermant le texte qui est contenu dans le manuscrit à analyser: pour en effectuer le collationnement il faut logiquement en posséder au moins deux sources différentes, mais cette méthode ne peut être appliquée qu'en mesure limitée au sujet des œuvres de Vivaldi. Alors que les textes appartenant à certains genres sont facilement identifiables et ne posent aucun problème pour le collationnement, les reproductions d'autres textes demeurent introuvables; mais à cela s'ajoute que plusieurs textes contenus dans les documents non musicaux diffèrent, parfois même considérablement, de ceux que l'on trouve dans le partitions de Vivaldi. De cette observation importante, dont plusieurs exemples seront analysés plus loin, se dégage la nécessité non seulement de soumettre les documents à une étude critique individuelle, mais aussi d'examiner les partitions en question avec attention particulière. Comme on le verra, le désaccord entre les diverses sources des textes semble avoir parfois une explication fort naturelle, ne relevant donc pas de quelque défectuosité des manuscrits musicaux.

En raison de la diversité de ces questions, l'exposé suivant se fondera sur le classement systématique adopté dans le *Verzeichnis,* établi d'après les genres des textes. Pour commencer il sera toutefois utile de présenter sommairement les divers groupes de compositions vocales.

La musique religieuse se compose de deux grandes catégories. La première comprend les œuvres écrites sur un texte liturgique, c'est-à-dire appartenant soit à la messe, soit aux Vêpres dont les psaumes et le cantique marial ont inspiré Vivaldi, suivant les traditions de l'époque, à composer des œuvres sacrées. A ce groupe se joignent des hymnes divers, la séquence *Stabat Mater*, etc. La seconde catégorie comprend les compositions dont le texte n'a pas de fonction dans la liturgie officielle; elles se subdivisent en plusieurs groupes: les oratorios, les motets et les introductions aux grandes œuvres liturgiques. De son côté, la musique vocale profane se compose de manière analogue de plusieurs groupes déterminés par la fonction des textes: les cantates – qui pour des raisons pratiques ont été subdivisées selon les ensembles –, les *serenate* et enfin les œuvres scéniques.

Les textes liturgiques – qu'ils soient bibliques comme les psaumes ou le *Magnificat*, ou qu'ils aient une autre origine, adoptés dans la liturgie à travers les âges – sont communiqués dans les divers missels et bréviaires et ne posent donc aucun problème immédiat. Il y a lieu de remarquer que P. Damilano ne semble pas avoir été à même d'identifier tous les textes liturgiques des œuvres de Vivaldi qui nous sont transmises en manuscrits sans indications initiales. Ainsi, le *Gaude Mater Ecclesia* RV 613 n'est pas un «motetto» mais l'hymne des Vêpres du 4 août (fête de St. Dominique dont le nom apparaît dans le texte: *Prædicatorum Ordinis Dux et Pater Dominicus)*; de même, le *Resurrexit sicut Dixit* RV 615 n'est pas un motet mais deux versets de l'antienne *Regina Cœli* qui apparaît dans la liturgie aux Complies, à l'Angelus, etc. du temps pascal.

Pour ce qui concerne les compositions non liturgiques, la détermination des genres par l'intermédiaire des textes est moins facile, et à l'exception des oratorios, dont les questions relatives aux livrets seront examinées plus loin avec celles que soulèvent les opéras, ils ne semblent pas être communiqués dans d'autres sources que les manuscrits musicaux. En général, les genres se dégagent des titres inscrits par Vivaldi (voir p. 62), mais pour ces œuvres, le collationnement est une méthode inapplicable à défaut de documents supplémentaires.

Parmi les œuvres vocales profanes, les cantates sont comparables aux motets, aux introductions aux grandes œuvres liturgiques, etc. en ce sens que les textes, jusqu'à plus ample informé, ne sont pas transmis intégralement ailleurs et ne peuvent donc pas être mis en valeur pour déterminer l'état des manuscrits.

La recherche de documents renfermant ces divers textes – latins pour les œuvres religieuses et italiens pour les compositions profanes, mais datant probablement tous de l'époque – aurait certainement été plus féconde si on en avait connu les auteurs; mais Vivaldi n'a pas eu l'habitude d'inscrire des informations de ce genre dans ses manuscrits, si bien que les textes dont il s'est servi – à quelques rares exceptions près – demeurent anonymes. Il y a lieu de penser, toutefois, que les paroles des cantates fussent écrites par les librettistes des œuvres dramatiques, ce que semblent confirmer quelques compositions. Ainsi, le texte de l'air «Scherza di fronda», premier air de la cantate RV 663 (contenue dans un manuscrit non autographe à Dresde) réapparaît au troisième acte, scène 3, de l'opéra *Filippo Re di Macedonia* où il se présente toutefois en une version légèrement dissemblable:

Cantate	Opéra
Scherza di fronda in fronda Incerto l'augelletto Or corre su la sponda Del chiaro ruscelletto Tutto l'alletta E gode ma teme Che di frode Non resti il pie ristretto	Scherza di fronda in fronda Incerto l'augelletto Or corre su la sponda Del chiaro ruscelletto Ma palpitante il core Ha sempre per timore Perche fra duri lacci Non resti il pie ristretto

Il est donc vraisemblable que Domenico Lalli, auteur du texte de l'opéra, ait rédigé aussi celui de la cantate. De même, les deux airs de la cantate RV 668, dont la partition autographe se trouve à Turin, sont sans aucun doute du célèbre librettiste Pietro Metastasio: abstraction faite de quelques variantes insignifiantes, les textes se retrouvent en effet dans sa cantate «Amor timido»[24]. Cependant, dans la composition de Vivaldi, non seulement le récitatif initial «Che vuoi, mio cor? Che desta in te questi fin ora» a été supprimé – le manuscrit comporte les indications initales au fol. 179r et ne peut dont pas nous être parvenu en état d'imperfection – mais le récitatif médian «Ma che! Languir tacendo sempre così dovrassi?» a en outre été remplacé par un texte entièrement différent, d'origine inconnue: «Aure soavi, e grate garulli ruscelletti».

Il n'est pas exclu que Vivaldi n'ait pas lui-même accompli de telles modifications des textes, voire écrit lui-même quelques textes de cantates. La partition autographe de la cantate RV 661 contient quelques traits intéressants à ce propos. A la suite du premier air, inscrit aux fol. 26r à 27r, il a commencé trois récitatifs qu'il a abandonnés et rayés. Abstraction faite du nombre élevé de ces ébauches, elles ont ceci de remarquable que le texte chanté par le soprano n'est pas le même que celui de la version définitive du récitatif. Il est bien évident que Vivaldi a recommencé à plusieurs reprises pour des raisons purement musicales, mais la dernière tentative, qui est abandonnée à la mes.

5 et qui comprend toutes les paroles chantées, a pu être rayée par insatisfaction du texte. A moins que le compositeur n'ait eu l'auteur inconnu à ses côtés en écrivant le manuscrit, il a effectivement pu rédiger lui-même le texte de ce récitatif:

1e ébauche, Foà 28, fol. 27v:

Exemple 4

2e ébauche, même folio:

Exemple 5

3e ébauche, fol. 28r:

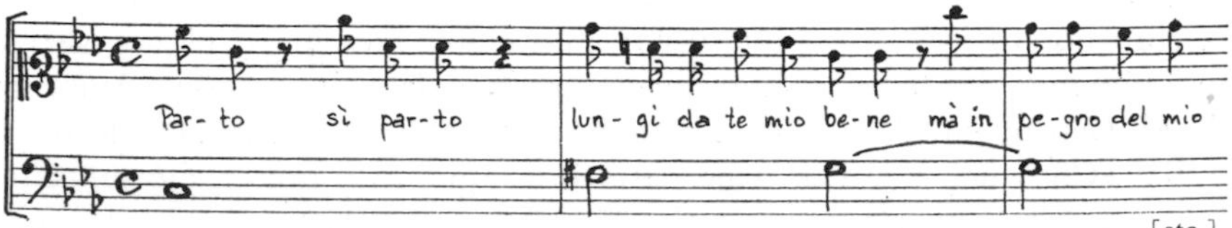

[etc.]

Exemple 6

Version définitive, fol. 28r et v:

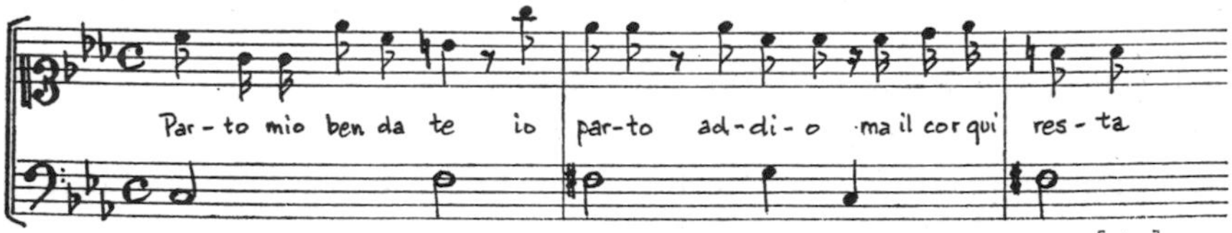

[etc.]

Exemple 7

Pour ce qui concerne la documentation des *serenate,* œuvres qui tiennent pour ainsi dire une place médiane entre les cantates et les opéras, la musicologie vivaldienne se trouve dans une situation assez singulière. Des huit œuvres appartenant à ce groupe, deux ont totalement disparu: seuls les titres en sont communiqués dans les anciens catalogues (RV 689 et 691). Des six autres, les trois sont transmises en partition à Turin, mais les textes imprimés n'ont pas été retrouvés (RV 687, 690, 693); inversement, des trois autres on ne connaît que les paroles chantées, les partitions des œuvres ayant disparu (RV 688, 692 et 694).

L'attention a déjà été attirée sur la place centrale qu'occupent les livrets des œuvres dramatiques – opéras et oratorios – dans la documentation historique et biographique. Bien qu'il ne soit pas possible, dans le présent ouvrage, de développer systématiquement tous les aspects et tous les problèmes qui se rapportent à ces documents, il paraît utile, en raison de leur importance incontestable, d'en présenter brièvement les plus grands avantages sur le plan des recherches musicologiques.

Premièrement, les livrets renferment en général le nom du compositeur de la musique, information qui pour plusieurs raisons est de valeur particulièrement notable. Pour ce qui concerne les opéras et les oratorios dont les partitions demeurent introuvables, le nom de Vivaldi imprimé dans les livrets nous permet non seulement de connaître les titres des œuvres perdues, mais aussi d'évaluer les pertes, assez considérables, qu'a subies le domaine de la production dramatique. D'autre part, pour les opéras dont les partitions subsistent, il est également utile de savoir qu'il s'agit du livret se rapportant à lui et non pas à un autre compositeur. Certains sujets dramatiques étaient en effet si populaires à l'époque que les inventaires d'opéras mentionnent souvent les mêmes titres d'opéras composés par des musiciens différents. Bien qu'il s'agisse de manière générale de la même œuvre dramatique, le texte n'en est pas absolument invariable, ce dont on peut se convaincre en confrontant les livrets des diverses représentations avec les textes reproduits dans les «Œuvres complètes» des grands auteurs. Pour des raisons qui seront précisées plus bas, chaque compositeur semble avoir eu une version individuelle du texte à sa disposition. De ce fait il importe donc de savoir exactement à quel compositeur la musique appartenant à telle ou telle représentation doit être attribuée[25].

Deuxièmement, les livrets comportent de manière générale des indications concernant la date et le lieu (la scène) de chaque représentation individuelle. Ces informations seront d'importance capitale pour l'établissement de la chronologie des compositions vivaldiennes: elles permettront ainsi de dater assez exactement les diverses partitions dont les traits de la graphie, à leur tour, pourront servir à l'étude de l'évolution que semble avoir traversée l'écriture du compositeur.

Troisièmement, les livrets contiennent les noms des chanteurs qui se sont produits en scène. Ces noms s'avèrent parfois utiles pour l'identification des airs qui sont transmis en documents isolés. Comme on en verra plus loin quelques exemples instructifs, les noms des chanteurs permettent de tirer des conclusions intéressantes au sujet des compositions musicales mêmes. De fait, l'accès à ces informations constitue un avantage considérable pour la musicologie.

Enfin, l'importance des livrets réside naturellement surtout dans le fait qu'ils contiennent le texte chanté des grandes œuvres dramatiques. Les partitions de celles-ci soulèvent *a priori* un certain nombre de problèmes particuliers qui remontent notamment aux traditions musicales de l'époque et qu'il serait impossible de résoudre sans le concours des livrets. En raison du caractère spécial de ces problèmes, qui concernent notamment l'établissement du texte musical authentique des partitions, il convient de préciser sommairement les principaux aspects du style de ces œuvres.

Enraciné dans les traditions musicales connues sous la désignation quelque peu injuste de «napolitaines», l'*opera seria* de Vivaldi se compose sans exception de trois actes qui se subdivisent en un certain nombre – assez variable – de scènes. Chaque scène constitue une entité dramatique qui est déterminée par le dialogue, par les personnages qui s'y produisent, par le décor, etc., et à laquelle correspondent une ou plusieurs unités musicales. Celles-ci se divisent d'après leur fonction et d'après leur caractère musical en deux catégories distinctes: le *récitatif* («secco» ou occasionnellement «accompagnato») qui est porteur du dialogue et assure la marche de l'action; et l'*air* – remplacé parfois par un *duo,* un *terzet,* etc. – dont la fonction est de permettre aux personnages d'exprimer les sentiments qu'ils éprouvent dans les diverses situations dramatiques. Une scène comprend donc au minimum un récitatif, mais se compose le plus fréquemment de deux mouvements. (Evidemment, cette description très succinte devrait être complétée par la présentation d'exemples montrant les multiples variantes que renferment les opéras de Vivaldi.)

En raison de la fonction particulière qu'assume l'air dans l'opéra «napolitain», il est facile de comprendre que Vivaldi et, de manière générale, les compositeurs de l'époque aient eu la coutume d'employer les mêmes compositions dans plusieurs œuvres dramatiques: même si les personnages sont différents d'opéra en opéra et que les situations varient, les sentiments qui sont exprimés dans les compositions restent invariables. Il est donc parfaitement logique que les partitions de Vivaldi renferment de nombreux mouvements vocaux repris d'anciennes œuvres scéniques, composées par lui-même ou par d'autres maîtres de son époque.

Le style de l'opéra vivaldien occasionne de toute évidence quelques difficultés au sujet de l'étude critique des partitions. Comme on l'a vu en examinant les indications initiales et terminales, Vivaldi n'a normalement rien indiqué à la fin des mouvements à l'intérieur d'une composition; il est vrai qu'il a parfois inscrit, à la suite d'un récitatif, des indications telles que *Segue l'Aria,* y ajoutant quelquefois le nom du personnage qui doit chanter l'air en question, mais les inscriptions de ce genre sont à la vérité exceptionnelles. Ceci implique, autrement dit, que le récitatif d'ordinaire est suivi d'un air, d'un duo, etc., sans intermédiaire ou sans indication quelconque. Cela soulève automatiquement, dans les cas où le récitatif s'achève au verso d'un folio, la question de déterminer d'une part qu'un récitatif isolé soit bien l'unique mouvement de la scène, et d'autre part que l'air qui suit le récitatif dans la partition et qui souvent est inscrit dans un fascicule individuel, ait été situé à l'endroit exact. La confrontation de la partition et du livret est donc, dans ces circonstances, une opération absolument indispensable, ce que deux exemples suffiront à démontrer.

La partition de l'opéra *Tamerlano* (que Vivaldi a intitulé *Il Bajazet* et qui par conséquent est inventorié dans le *Verzeichnis* sous ce titre) est un *pasticcio* comprenant des airs de plusieurs compositeurs: Vivaldi, G. Jacomelli, J. A. Hasse *(Sig^r^ Sassone)* et probablement d'autres dont les noms ne sont pas communiqués. Suivant les principes qui lui paraissent habituels, Vivaldi s'est servi, pour les airs des autres compositeurs, de manuscrits non autographes qu'il a simplement insérés dans sa partition à la suite du récitatif qui précède les compositions empruntées. Le même procédé est appliqué pour la formation de l'autre *pasticcio* qui nous est parvenu, *Rosmira fedele* (voir pp. 377ss). De ce fait, il est évident qu'un fascicule peut facilement s'égarer sans que l'emplacement exact ne soit repérable: c'est en effet exclusivement par le concours du livret de *Tamerlano* qu'il a été possible d'établir que la partition est incomplète, un assez grand nombre des airs ayant disparu, et que l'air de Hasse «Spesso tra vaghe rose di verde» doit être situé à la scène 8 du troisième acte et non pas à son emplacement actuel, à la 3e scène du même acte.

La partition autographe de l'opéra *Arsilda Regina di Ponto* contient, dans le premier acte, deux feuilles qui ont visiblement été séparées de leur contexte, mais par l'intermédiaire du livret il n'est pas difficile d'établir que le fol. 34 en vérité doit être situé entre les fol. 55 et 56 et que, de même, le fol. 54 d'origine se trouvait entre les fol. 57 et 58.

Comme ces exemples en témoignent, les livrets offrent donc les moyens d'établir dans quel état les diverses partitions d'opéra nous sont parvenues, mais à cela s'ajoute que la confrontation des paroles manuscrites et imprimées permet parfois de tirer des conclusions d'importances capitale au sujet de la manière dont Vivaldi a formé ses manuscrits. Puisque cette dernière question sera l'objet d'un exposé spécial dans la Troisième Partie, il semble particulièrement nécessaire de soulever quelques questions fondamentales concernant la valeur des livrets en qualité de sources d'informations: comme tous les autres documents, ces petits livres ne doivent certainement pas échapper à la critique historique.

La première question qui s'impose naturellement à cet égard concerne la justesse des textes reproduits. C'est un fait bien connu qu'à l'époque les compositeurs avaient l'habitude de modifier leurs partitions, de remanier les scènes, de retrancher des airs, d'en ajouter d'autres, etc., si bien que les opéras se présentent le plus souvent en plusieurs versions plus ou moins dissemblables. Les modifications se produisaient en règle générale à l'occasion des reprises et étaient motivées notamment par la nécessité d'adapter les partitions à un nouvel ensemble d'interprètes; mais aussi pendant la saison même les compositeurs avaient les moyens de réviser leur œuvre, de telle sorte que la dernière représentation de la saison pouvait différer de la première. Ces habitudes étaient en effet si répandues que, par principe, il y a lieu de mettre en doute la valeur des livrets en qualité de sources des paroles chantées. La question est donc de savoir dans quelle mesure les éditeurs des livrets ont été à même de se procurer et de reproduire exactement le texte chanté en scène et dans quelle mesure leurs publications reflètent les modifications graduellement effectuées par le compositeur et par l'auteur.

Pour connaître les réponses exactes à ces questions il serait nécessaire d'étudier les documents qui ont servi aux éditeurs des livrets, mais aucune source de ce genre – du moins pour ce qui concerne les opéras de Vivaldi – n'a été identifiée. Il s'ensuit que les seuls moyens dont nous disposons actuellement de nous informer de la qualité des livrets consistent à en comparer les textes avec ceux des partitions, ce qui évidemment est une méthode peu rassurante. Pourtant, d'une telle comparaison, effectuée pour toutes les partitions qui nous sont transmises, se dégagent quelques observations assez importantes. C'est ainsi qu'il y a lieu de noter que les livrets semblent reproduire d'une manière relativement exacte les textes chantés, ce dont témoignent tout au moins deux aspects différents.

Premièrement il paraît certain que les sections du texte que le compositeur, pour des raisons inconnues, n'a pas mises en musique mais qui font pourtant partie de l'opéra, sont souvent reproduites mais désignées spécifiquement dans les livrets: les textes auxquels ne correspond aucune composition musicale, que ce soit un récitatif ou un air, sont communiqués comme des citations, c'est-à-dire avec des *guillemets* situés au début de chaque ligne du texte imprimé. Bien qu'il n'ait pas été possible de trouver une affirmation datant de l'époque, pouvant confirmer qu'il s'agit là d'une règle habituellement observée, il est pourtant remarquable non seulement que les sections du texte désignées ainsi ne figurent généralement pas dans les partitions des opéras de Vivaldi, mais encore que les indications analogues sont imprimées dans de nombreux livrets d'opéras d'autres auteurs et compositeurs et qu'elles semblent y avoir exactement la même fonction; quelques exemples instructifs de cela seront présentés plus bas. Normalement, les paroles qui n'entrent pas dans la composition sont simplement omises par Vivaldi (voir planches 40 et 41), mais dans certains cas ses partitions renferment des ratures qui suppriment les mesures – et donc les sections du texte – qu'il avait écrites mais qu'il a en fin de compte retranchées de l'opéra (voir planches 42 et 43). Dans ces cas, les livrets des opéras vivaldiens ne reproduisent que les parties des récitatifs supprimées, tandis que les airs retranchés ne sont en général pas communiqués. Il en est de même, contrairement à ce que démontreront les exemples présentés plus bas, pour ce qui concerne les airs qui font partie de l'œuvre originale mais qui, chez Vivaldi, sont remplacés par d'autres textes. Ce n'est que dans le livret de *L'Olimpiade* de Metastasio que l'éditeur a désigné par un *astésisque* les airs qui ne proviennent pas de cet opéra.

Deuxièmement, de nombreux livrets contiennent un supplément renfermant les airs et éventuellement les récitatifs qui ont été ajoutés à la partition pendant la saison. En général, les suppléments sont imprimés séparément et ajoutés à la fin du livret; mais quelquefois les nouvelles sections, vraisemblablement composées pendant les répétitions et incorporées dans la partition dès la première représentation, sont imprimées à la fin d'un acte. Dans un cas seulement, à savoir le livret de *Tieteberga* de 1717, l'éditeur a choisi, au lieu de publier un supplément, de réimprimer le livret d'un bout à l'autre et d'y remplacer les textes des neuf airs retranchés par les nouvelles paroles.

Deux livrets de Metastasio, mis en musique par deux compositeurs de l'époque et représentés à Venise pendant la saison de carneval 1735, fournissent des exemples instructifs à ces observations. A la page de titre du *Demofoonte,* composé par Gaetano Maria Schiassi, le nom d'auteur n'est pas communiqué, mais l'épitre dédicatoire, signée par Domenico Lalli, annonce que «questo Dramma» est de «rinomato Autore». Il paraît certain que Lalli, lui-même auteur d'une grande quantité de livrets, ait été chargé d'adapter le texte de Metastasio à la représentation en question. Cependant, il est évident que les œuvres du célèbre poète étaient l'objet d'une estime et d'un respect qui ne permettaient pas, sinon donc de retrancher des sections du texte et éventuellement de les remplacer par d'autres, tout au moins de passer sous silence ces transformations. C'est ainsi que, par exemple, à la fin de la scène 6 du second acte, le livret renferme l'air de Metastasio «Se tutti i mali miei» désigné par les guillemets et suivi immédiatement par l'air «L'empia mia stella ingrata» qui, n'étant pas de Metastasio, est désigné par un astérisque. Le premier n'a donc pas fait partie de l'opéra de Schiassi. Qu'il en soit réellement ainsi peut être démontré par l'autre livret, également remanié par Domenico Lalli, à savoir *La Clemenza di Tito* dont la musique était de Leonardo Leo. A la fin de la scène 11 du second acte, par exemple, se trouvent, comme dans le premier livret, deux airs: «Tu infedel non ai difese» de Metastasio mais désigné par les guillemets, et «Perfido amico ingrato» désigné par un astérisque. Le livret comporte en outre un supplément intitulé «Arie Cambiate Nel Dramma Intitolato La Clemenza di Tito E che si cantano in cambio di quelle che ivi sono stampate». Pour le second acte, scène 11, on y trouve l'indication: «In vece dell'aria che dice Perfido amico ingrato ec.» suivie d'un troisième air «Se un traditore». Cette indication confirme donc que l'air chanté d'origine dans l'opéra de Leo était le «Perfido amico ingrato» et non pas celui que Metastasio avait écrit. Il faut peut-être signaler que ce même livret renferme plusieurs exemples analogues de transformations du texte[26].

Les suppléments aux livrets semblent donc indiquer à la fois que les éditeurs ont effectivement eu les moyens de se tenir au courant des modifications qui se sont produites progressivement et qu'ils ont ainsi cherché à reproduire exactement les paroles chantées en scène. Malgré cette observation importante il serait injuste de ne pas envisager les livrets avec une certaine prudence. Certains indices soulignent au contraire la nécessité de douter de la valeur des textes en qualité de source d'informations pour l'étude des partitions.

D'une part, l'existence des feuilles supplémentaires dans certains livrets oblige le musicologue à envisager continuellement la possibilité de lacunes et de pertes. Il est bien évident que, les suppléments étant imprimés quelque temps après les livrets, ceux-ci ont facilement pu nous parvenir seulement à l'état primitif. Particulièrement intéressantes à ce propos s'avèrent les indications communiquées dans le catalogue de Groppo qui signale au sujet de *Dorilla in Tempe,* représenté pendant la saison d'autumne 1726, que le livret doit «avere le due carte di Dedicatoria che per esser un cartesino volante poche sono quelle, che l'abbiamo» et que de plus il doit comporter une «Giunta in fine d'un quinternetto volante di quattre carte d'arie cambiate». Ces informations sont d'autant plus importantes que les exemplaires connus de ce livret ne comprennent pas les deux suppléments signalés.

D'autre part, les erreurs d'impression notoires que l'on trouve dans plusieurs livrets soulignent l'importance d'envisager ces documents avec attention. Parmi les exemples les plus simples on pourra citer les désignations des scènes 5 et 6 du second acte dans le livret d'*Ottone in Villa* de 1729: à la place des chiffres *V* et *VI* on y trouve les indications *Scena X* et *Scena XI.* Alors que les méprises de ce genre sont faciles à déceler et à corriger, d'autres erreurs ne s'expliquent pas aussi aisément. Le livret de *L'Inganno trionfante in amore* de 1725 ne comporte ainsi pas de scène 5 dans le second acte; dans celui d'*Artabano Re de' Parti* de 1719 on cherche de même en vain la septième scène du deuxième acte. Les irrégularités de cette catégorie peuvent remonter à un simple défaut de soin de la part de l'éditeur du livret, mais il est théoriquement possible que Vivaldi ait retranché de sa partition les scènes en question et que l'imprimeur, pour des raisons inconnues, ait négligé de rectifier la numérotation des scènes consécutives.

Il existe enfin plusieurs livrets dont les textes, et notamment la division des actes en scènes, ne répondent pas aux partitions. Parfois, ces discordances constituent évidemment un moyen utile soit pour l'identification exacte de la représentation à laquelle correspond une partition, soit inversement pour la détermination du fait qu'un opéra a dû être représenté – ou tout au moins préparé – à des occasions dont les circonstances demeurent inconnues. Bien qu'il ne s'agisse pas d'un manuscrit autographe, la partition de l'*Atenaide* mérite d'être signalée à ce propos: la confrontation du livret publié à l'occasion de la seule représentation connue *(Firenze, carnovale 1729)* et de la partition à Turin révèle que celle-ci vraisemblablement a été écrite en vue d'une représentation de laquelle toutefois aucun détail n'a été retrouvé dans la documentation actuellement disponible; les différences sont effectivement si considérables qu'on semble pouvoir conclure que la partition renferme une version modifiée de l'opéra monté en 1729. De même, ni les deux partitions de *Farnace,* ni celle de *Dorilla in Tempe* ne correspondent aux livrets imprimés à l'occasion des nombreuses représentations connues de ces opéras.

Les discordances qui existent entre les partitions autographes et les livrets soulèvent d'un autre côté de considérables problèmes. Au sujet d'opéras tels que *L'Incoronazione di Dario* de 1717 ou d'*Orlando furioso* de 1727 dont les manuscrits renferment de nombreuses corrections, on peut suggérer qu'il s'agisse de partitions de travail qui ont servi à l'élaboration des versions définitives: ceci expliquerait tout au moins le désaccord entre les numérotations des scènes des partitions et des livrets. S'il s'agit réellement de manuscrits de travail, les livrets sont évidemment d'importance capitale pour l'étude de la formation des œuvres. Par contre, le livret de *Griselda* de 1735 n'offre pas les moyens de résoudre le problème que pose la partition autographe de l'opéra. Entre le récitatif et l'air pour soprano «Scocca dardi l'altero» à la septième scène du second acte se trouve un fascicule qui contient la partition d'un air «Dovesti esser contento povero amante», mais le texte imprimé ne fait pas mention de cet air. Le livret comporte le «Scocca dardi l'altero», chanté par Ottone dont le nom est indiqué par Vivaldi devant la première accolade (*Ot:*). L'air inséré, écrit pour être exécuté par un personnage dont le nom n'est pas communiqué, est également pour soprano, mais cela n'affirme naturellement pas que le fascicule supplémentaire ait été situé à l'endroit exact. En vérité, l'air «Dovesti esser contento povero amante» peut avoir fait partie du manuscrit d'un autre opéra et par accident être situé dans celui de *Griselda.*

Pour terminer il sera utile de signaler que les livrets ont encore une fonction de grande importance pour le travail relatif à la documentation des compositions dramatiques. L'identification de l'œuvre scénique à laquelle appartiennent les airs transmis isolément ne peut en effet être effectuée que par l'intermédiaire des livrets si la partition de l'opéra demeure inconnue. La grande majorité de ces airs, dont le nombre dépasse actuellement deux cents, sont écrits en manuscrits non autographes et les questions spéciales que posent ces documents n'entrent donc pas dans le cadre du présent exposé. Pourtant, en raison de l'utilité d'effectuer la confrontation des sources disponibles d'une œuvre, il convient d'attirer l'attention sur quelques particularités importantes à leur sujet.

Avant tout il importe de noter que l'existence des nombreux emprunts de mouvements composés pour des opéras antérieurs est un obstacle sérieux à l'identification certaine des airs isolés. Lorsque le texte apparaît dans plusieurs livrets il est effectivement impossible de déterminer d'après quelle partition un air isolé a été copié. Il est avantageux à ce propos de s'assurer que les textes soient réellement identiques: très souvent, en vérité, les paroles d'un air sont modifiées plus ou moins considérablement, sans doute dans le but de les adapter aux nouvelles situations dramatiques. Pour démontrer les différences qui résultent de ces transformations il suffira de confronter les quatre versions connues de l'air qui commence par les mots «Taci per poco ancora»:

Tieteberga III, 13 (1717, l^ère ed.)

Taci per poco ancora
O cor di fido amante
E lascia che favelli
Di sola figlia il cor
Al bel che t'innamora
Ritornerai costante
Quando meno rubelli
Sian gl'astri al Genitor.

Teuzzone I, 5 (1719)

Taci per poco ancora
Ingrato cor spietato
E lascia che favelli
Di fido amante il cor
Al cor che t'innamora
Ritornerai costante
Tanto più grato amante
Quanto più traditor.

Gl'inganni per vendetta III, 9 (1720)

Taci per poco ancora
Ne mi chiamar infido
Che serbo in seno nido
Di sola fede un cor
Al bel che m'inamora
Mi scorgerai costante
Al Rege il mondo fido
Vedrami con rossor

Il Giustino II, 10 (1724)

Taci per poco ancora
O fiero e rio sospetto
E lasci che favelli
Di solo amante il cor
Quei bel che t'innamora
Siegui ad amar costante
Nè creder che rubelli
Sian gli astri à un fido amor.

C'est en mettant en valeur les différences de ce genre que l'on peut déterminer avec certitude que l'air «Ti sento, si, ti sento», par exemple, contenu entre autres documents dans un manuscrit à Berlin[27], ne peut pas provenir d'*Ercole su'l Termodonte* de 1723 d'après le livret duquel quelques mots sont remplacés par d'autres paroles. Par contre, il est impossible de déterminer si l'air du manuscrit en question remonte à *La Costanza trionfante* de 1716 ou à *Il Teuzzone* de 1719, opéras dans lesquels les deux versions de l'air sont absolument identiques[28].

D'autre part, une assez grande quantité des manuscrits qui renferment des airs isolés contiennent des versions considérablement modifiées des mouvements. Le plus souvent les parties d'orchestre sont supprimées de telle manière que les partitions ne comportent que la basse continue accompagnant la voix. Ce genre de réductions était très répandu à l'époque, les airs les plus populaires pouvant en effet être exécutés en «musique de chambre». De plus, on a parfois retranché les introductions instrumentales des airs (les ritournelles initiales, voir pp. 219ss). Parmi les airs de Vivaldi qui sont transmis en versions modifiées de la sorte on peut citer les 16 mouvements contenus dans le manuscrit 1/F/30, pp. 38–69, à la Sächsische Landesbibliothek à Dresde. L'identification de ces airs ne soulève d'ailleurs aucun problème puisque le manuscrit comporte le titre suivant: *L'Arsilda Regina di Ponto / Opera Prima Sant'Angelo / Del Sig: D: Ant^o Viualdi.* Chacun des 16 airs se retrouve en version originale dans les deux partitions, autographe et copiée, du volume Foà 35.

4. APPLICATION DES METHODES D'ANALYSE

Afin de souligner la nécessité de soumettre chaque manuscrit de Vivaldi à un examen critique dans le but d'en établir l'état, il paraît utile d'analyser sous ce rapport un document particulièrement intéressant et instructif. L'exemple choisi à ce propos permettra non seulement de démontrer que les méthodes d'analyse évaluées précédemment peuvent être appliquées avec avantage, mais encore, que pour le rétablissement du texte authentique, il est indispensable de connaître les divers aspects de la technique de composition chez Vivaldi. Le manuscrit soulève en effet plusieurs problèmes fondamentaux dont la documentation ne fournit pas la solution; étant donné que ces problèmes sont l'objet d'une étude circonstanciée dans la Troisième Partie, l'exposé suivant peut être limité aux questions relatives à l'aspect matériel du document. Bien que le manuscrit soit celui d'un opéra et que la composition de ce fait n'ait pas encore été l'objet d'études spéciales de la part de la musicologie, la littérature vivaldienne contient plusieurs informations à son sujet, informations qu'il ne sera pas inutile, pour des raisons évidentes, de confronter avec les résultats que donnera l'examen détaillé du document. Le titre de l'opéra invite à une telle confrontation: *La Verità in Cimento.*

La toute première question que soulève la partition à Turin de cette composition concerne les références bibliographiques du manuscrit, question au sujet de laquelle la littérature comporte un certain désaccord. Pour des raisons faciles à comprendre, les auteurs signalent des références différentes: alors que P. Damilano, dont les informations sont reproduites littéralement par A. Girard, n'a considéré que la partie du manuscrit qui se trouve à la suite de la page de séparation et de la sorte indique les fol. 148–316 du volume Foà 33, R. Strohm a inclu les feuilles situées immédiatement avant cette page; elles renferment une composition intitulée *Sinfonia,* sans le nom du compositeur et sans le titre de l'opéra, laquelle suivant cet auteur doit donc faire partie du manuscrit de *La Verità in Cimento:* Foà 33, fol. 143–316. Pourtant, aucune de ces indications n'est rigoureusement exacte; avant d'aborder la question de savoir à quel opéra la *Sinfonia* appartient, il convient donc de communiquer les références correctes:

fol. 142–147 *Sinfonia.* Le titre est inscrit au recto du fol. 142 («page de titre»); la partition commence au fol. 143r et s'achève au fol. 147r; le verso de cette feuille est inutilisé.

fol. 148 Page de séparation renfermant le texte suivant, reproduit à tort par P. Damilano et A. Girard comme le titre du manuscrit: *La Verità in Cimento / Atti tré, con Sinfonia / Musica di D. Ant^o^ Viualdi.* Ne faisant pas partie du manuscrit de Vivaldi, cette feuille doit évidemment être considérée à part.

fol. 149–228 Manuscrit du premier acte. Les indications initiales ne comportent que les mots: *Atto Primo / Scena Prima,* suivis des noms des personnages qui se produisent en cette première scène. La manuscrit ne comporte donc ni le titre de l'opéra, ni le nom du compositeur. L'indication terminale se trouve au fol. 227r: *Fine dell'Atto Primo.* Les trois dernières pages sont inutilisées.

fol. 229–273 Manuscrit du second acte. Les indications initiales, inscrites au fol. 229r, sont: *Atto Secondo / Scena Prima;* au fol. 272v se trouvent les indications terminales: prolongement sinueux des doubles barres et *Fine dell'Atto Secondo.* Les deux pages suivantes sont inutilisées.

fol. 274–316 Manuscrit du troisième acte. Voir plus bas au sujet du fol. 274. Au fol. 275r on trouve l'indication initiale: *Atto Terzo / Scena Prima;* par contre, le manuscrit ne contient pas d'indications terminales et paraît donc être incomplet à la fin. Le dernier mouvement inscrit est le récitatif de l'ultime scène; voir plus bas.

De la composition instrumentale en trois mouvements initulée *Sinfonia,* inscrite dans le fascicule fol. 142–147, on connaît actuellement deux autres documents non autographes, mais aucun d'eux ne communique le titre de l'opéra duquel elle est l'ouverture: la copie en parties séparées à Berlin ne contient que le nom de Vivaldi, et dans le manuscrit anonyme à Dresde, également en parties, la composition a été inexactement attribuée à Albinoni[29]. De même, le catalogue de Breitkopf de 1762, dont les incipit sont reproduits dans l'inventaire manuscrit d'A. Fuchs de 1839, ne signale que le nom de Vivaldi sans préciser l'origine de la composition[30].

En dressant l'Inventaire Thématique des œuvres instrumentales de Vivaldi, M. Pincherle a communiqué les incipit des cinq *Sinfonie* signalées par Breitkopf, mais l'auteur français n'a pas cherché à identifier ces œuvres en examinant les partitions d'opéra à Turin. Par contre, dans la table de concordances de son Catalogo Numerico-Tematico, A. Fanna annonce que plusieurs des œuvres que M. Pincherle a inventoriées sous la rubrique *Sinfonie* sont les ouvertures des opéras dont les manuscrits se trouvent dans les collections Foà et Giordano. Au sujet de la composition qui nous intéresse ici, le catalogue italien affirme que la sinfonia n° 16 de l'Inventaire Thématique est l'ouverture de l'opéra *Il Teuzzone*, information qui est reprise par d'autres auteurs mais qui s'oppose évidemment aux références communiquées par R. Strohm.

La conclusion à laquelle est arrivé A. Fanna semble se fonder sur le raisonnement suivant. Ainsi que l'indique la page liminaire au début du volume Foà 33 (voir p. 38), le premier manuscrit renferme la partition de l'opéra *Il Teuzzone* «Con Sinfonia e Coro», mais elle commence par le récitatif initial du premier acte, si bien que l'ouverture semble avoir disparu. La partition est une copie écrite par plusieurs mains différentes, mais à certains endroits Vivaldi a lui-même ajouté quelques indications et a inséré plusieurs fascicules de partitions autographes. Le manuscrit se termine par plusieurs pages inutilisées suivies de la partition autographe de la *Sinfonia* en question. Celle-ci est, comme on l'a vu, séparée de l'opéra par la page de séparation, fol. 148, et le manuscrit de *Il Teuzzone* serait donc en fin de compte complet, l'ouverture ayant simplement par accident été située à la fin de la partition.

Tout porte à croire cependant que l'ouverture est celle de *La Verità in Cimento:* à en juger d'après le caractère général du manuscrit de la *Sinfonia* – aspects de la graphie, qualités du papier, etc. – la composition appartient sans aucun doute possible à cet opéra dont la partition comporte de nombreux traits identiques à ceux de l'ouverture. Bien que cette méthode d'identification ne soit pas dépourvue d'éléments d'incertitude, la conclusion semble être étayée, en l'occurence, par le fait que l'ouverture de *Il Teuzzone* se trouve, comme il a été signalé plus haut, dans le volume Giordano 36. Qui plus est, le texte de la page de séparation affirme que le manuscrit de *La Verità in Cimento* doit comporter une *Sinfonia.* Il est donc logique de penser que cette page a été située par accident à son emplacement actuel au moment de la reliure des manuscrits des deux opéras.

Les manuscrits des trois actes de *La Verità in Cimento* se composent de plusieurs fascicules qui sont numérotés par Vivaldi en haut à droite par des chiffres soulignés, dans les trois manuscrits, d'un seul trait horizontal. Chaque manuscrit comporte en outre plusieurs fascicules et folios suppémentaires que le compositeur n'a pas numérotés. Pour des raisons pratiques ces insérations sont désignées ci-après par des chiffres romains. Plusieurs fascicules originaux et supplémentaires comprennent 2, 3 ou 5 folios, mais les bandes de papier qui subsistent du retranchement des folios ne sont pas signalées. De même, les nombreuses pages laissées inutilisées, notamment à la fin des fascicules supplémentaires, sont passés sous silence.

PREMIER ACTE

fascicule nº 1	fol. 149–152	
fascicule nº 2	fol. 153–156	
fascicule nº 3	fol. 157–160	
insération I	fol. 161–164	
fascicule nº 4	fol. 165–167 et 175	
insération II	fol. 168–171	
insération III	fol. 172–174	
fascicule nº 5	fol. 176–177	
fascicule nº 6	fol. 178–181	
fascicule nº 7	fol. 182–184	
fascicule nº 8	fol. 185–188	
fascicule nº 9	fol. 189 et 194–196	
insération IV	fol. 190–193	
fascicule nº 10	fol. 197–202	
fascicule nº 11	fol. 203–205 et 210–211	
insération V	fol. 206–209	
fascicule nº 12	fol. 212 et 219–220	
feuille suppl.	fol. 213	contient quelques fragments de l'air «Quando serve alla ragione» en ut majeur (voir pp. 117 et 302)
insération VI	fol. 214–216	
insération VII	fol. 217–218	
fascicule nº 13	fol. 221–224	
fascicule nº 14	fol. 225–228	

SECOND ACTE

fascicule nº 1	fol. 229–231 et 235	
insération VIII	fol. 232–234	le début de l'air est inscrit sur un feuillet situé entre les fol. 229 et 230
fascicule nº 2	fol. 236–241	
fascicule nº 3	fol. 242–245	
fascicule nº 4	fol. 246–249	

insération IX	fol. 250–253	
(fascicule) nº 5	fol. 254	un feuillet est collé au verso de cette feuille
fascicule nº 6	fol. 255–256	
fascicule nº 6	fol. 257–260	le chiffre 6 ne paraît pas autographe et n'est pas souligné
fascicule nº 7	fol. 261–265	
fascicule nº 8	fol. 266–269	
fascicule nº 9	fol. 270–273	
TROISIEME ACTE		
feuille suppl.	fol. 274	contient au verso le début inachevé d'un air pour ténor sans texte non identifié
fascicule nº 1	fol. 275–279	
fascicule nº 2	fol. 280–283	
fascicule nº 3	fol. 284–287	
fascicule nº 4	fol. 288–289	
fascicule nº 5	fol. 290–293	un feuillet est collé au verso du fol. 293
fascicule nº 6	fol. 294–296	
fascicule nº 7	fol. 297 et 302–306	
insération X	fol. 298–301	
fascicule nº 8	fol. 307–308	
fascicule nº 9	fol. 309 et 312–314	
insération XI	fol. 310–311	
fascicule nº 10	fol. 315–316	

La première impression qui se dégage de cette vue d'ensemble de la disposition du manuscrit est celle d'un certain désordre, impression qui est étayée par au moins trois autres éléments. Premièrement, les diverses sections du manuscrit présentent des aspects graphiques relativement dissemblables. Ces différences sont particulièrement apparentes lorsqu'on compare les textes inscrits sur les pages des fascicules originaux, désignés par un numéro d'ordre, avec ceux qui sont contenus dans les fascicules supplémentaires. Visiblement écrits par une personne qui n'était pas excessivement pressée, les premiers ont un caractère homogène et régulier qui les oppose sensiblement aux textes ajoutés. C'est sans doute en se fondant sur les différences graphiques que R. Strohm a désigné le manuscrit comme partiellement autographe («Teilautograph»), mais cette information au sujet de la nature du manuscrit ne paraît pas exacte. Abstraction faite du chiffre 6 qui désigne le fascicule fol. 257–260, toutes les inscriptions du document comportent les traits qui caractérisent quelques-unes des diverses phases en lesquelles se scinde naturellement l'écriture de Vivaldi (voir pp. 126ss). De fait, les différences des aspects graphiques du manuscrit s'avèrent d'importance considérable pour en effectuer l'étude critique. Deuxièmement, la partition contient de très nombreuses ratures dans les trois actes: de longues sections des récitatifs sont supprimées, et parfois Vivaldi a également abrégé les airs en retranchant des passages plus ou moins importants. A cela s'ajoutent plusieurs transformations effectuées par l'application de la méthode décrite plus haut: d'assez nombreux folios ont été réunis avec du fil. Troisièmement, certains textes chantés apparaissent deux fois: plusieurs airs comportent les même paroles, et dans un cas Vivaldi a écrit deux fois la fin d'un récitatif (fol. 310r et 312r).

Il est bien évident que l'étude détaillée et le rétablissement du texte musical contenu dans un manuscrit aussi désordonné et irrégulier ne peuvent être effectués objectivement sans le concours du livret; mais il est significatif qu'aucun des auteurs cités n'a communiqué les résultats d'une éventuelle confrontation des deux sources. Une telle opération s'avère pourtant à la fois nécessaire et fort intéressante.

Imprimé à *Venezia* en 1720 *(MDCCXX)* par *Marino Rossetti,* le livret nous apporte d'abord les 6 informations suivantes (voir p. 6):

1. Le titre de l'opéra est *La Verità in Cimento.* Etant donné que Vivaldi n'a pas inscrit le titre de l'œuvre dans son manuscrit nous sommes dans l'impossibilité de savoir si elle a éventuellement eu un autre titre (cf. *Bajazet/ Tamerlano* et d'autres).

2. L'opéra fut représenté à Venise au *Teatro di S. Angelo* pendant la saison d'*Autunno dell'Anno 1720.* Les catalogues de Bonlini, de Groppo et d'Allaci ne signalent que cette date; par contre il n'a pas été possible de déterminer le nombre des représentations.

3. D'après le frontispice du livret, l'opéra est dédié, probablement de la part de l'auteur du texte, *A Sua Eccelenza il Signor Conte Sava Wladislavich Consigl. Aul. Di S. M. Tzar K. ec.* [sic]. R. Giazotto affirme dans les deux éditions de son ouvrage sur Vivaldi que «*La verità in cimento* [...] reca addirittura la dedica al langravio Filippo»[31]. Peut-être l'auteur italien a-t-il confondu la dédicace et l'indication suivante.

4. La musique, selon le texte imprimé en page 9 du livret, est composée par *Sig. D. Antonio Vivaldi Maestro di Capella, di Camera di S. A. S. Il Sig. Prencipe Filippo Langravio d'Hassia Darmestat. ec.* (Signalons que, contrairement à ce qu'affirme R. Giazotto[32], vraisemblablement d'après Salvatori, Vivaldi n'y est pas désigné par ce titre pour la première fois: le compositeur

arbore en effet le titre de maître de chapelle du prince Philippe dans les livrets de *Tito Manlio* [Mantova, carneval 1719] et de *La Candace* [même ville, carneval 1720]; il le conserva jusqu'à la mort du prince en 1737.)

5. Le livret communique la distribution suivante des rôles. Pour des raisons pratiques les désignations des voix sont ajoutées; ces informations ne figurent pas dans le livret mais sont dérivées de la partition. D'autre part, la liste reproduite ci-après ne comporte pas les «titres» des interprètes tels qu'ils se trouvent dans le livret («virtuoso del principe Filippo Langravio d'Hassia Darmestat», etc.):

Mamud: Antonio Barbieri [ténor]
Rustena: Chiara Orlandi [soprano]
Damira: Antonia Margherita Merighi [contralto]
Rosane: Anna Maria Strada [soprano]
Zelim: Girolamo Albertini [soprano]
Melindo: Antonia Laurenti, detta Coralli [contralto]

6. Le livret nous apprend en outre que les intermèdes, dont le titre et le nom du compositeur ne sont pas communiqués, furent représentés par Rosa Ongaredi et Antonio Ristorini. Enfin, les décors étaient «L'Invenzioni, e Pitture» des frères Giuseppe et Domenico Valeriani.

Avant d'aborder les questions du texte chanté il sera peut-être utile de compléter ces informations par quelques observations supplémentaires. Premièrement, il est assez remarquable – mais aucunement exceptionnel – que le nom de l'auteur de ce *Dramma per musica* ne soit pas communiqué. L'épitre dédicatoire (qui suivant les cas est rédigée par l'auteur, par l'impressario, par l'éditeur du livret ou même par le compositeur) est en l'occurence signée par *N. N.* Ce n'est en effet que d'après les indications des catalogues de Bonlini, de Groppo et d'Allaci que l'on a pu l'attribuer à Giovanni Palazzi. Plusieurs auteurs modernes ajoutent à ce nom, vraisemblablement d'après l'inventaire de T. Wiel, celui de Domenico Lalli, mais la collaboration éventuelle du librettiste napolitain n'a pu être attestée par aucun document de l'époque. Deuxièmement, chacun des six interprètes a chanté dans d'autres opéras de Vivaldi. A titre d'exemple, le ténor Antonio Barbieri s'est produit dans *La Candace* (Mantoue, carneval 1720, dans le rôle d'*Amasi),* dans *Filippo Re di Macedonia* (Venise, carneval 1721, *Antigono),* dans *La Virtù trionfante* (Rome, carneval 1724, *Mitridate)* et dans *Il Giustino* (même ville et même saison, *Vitaliano).* De même, les deux contraltos Antonia Margherita Merighi et Antonia Laurenti ont chanté dans par exemple *Armida al Campo d'Egitto* à Mantoue pendant les mois d'avril et de mai 1718 *(Armida* et *Adrasto).* Il est donc logique de penser que Vivaldi a connu personnellement ces musiciens dont il sera évidemment avantageux d'étudier la biographie. Enfin, même si l'observation n'a aucun rapport avec l'histoire de la musique, il convient pourtant de signaler que l'un des deux peintres, Giuseppe Valeriani, séjourna à Saint-Pétersbourg à partir de 1742 et est entre autre connu pour avoir décoré plusieurs salles du Palais d'Hiver de cette ville. (Ajoutons qu'un artiste beaucoup plus célèbre, Antonio Canal, dit Canaletto, dans sa jeunesse également a collaboré aux décors d'opéras vivaldiens; il est signalé dans par exemple le livret de *L'Incoronazione di Dario*[33]).

Pour se faire une idée des résultats que donne la confrontation du livret et de la partition, effectuée scène par scène, il suffira de voir comment se présentent de part et d'autre l'ensemble des airs et des autres textes en vers. Les quelques scènes qui ne comportent qu'un récitatif ne sont pas comprises dans l'exposé suivant; il en est de même pour les deux fragments inscrits aux fol. 213r et 274v. Pour des raisons pratiques les airs sont désignés par un numéro d'ordre correspondant à leur emplacement dans la partition (ce numéro n'est pas le même que celui qui désignera les mouvements individuels dans le *Répertoire*); par contre les numéros des scènes sont communiqués d'après le livret.

PREMIER ACTE

Scène 1

1. Livret: *Mi fe reo l'amor d'un figlio* [Mamud]
   Partition: même texte, fol. 153r–155r

Scène 2

2. Livret: *Vorrei veder anch'io* [Damira]
   Partition: même texte, fol. 157r–159r

Scène 3

3. Livret: *Solo quella guancia bella* [Rosane]
   Partition: même texte, fol. 160v et 165r–167r
4. Livret: –
   Partition: *Con più diletto il mio cupido* [sans nom; soprano]
   fol. 161r–163v (insération I)

Scène 4

5. Livret: *Ne vostri dolci sguardi* [Rustena]
   Partition: même texte, fol. 167v et 175r–176v (supprimé)
6. Livret: –
   Partition: *La pena amara che senti in petto* [sans nom; soprano]
   fol. 168r–170r (insération II)

7. Supplément au livret (imprimé à la fin du premier acte, p. 27):
Il ciglio aciero la guancia vaga [Rustena]
Partition: même texte, fol. 172v–174r (insération III)

Scène 5

8. Livret: *Tu m'offendi ma non rendi* [Zelim]
Partition: même texte, fol. 178r–180r

Scène 6

9. Livret: *Là del Nilo sull'arene* [Melindo]
Partition: même texte, fol. 180v–183v

Scène 8

10. Livret: *Se l'aquisto di quel soglio* [Damira]
Partition: même texte, fol. 189v et 194r–196v

11. Livret: –
Partition: *Se vincer non si puo quel cor* [sans nom; contralto]
fol. 190r–192r (insération IV)

Scène 9

12. Livret: *Fragil fior ch'appena nasce* [Rustena]
Partition: même texte, fol. 197v–198v

Scène 10

13. Livret: *Aure placide e serene.* [Rosane, Melindo et Zelim (à 3)]
Partition: même texte, fol. 199r–202v

14. Livret: *No non ti credo bel volto amabile* [Zelim]
Partition: même texte, fol. 205v et 210r–211v

15. Livret: –
Partition: *Non posso prestar fede a un sguardo* [sans nom; soprano]
fol. 206r–208r (insération V)

Scène 11

16. Livret: –
Partition: *I lacci tende più forti all'ora* [Melindo]
fol. 212v et 219r–224r (supprimé)

17–18. Livret: *Mi vuoi tradir lo sò spietato cor ingrato* [Melindo]
Partition: même texte [sans nom], 1ère version: fol. 214r–216v (insération VI)
même texte [sans nom], 2ème version: fol. 217r–218v (insération VII)

Scène 12
19. Livret: *Amato ben tu sei la mia speranza* [Rosane]
Partition: même texte, fol. 225r–227r

SECOND ACTE
Scène 1
20–21. Livret: *Vinta à piè d'un dolce affetto* [Mamud]
Partition: même texte, 1ère version: fol. 230r–231v et 235r (supprimé)
même texte, 2ème version: feuillet, fol. 232v–234r (insération VIII; le fol. 232r renferme la fin rayée du même air)

Scène 2
22. Livret: *Addio caro. Tu ben sai* [Rosane]
Partition: même texte, fol. 237r–239v

Scène 3
23. Livret: *Semplice non temer, misero non sperar* [Damira]
Partition: même texte, fol. 242v–245r

Scène 4
24. Livret: *Un tenero affetto mi dice ch'io t'ami* [Zelim]
Partition: même texte, fol. 246r–248v

Scène 5
25. Livret: –
Partition: *Quel bel ciglio, quel bel volto* [Rustena]
fol. 249v et 254r (supprimé)
26. Livret: *Non veglia così cauto il pastorello* [Rustena]
Partition: même texte, fol. 250r–252r (insération IX)

Scène 6
27. Livret: *Sguardo non gira riso non rende* [Melindo]
Partition: *Occhio non gira riso non rende,* fol. 255r–256v

Scène 8
28. Livret: –
Partition: *Tu sei sol dell'alma mia* [Rosane]
fol. 262v–264r (supprimé)

Scène 9
29. Livret: *Anima mia, mio ben. Viscere del mio sen* [Damira, Zelim, Rustena, Melindo, Mamud (à 5)]
Partition: même texte, fol. 266r–272v

TROISIEME ACTE

30. Livret: –
Partition: *Scena Prima: Lo splendor ch'a sperare* [Melindo; l'air est pour soprano mais comporte pourtant ce nom]
fol. 276r–279r (la scène entière a été supprimée)

31. Livret: –
Partition: *Scena Seconda: Crudele se brami ch'io ceda* [Melindo]
fol. 280r–285r (la scène entière a été supprimée)

Scene 1

32. Livret: *Quando serve alla ragione* [Damira?]
Partition: *Scena Terza:* même texte [Mamud], fol. 290r–292v

Scène 2

33. Livret: *Lagrimette alle pupille* [Damira]
Partition: *Scena Quarta (4ta):* même texte, fol. 295r–297r

Scène 3

34. Livret: –
Partition: *(Scena Quinta): Io son fra l'onde d'irato mare* [sans nom; soprano]
fol. 298r–300r (insération X)

35. Livret: *Cara sorte di chi nata* [Rustena]
Partition: *Scena Quinta:* même texte, fol. 302r–303v

Scène 5

36. Livret: *Con cento e cento baci* [Rosane]
Partition: *Scena Settima:* même texte, fol. 307v–309v

Scène 6

37. Livret: *Lo splendor ch'hà sul volto il mio bene* [Zelim]
Partition: *(Scena Ottava):* même texte, fol. 310r–311r (insération XI)

38. Livret: –
Partition: *Scena Ottava: Sia conforto alle tue piaghe* [Zelim]
fol. 312r–314v (supprimé)

Scène 7

39. Livret: *Dopo i nembi e le procelle* [Mamud ou chœur?]
Partition: *Scena Ottava* [sic] (ne comporte que le récitatif)

La première conclusion que l'on peut tirer de cette confrontation des deux sources est le fait que l'absence d'indications terminales à la fin du manuscrit est causée par une véritable lacune, détail qui n'a pas été signalé par les auteurs cités plus haut. Le livret s'achève par un texte dont la présentation ne permet pas d'établir s'il s'agit d'un air (chanté par le personnage qui a les dernières paroles du récitatif: Mamud) ou d'un chœur. Etant donné cependant que les opéras de Vivaldi dont la partition complète est transmise se terminent tous par un *Coro,* il est logique de penser que le mouvement disparu a été un chœur. Le même texte reparaît avec quelques modifications dans l'ensemble final de *Il Giustino* dont la partition autographe se trouve dans le volume Foà 34, fol. 182r–184v:

La Verità in Cimento	*Il Giustino* (d'après le livret)
Dopo i nembi e le procelle Il seren appare al fin E nel ciel tal'or le stelle Fausto mostrano il destin	Doppo i nembi e le procelle Scherza l'onda al mare il seno E nel ciel talor le stelle Fausto mostrano il sereno

En raison du fait que ce dernier opéra contient de nombreux airs que Vivaldi a empruntés à des œuvres dramatiques antérieures – deux airs proviennent ainsi de *La Verità in Cimento* – il y a lieu de supposer que le chœur final soit également un emprunt. Ceci est d'autant plus vraisemblable que les paroles de la partition ne correspondent pas à celles du livret, citées plus haut à droite, mais sont presque identiques à celles de *La Verità in Cimento* (le dernier mot n'y est pas «destin» mais «seren[o]»). Le chœur final de *Il Giustino* pourra donc être adopté pour rétablir le texte intégral de la partition incomplète de l'ancien opéra.

A en juger d'après la confrontation des deux sources principales de *La Verità in Cimento* le manuscrit ne présente pas d'autres lacunes; par contre le rétablissement du texte authentique de cette partition désordonnée soulève quelques problèmes évidents dont la solution ne peut être trouvée que par l'examen critique du document même. A ce propos, la numérotation des fascicules et les aspects graphiques dissemblables d'une part, et les textes contenus dans le livret d'autre part sont des indices importants puisqu'ils permettent d'effectuer un classement des airs. Ils se divisent naturellement en quatre groupes:

I. Le premier groupe comprend les 21 airs qui font partie la version primitive du manuscrit et dont les textes apparaissent dans le livret. Ces mouvements ne donnent lieu à aucune hésitation: n°s 1, 2, 3, (5), 8, 9, 10, 12, 13, 14, 19, 20, 22, 23, 24, 27, 29, 32, 33, 35, 36. (Le n° 5 appartient logiquement aussi au groupe suivant).

II. Le second groupe se compose des 7 airs appartenant à la première version mais qui, étant retranchés de la partition, ne figurent pas dans le livret ou sont remplacés par un autre texte imprimé en supplément (n° 5). Il est intéressant de remarquer que les deux sources s'étaient mutuellement à ce propos: le manuscrit contient en effet pour chacun de ce airs les marques qu'ont laissées les diverses opérations effectuées par Vivaldi dans le but de supprimer les sections en question (ratures, trous de couture, etc.; voir l'exemple cité à la page 117): n°s 5, 16, 25, 28, 30, 31, 38.

III. Au troisième groupe appartiennent les 6 airs que Vivaldi a ajoutés par la suite, inscrits en fascicules supplémentaires, et dont les textes sont communiqués dans le livret. Ces mouvements font naturellement partie du texte authentique: n°s 7, 17–18, 21, 26, 37.

IV. Le quatrième groupe comprend enfin les 5 airs qui se trouvent inscrits en fascicules supplémentaires mais dont les paroles ne sont pas reproduites dans le texte imprimé: n°s 4, 6, 11, 15, 34. La présence de ces airs soulève le même problème que celui que pose par exemple le manuscrit de *Griselda* (voir p. 101). Le livret ne nous permet pas, effectivement, d'établir si Vivaldi les a ajoutés lui-même à la partition, éventuellement en vue d'une reprise inconnue de l'opéra, ou si les fascicules y ont été situés par simple accident.

L'examen critique de la partition autographe à Turin de *La Verità in Cimento* doit d'autre part être complétée par l'étude des documents musicaux qui renferment des mouvements isolés dont il existe un assez grand nombre pour cet opéra. Il ne sera pas nécessaire d'analyser ici chacun de ces documents, mais il convient de préciser que les références communiquées à leur sujet par R. Strohm ne sont pas toujours exactes. Ainsi, l'air «Amato ben tu sei la mia speranza» contenu dans un manuscrit collectif à Paris (Bibl. Nat., Vm^7 7694, p. 35) ne provient pas de *La Verità in Cimento* mais d'*Ercole su'l Termodonte* de 1723. Les deux textes sont suffisamment dissemblables pour en permettre l'identification certaine:

La Verità in Cimento I, 12	*Ercole su'l Termodonte* III, 7
Amato ben tu sei la mia speranza	Amato ben tu sei la mia speranza
Tu sei'l mio piacer	E'l mio piacer
Ma per serbare / A te costanza	E quella speme che già s'avanza
Non vuò turbare	Sento che l'alma
Il mio goder.	Chiama a goder.

L'un des documents les plus importants pour l'étude de la partition est une copie qui se trouve à la Bayerische Staatsbibliothek à Munich[34]. Le manuscrit contient 12 airs et comporte à la page de titre l'inscription: *Arie dell'Op*^{a} *Pm*^{a} *Sant'Angelo / del Sig*^{r} *d. Ant*^{o} *Viualdi / 1720,* à laquelle sont ajoutés, d'une autre main, le titre de l'opéra et un renvoi au catalogue de Bonlini, *Le Glorie della Poesia.* Il est regrettable que R. Strohm, dans son inventaire, n'a ni signalé que le manuscrit contient une réduction pour voix et basse continue (sans ritournelles initiales), ni communiqué les titres des 12 airs. Ceci aurait été d'autant plus utile que l'un d'eux ne se trouve dans aucune des deux sources examinées plus haut: l'air pour soprano «Sei tiranna ma son fedele» (n° 6 du recueil) n'apparaît ni dans la partition, ni dans le livret. La confrontation des textes musicaux révèle d'autre part que les compositions de l'air «Quando serve alla ragione» sont dissemblables: alors que la partition autographe comporte un mouvement en si bémol majeur, dont le premier solo commence ainsi:

mes. 15

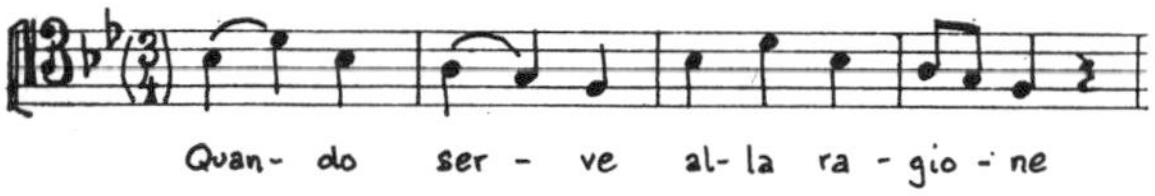
Quan- do ser - ve al- la ra - gio - ne

Exemple 8

le manuscrit à Munich contient un air en ut majeur dont les premières mesures se présentent de la sorte:

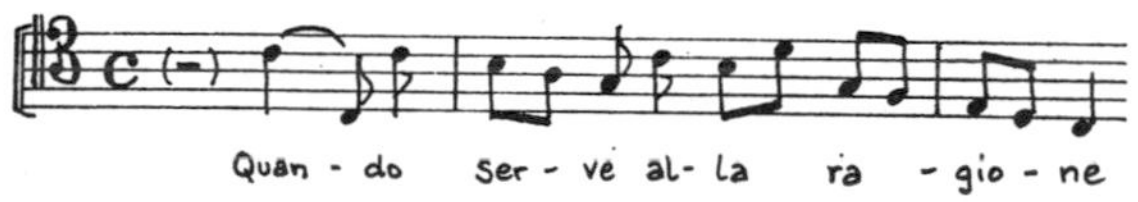
Quan - do ser - ve al- la ra - gio - ne

Exemple 9

Ce qui rend le manuscrit allemand particulièrement intéressant, c'est le fait que la musique de cette dernière version de l'air se retrouve en partie au fol. 213r du manuscrit à Turin (voir plus haut, p. 107; l'occasion se présentera dans la Troisième Partie d'analyser le contenu de ce fragment). On semble donc pouvoir conclure que l'air en ut majeur fait bien partie de l'opéra et que la partition autographe par conséquent a dû comporter au moins encore un fascicule situé vraisemblablement entre les fol. 289 et 290, c'est-à-dire entre le récitatif de la scène 1 (3) du dernier acte et la version originelle de l'air. Les fol. 290–292 comportent effectivement des trous à la marge qui dénoncent que l'air a été supprimé. Il n'a pas été possible, par contre, de déterminer à quel endroit Vivaldi éventuellement a ajouté le fascicule renfermant l'air «Sei tiranna ma son fedele».

Le recueil des 12 airs est en outre remarquable parce qu'il contient l'un des airs qui se trouvent inscrits dans des fascicules supplémentaires de la partition, mais dont le texte n'est pas communiqué dans le livret (groupe IV): «Non posso prestar fede» (n° 15). Ceci semble donc indiquer, sauf erreur, que les airs ajoutés fassent bien partie de *La Verità in Cimento;* et comme le manuscrit est daté de 1720, il y a lieu de croire que Vivaldi les a ajoutés pendant la saison. Le catalogue de Groppo ne mentionne cependant pas l'existence d'un supplément au livret renfermant ces textes, et aucun des exemplaires consultés ne le possède.

La liste suivante des 12 airs du manuscrit à Munich contient, outre le numéro d'ordre du recueil et le titre des airs, les indications des actes et scènes d'après le livret, les numéros par lesquels sont désignés ci-dessus les airs de la partition autographe, et l'indication du groupe auquel appartient chaque mouvement d'après le classement adopté plus haut:

1.	*Tu m'offendi ma non rendi*	I, 5	n° 8	I
2.	*Addio caro. Tu ben sai*	II, 2	n° 22	I
3.	*Con cento e cento baci*	III, 5	n° 36	I
4.	*Lo splendor ch'hà sul volto*	III, 6	n° 37	III
5.	*Non posso prestar fede*	I, 10	n° 15	IV
6.	*Sei tiranna ma son fedele*	?	disparu?	
7.	*Quando serve alla ragione*	(III, 1)	disparu	(III)
8.	*Solo quella guancia bella*	I, 3	n° 3	I
9.	*No non ti credo bel volto*	I, 10	n° 14	I
10.	*Amato ben tu sei la mia speranza*	I, 12	n° 19	I
11.	*Non veglia così cauto il pastorello*	II, 5	n° 26	III
12.	*Fragil fior ch'appena nasce*	I, 9	n° 12	I

Quelques autres documents qui méritent d'être signalés à propos de cet opéra sont certains des manuscrits dont se composent les deux collections d'airs isolés du volume Foà 28 à Turin. Les fol. 107–114 et 169–176 constituent pour plusieurs raisons une entité: les folios sont paginés – à l'exception des deux dernières pages inutilisées – de 1 à 30, et ils contiennent, en partitions partiellement autographes, quatre mouvements copiés sans aucun doute d'après la partition de *La Verità in Cimento:* «Addio caro. Tu ben sai» (voir plus haut n° 22), «Semplice non temer, misero non sperar» (n° 23), «Un tenero affetto mi dice» (n° 24) et le quinette «Anima mia mio ben» (n° 29). Bien qu'elle ne fasse pas partie du même manuscrit, les folios n'étant pas paginés, la série d'airs inscrits dans le manuscrit fol. 127–134 semble avoir la même origine: elle comprend les airs «Lo splendor ch'a sperare» (n° 30), «Quando serve alla ragione» (en ut majeur, version de Munich) et «Con cento [e cento] baci sul vago» (nº 36). Ceci semble donc prouver que l'air «Quando serve alla ragione» en ut majeur a fait partie de la partition de l'opéra. Il convient d'ajouter que les airs contenus dans les collections du volume Foà 28 ont souvent servi, semble-t-il, à la composition de nouvelles œuvres dramatiques. C'est ainsi que les airs cités «Lo splendor ch'a sperare» et «Quando serve alla ragione» reparaissent dans la partition de *Il Giustino* (voir planches 35 et 44). Le premier, qui avait été retranché de *La Verità in Cimento* (voir cependant pp. 290ss) a donc trouvé un nouvel emploi; transposé en ré majeur, le dernier fut chanté par le personnage de Vitaliano, c'est-à-dire par le ténor Antonio Barbieri qui l'avait déjà chanté en 1720.

Parmi les manuscrits des collections d'airs à Turin se trouve enfin la partition entièrement autographe d'un air, «La pastorella sul primo albore», dont l'origine n'a pas été identifiée. Aucun des livrets actuellement connus ne contient ce texte. Etant donné cependant que Vivaldi a indiqué le personnage qui doit le chanter par l'abréviation *Ros:*, il n'est pas exclu qu'il s'agisse d'une ancienne insération de la partition de *La Verità in Cimento*. Il sera toutefois très difficile de pouver que l'air a réellement été chanté par Rosane et de trouver l'endroit où le fascicule a été situé.

L'examen critique de la partition autographe d'un opéra comme *La Verità in Cimento* doit naturellement être effectuée d'une manière beaucoup plus détaillée et exacte que celle de l'exposé précédent. Il sera ainsi absolument indispensable, pour le rétablissement du texte musical authentique, de confronter les récitatifs et certains airs avec le livret, notamment dans le but d'établir à quelle époque Vivaldi a effectué les nombreuses ratures. Plusieurs textes supprimés sont désignés par les guillemets dans la source imprimée, mais d'autres ne le sont pas. De plus, il sera évidemment utile de noter tous les emprunts: comme on l'a vu, plusieurs airs reparaissent dans des œuvres postérieures à 1720, mais la partition de *La Verità in Cimento* comporte d'autre part elle-même des airs que le compositeur a repris d'anciennes œuvres dramatiques, et plusieurs thèmes initiaux se retrouvent dans la musique instrumentale (voir les exemples pp. 265ss). A cela s'ajoute que les méthodes d'analyse qui ont pu être appliquées et qui – à l'exception de l'étude des nombres de mesures – comportent toutes l'examen des indices développés plus haut, pourront facilement être complétées par d'autres moyens de recherches: identification et classification des filigranes, lecture des textes sous la lumière ultraviolette, etc. Il ne sera pas possible, naturellement, de présenter ici les détails d'un tel examen – surtout parce que plusieurs de ces moyens d'analyse n'ont pas encore été mis en valeur – mais l'occasion se présentera par la suite d'étudier quelques autres aspects importants de cette partition intéressante[35].

DEUXIEME PARTIE

LA GRAPHIE MUSICALE DE VIVALDI

Les manuscrits musicaux comportent, ainsi qu'il a déjà été affirmé, un double aspect. D'une part, ce sont des documents historiques en ce sens qu'ils remontent à une certaine époque dans le passé et qu'ils ont la faculté d'informer l'historien de diverses circonstances relatives à ce même passé. Aussi insignifiantes qu'elles puissent paraître si elles sont comparées aux «grands» événements historiques, la création d'une œuvre musicale, l'exécution d'un concerto, la représentation d'un opéra, etc. sont pourtant des éléments historiques qui concourent à le renseigner sur la vie telle qu'elle s'est déroulée autrefois. D'autre part, les manuscrits renferment les textes musicaux ou, autrement dit, ils sont les sources des œuvres du compositeur, lesquelles – même si elles n'avaient à l'époque qu'une fonction pratique ou sociale – comportent une qualité esthétique et qui en raison de ce fait sont l'objet d'un intérêt purement musical.

Quel que soit l'angle sous lequel les manuscrits sont exploités ou, en d'autres termes, le but du travail qu'effectue la musicologie, il est évident que la réussite des efforts dépend notamment de la manière dont les détails des textes originaux sont interprétés. Il paraît inutile de souligner que, quel que soit le nom du compositeur, il importe avant tout de chercher à connaître aussi exactement que possible ses intentions; il est certain, pourtant, que ce but ne peut être atteint qu'avec difficulté pour ce qui concerne Vivaldi. De fait, il n'a pas, évidemment, en écrivant ses manuscrits, songé ni aux études historiques et musicologiques, ni aux travaux éditoriaux d'un avenir lointain. Il sera opportun par conséquent de voir pour commencer quels sont les facteurs qui déterminent les diverses qualités de ses manuscrits et qui, de ce fait, posent des limites naturelles à nos connaissances.

Ce que l'on désigne d'ordinaire comme *écriture* ou *notation musicale* est en soi une notion quelque peu paradoxale puisqu'elle s'identifie à un système de symboles conventionnels destinés à reproduire, par une perception visuelle, les idées que doit saisir l'esprit par l'intermédiaire des sons. La musique se compose d'une infinité d'éléments divers d'ordre rythmique, mélodique, harmonique et sonore, dont il est impossible de noter toutes les nuances et tous les détails. Le compositeur se bornera donc inévitablement à inscrire tout ce qui n'est pas évident ou ce qui ne doit pas être laissé à la fantaisie de l'exécutant. Autrement dit, il notera tout ce qui lui paraît nécessaire pour la reproduction des effets musicaux désirés: c'est aux exécutants qu'incombe le devoir de traduire ses indications afin de réaliser ses intentions.

De ces observations se dégage un facteur d'importance capitale: la nature des inscriptions musicales est principalement déterminée par les traditions d'une époque, d'une région, d'une école. A cet égard les manuscrits de Vivaldi ne font aucunement exception. Ils renferment effectivement de nombreux traits que l'on retrouve dans les documents musicaux de la même époque, écrits de mains différentes. Il est notamment question ici d'une certaine modération pour ce qui concerne le nombre et la nature des indications destinées à fixer les moyens d'exécution et d'expression: désignation des instruments et des voix, signes d'articulation, nuances d'intensité, accents rythmiques, etc. Il est vrai, certes, que les partitions de Vivaldi comportent souvent de telles indications, mais on sait d'expérience que certaines indications et certains passages musicaux, aux yeux des musiciens modernes, sont parfois ambigus; par contre, les exécutants du XVIIIe siècle ont sans doute su de quelle manière les réaliser correctement. C'est à ce propos que l'on doit se poser la question de savoir comment la musique a été jouée notamment à Venise à l'époque de Vivaldi et de trouver, si cela est impossible, un mode d'exécution qui soit tout au moins stylistiquement et historiquement acceptable. A cet égard il serait avantageux d'étudier des écrits théoriques, datant de l'époque et traitant des questions de la pratique musicale, mais bien que plusieurs musiciens qui résidaient à Venise, aient été engagés dans l'enseignement musical, ils semblent à peu près tous s'être limités à l'instruction orale; à l'exception du collègue de Vivaldi au Pio Ospedale della Pietà, Francesco Gasparini, les grands vénitiens – Giovanni Porta, Gian Francesco Pollarolo, Niccolo Jomelli, Antonio Lotti, Francesco Brusa, etc. – n'ont pas, à l'instar de leurs confrères allemands et français, publié des traités de musique qui nous auraient facilité l'étude de leur manière d'interpréter ce qu'ils ont écrit dans leurs partitions.

D'un autre côté, la confrontation des partitions vivaldiennes et des manuscrits d'autres compositeurs montre très nettement, ce qui ne peut pas étonner, que l'aspect général et l'ensemble des éléments de l'écriture musicale vivaldienne comportent de nombreuses qualités individuelles. Cette observation ne s'applique pas seulement à la forme graphique des différents signes – que ce soient les notes, les clefs, les traits d'accolade, les diverses indications de la mesure, du tempo, etc. – mais l'aspect individuel des manuscrits se traduit encore par les habitudes d'écriture du compositeur, lesquelles, tout en suivant les traditions générales de son époque, présentent pourtant des traits particuliers. Ce sont ces éléments, évidemment, qui nous permettent d'effectuer la distinction entre les manuscrits autographes et les documents non autographes et qui, en plus, permettront éventuellement à la musicologie vivaldienne d'établir un groupement chronologique de ses œuvres.

L'ensemble des qualités d'un texte musical manuscrit est enfin déterminé par un troisième facteur qu'il serait injuste de ne pas envisager avec la plus grande attention. Il est question de la fonction que devait assumer le document individuel à l'époque de sa formation: les différences sensibles que peuvent présenter les manuscrits sont en effet souvent causées par leurs destinations dissemblables. Pour citer un exemple très simple, le matériel d'exécution, distribué aux membres d'un orchestre, sera normalement écrit en parties séparées et renfermera plus ou moins obligatoirement des indications destinées aux musiciens, tandis que, inversement, la toute première conception d'une œuvre, notée en partition, se dispensera facilement de ces indications mais comportera de son côté souvent des abréviations, des ratures, des corrections, etc. Il est sinon à peu près certain, tout au moins logique de croire que la plupart des œuvres de Vivaldi aient été composées – et donc écrites en manuscrits – pour être exécutées à une certaine occasion, c'est-à-dire par un ensemble instrumental ou vocal dont la composition était déterminée d'avance. Aussi n'était-il pas strictement indispensable d'indiquer dans les manuscrits originaux, par exemple, les diverses parties instrumentales et vocales, celles-ci étant fixées par l'ensemble des musiciens auquel était destinée une composition. Outre cela, il a déjà été affirmé que les manuscrits à Turin contiennent de nombreuses indications que Vivaldi a destinées aux copistes, mais rien ne semble s'opposer à la supposition qu'il leur ait parfois communiqué oralement les explications nécessaires, pouvant ainsi se dispenser de les inscrire.

Les études suivantes des textes musicaux autographes ont pour but de décrire quelques aspects des habitudes graphiques de Vivaldi et d'analyser les différentes indications en qualité de sources d'informations. L'exposé se divise naturellement en trois sections soulevant chacune un côté fondamental des textes musicaux, à savoir la disposition des partitions, la structure des mouvements et la notation musicale. Contrairement aux études codicologiques les méthodes d'investigation ne soulèvent aucun problème immédiat étant donné qu'elles s'identifient à l'interprétation des inscriptions des documents; toutefois, il convient de souligner l'importance de vérifier les résultats obtenus notamment par l'intermédiaire de documents copiés. Avant d'entrer dans les détails de ces trois questions, il paraît cependant opportun de soulever le problème de l'identification des manuscrits autographes.

A. CARACTERISTIQUE GENERALE DES TEXTES MUSICAUX AUTOGRAPHES

Qu'il ne soit aucunement facile de reconnaître sûrement l'écriture personnelle de Vivaldi et de la distinguer de celles de ses copistes, est un fait dont la littérature contient plusieurs exemples significatifs: certains manuscrits sont désignés comme autographes bien qu'ils ne soient pas écrits par Vivaldi, et d'autres sont inversement regardés comme non autographes ou partiellement autographes quoique Vivaldi manifestement en ait écrit tous les textes. En plus, quelques auteurs ont relevé certains traits qui sont caractérisés comme typiques de la graphie vivaldienne, mais qui sont en vérité propres aux copistes individuels[1]. Les difficultés notoires que soulève ainsi l'identification sûre de la main de Vivaldi et qui expliquent les diverses erreurs citées, sont relativement nombreuses et relèvent de plusieurs circonstances dont l'étude concourra indirectement à caractériser son écriture.

La première difficulé est due au simple fait que l'écriture de Vivaldi, comme il a déjà été affirmé plus haut, comporte de nombreux traits que l'on retrouve non seulement chez ses copistes mais aussi de manière générale dans les manuscrits italiens et étrangers de la même époque[2]. Les traditions de graphie et de notation musicale n'ont certainement pas manqué d'influencer l'écriture vivaldienne, ce que deux ou trois exemples différents suffiront pour démontrer.

Alors que les queues descendantes des noires, des croches, etc. sont situées comme de nos jours à gauche de la figure, celles des blanches le sont à droite; les barres unissant deux ou plusieurs (doubles) croches dont les figures sont séparées d'intervalles assez grands (quinte, octave etc.) sont tracées de telle sorte qu'elles se situent *entre* les figures et que les queues sont donc à la fois ascendantes et descendantes dans le même groupe (voir par exemple planche 24, mes. 4–7, parties de violons I et II). Le ton de certains morceaux dont les armures se composent de bémols est désigné, en tête des portées, non pas suivant les règles de la musique tonale mais selon les principes des modes dorien pour mineur et, plus rarement, lydien pour majeur (voir par exemple le début

1. Les notes se trouvent aux pp. 489ss.

d'un concerto en sol mineur en planche 6; cf. p. 247). De plus, suivant les traditions graphiques de l'époque, notamment en Italie semble-t-il, la lettre *v* s'écrit comme un *u*, tandis que la lettre *U* se présente comme un *V*; il n'est donc pas surprenant que le compositeur ait écrit *Viualdi* et *Vnissoni*. Ces quelques observations dont il serait aisé de multiplier les exemples servent donc avant tout à identifier les documents datant du XVIIIe siècle: plusieurs copies manuscrites renfermant des œuvres de Vivaldi ont effectivement pu être datées du XIXe ou même de notre siècle et se soustraient d'emblée à notre domaine d'études.

A ces difficultés s'ajoutent d'un autre côté quelques complications appartenant en somme à la même catégorie mais d'origine différente. C'est un fait avéré que le copiste qui a travaillé au service d'un compositeur aura naturellement tendance à imiter ses habitudes graphiques et les traits caractéristiques de son écriture, si bien que la sienne comporte une ressemblance plus ou moins accentuée à celle de son maître; ceci peut donc causer un certain embarras au sujet de l'identification des textes autographes. Pour ce qui concerne les documents musicaux vivaldiens, les différences entre les écritures de Vivaldi et celles des copistes sont cependant assez nettes pour permettre, semble-t-il, une distinction précise non seulement entre manuscrits autographes et manuscrits non autographes, mais aussi entre les sections qu'a écrites Vivaldi lui-même et celles des copistes dans les documents qui ont été écrits par deux ou plusieurs mains («manuscrits partiellement autographes» et «copies avec inscriptions autographes»). L'existence de ces derniers, dont on trouve de nombreux exemples notamment parmi les mouvements d'opéra détachés (avant tout dans les deux collections renfermées dans le volume Foà 28), souligne l'importance de soumettre chaque document à une analyse particulièrement attentive afin d'en déterminer la nature exacte.

Alors que certains auteurs paraissent avoir commis l'erreur de ne pas avoir accordé l'attention nécessaire à ces difficultés, d'autres semblent avoir méconnu certains aspects fondamentaux de l'écriture de Vivaldi. La comparaison entre plusieurs manuscrits entièrement autographes produit inévitablement l'impression d'une grande disparité pour ce qui concerne l'apparence graphique; si les textes comparés sont contenus dans le même manuscrit il est facile de comprendre, dans ces conditions, que les documents soient parfois inexactement désignés comme partiellement autographes. Les différences assez considérables que peuvent présenter de la sorte les manuscrits de Vivaldi ont pourtant au moins trois raisons parfaitement logiques dont il importe d'observer les conséquences pour l'analyse des manuscrits.

Premièrement, l'écriture de Vivaldi semble avoir évolué durant sa vie. A en juger d'après les partitions d'opéra autographes, documents pour lesquels une datation relativement exacte et certaine peut être déterminée par l'intermédiaire des livrets, les textes qu'il a écrits à l'âge de 35 ans – qui sont les plus anciens dont nous avons connaissance – diffèrent visiblement de ceux qu'il a écrits dix ans plus tard et à plus forte raison de ceux qui datent de la dernière période de sa vie. Il n'est donc pas étonnant que la graphie de la partition d'*Ottone in Villa* écrite en 1713, diffère considérablement par exemple de celles du manuscrit intitulé *La Cetra* de 1728 et des deux derniers documents du célèbre volume 2389/0/4 à Dresde qu'il a vraisemblablement écrits en 1740. Et il est parfaitement logique que la partition d'*Armida al Campo d'Egitto* présente deux degrés différents de sa graphie puisque ce manuscrit, comme on le verra plus loin, fut écrit en 1718 et modifié par l'addition de quelques airs en 1738: les différences d'écriture permettent effectivement la distinction exacte entre les textes originaux et les sections ajoutées.

Deuxièmement, l'écriture de Vivaldi se présente naturellement de manière fort différente suivant qu'il a écrit ses textes rapidement ou à une allure modérée. Les premiers, désordonnés et parfois relativement difficiles à déchiffrer, n'ont évidemment pas le caractère posé et soigné de l'écriture plus lente qui tient parfois de la calligraphie. Quelles que soient cependant les disparités des divers textes autographes, ils sont pourtant écrits par une et même main, ce dont on peut se convaincre en examinant les manuscrits que Vivaldi a commencés en s'appliquant à écrire nettement, mais qui sont achevés à une allure de plus en plus hâtive: ces documents montrent en effet la transformation graduelle qu'a subie sa graphie. Le manuscrit du concerto pour plusieurs instruments RV 107 est à ce propos fort intéressant et caractéristique. Signalons, pour commencer, que la copie à Dresde du concerto confirme que les diverses sections du texte musical à Turin constituent bien une entité. A la première page du manuscrit, Vivaldi s'est visiblement efforcé d'écrire nettement: les désignations des instruments sont écrites en toutes lettres, elles sont situées verticalement les unes sous les autres devant chaque portée; les barres de mesure sont à peu près rectilignes et les queues des notes sont verticales ou légèrement penchées, du haut en bas, vers la droite. Déjà au verso de cette première feuille, l'écriture change sensiblement de caractère, notamment à l'accolade inférieure où Vivaldi par exemple a tracé les barres des doubles croches avec une rapidité plus grande qui lui est, semble-t-il, habituelle. A la dernière page de la partition, le compositeur montre enfin son écriture hâtive, caractérisée par la déformation des clefs de sol et typique surtout par les barres de mesures courbées et par les queues inclinées ici dans le sens inverse de l'écriture, vers la gauche (comparer les planches 2, 3 et 4).

Troisièmement, il est évident que les ustensiles graphiques de son époque étaient moins résistants à l'usure que par exemple la plume moderne en acier, si bien que les signes graphiques ont perdu, au bout d'un certain temps d'emploi, leur netteté et que les scripteurs étaient obligés de tailler régulièrement leur plume ou d'en prendre une autre. C'est ainsi, semble-t-il, que s'explique la très nette différence d'aspects que l'on trouve, par exemple, dans le manuscrit qui renferme le concerto pour plusieurs instruments RV 87 (voir en planche 1 la reproduction du fol. 405r). L'écriture des cinq premières accolades du manuscrit est visiblement effectuée avec une plume usée, mais à partir de la mes. 4 de la cinquième accolade elle est plus nette et plus fine. Cette différence est suffisamment considérable pour que l'on puisse supposer que le document fût écrit par deux mains différentes, mais les deux graphies sont très caractéristiques pour celles qui sont regardées comme autographes.

L'écriture de Vivaldi n'étant donc pas, pour plusieurs raisons, facile à identifier, il serait avantageux et utile de décrire les traits et les aspects qui lui sont caractéristiques et de déterminer par quels moyens elle peut être reconnue parmi les innombrables graphies diverses que l'on trouve dans l'ensemble de la documentation manuscrite de ses œuvres. Une telle entreprise se heurte cependant à quelques obstacles. Avant tout, il est presque impossible de décrire systématiquement et objectivement les innombrables variantes de la forme graphique de par exemple une croche ou d'une clef de sol de telle manière que la présentation descriptive puisse permettre la distinction exacte entre les signes autographes et ceux qui ne le sont pas. Aussi est-il indispensable à ce propos de reproduire en fac-similé un certain nombre d'exemples typiques, mais ceux-ci ne pourront évidemment pas contenir toutes les variantes des divers signes. Le meilleur moyen d'apprendre à reconnaître l'écriture d'un auteur consiste effectivement à étudier longuement et systématiquement l'ensemble des documents qu'il nous a laissés. Il est sans doute vrai que la présentation des manuscrits communiquée dans le *Répertoire,* subdivisée en groupes selon la nature des documents, peut être d'une certaine utilité à cet égard, mais il est très important de souligner que les informations qui y sont avancées au sujet des manuscrits autographes sont inévitablement – et malgré tous les efforts possibles – subjectives: en effet, la musicologie n'a pas encore eu ni le temps, ni les moyens d'en vérifier l'exactitude. Il n'est pas exclu, ainsi, que les études poursuivies produisent des résultats différents de ceux qui forment la base de nos connaissances actuelles et que, de ce fait, la musicologie vivaldienne se trouve à un moment donné dans une situation semblable à celle où était la musicologie bachienne il y a quelques années, après environ un siècle d'existence[3].

Méthodologiquement, l'identification de chacun des manuscrits qui sont considérés comme autographes comporte ainsi de nombreux éléments qui échappent encore à l'analyse objective et à la description systématique des critères, mais cela ne signifie pas, cependant, que l'identification ne puisse pas se fonder sur des arguments logiques et irréfutables. A ce propos, il sera peut-être intéressant de voir par quels moyens il a été possible de prouver l'authenticité de la graphie d'un seul document, qui à son tour permettra naturellement de déterminer d'abord la nature d'autres documents datant de la même période, et d'identifier par la suite, en tenant compte de l'évolution graduelle de son écriture, les manuscrits autographes écrits à d'autres époques de sa vie.

Le point de départ doit logiquement être un document manuscrit qui comporte un texte autographe et dont le libellé confirme lui-même cette qualité. Dans l'ensemble de la documentation historique relative à Vivaldi il n'existe, jusqu'à plus ample informé, qu'un seul manuscrit qui réponde à cet impératif: c'est le reçu, déjà signalé plus haut, que le compositeur a signé le 28 juin 1741 pour accuser réception de la somme de 12 *Vngari* reçus à l'occasion de la vente de «tanta musica» au comte de Collalto. L'importance de ce document réside dans le fait que Vivaldi, contrairement à ce qu'il a inscrit dans ses lettres et dans ses manuscrits musicaux, l'a signé en ces termes: *Io Ant^{o} Viualdi affermo quanto Sopra mano prop^{a}*. Il nous a de sorte laissé un échantillon irréfutablement authentique de son écriture. Puisque celle-ci est identique à celle qui apparaît dans les quelques lettres qui sont arrivées jusqu'à nous, l'authenticité de la graphie de ces documents peut donc également être regardée comme certaine.

Par simple comparaison il nous est ainsi possible de déterminer que Vivaldi a personnellement écrit les paroles chantées des partitions des opéras *Farnace* qu'il a daté lui-même de 1738 et de *Catone in Utica* qui par l'intermédiaire du livret peut être datée de 1737. Il est bien évident que cette constatation ne suffit pas, à elle seule, pour déterminer si Vivaldi a écrit les textes musicaux des documents cités: en effet, l'écriture alphabétique diffère essentiellement d'une écriture séméiographique, si bien que les traits individuels de l'une ne permettent, en général, aucune conclusion au sujet de l'autre. Cette observation est d'autant plus importante qu'il existe un certain nombre de manuscrits de musique vocale dont un copiste a écrit l'ensemble des textes musicaux (clefs, armures, notes et parfois en plus les nuances d'intensité, etc.) auxquels Vivaldi a ajouté les paroles chantées, les indications initiales et terminales, etc.

La partition de *Catone in Utica,* qui théoriquement avait pu se former de manière analogue en plusieurs étapes, comporte cependant quelques indices permettant d'établir avec certitude que Vivaldi a lui-même écrit l'ensemble des textes. Aux versos des fol. 143 et 145 se trouvent, après la mes. 59 et à la fin de l'air «Dove[v]a svenarti allora», deux corrections comprenant chacune une rature du texte musical, suivie immédiatement du texte qui doit remplacer la section supprimée. Alors que la seconde correction logiquement a pu être effectuée quelque temps après l'écriture du manuscrit, cette hypothèse est exclue pour ce qui concerne la première étant donné que le texte supprimé n'est pas achevé (voir planche 34) : il s'agit donc visiblement d'une correction effectuée à l'instant même de l'écriture de la partition. Bien qu'une telle rectification puisse être causée par une erreur de copie elle affirme que celui qui a écrit les paroles a dû noter également la musique, car il serait absurde de supposer que Vivaldi ait ajouté, par la suite, le texte chanté à une section rayée qui se trouve dans une partition écrite éventuellement par un copiste. Etant donné, enfin, que l'écriture musicale de cet air est la même que celle des autres mouvements de la partition (récitatifs, airs, chœur final), celle-ci peut donc être regardée comme autographe.

Alors qu'il est relativement difficile de décrire la forme graphique des lettres et des signes musicaux d'une écriture quelconque, les habitudes orthographiques et la pratique de notation chez un compositeur se soumettent plus aisément à une étude descriptive. Bien que plus faciles à imiter et donc moins aptes à caractériser individuellement l'écriture analysée, les particularités de la manière d'inscrire les différentes indications peuvent à la vérité être fort révélatrices. Il en est de même, évidemment, pour ce qui concerne la disposition des partitions, la forme structurale des mouvements, etc., questions qui seront donc soulevées ci-après, notamment dans le but de savoir comment se présentent les manuscrits autographes de Vivaldi.

B. LA DISPOSITION DES PARTITIONS

La production de Vivaldi est de nos jours, et à juste raison, connue notamment pour la diversité des ensembles instrumentaux pour lesquels il a écrit ses œuvres et pour la richesse des effets sonores qu'il a obtenus par l'emploi des instruments les plus variés. Bien qu'il ne soit pas possible d'aborder systématiquement ici les questions détaillées de ce côté de son œuvre, il semble juste de préciser que cette opinion, fondée jusqu'ici principalement sur les compositions instrumentales, se voit fortement corroborée par l'analyse des œuvres vocales: celles-ci comportent à la vérité de nombreux traits intéressants qu'il est extrêment utile d'examiner avec attention pour connaître sa technique d'instrumentation. Cependant, il est significatif que les instruments dont Vivaldi n'a fait usage que dans les partitions d'opéra ou qui n'apparaissent qu'exceptionnellement dans les concertos (salterio, trompettes, timbales, etc.) ont échappé aux auteurs de la littérature vivaldienne et n'ont pas ainsi été l'objet de l'attention qu'ils méritent[4]. De plus, certaines indications ont été mécomprises de la part des éditeurs, si bien que les reproductions des textes ne correspondent pas exactement aux indications du compositeur. Il importe donc, pour plusieurs raisons, d'étudier la question de savoir comment Vivaldi a indiqué les moyens d'exécution dans ses manuscrits.

La première impression qui se dégage des documents autographes est celle d'une certaine inconstance dans la manière de présenter les compositions. Alors que plusieurs œuvres sont introduites par des inscriptions assez détaillées, parfois même riches en informations, d'autres ne sont désignées que par des titres rudimentaires, et très souvent il a même négligé d'en indiquer explicitement les instruments et les voix. A titre d'exemple, le manuscrit Foà 30, fol. 114–117 contient la partition d'une œuvre désignée comme *Con^{to} Del Viualdi* (RV 141). Abstraction faite des indications de tempo *(All^{o} molto, And^{e}* et *All^{o} molto),* la partition ne renferme aucune autre indication. Le compositeur n'a donc pas précisé ni la nature, ni le nombre des instruments nécessaires à l'exécution de l'œuvre. Inversement, le manuscrit Giordano 35, fol. 297–302 contient une composition pour laquelle Vivaldi a indiqué fort exactement les moyens d'exécution: l'œuvre, RV 93, est intitulée *Con^to con 2 Violini* [,] *Leuto, e Basso,* indication qui est confirmée par les désignations inscrites devant la première accolade de la partition, laquelle comprend en effet une partie de *Leuto,* deux parties de violon, *Viol^o Pmo* et *Viol^o 2do,* plus la basse. Cependant, l'étude systématique des documents autographes révèle que les différents procédés de Vivaldi paraissent en général parfaitement logiques et conséquents. Ainsi, même l'absence d'indications précises est en soi une information suffisante pour déterminer – sauf quelques cas de doute – la nature de parties instrumentales et vocales des œuvres. Autrement dit, il est possible de formuler certaines règles fondamentales concernant la manière dont Vivaldi a désigné les moyens d'exécution dans les partitions autographes.

Avant tout, il faut noter un principe méthodologiquement très important: les indications que Vivaldi a inscrites au sujet des ensembles se dégagent de trois sources différentes qui, normalement, se complètent ou s'étaient:

1. Les *titres des œuvres* comportent de manière générale ces informations lorsque l'ensemble reste plus ou moins invariable dans toute l'œuvre: concertos, sonates et autres compositions instrumentales; motets, cantates, etc. Pour les grandes compositions vocales liturgiques et dramatiques dont les ensembles varient régulièrement de mouvement en mouvement, les titres sont par contre sans importance à ce propos. En règle générale les informations des titres sont étayées par celles des deux autres sources, notamment lorsque les titres sont ambigus.
2. Les *désignations* inscrites devant ou au début de la première accolade de la partition d'un mouvement ou d'une composition. Ces désignations se trouvent surtout lorsque l'ensemble d'un mouvement diffère de celui des mouvements précédents de la même œuvre et apparaissent donc très souvent dans les partitions des grandes œuvres vocales. En raison de l'habitude chez Vivaldi de varier l'ensemble instrumental du mouvement lent des concertos par rapport à celui des mouvements vifs, on trouve aussi fréquemment ces désignations dans les manuscrits de musique instrumentale.
3. La *disposition de la partition,* c'est-à-dire le nombre, la nature et l'ordre des clefs par lesquelles sont désignées les portées individuelles. L'étude de cette source d'information est d'autant plus importante que Vivaldi, dans certaines circonstances, n'a pas désigné les ensembles instrumentaux et vocaux par d'autres moyens. C'est notamment le cas pour les nombreuses œuvres instrumentales qu'il a intitulées *Con^to Del Viualdi* mais qui appartiennent à deux genres musicaux essentiellement différents: le concerto pour violon et orchestre et le concerto pour orchestre sans solistes. (Les

concertos pour plusieurs instruments, avec ou sans orchestre, sont généralement désignés par le même titre, mais les partitions des ces œuvres comportent toujours les indications citées plus haut sous 2).

Bien que les informations des manuscrits autographes, contre les apparences, soient ainsi assez détaillées et précises, il faut reconnaître d'un autre côté que nous ne réussirons sans doute pas, en partant de ces documents, à nous informer de tous les détails concertant les moyens d'exécution, certaines questions restant inévitablement en suspens. En dehors de quelques indications manifestement énigmatiques, les manuscrits ne précisent pas, à titre d'exemple, le nombre de musiciens composant les *ripieni* d'un orchestre; de même, l'instrument à clavier devant réaliser la basse continue – clavecin ou orgue – ne peut souvent pas être identifié avec certitude (voir pp. 158ss).

Dans le domaine de la musique instrumentale, la diversité des ensembles est développée à un tel degré qu'elle a permis l'établissement d'un catalogage systématique des œuvres fondé sur une subdivision en groupes selon le nombre des parties et sur un classement suivant la nature des instruments employés. C'est ainsi que les compositions instrumentales se divisent naturellement en deux parties principales dont l'une comprend les œuvres composées pour un ensemble quelconque de solistes, tandis que l'autre, qui pour plusieurs raisons est la plus importante, réunit les œuvres qui sont écrites pour orchestre avec ou sans instruments supplémentaires. (Une subdivision analogue aurait pu être effectuée pour les œuvres vocales; voir cependant pp. 91s).

Abstraction faite des questions de catalogage, une telle subdivision des œuvres a surtout l'avantage de refléter le rôle absolument prépondérant que joue l'orchestre dans la production du compositeur vénitien. En face d'environ 150 œuvres écrites pour des ensembles de solistes (sonates, trios, concertos pour plusieurs instruments, cantates, etc.) se situent plus de 600 compositions instrumentales et vocales dans lesquelles l'orchestre est un élément essentiel, encore qu'il n'assume fréquemment qu'une fonction d'accompagnement. Il convient de ce fait d'étudier pour commencer la question de savoir comment se présente l'orchestre dans les manuscrits de Vivaldi et d'en noter les multiples variantes.

1. L'ORCHESTRE

Contrairement à l'impression qui ressort de certains exposés, apparemment confirmés par les observations précédentes et suivant lesquels l'orchestre de Vivaldi comprendrait une assez grande quantité d'instruments à archet et à vent, réunis et combinés des manières les plus variées, la documentation atteste que son orchestre *normal* est à quatre parties et ne comprend que les instruments à cordes: violons I, violons II, altos et basse continue. Cet ensemble constitue le fondement des œuvres orchestrales quel qu'en soit le genre et quels que soient le nombre et la nature des parties supplémentaires. Cette observation est confirmée non seulement statistiquement par la quantité relativement élevée des compositions qui comportent cet ensemble, mais aussi graphiquement par la façon dont Vivaldi l'a désigné dans ses manuscrits. L'orchestre à cordes à quatre parties est en effet si habituel que, en règle générale, il a pu omettre toute indication en dehors des signes musicaux: les quatre portées de la partition d'orchestre ne sont désignées que par les deux clefs de sol pour les violons (1ère et 2ème portées), la clef d'ut_3 pour les altos (3ème portée) et la clef de fa pour la basse continue (4ème portée). Suivant certains principes dont il sera question plus loin, la moindre modification de cet ensemble – qu'elle comprenne l'addition de parties instrumentales ou vocales ou qu'elle comporte une réduction quelconque de l'orchestre – implique en général une précision dans les manuscrits autographes, se présentant soit comme des indications explicatives, soit comme une modification de la disposition de la partition. Cependant, de manière générale, l'addition d'une ou de plusieurs parties instrumentales ou de parties vocales n'occasionne pas la spécification des parties de l'orchestre, celles-ci étant le plus souvent, en effet, désignées de façon suffisamment précise par les clefs. Quelques exemples pourront démontrer cet état des choses; pour des raisons évidentes ils sont choisis parmi les œuvres dont nous avons les moyens de contrôler les indications par l'intermédiaire de documents copiés.

Le manuscrit anonyme et non autographe 2389/F/5 à la Sächsische Landesbibliothek à Dresde, attribué jusqu'à une époque récente à Albinoni, se compose de quatre parties séparées intitulées *Violino Primo, Violino Secundo, Viola* et *Basso.* A l'exception de la page de titre qui a vraisemblablement disparu, ce document paraît nous être transmis complètement, c'est-à-dire sans avoir été affecté par la disparition éventuelle d'autres parties (par exemple des instruments à vent doublant les violons), étant donné que le même ensemble instrumental se retrouve dans une autre copie de la même œuvre, déposée à Berlin. Celle-ci comporte les mêmes parties de *Violino 1mo, Violino 2do, Violetta* et *Basso per il Cembalo,* signalées en plus sur le frontispice du manuscrit: *Sinfonia / à Due Violini / Violetta / Violoncello / per il / Cembalo ò Violono / da / Antonio Vivaldi.* Malgré la désignation un peu obscure de la partie de basse, l'ensemble instrumental est assez exactement présenté pour exclure toute détérioration du document. La partition autographe de l'œuvre qui se trouve à Turin et qui n'est autre que la *Sinfonia* de l'opéra *La Verità in Cimento,* ne comporte à son tour, au début du manuscrit, aucune indication précisant la nature de l'ensemble autrement que par l'intermédiaire de la disposition de la partition.

La partition autographe du concerto RV 436 est intitulée *Con^{to} p Flauto Trauersier* mais ne comporte aucune indication précisant la composition de l'orchestre, celui-ci étant effectivement désigné suivant les principes habituels. Dans les deux mouvements vifs, la partition comprend cinq parties dont la portée supérieure est réservée au *Solo,* tandis que les autres sont celles de l'orchestre à cordes. Que l'accompagnement de la flûte soit réellement confié aux cordes se voit confirmé par deux documents copiés du concerto, comprenant chacun cinq parties séparées qui sont désignées, sur les pages de titre, en ces termes: *Concerto / à Flauto Traversiere / Violino Primo / Violino Secundo / Viola / et / Cembalo / Del Sig^{re} Ant^{o} Vivaldi* (manuscrit à Berlin), et *Concerto / a Flauto Traversiere I / Due Violini II / Alto Viola I / con / Cembalo o Violoncello / Del Sigre Vivaldi* (manuscrit à Stockholm)[5].

Le titre inscrit en tête de la partition autographe du *Motetto p la Solen[n]ità di S. Ant^{o}* RV 634 dont le manuscrit a été retrouvé à la Bibl. Comunale d'Assise, ne communique aucune information au sujet ni du soliste vocal, ni de l'accompagnement, ceux-ci se dégageant de la disposition de la partition, suivant laquelle il s'agit d'un soprano et de l'orchestre à cordes. Un manuscrit non autographe en parties séparées, accompagnant la partition, confirme cette interprétation: il se compose en effet de trois parties de violon I (intitulées respectivement *$Viol^{o}$ Primo, $Viol^{o}$ Pr. R^{o}* et *$Viol^{o}$ Pr. R^{o}),* trois parties de violon II *($Viol^{o}$ Secondo, $Viol^{o}$ Secondo R.* et *Viol. Secondo Rip^{o}),* deux parties d'alto *(Violetta Ob.* et *Violetta)* et trois parties de basse *($Viol^{a}$ Trasp. ò Violoncello Obl, Basso R^{o}* et *Basso)* plus une partie notée en partition comprenant les parties de soprano et de basse, intitulée *Canto con $Istrum^{ti}$.*

Enfin, la collection non autographe de 12 concertos contenus dans le manuscrit Ac e^4 346 à Paris, Bibl. du Cons., dont les quatre volumes ou parties séparées collectives sont intitulées *Violino Pmo, Violino Secondo, Alto Viola* et *Cembalo,* comprend 10 compositions dont les partitions autographes se retrouvent dans les fonds de Turin. Ces dernières sources ont ceci de commun qu'elles sont toutes intitulées *Con[to] Del Viualdi* (soit que le nom d'auteur apparaisse à la suite immédiate de la désignation du genre, soit qu'il ait été inscrit en haut à droite) et que les partitions ne comportent aucune désignation des instruments. Le titre se composant du seul mot *Con[to]* – remplacé dans quelques manuscrits par *Sinf[a]* – et la disposition de la partition qui ne comporte aucune désignation des instruments, semblent donc être des informations suffisantes pour déterminer les moyens d'exécution de ces œuvres. Ajoutons que Vivaldi, pour ces compositions sans instruments solistes, n'a précisé la nature de l'ensemble instrumental que dans trois manuscrits qu'il a intitulés *Con[to] Ripieno:* RV 115, 152 et 158; dans celui du concerto RV 152 il a par surcroît ajouté l'indication pléonastique *à 4.*

Aussi convainquants que puissent paraître les divers exemples cités jusqu'à présent – lesquels auraient facilement pu être complétés par la présentation de nombreux cas analogues – il faut reconnaître que la manière dont Vivaldi a désigné l'orchestre à cordes comporte logiquement une source d'incertitude. Comme il a déjà été dit, il n'est aucunement exclu que le compositeur, pour une raison quelconque, ait oublié ou négligé d'inscrire les indications précisant la composition des ensembles instrumentaux, si bien que la partition que nous identifions comme celle de l'orchestre à cordes en réalité fût écrite pour un autre ensemble dont la nature nous échappe. L'existence d'une certaine quantité de manuscrits non autographes en parties séparées comprenant, outre les parties de l'orchestre normal, des instruments à vent, semble accentuer cette incertitude. La question que soulèvent ces documents consiste à savoir si l'orchestre de Vivaldi, c'est-à-dire celui pour lequel il a écrit les œuvres de ses partitions autographes, outre les violons, les altos et les instruments à archet de la basse continue (violoncelle et violone), comportait des flûtes, des hautbois, des bassons, etc. qu'il a négligé de mentionner. On sait que c'était l'usage à l'époque de ne pas signaler ces instruments au début des partitions; l'existence n'en est décelée que par l'intermédiaire d'indications telles que *Senza Oboi* ou *Fagotti Soli,* inscrites en plein milieu d'un mouvement. Ce genre d'indications n'apparaît normalement pas dans la documentation vivaldienne: le concerto RV 151 qui sera analysé plus bas est l'une des rares exceptions trouvées. Les manuscrits qui semblent problématiques à cet égard ne peuvent pas non plus être mis en valeur pour contester que l'orchestre normal de Vivaldi se composât exclusivement d'instruments à cordes.

Il est notamment question à ce propos des nombreux manuscrits à Dresde qui renferment des concertos ou des *sinfonie* pour orchestre et des concertos pour violon et orchestre dont les ensembles diffèrent manifestement des partitions autographes à Turin. Alors que celles-ci, à en juger d'après les indications des manuscrits, ne comprennent que l'orchestre à cordes, les documents à Dresde y ajoutent des flûtes, des hautbois, des cors, des bassons, etc. Cependant, en scrutant ces manuscrits, K. Heller a pu déterminer dans plusieurs cas que l'addition des instruments à vent a été effectuée non pas par Vivaldi mais par son ancien élève J. G. Pisendel. De manière générale, ces documents reflètent en vérité les traditions orchestrales à la cour de Dresde; il est significatif, à ce propos, que plusieurs œuvres d'Albinoni et d'autres musiciens italiens dont les manuscrits se trouvent à la Sächsische Landesbibliothek ont subi les mêmes modifications[6].

A ces compositions qui soulèvent donc avant tout la question de l'authenticité des versions transmises, s'ajoutent par ailleurs deux œuvres en partitions autographes qui méritent une attention particulière.

Le manuscrit du *Con^{to} alla Rustica* RV 151 contient, dans le troisième mouvement, les indications *Oboè Soli* et plus loin *Tutti* inscrites au-dessus de la partition. Le début du manuscrit ne comporte aucune désignation des instruments, ce qui dénoterait donc l'orchestre à cordes, et les deux inscriptions du finale paraissent de ce fait quelque peu contradictoires. En effet, la partition de l'air «Due tiranni hò nel mio core», par exemple, comporte également des indications analogues *(2 Oboè Soli, Violini Soli, Tutti),* mais Vivaldi y a marqué le dédoublement des violons par les instruments à vent suivant ses habitudes, c'est-à-dire en inscrivant au début de la première accolade les mots *Viol^{ni} e 2 Oboè.* Sans tenir compte du fait que les indications du concerto RV 151 sont ajoutées par la suite (la couleur d'encre est visiblement différente de celle du texte musical), ce qui explique que les hautbois ne soient pas signalés au début du manuscrit, la question est de savoir si ces deux instruments à vent doivent doubler les violons dans les trois mouvements ou si Vivaldi n'a voulu les joindre à l'orchestre que dans le finale. Dans le *Presto* initial l'ambitus des parties de violon, excédant celui du hautbois normal, semble exclure un tel renforcement, à moins que les hautbois ne doivent jouer les notes les plus graves à l'octave supérieure. (Le manuscrit non autographe E.M. 148.b du fonds d'Este à Vienne soulève un problème analogue. Le document se compose de quatre parties séparées intitulées respectivement *Violino Primo, Violino Secondo, Alto Viola* et *Organo,* mais le texte du frontispice, inscrit à la première page de la partie de basse, annonce qu'il s'agit d'un *Concerto con Obuè* [sic] *del Sigr Viualdi.* A en juger d'après le style musical, la composition appartient au genre du *concerto ripieno* sans instruments solistes (en l'occurence un ou deux hautbois), et elle a été publiée et inventoriée conformément à l'ensemble qui nous est transmis (RV 113; Ricordi, tome 509). Au problème de déterminer si l'orchestre doit être renforcé par des hautbois jouant à l'unisson avec les violons, s'ajoute celui de savoir si l'addition des instruments à vent remonte à Vivaldi ou si elle doit être attribuée à un musicien inconnu ayant éventuellement adapté l'œuvre à l'ensemble instrumental qu'il avait à sa dispotion.)

L'autre partition autographe qui mérite d'être examinée de près au sujet de l'orchestre est celle du concerto pour violon et violoncelle que Vivaldi a intitulé *Il Proteo o sia il Mondo al Rovescio,* RV 544. (Ce titre descriptif se rapporte à la notation extraordinaire et exceptionnelle des deux solistes.) A en juger d'après la disposition de la partition et d'après les indications explicatives ajoutées par le compositeur, l'accompagnement est confié à l'orchestre normal à quatre parties, mais cela s'oppose apparemment à l'ensemble instrumental qui se trouve dans un autre manuscrit, en parties séparées, de la même composition. Ce manuscrit étant par surcroît partiellement autographe – toutes les désignations des instruments sont ainsi inscrites par Vivaldi – l'ensemble doit être considéré comme authentique. Il se compose, outre les instruments du manuscrit à Turin, de deux parties de flûte traversière, deux parties de hautbois et une partie de clavecin notée en clef de sol. La confrontation des deux documents révèle cependant que le compositeur n'a pas simplement amplifié l'orchestre dans les tuttis par l'addition des instruments à vent, jouant à l'unisson avec les deux violons *ripieni,* mais qu'il a formé une nouvelle version de son œuvre: les flûtes, les hautbois et même le clavecin doublent les deux solistes du manuscrit à Turin. La partie de violon principal est de la sorte renforcée par une flûte et par un hautbois jouant à l'*unissono,* et de même celle du violoncelle soliste est amplifiée, outre les deux mêmes instruments à vent, par le clavecin. Sans tenir compte ici du timbre intéressant et insolite que Vivaldi a obtenu par cette modification – lequel peut d'ailleurs expliquer le fait qu'il a conservé le titre du concerto: *Il Proteo ò il Mondo al Rovescio* – elle exclut en raison de son caractère extraordinaire qu'il s'agisse d'une coutume. Le manuscrit en parties séparées, dont le concerto est désigné par le numéro d'identification RV 572, est en vérité une version individuelle de l'œuvre dont l'ensemble instrumental ne peut pas être mis en valeur pour contester celui de la partition à Turin.

On semble donc pouvoir conclure que l'orchestre normal de Vivaldi se composait bien des seuls instruments à archet et que ceux-ci ne sont normalement pas indiqués, dans les manuscrits autographes, autrement que par les clefs. Lorsque la partition inversement n'est pas celle de l'orchestre à cordes ou que les parties de celui-ci sont renforcées par l'addition d'instruments supplémentaires jouant à l'unisson, Vivaldi l'a marqué comme on l'a vu plus haut en inscrivant les indications nécessaires devant chaque portée ou au-dessus d'elle. La composition RV 107, par exemple, que Vivaldi a intitulée *Con^to^,* est introduite par les mots qu'il a inscrits devant chacune des cinq portées: *Flauto Trauersier, Aubois* et *Violino* (clefs de sol), *Fagotto* et *Basso* (clefs de fa; voir planche 2). Pour les œuvres ce genre, dont il a écrit une assez grande quantité, Vivaldi a de manière générale employé le titre de *Con^{to}* sans complément, mais les désignations des instruments incrites devant la première accolade excluent toute confusion avec les compositions pour orchestre à cordes sans solistes (celles-ci comportent en outre normalement une partie d'alto qui ne figure pas dans ces concertos pour plusieurs instruments solistes sans orchestre).

L'identification de l'orchestre normal de Vivaldi est enfin confirmée par les indications qui, ainsi qu'il a été signalé plus haut (p. 133), se trouvent inscrites à la première accolade d'un mouvement dont l'ensemble instrumental diffère de ceux qui précèdent dans le manuscrit. C'est ainsi que, par exemple, le mouvement lent du concerto pour viole d'amour RV 397 est désigné par les indications *Viola d'Amore, 1 Viol^{o} Pmo Solo, 1 Viol^{o} 2do Solo* et *1 Alto Solo* inscrites devant chacune des quatre portées (dans la partition non autographe à Dresde, 2389/0/82, les quatre parties sont désignées de la même manière); les deux mouvements vifs du concerto comprennent par contre l'orchestre complet à quatre parties. Les partitions des opéras et des autres grandes œuvres vocales, particulièrement riches en mouvements écrits pour des ensembles variés, comportent d'innombrables exemples d'indications semblables. A titre d'exemple, la partition de l'air «Cento donzelle festose e belle» comporte au début l'indication *2 Flauti Vnis^{ni} con Violini* inscrite entre les deux portées supérieures. Cette inscription signale non seulement directement le doublement des parties de violons par les flûtes, mais elle indique aussi indirectement que les deux instruments à vent n'apparaissent pas dans les airs précédents; ceux-ci sont donc destinés à être exécutés par l'orchestre à cordes sans instruments supplémentaires.

La partition d'orchestre dont il a été question jusqu'ici est normale en ce sens qu'elle se présente sous sa forme complète et inaltérée. Très souvent Vivaldi a cependant modifié son ensemble orchestral ce qui produit fréquemment une altération quelconque dans la disposition de la partition, altération qu'il a effectuée suivant certains principes fort simples mais néanmoins dignes d'attention.

Pour commencer il faut noter toutefois que l'orchestre peut être modifié de deux manières foncièrement dissemblables. Le plus souvent, il est réduit de telle sorte que la partition comprend moins de quatre portées; plus rarement il peut au contraire être amplifié par l'adjonction de parties ripiénistes supplémentaires (l'addition de parties n'appartenant pas à l'orchestre proprement dit – solistes instrumentaux, parties vocales, etc. – impliquant inévitablement aussi un nombre plus élevé de portées à la partition est une question différente qui sera développée plus loin). En général, le doublement de l'une des parties de l'orchestre se produit sans que la disposition de la partition soit altérée. Ainsi, dans les airs «Siam navi all'onte» ou «Agitata dei venti dall'onte», par exemple, les deux parties d'altos sont écrites sur une et même portée; la division est marquée par les indications *Pme* et *2de* désignant respectivement les notes aux queues ascendantes et descendantes. Le même genre de doublement se produit en outre assez fréquemment dans les partitions à moins de quatre portées. Dans l'air «Non so donde viene quel tenoro affetto» ou dans le premier mouvement du concerto pour deux violons RV 529 qui n'ont que trois portées pour les parties de l'orchestre, les violons étant réunis sur une portée, ils sont en effet divisés, ce que Vivaldi a indiqué de la même manière (voir planche 30).

Les réductions de l'orchestre se divisent à leur tour en deux catégories essentiellement différentes. La première comprend les partitions qui, tout en étant disposées de manière différente de celle de l'orchestre normal, en conserve l'effectif: dans ce cas, la réduction se produit par la réunion de deux ou plusieurs parties et porte donc sur le nombre de parties réelles et non pas sur celui des musiciens. La seconde catégorie se compose des partitions dont les altérations par rapport à celle de l'orchestre normal sont causées par le retranchement d'un ou plusieurs des quatre groupes d'instruments. Il convient de remarquer, à ce propos, que les réductions de ces deux genres apparaissent très fréquemment dans les partitions notées par ailleurs normalement, c'est-à-dire à l'intérieur d'un mouvement dont quelques sections sont écrites pour un ensemble réduit alors que les autres sont pour l'orchestre complet; en général, ces modifications n'occasionnent aucune altération quant à la disposition de la partition; les manières dont Vivaldi a noté ces passages réduits sont présentées plus loin.

Afin de simplifier l'exposé de ces différentes méthodes de réduction des partitions, qui naturellement peuvent être appliquées simultanément, il paraît utile d'adopter quelques symboles. Ainsi, les diverses variantes de l'orchestre sont désignées ci-après par les lettres a-e suivies d'un chiffre désignant le nombre de parties réelles dont il se compose et indiquant conséquemment le nombre de portées que comprend la partition; un x sert à distinguer deux variantes ayant le même nombre de portées:

a: l'orchestre complet (violons I, violons II, altos et basse continue)
b: l'orchestre moins la partie d'altos
c: l'orchestre moins la partie de basse continue
d: l'orchestre moins les parties d'altos et de basse continue
e: l'orchestre est réduit à ne comprendre que la basse continue.

Mathématiquement, il existe naturellement un certain nombre de combinaisons dont Vivaldi, jusqu'à plus ample informé, n'a pas fait usage dans ses partitions; les 14 variantes de son orchestre présentées ci-après sont celles dont au moins un exemple a été retrouvé dans l'ensemble de la documentation autographe actuellement connue. Pour des raisons pratiques, les amplifications de l'orchestre sont présentées en même temps que les réductions.

Il ne sera pas inutile de noter que trois des variantes relevées existent individuellement comme les ensembles instrumentaux des mouvements dont se composent les concertos *ripieni:* les variantes a2, a3 et a4 apparaissent effectivement toutes dans les partitions des ces œuvres, et les chiffres indiqués correspondent donc, pour ces mouvements, au nombre total des portées des partitions. D'autre part, toutes les variantes – y compris les trois citées – assument la fonction d'accompagnement d'un ou de plusieurs solistes, de parties vocales, etc., qui s'ajoutent à la partition de l'orchestre. Comme il a déjà été signalé, ces parties sont normalement désignées individuellement afin qu'elles se distinguent nettement de celles de l'orchestre.

Les exemples communiqués dans l'exposé suivant n'ont aucunement la fonction de présenter la totalité des cas observés. Ceci s'applique naturellement avant tout aux variantes les plus fréquentes (a4, a3, etc.) dont les manuscrits comportent de si nombreux exemples qu'il est impossible de les signaler intégralement; de même, les indications que Vivaldi a ajoutées à ses partitions sont reproduites notamment dans le but d'en démontrer à la fois la nature et la diversité.

Variantes de l'orchestre

a1

Tous les instruments de l'orchestre jouent à l'unisson, les violons et les altos doublant la partie de basse continue à une ou deux octaves supérieures. *Disposition:* une portée désignée par la clef de *fa;* elle doit obligatoirement être complétée par une indication explicative destinée à distinguer cette variante des ensembles notés de manière analogue (voir plus bas sous c1, d1 et e):

Violini, Violette e Bassi tutti Vnissoni [RV 610/611 («Deposuit potentes»)]

Tutti suonano il Basso [RV 172 (II), RV 406 (II), RV 500 (II), RV 770 (II), l'air «Spirti indomabili»)]

Tutti il Basso [RV 171 (II), RV 478 (II), RV 515 (II), RV 546 (II)]

Viol^{i} e Viol[ett]e con il B[asso] [les airs «Rabbia ch'accendasi», «Dalle furie tormentata»]

C'est probablement de manière semblable que doivent être interprétées l'indication *Tutti e spiccato p° senza Cemb:* [RV 190 (II)] et l'inscription exceptionnelle *Tutti il Bassi* [RV 504 (II)].

a2

Les violons jouent à l'unisson, les altos et la basse continue sont réunis. *Disposition:* 2 portées désignées par les clefs de *sol* et de *fa*. Normalement, la portée supérieure est en outre désignée par une indication marquant l'unisson des violons, telle que *Violini tutti* V^{i} [RV 121 (III)] ou simplement par l'abréviation très fréquente chez Vivaldi du mot *unissoni:* $Vnis^{ni}$ ou V^{i}. De même, une inscription à la portée inférieure signale que les altos vont avec la basse:

Violette $Vnis^{ne}$ *con il B* [RV 121 (III)]

Violette con il Basso [l'air «Quel candido fiore che sorge»]

Violette col Basso [les airs «Caro son tua così che per virtù», «Como in un punto e fremo» (*Farnace* 1738)]

$Viol^{te}$ *Con il B* [RV 126 (III)]

$Viol^{te}$ $Viol^{ne}$ *e* $Viol^{lo}$ *senza Cembali* [RV 199 (II)]

Quelques airs de la partition d'*Arsilda Regina di Ponto* sont exceptionnellement notés avec deux clefs de *fa* mais les inscriptions affirment que les parties sont distribuées conformément aux exemples précédents: «Qual'è all'onte de venti», «Di carridi li vortici ondosi», «Mille frodi e mille inganni» (plusieurs sections de la partie suprérieure du dernier air cité sont toutefois notées en clef de *sol).*

a2x

Les violons et les altos sont réunis et sont accompagnés par la basse continue. *Disposition:* 2 portées désignées par les clefs de *fa*. Une indication précise l'emplacement des altos:

Violini e Violette [RV 246 (II), RV 560 (II)]

$Vnis^{ni}$ $Viol^{i}$ *e* $Viol^{e}$ [première version de l'air «Non paventa giammai le cadute»]

$Viol^{i}$, *e* $Viol^{e}$ $Vnis^{ni}$ *e Flauti all'Alta* [l'air «Cara gioia e bel diletto»; la portée supérieure est exceptionnellement notée en clef de sol]

C'est vraisemblablement le même ensemble que Vivaldi a prescrit pour le second mouvement du concerto pour basson RV 489 où la portée supérieure de l'orchestre, désignée par la clef de *fa*, porte l'indication *Tutti* V^{ni}. Par contre, l'ensemble instrumental de la seconde version de l'air cité plus haut, «Non paventa giammai le cadute», dont la portée supérieure – également en clef de *fa* – ne comporte que l'indication $Vnis^{ni}$, ne peut pas être déterminé avec certitude; il peut s'agir, en effet, soit de la variante a2x, soit d'une notation exceptionnelle de la variante b2.

a3

Les deux violons jouent à l'unisson, les altos et la basse continue sont séparés. *Disposition:* 3 portées désignées par les clefs de *sol,* d'ut_3 et de *fa.* En général, la portée supérieure est en outre spécifiée par l'une des indications suivantes:

Vnis^{ni} [RV 138 (III), RV 237 (II), RV 442 (II), RV 600 (III); ouvertures des opéras *La Verità in Cimento* (II, III), *L'Incoronazione di Dario* (III); les airs «Quel torrente che s'inalza», «Su l'altar di questo nume» (2e version), «Il povero mio core»]

V^{i} [RV 109 (I), RV 115 (III), RV 118 (III), RV 136 (II), RV 161 (I), RV 165 (I); les airs «A te sarò fedele se fido» «Se vincer non si può quel cor»]

Tutti Vnis^{ni} [RV 370 (mouvement lent abandonné)]

Tutti V^{i} [RV 529 (II) où les violons sont divisés en *Pmi* et *2di,* voir plus haut p. 141]

Cette variante est cependant si fréquente et coutumière que Vivaldi très souvent a négligé d'ajouter une indication à la portée supérieure [RV 131 (II), RV 131 (III); ouverture de l'opéra *L'Incoronazione di Dario* (II); les airs «Se correndo in seno al mare», «La tiranna avversa sorte» (2e version)]. Il convient d'attirer l'attention sur le fait que le concerto RV 165 dont seule la première accolade du finale est notée à quatre parties (a4), est un concerto sans instrument soliste; les éditeurs de Ricordi n'ont pas respecté l'indication *V*^{i} que Vivaldi a inscrite au début du premier mouvement, si bien que la composition a été publiée comme «Concerto ... per Violino, Archi e Cembalo», F. I n. 178, tome 172.

a3x

Les violons sont séparés, les altos et la basse jouent à l'unisson. *Disposition:* 3 portées désignées par deux clefs de *sol* et une clef de *fa.* L'emplacement des altos est indiqué par une inscription analogue à celle de la variante a2:

Violette con il Basso [l'air «Da tuoi begl'occhi»]

Viol^{e} *Vnis*^{ne} *con il Basso* [l'air «D'un bel viso in un momento»]

Violette con il Bas: [RV 601 (VI)]

Violette sempre con il Basso [l'air «Ben talor meco m'adiro»]

Viol^{te} *con il Basso* [l'air «Vado si dove à te piace»]

1 Violone con Arco Violette e Bassi Pizzicatti Senza Cembali [l'air «Sol da te mio dolce amore»]

La variante n'a pas été retrouvée dans la musique instrumentale.

a4

L'orchestre normal à quatre parties. *Disposition:* 4 portées désignées par 2 clefs de *sol,* une clef d'ut_3 et une clef de *fa.* Cette variante, de beaucoup la plus fréquente, n'est normalement pas spécifiée autrement que par l'intermédiaire des clefs (voir l'exposé ci-dessus). On en trouvera plusieurs exemples parmi les reproductions des pages autographes; les renvois suivants sont destinées notamment à démontrer la diversité de ses fonctions:

1. planches 6, 8, 9, 32 [RV 153 (I, II, III), l'ouverture de l'opéra *Arsilda Regina di Ponto* (I)]: l'orchestre à cordes normal, sans parties supplémentaires et sans réductions.
2. planches 10, 11, 13, 14, 17, 18 [RV 283 (I), RV 370 (I), RV 454 (I): l'orchestre accompagne un instrument soliste aigu (violon, hautbois); portées 2–5.
3. planches 22, 24, 27 [RV 475 (III), RV 477 (I, III)]: l'orchestre accompagne un soliste instrumental grave (basson); portées 1-3 et 5.
4. planches 35, 39 [les airs «Lo splendor ch'à sperare» et «Addio caro. Tu ben sai»]: l'orchestre accompagne une partie vocale (soprano); portées 1-3 et 5.
5. planche 33 [le chœur «Tutto il Regno in lieta gare»]: renforcé par deux trompettes, l'orchestre accompagne le chœur à quatre parties; portées 3-5 et 10.

a5

A l'orchestre normal s'ajoute une seconde partie d'altos. *Disposition:* 5 portées désignées par deux clefs de *sol,* deux clefs d'ut_3 et une clef de *fa.* Comme on l'a vu plus haut, le dédoublement des altos (ou des violons) se produit normalement de telle sorte que les deux parties sont inscrites sur une et même portée, mais il existe au moins une partition dans laquelle les deux parties d'altos sont notées en portées individuelles: l'air «Io son quel gelsomino» (mi majeur; voir exemple 11 p. 162).

b2

Les deux violons jouent à l'unisson et sont accompagnés par la basse continue. *Disposition:* 2 portées désignées par les clefs de *sol* et de *fa.* La portée supérieure est en outre souvent désignée par l'indication habituelle *Vnis^ni^* ou *V^i^*. Cette variante de l'orchestre, dont on trouve un assez grand nombre d'exemples dans les partitions d'opéra, se distingue de la variante a2 par l'absence d'indications visant à fixer l'emplacement des altos: ces instruments sont donc, semble-t-il, retranchés de l'orchestre. Ceci est confirmé par exemple par l'air «Non ti lagnar di me» dont la partition ne comporte pas de portée individuelle pour les violons, mais où ces instruments sont explicitement signalés: *Viol^ni^ Vnis^ni^ con la p^te^* [= parte]; les altos ne sont pas mentionnés. Il est assez remarquable que cette variante, dont quelques dizaines d'exemples ont été relevés dans les partitions autographes, paraît se rattacher principalement aux œuvres dramatiques datant des premières années de la carrière de Vivaldi. Les partitions des opéras *Ottone in Villa* de 1713, *Orlando finto pazzo* de 1714 ou *L'Incoronazione di Dario* de 1717 en contiennent ainsi un assez grand nombre chacune: «Il tuo pensier è lusinghiero», «Povera fedeltà che giova»,

«Se garrisce la rondinella io lo sò», «L'inganno istesso virtù diviene», etc. La variante n'apparaît pas dans les opéras des années 1730, ni dans la musique instrumentale.

b3

Les deux parties de violons sont accompagnées par la basse continue. *Disposition:* 3 portées désignées par deux clefs de *sol* et une clef de *fa*. Moins fréquente que la variante précédente, mais observée de même exclusivement dans les partitions des œuvres dramatiques des premières années, la présente réduction de l'orchestre diffère de la variante a2x par l'absence d'inscriptions marquant l'emplacement – et donc la présence – des altos. Parmi les exemples de cette variante on peut citer les trois airs qui se trouvent dans la dernière partition où Vivaldi l'a employée, *La Verità in Cimento:* «Ne vostri dolci sguardi», «No non ti credo bel volto» et «Quando serve alle ragione» (version en si bémol majeur; voir planche 45).

c1

Les deux parties de violons et les altos jouent à l'unisson. *Disposition:* une portée désignée par la clef de *fa*. Pour distinguer cette variante des ensembles notés également en une portée avec clef de fa (a1, d1 et e), Vivaldi a inscrit une indication précisant l'absence de la basse continue. Il est remarquable que la variante n'a été tracée que dans les mouvements lents de concertos instrumentaux où elle apparaît par contre assez souvent:

Violini e Violette Senza Bassi [RV 313 (II), RV 389 (II), RV 508 (II)]

Violini, e Viol^{e} Senza Bassi [RV 527 (II)]

Violini, e Viol^{e} Pizziccati senza Bassi [RV 532 (II)]

Violini, e Viol^{te} Soli [RV 251 (mouvement lent abandonné)]

Violini e Violette [RV 396 (II)]

Viol^{ni} e Viol^{e} senza Bassi [RV 342 (II)]

C'est vraisemblablement le même ensemble que Vivaldi a envisagé pour le mouvement médian du concerto RV 325 où il a inscrit l'indication *Violini e Viol^{e} senza Cembalo.*

c2

Les violons réunis sont accompagnés par les altos. *Disposition:* 2 portées désignées de manières différentes pour ce qui concerne les clefs. Les quatre partitions connues de cette réduction de l'orchestre, appartenant toutes à la musique instrumentale, comportent des indications diverses:

Vnis^{ni}, mot inscrit à la portée supérieure [RV 442 (mouvement lent abandonné): clefs de *sol* et d'ut_3]

Vnissoni et *Violette senza Bassi* [RV 205 (II): clefs de *sol* et de *fa*]
Violini et *Violette* [RV 352 (II), Foà 30, fol. 50–54: deux clefs de *fa*]
*Tutti li Violini V^ni^* et *Violette Senza Bassi* [RV 352 (II), Giordano 35, fol. 255–260: deux clefs de *fa*].

c3
L'orchestre se compose des deux parties de violons individuelles et de celle des altos. *Disposition:* 3 portées désignées par deux clefs de *sol* et normalement par une clef d'ut_3. En général, les clefs suffisent pour indiquer l'ensemble [RV 210 (II), RV 390 (II) où les portées sont désignées par *Pizziccato* pour le violon principal et *Pizziccati* pour les parties de l'orchestre réduit, RV 600 (II)]. Parfois, Vivaldi a pourtant ajouté l'indication *Senza Bassi* que l'on trouve ainsi dans les mouvements lents des concertos RV 226 (où les violons II et les altos sont toutefois notés en clef de fa) et RV 502 (dans lequel la partie des altos est écrite dans la même clef).

d1
Les deux parties de violon sont rénuies. *Disposition:* une portée désignée par une clef de *fa*, laquelle est complétée par une indication précisant la nature de l'ensemble:
Viol^i^ il Basso senza Viol^e^ o Bassi [RV 333 (II)[7]]
Violini suonano il B. senza basso [RV 395 (II)]
Le mouvement lent du concerto RV 436 comportait d'origine l'inscription *Tutti li Violini,* ensemble qui se retrouve dans les deux manuscrits non autographes en parties séparées à Berlin et à Stockholm[8], dans lesquels seules les parties d'alto et de basse contiennent l'indication *Largo Tacet;* dans la partition autographe à Turin, la désignation de l'ensemble est toutefois rayée. Une variante de la présente réduction de l'orchestre se trouve dans le mouvement lent du concerto pour violon et deux orchestres RV 582 où Vivaldi a limité l'accompagnement du soliste aux *Primi Soli del Pmo Coro.*

e
De l'orchestre ne subsiste que les instruments de la basse continue. *Disposition:* une portée désignée par la clef de *fa*. Normalement, Vivaldi n'a indiqué la basse continue que par l'intermédiaire de la clef, mais on trouve parfois dans les manuscrits autographes des inscriptions complémentaires; en raison des problèmes particuliers qu'elle suscite, l'instrumentation de la basse continue est examinée séparément (pp. 158ss). Notons qu'il n'est logique de considérer la basse continue isolée comme une variante de l'orchestre que lorsqu'elle apparaît dans des mouvements de compositions dont l'ensemble instrumental

comporte par ailleurs les ripiénistes; pour les œuvres de musique de chambre – sonates, trios, cantates, etc. – il n'y a naturellement pas réduction. Comparer la planche 26 avec les planches 24–25 et 27–28.

Il y a lieu de signaler pour terminer que la documentation autographe ne comporte, sauf erreur, aucun exemple de la variante d2 (les deux parties de violons sont séparées). Ceci est d'autant plus surprenant qu'on la trouve quelquefois parmi les compositions instrumentales transmises en sources non autographes: RV 173 (II) = op. 12 n° 4, RV 208a (II) = op. 7, Lib. II, n° 5, RV 256 (II), manuscrit à Naples.

2. LES PARTIES DE SOLISTES ET LES PARTIES SUPPLEMENTAIRES

Comme il a déjà été affirmé plus haut, l'orchestre à cordes de Vivaldi est chargé dans la très grande majorité des œuvres d'accompagner un ou plusieurs solistes instrumentaux ou vocaux. Quelle qu'en soit la composition, l'orchestre a autrement dit la fonction de constituer l'un des éléments du contraste sur lequel se fonde le style concertant que Vivaldi a mis en valeur dans ses concertos et dans les airs avec *da capo* (voir pp. 219ss). De plus, l'orchestre peut dans certaines œuvres être amplifié par l'addition d'instruments supplémentaires qui, même si les parties n'en sont pas doublées, ne sont pas des solistes proprement dit, mais concourent plutôt à l'enrichissement sonore de l'orchestre. A titre d'exemple, le célèbre concerto pour l'orchestre de Dresde RV 577 est à la vérité un concerto pour violon accompagné par un orchestre amplifié: aux cordes se joignent deux flûtes à bec, deux hautbois et un basson, mais les instruments à vent ne sont pas traités en qualité de solistes de la même manière que le violon principal.

La partition de l'orchestre à cordes n'apparaît donc que rarement à l'état pur. Le plus souvent, en effet, elle est amplifiée par une ou plusieurs portées renfermant les parties supplémentaires. De même que la partition de l'orchestre est disposée suivant certaines règles, l'addition de ces parties n'est aucunement fortuite mais répond normalement à certains principes qu'il sera avantageux d'étudier de près. Pour des raisons évidentes il sera opportun d'examiner séparément les parties supplémentaires instrumentales et vocales.

Ainsi qu'on a pu le voir en étudiant la structure des manuscrits (voir p. 47), ceux-ci comportent le plus souvent 10 portées par page. Ce nombre est sans aucun doute destiné à permettre l'écriture de deux accolades de cinq portées chacune. Alors que les partitions à 2, 3 et 4 portées s'y inscrivent facilement mais laissent suivant les cas une ou deux portées inutilisées, l'addition d'une partie à l'orchestre normal implique l'utilisation optimale de l'espace disponible. Par contre, le papier à 10 portées n'est pas approprié à l'écriture de partitions plus amples. L'addition à l'orchestre de deux ou de plusieurs parties produit ainsi quelques difficultés graphiques que Vivaldi a surmontées de manières diverses.

Au sujet de l'exposé suivant il faut noter que la question de savoir comment le compositeur a désigné les diverses parties supplémentaires ne sera soulevée qu'à l'égard des partitions qui renferment des œuvres écrites pour des ensembles dont la nature est exprimée dans le titre de l'œuvre. Pour les mouvements à l'intérieur d'une composition dont l'ensemble diffère de celui des mouvements précédents, il suffira de rappeler que Vivaldi a inscrit des indications précisant la nature des solistes et des parties supplémentaires au début de la première accolade. Les compositions vocales qui seront citées au passage sont des exemples typiques de ce procédé.

a. Les parties supplémentaires instrumentales

[A] *1 instrument soliste*
L'addition d'un instrument soliste, laquelle se produit – outre dans les innombrables concertos de Vivaldi – dans un certain nombre de mouvements vocaux, est effectuée de deux manières différentes suivant la nature de l'instrument. En effet, les instruments aigus et les instruments graves n'ont pas le même emplacement dans la partition vivaldienne.

α) Instruments aigus (violon, viole d'amour, mandoline, flûte traversière, flûte à bec, flautino, hautbois, cor, etc.)

L'instrument est noté à la portée supérieure de la partition, c'est-à-dire au-dessus de la portée des violons I de l'orchestre, quel que soit le genre de la composition: c'est effectivement à cet endroit que se situent les parties de soliste des concertos et des airs dont l'accompagnement comporte un instrument obligé. A titre d'exemple on peut citer les airs «Sol da te mio dolce amore» avec *Flauto Trauersier,* «Mentre dormi amor fomenti» avec *Vn Solo Corno dà Caccia* et «Ho nel petto un cor si forte» où l'instrument soliste est un *Salterio;* voir en outre planches 10, 11, 13, 14, 17 et 18.

La partie en question est normalement notée en clef de *sol.* Quelques exceptions se trouvent dans les manuscrits des concertos pour viole d'amour RV 396 dans lequel l'instrument soliste est écrit en clef d'ut_3 et RV 395 où il est alternativement en clefs de *fa* et de *sol* dans le mouvement lent.

Dans les partitions de *concertos* composés pour l'un de ces instruments celui-ci est toujours mentionné dans le titre de l'œuvre: *Con^{to} P Hautbois, Con^{to} con Viola d'Amore, Con^{to} p Mandolino,* etc. Parfois la désignation de l'instrument est répétée au début de la première accolade du manuscrit, à la hauteur de la portée supérieure. C'est ainsi que l'on trouve, par exemple, à la première page du manuscrit du concerto RV 431 le titre *Con^{to} P Flauto Trau^{r}* et l'indication *Flauto* inscrite devant la première accolade, en haut à gauche.

Il existe à cette règle une exception très importante. Le seul instrument que Vivaldi n'ait pas désigné spécifiquement dans ses concertos, ni dans le titre, ni au début de la première accolade, est le *violon*. Cet instrument paraît lui être si habituel qu'il a pu négliger – comme pour l'orchestre à cordes normal à quatre parties – d'en indiquer explicitement l'identité. (Il en est de même pour les sonates composées pour cet instrument et pour les airs dont l'accompagnement comporte un violon soliste; l'instrument y est souvent désigné par le seul mot *Solo*). Il s'ensuit que le titre ordinaire du concerto pour violon se compose de la seule indication du genre *Con^{to}* et que Vivaldi donc a désigné par ce même titre deux genres de compositions instrumentales dont les partitions ne comportent aucune indication devant la première accolade. Il n'y a là cependant aucune difficulté, car la partition du concerto pour violon diffère de celle du concerto pour orchestre sans solistes: alors que la dernière comprend normalement quatre ou trois portées, la présence de l'instrument soliste implique inévitablement que la partition du concerto pour violon en comporte cinq. De cette observation suit la nécessité, pour la présentation détaillée des manuscrits dans le *Répertoire,* de communiquer des informations précises au sujet de la disposition des partitions individuelles.

En raison de l'absence d'indications précisant l'identité de l'instrument soliste de ces concertos il paraît indispensable, par principe, de soulever la question de savoir si Vivaldi a agi suivant des habitudes sans exceptions ou si, au contraire, les œuvres désignées par le seul mot *Con^{to}* aient pu avoir été composées pour d'autres instruments solistes qu'il aura négligé de nommer pour une raison ou une autre. Théoriquement, il n'est pas exclu que le manuscrit d'un concerto pour viole d'amour, par exemple, ait été désigné par la seule indication du genre. Bien qu'il ne soit pas possible, logiquement, d'en avancer la preuve définitive puisque l'hypothèse d'un oubli de la part de Vivaldi ne pourra pas être laissée hors de considération, il y a pourtant de fortes raisons de croire qu'il s'agit d'un principe qu'il a appliqué avec conséquence. Au fait que les autres instruments sont signalés spécifiquement dans les titres des concertos s'ajoutent plusieurs arguments de nature différente.

Premièrement, il est remarquable que toutes les compositions que Vivaldi, dans les partitions autographes à cinq portées, a intitulées *Con^{to}* sans complément et dont il existe un ou plusieurs documents supplémentaires, y sont reproduits ou désignés comme des concertos pour violon et orchestre. Dans aucun cas on trouve, dans la documentation actuellement connue, un autre instrument soliste. Parmi les innombrables exemples qui pourraient être signalés afin de corroborer cette affirmation il suffira d'en avancer un seul. Le manuscrit en partition autographe du concerto RV 234 ne comporte, outre le titre descriptif *L'Inquietudine,* que la désignation du genre et le nom du compositeur. Alors que la partition non autographe du même concerto, déposée à la Bibl. du Cons. à Gênes, ne contient pas davantage d'informations, le manuscrit autographe en parties séparées à Manchester confirme l'identité de l'instrument soliste qui est désigné explicitement par Vivaldi *Viol^o Principale*.

Deuxièmement, un assez grand nombre de partitions autographes à Turin contiennent des retouches de la partie de soliste: des passages plus ou moins longs sont rayés et remplacés par de nouvelles sections que Vivaldi a inscrites en-dessous sur des portées qui n'avaient pas été employées. Souvent le compositeur a inscrit une indication accompagnant ces nouveaux solos, destinée aux copistes qui devaient reproduire le texte d'après la partition corrigée. De toute évidence, les indications de ce genre sont de grande importance puisqu'elles confirment l'identité de l'instrument soliste: *Viol^o Principale* [RV 346 (III], *Viol^o Prinp^e* [RV 211 (I)], *In uece del Violino Principale copiate come segue* [RV 190 (I)], etc. Dans la partition du concerto RV 365 la retouche qui se trouve dans le premier mouvement comprend toute la partition, sauf la basse: *Viol^o Princip^e, Violini Pmi* et *2di, Violette Senza Bassi.*

De nature semblable sont les inscriptions que Vivaldi a ajoutées dans quelques manuscrits, destinées à indiquer la manière dont un certain passage de l'instrument soliste doit être joué: *arco attacato* [RV 331 (I)], *Sopra il Canto* [RV 190 (I), RV 233 (III)], *Sopra il Canto, e Tenore* [RV 325 (I)], etc. Désignant les cordes du violon, ces dernières indications confirment également l'identité de l'instrument pour lequel il a écrit ces concertos.

De ces quelques observations on semble donc pouvoir tirer la conclusion que les concertos pour violon, inscrits en partitions à cinq portées, ne sont désignés que par le mot *Con^{to}*. Il existe à cette règle quelques exceptions qui semblent la confirmer. Ainsi, dès que la partie de violon principal est l'objet d'une modification quelconque, de telle sorte qu'elle n'est pas conforme à l'écriture habituelle pour cet instrument, Vivaldi en a indiqué l'identité dans le titre. C'est le cas pour ce qui concerne les trois concertos dans lesquels le violon soliste comporte des doubles cordes imitant les fanfares des trompettes: ces œuvres sont intitulées *Con^{to} P Violino* [ou *Viol^o*] *in Tromba:* RV 221, RV 311 et RV 313. De même, le désaccord du violon ou le retranchement d'une corde implique la mention de l'instrument: *Con^{to} con Violino senza Cantin* (RV 243), *Con^{to} con Violini d'accordatura diversa* (RV 343 dans lequel les violons de l'orchestre sont également discordés), *Con^{to} in due Cori con Viol^o scordato* (RV 583).

Pour terminer il sera juste de citer les trois œuvres qui sont de réelles exceptions aux règles observées. L'une est le concerto RV 391 que le compositeur a intilulé *Con^{to} Del Viualdi* bien que le violon soit discordé; l'accord est toutefois communiqué devant la première accolade, à la hauteur de la portée de l'instrument soliste. Toutes les autres sources connues de cette composition confirment l'identité de l'instrument. Les autres œuvres sont les concertos RV 353 et RV 386 au début desquels on trouve le titre exceptionnel: *Con^{to} P Violino Del Viualdi.*

β) Instruments graves (violoncelle, basson, etc.)
Les partitions des concertos comportent l'instrument à la quatrième portée, c'est-à-dire entre la portée des altos et celle de la basse. Dans les partitions des airs où les parties vocales se situent au même endroit, Vivaldi n'a pas placé l'instrument soliste selon des principes fixes. La partition de l'air «Quando serve alla regione» en si bémol majeur contient ainsi le *Viol^{lo}* entre le ténor et la basse continue, tandis que le *Fagotto Solo* est inscrit à la partie supérieure dans l'air «Non lusinghi il core amante» pour basse accompagnée par un basson et un *Violone* (sans orchestre).

La partie est notée soit en clef de *fa*, ce qui est le plus fréquent au début d'un mouvement de concerto où l'instrument joue à l'*unissono* avec la basse continue, soit en clef d'ut_4.

Dans les partitions de *concertos* écrits pour l'un de ces instruments celui-ci est sans exception cité dans le titre de la composition: *Con^{to} P Violoncello, Con^{to} Con Violon^{lo} obligato, Con^{to} p Fagotto,* etc. Souvent la quatrième portée est en outre marquée, devant la première accolade, par la désignation de l'instrument en question. Dans quelques partitions de concertos pour violoncelle et pour basson l'instrument est désigné au début du premier solo (voir ainsi planche 20), mais il s'agit là d'une indication qui a une fonction spéciale, particulièrement importante sous le rapport de la question de la formation des textes musicaux (voir pp. 350ss).

[B] *Deux instruments solistes*

α) 2 instruments aigus (2 violons, 2 mandolines, 2 flûtes traversières, 2 trompettes, 2 cors, violon et hautbois, etc.)

Les deux instruments sont toujours notés en clefs de sol sur les deux portées supérieures de la partition. La séparation des instruments supplémentaires et des violons I et II de l'orchestre est souvent effectuée ainsi dans les mouvements de musique vocale. Signalons, à titre d'exemple, les airs «Qual'è à l'onte de venti sul monte» dont les parties d'*Oboè* sont inscrites aux deux portées supérieures de la partition, et «Tender lacci tu volesti al candor» où les deux *Corni dà Caccia* se situent au même endroit. Par contre, les partitions des concertos se divisent en trois catégories selon l'emplacement des parties de violons I et II par rapport aux instruments solistes ou supplémentaires:

I. Partition à six portées comportant les deux instruments solistes aux deux portées supérieures, accompagnées par l'orchestre à quatre parties (a4). C'est de cette manière que se présentent les partitions des concertos pour deux violons RV 507 (manuscrit de format en hauteur), pour deux hautbois RV 535 et 536 et pour deux cors RV 539 (le concerto RV 538, contenu dans un manuscrit copié avec inscriptions autographes, est disposé de manière semblable). Voir en outre planche 33.

II. Partition à cinq portées comprenant les deux instruments solistes aux deux supérieures; les parties de violons I et II sont réunies à la 3e portée (orchestre a3). Cette disposition paraît être exceptionnelle, car elle ne se trouve, dans la musique instrumentale, que dans le manuscrit du concerto pour deux flûtes traversières RV 533. Les portées supérieures y sont désignées par *P° Fla:* et *2° Fla:* tandis que celle des violons comporte l'indication *Nelli Ripieni il Pmo Viol° con il Pmo Fla: il 2do con il 2do.*

III. Partition à cinq portées comprenant le premier instrument soliste à la portée supérieure plus l'orchestre à quatre parties inscrites aux portées inférieures (c'est-à-dire la disposition du concerto pour un instrument soliste aigu); le second instrument soliste est inscrit à la seconde portée, à savoir celle des violons I de l'orchestre. En raison du nombre relativement élevé de concertos pour deux violons notés selon ce principe celui-ci est le plus fréquent chez Vivaldi (voir planches 29 et 30).

Il est intéressant de remarquer qu'il y a apparemment une différence entre les deux dispositions citées plus haut sous I et III. Lorsque la partition comporte six portées le second soliste est tiré du groupe des violons II de l'orchestre, ce que confirment de nombreux exemples que l'on trouve tant dans les partitions d'œuvres instrumentales que dans celles des compositions vocales. Ainsi, dans la partition du concerto pour deux violons RV 507, les indications de l'unisson dans les tuttis dénotent que les violons I doivent jouer la partie inscrite à la portée du premier violon principal, les violons II celle du second soliste. De même, dans le premier chœur du *Beatus Vir* RV 597 les deux parties de hautbois du *Primo Coro,* inscrites sur deux portées individuelles, ne comportent que les notes initiales suivies des indications *Con il Pmo Viol°* et *Con il 2do Viol°.* Inversement, lorsque la partition ne comporte que cinq portées, les deux instruments solistes sont tirés de la partie des violons I. Mais cette différence, motivée semble-t-il exclusivement par des raisons graphiques ou plutôt par des raisons d'espace, ne paraît pas répondre à une pratique d'exécution: le second soliste doit sans aucun doute possible, dans les tuttis, faire partie du groupe des violons II. C'est ainsi qu'il y a lieu de croire que l'édition gravée par Michel Charles Le Cene du neuvième concerto de l'op. 9, RV 530, est inexacte puisque les deux solistes sont identiques, dans les tuttis, à la partie de violons I (voir les exemples pp. 213s). De même, les éditeurs de Ricordi ont normalement unis les deux solistes aux violons I et non pas un soliste à chacune des deux parties de ripiénistes (voir les exemples 2 et 3, p. 89).

Il y a lieu de noter que la partition du concerto pour deux trompettes RV 537 est exceptionnelle en ce sens que les deux instruments solistes sont inscrits à la portée supérieure dans les tuttis où leurs parties ne sont pas identiques à celles des violons de l'orchestre; dans les solos, la partition est disposée comme décrit plus haut sous III.

β) 2 instruments graves (2 violoncelles)

L'unique composition actuellement connue que Vivaldi a écrite pour deux instruments graves et orchestre est le concerto RV 531 dont le manuscrit, de format en hauteur, contient une partition à six portées: les deux violoncelles sont notés aux 4e et 5e portées, c'est-à-dire conformément à l'emplacement du violoncelle et du basson soliste.

γ) un instrument aigu et un instrument grave (violon et violoncelle, hautbois et basson, trompette et timbales, etc.)

A en juger d'après la documentation actuellement connue, l'addition de deux instruments de nature différente s'effectue de deux manières dissemblables dans les partitions d'œuvres instrumentales. Pour les trois concertos avec violon et violoncelle, écrits en partitions à cinq portées dans les mouvements vifs, le premier instrument est noté seul à la portée supérieure, l'instrument grave à la quatrième portée conformément aux emplacements habituels de ces instruments. Les trois partitions de ces œuvres comportent une indication signalant indirectement que la seconde portée est celle des violons II de l'orchestre: *Il Primo di Ripieno si caua dal Violino Principale ne lei Ripieni* [= tuttis] (RV 544), *Il Pmo di Ripieno si caua dal Principale* (RV 546) et *Il Primo Viol° di Ripieno si puo cauare dal Violino Principale* (RV 547). La partition du concerto pour hautbois et basson, RV 545, également notée à cinq portées, est différente: la disposition correspond à celle du concerto avec un seul soliste, c'est-à-dire avec trois clefs de sol, une clef d'ut$_3$ et une clef de fa. La partie de basson est inscrite à la portée inférieure, laquelle est désignée, dans les deux mouvements vifs, par les indications *Fagotto Solo* et *Tutti*. Le nombre de partitions comprenant deux instruments différents n'est pas suffisamment élevé pour qu'il soit possible de déterminer si la disposition du dernier concerto est exceptionnelle ou si Vivaldi, pour cette composition, a appliqué une autre habitude. Toujours est-il qu'il eût pu l'écrire conformément aux concertos pour violon et violoncelle. Le fait que le manuscrit fût destiné d'origine à renfermer une *Cantata à Canto Solo* et que les clefs aient été corrigées conformément à la nouvelle destination, ne peut guère expliquer la disposition différente de celles des autres concertos.

Dans les partitions de musique vocale, l'addition des deux instruments s'effectue également de manières différentes. L'air «Chi dal cielo ò dalla sorte» comporte ainsi deux portées individuelles, les 1ère et 5ème de la partition, réservées à la *Tromba* et aux *Tamburi* [= timbales]; la partie de soliste vocal se trouve à la 6e portée. Par contre, le *Violº Solo* et le *Viollo Solo* de l'air «Sentirò fra ramo e ramo» sont notés respectivement sur les portées des violons I et de la basse continue; les instruments ne sont pas signalés au début de la partition mais se dégagent des inscriptions citées qui alternent avec les indications de *Tutti*.

Il convient de mentionner ici, sous le rapport des partitions avec deux instruments solistes, les quelques œuvres qui comportent des instruments à clavier (orgue, clavecin): ces instruments n'apparaissent qu'avec un autre soliste instrumental ou vocal, mais à cela s'ajoute qu'ils sont généralement écrits sur deux portées. Pourtant, il paraît opportun d'étudier séparément la question de savoir comment Vivaldi a noté les parties de ces instruments et d'analyser, sous le même rapport, quelques problèmes relatifs à la basse continue (voir pp. 158ss).

[C] *Plusieurs instruments supplémentaires*

La disposition des grandes partitions qui comportent plusieurs parties instrumentales ajoutées à celles de l'orchestre à cordes ne semble obéir à aucune règle précise. Pour certaines œuvres Vivaldi a choisi une disposition que l'on pourrait désigner comme normale puisqu'elle suit les principes observés plus haut. C'est le cas, par exemple, au sujet des deux concertos pour deux violons et deux violoncelles RV 564 et 575 où les instruments solistes sont notés conformément à l'emplacement habituel: les parties des violons solistes sont écrites aux deux portées supérieures et celles des violoncelles se trouvent entre les altos et la basse continue. Au début de la première accolade du concerto RV 575 Vivaldi a même précisé, à la hauteur des 3ème et 4ème portées, que celles-ci comportent les parties de *Pmo di Ripieno* et de *2do di Ripieno*. Normale paraît également la partition de l'air «All'arimi ò guerrieri», par exemple, qui réunit *2 Trombe* et *2 Hautbois,* parties inscrites aux quatre portées supérieures, plus une partie de *Timbali* laquelle est notée entre la portée des altos et celle du ténor.

Par contre, les partitions des œuvres dont l'orchestre se compose de plusieurs instruments à cordes et à vent (violons, viole all'inglese, flûtes, hautbois, cors, bassons, etc.) se présentent de manières trop dissemblables pour qu'il soit possible d'établir un principe. Les quelques exemples cités ci-après suffiront pour démontrer cette affirmation. Normalement, les grandes partitions, dont les œuvres le plus souvent sont désignées par le seul mot *Con*^{to} éventuellement complété par une indication de sa destination, n'occasionnent pas de difficultés pour l'établissement de l'instrumentation. Les portées individuelles sont en général désignées, au début de la première accolade, par le nom des instruments dont elles contiennent les parties. Même dans ces partitions les parties de l'orchestre – violons I et II, altos et basse continue – ne sont souvent indiquées que par les clefs.

Voici donc la disposition de quelques mouvements différents:

1) RV 555, 1er mouvement

Désignations	*Clefs*
Violini	sol sol sol
	ut$_3$
Hautbois	sol
2 Viol^{e} *Inglesi*	sol sol
Salmoè	fa
2 Flauti	sol
2 Cembali e 2 Violoncelli et altri Bassi	fa

2) RV 555, 3e mouvement

Désignations	*Clefs*
2 Violini	sol sol
	ut$_3$
Oboè	sol
2 Trombe	sol sol
2 V. Ing^{i}	sol
2 Flauti	sol
Salmoè	fa
Bassi	fa

3) RV 556, 1er mouvement

Designations	*Clefs*
2 Hautbois	sol sol
2 Claren	sol sol
2 Flauti	sol sol
2 Viol^{o} *di Con*^{no}	sol sol
2 di Ripieno	sol sol
	ut$_3$
Bassi, e Fagotto	fa

4) RV 577, 1er mouvement

Designations	*Clefs*
Viol^{o} *Principale*	sol
2 Violini	sol sol
2 Hautbois	sol sol
2 Flauti	sol sol
	ut$_3$
Fagotto	fa
Bassi tutti	fa

5) RV 579, 1er mouvement

Désignations	*Clefs*
Violini	sol
2do	sol
3zo	sol
Alto	ut$_3$
Salmoè	fa
Hautbois	sol
Viole	sol
all'	sol
Inglese	fa
Basso	fa

6) *Tito Manlio,* «Sinfonia»

Désignations	*Clefs*
2 Trombe	sol
	sol
2 Oboè	sol
	sol
	sol
	sol
	ut$_3$
	fa
Timballi	fa
Fagotto	fa

Il est d'autant plus intéressant de confronter les deux derniers mouvements qu'ils sont composés sur la même substance musicale. La «Sinfonia» de l'opéra, ajoutée au manuscrit autographe à la scène 12 du troisième acte, est en ut majeur, tandis que le concerto est en si bémol majeur.

b. Les instruments à clavier et la basse continue

Contrairement aux compositeurs allemands et français de l'époque, Vivaldi n'a employé qu'en mesure fort limitée le clavecin et l'orgue comme instruments solistes. Les genres musicaux tels que la suite («partita», «ordre») pour clavecin, la «prélude et fugue» pour orgue, la sonate ou les variations, amplement cultivés par Bach, Hændel, Couperin, Rameau et de nombreux autres maîtres, ne font ainsi pas partie de son répertoire, ni de celui de ses concitoyens. Chez les compositeurs vénitiens, les instruments à clavier n'ont pas de manière générale d'autre fonction que celle d'accompagner l'ensemble instrumental et vocal en réalisant les accords désignés, de façon plus ou moins détaillée dans les manuscrits, par les chiffres de la basse continue. En raison de ce fait il semble utile de soulever la question de savoir comment Vivaldi a traité, d'un point de vue graphique, ces instruments.

La première question qui s'impose concerne naturellement l'identification de l'instrument à clavier prévu par le compositeur pour les œuvres individuelles. Comme on a pu s'en faire une idée d'après les exposés précédents, les partitions de Vivaldi n'occasionnent pas de manière générale de difficultés au sujet de l'établissement des instruments pour lesquels il a écrits ses œuvres. Même pour les très nombreux manuscrits où le compositeur n'a pas désigné explicitement les parties individuelles, on semble pouvoir déterminer ses intentions de manière certaine. La disposition de la partition, la nature et l'ordre des clefs sont des indices suffisamment précis pour écarter toute hésitation.

La basse continue est cependant une exception importante à ces observations: c'est effectivement la seule partie que Vivaldi n'a pas traitée avec clarté et régularité. Tandis que les parties de violons qui sont renforcées par d'autres instruments – hautbois, flûtes, etc. – comportent en règle générale une indication destinée à prescrire l'instrumentation de la partie, la basse continue – qui doit également être exécutée par plusieurs instruments de nature dissemblable – n'est le plus souvent désignée que par la clef de fa. Même dans les partitions où Vivaldi a indiqué de manière particulièrement détaillée les parties de l'ensemble, il n'a pas précisé de quels instruments se compose la basse. Ainsi, le manuscrit qui a été cité plus haut comme exemple de document particulièrement riche en informations à cet égard, RV 93 (voir p. 133), ne comporte dans le titre que l'indication *e Basso,* unique désignation de la portée inférieure de la partition.

Il paraît certain que cette négligence apparente est due au fait que les indications précises étaient inutiles à l'époque. Les musiciens et les copistes de Vivaldi savaient sans doute de quels instruments il s'agissait pour les œuvres individuelles. Il s'ensuit que les indications que Vivaldi a inscrites dans de nombreuses partitions et qui se rapportent à l'instrumentation de la basse continue, ont été ajoutées dans le but spécifique de marquer une différence quelconque par rapport à l'ensemble normal. Lorsque celui-ci n'est pas modifié, aucune indication n'était nécessaire. Il s'ensuit donc que la basse du concerto RV 103, par exemple, très vraisemblablement doit comporter, outre le *Fagotto* indiqué dans la partition, un instrument à clavier, probablement un clavecin: même si la partie, comme celle d'innombrables partitions autographes, ne contient aucun chiffre, il paraît certain que Vivaldi aurait indiqué suivant ses habitudes l'absence d'un tel instrument. Parmi les exemples de ces habitudes on peut citer le concerto pour violon RV 270 dont la partition indique *Senza Cembali sempre,* la *Sinfonia al Santo Sepolcro* RV 169 où se trouvent les mots *Senza Organi ò Cembali* ou l'air «Fragil fior ch'appena nasce» de *La Verità in Cimento,* I, 9 qui doit être exécuté *Senza Cembali e senza Violone.* Pourtant, les éditeurs de Ricordi ont publié le concerto cité, RV 103, comme un simple trio pour flûte, hautbois et basson sans y ajouter, selon les principes éditoriaux adoptés pour les autres œuvres, une partie de clavecin.

De ces observations s'impose la question de savoir de quels instruments se composait la basse continue «normale» chez Vivaldi, question à laquelle l'ensemble de la documentation autographe semble donner la réponse à laquelle on pouvait s'attendre. Qu'il soit indispensable de s'en tenir, à ce propos, aux manuscrits autographes pour s'assurer l'authenticité des sources d'informations ne peut guère être démontré plus clairement que par l'examen des éditions gravées à Amsterdam ou à Paris des œuvres vivaldiennes. Chaque recueil en parties séparées comporte normalement deux volumes identiques de la partie de basse, intitulée *Organo e Violoncello*. Ce titre apparaît même dans les cas où le compositeur a dû indiquer le clavecin comme instrument de la basse. C'est ainsi que les deux parties d'*Organo e Violoncello* comportent au début du cinquième mouvement du concerto pour flûte traversière RV 439 *(La Notte,* op. 10, nº 2) l'indication *Senza Cimbalo* [sic]. Le même doute au sujet de l'authenticité soulèvent naturellement les parties séparées en manuscrits non autographes: comme pour les sources gravées, le nombre et la nature des parties peuvent avoir été fixés par celui à qui remonte le document et non pas par l'auteur de la composition.

Parmi les rares manuscrits autographes qui sont transmis à la fois en partition et en parties séparées se trouvent à Turin ceux de l'hymne *Sanctorum Meritis,* RV 620, dont le nombre des parties affirme qu'il s'agit exceptionnellement du matériel d'exécution confectionné par Vivaldi lui-même: 2 × Violino Primo, 2 × Violino Secondo, 2 × Alto, 2 × Violoncello, 1 × Violone et 1 × Organo.

Il est bien évident que ce seul document – qui peut aisément avoir compris encore d'autres parties disparues – n'est en aucune manière suffisant pour permettre de tirer des conclusions à l'égard de l'ensemble des œuvres de Vivaldi, mais il confirme tout au moins les observations que l'on peut relever des innombrables indications destinées à modifier l'ensemble instrumental normal de la basse. Celle-ci comporte, conformément aux habitudes de l'époque, un certain nombre de violoncelles et de violones auxquels se joignent un ou plusieurs instruments à clavier; en règle générale on semble pouvoir affirmer en outre que le clavecin s'emploie pour les compositions profanes et l'orgue pour les œuvres qui ont une fonction liturgique quelconque.

Cette constatation, qu'il serait très facile, mais assez inutile, d'illustrer ici par la citation d'exemples, ne comporte cependant pas la solution à la question de savoir quel instrument à clavier Vivaldi a prévu pour les œuvres dont les partitions ne comportent aucune indication – directe ou indirecte – à ce propos. Que le choix de l'instrument ne soit pas indifférent est un fait qui n'est pas seulement dû à la sonorité essentiellement dissemblable du clavecin et de l'orgue, mais peut être démontré par l'étude d'un manuscrit qui contient des inscriptions fort intéressantes à cet égard.

Le concerto pour violon RV 286 est à en juger d'après le titre de la partition, *Con*[to] *p la Solennità di S. Lorenzo,* une composition religieuse et l'orchestre doit donc comprendre l'orgue comme instrument à clavier. Cette supposition est d'une certaine manière attestée par les indications *T. S.* inscrites plusieurs fois à la basse dans le premier mouvement: contrairement aux cordes pincées du clavecin, les tuyaux de l'orgue peuvent en effet soutenir les notes des passages de *tasto solo.* A une certaine époque Vivaldi a cependant transformé le concerto en œuvre profane, ce que la copie en parties séparées initulées *La Cetra* confirment: dans ce recueil le titre ne comporte pas l'indication de sa destination et la partie de basse est intitulée *Basso per il Cembalo.* Ce qui rend l'œuvre particulièrement intéressante, c'est le fait que cette transformation a été effectuée dans la partition. Avec de l'encre d'une couleur différente de celle qui a servi à l'écriture de la partition, Vivaldi a corrigé les indications de *T. S.* en *Senza Cembali* et a ainsi modifié la basse de telle sorte que les passages de *tasto solo* conservent leur caractère de notes soutenues. (Dans le manuscrit de *La Cetra* il a pourtant écrit les indications *Tasto solo* ou *T. S.).*

En raison de la fonction que doit remplir l'instrument à clavier dans la musique de Vivaldi, la partie est normalement notée sur une portée comme une simple basse continue: que les partitions comportent des chiffres ou que le compositeur ait trouvé la réalisation trop évidente pour inscrire ces signes, les manuscrits ne contiennent donc – suivant les traditions de son époque – que «la main gauche». Il existe cependant un petit nombre de documents dans lesquels l'instrument à clavier est noté de manières différentes. On peut effectivement distinguer trois procédés dissemblables qui diffèrent de la notation habituelle.

Premièrement, dans la musique vocale, le début d'un mouvement fugué est en général accompagné par «la main droite» de l'orgue jouant à l'unisson avec les parties qui exposent le thème; à l'entrée de la basse vocale la partie d'orgue se transforme en basse continue ordinaire. Il s'ensuit que cette partie, notée toujours sur une portée, comporte l'une des clefs des parties vocales. Le meilleur exemple se trouve dans le célèbre *Gloria* en ré majeur RV 589 dont la partie inférieure du 5e mouvement, «Propter magnam gloriam tuam» commence de la manière suivante (les entrées des sopranos, des contraltos, des ténors et des basses sont marquées par les lettres SCTB):

RV 589, Propter magnam gloriam tuam, mes. 1–6, partie de basse:

Exemple 10

Deuxièmement, dans quelques compositions instrumentales et vocales, les instruments à clavier ont la fonction de solistes, dans quels cas ils sont notés sur deux portées désignées par les clefs de sol et de fa. Les deux portées sont en règle générale réunies de telle sorte que la main gauche est inscrite sur la portée qui comporte la basse continue et que la main droite se trouve immédiatement au-dessus de celle-ci. Ce procédé – qui n'est aucunement exclusif à Vivaldi – se voit appliqué par exemple dans les concertos pour violon et orgue RV 541, pour violon, hautbois et orgue RV 554 ou dans l'air «Io son quel gelsomino» d'*Arsilda Regina di Ponto* I, 5. Le début de ce dernier mouvement mérite d'être communiqué, étant en effet un exemple assez instructif de la disposition d'une partition exceptionnelle: la présence de deux parties d'altos n'est pas normale chez Vivaldi. En ce qui concerne la partie de basse, il faut noter que le compositeur a désigné explicitement l'instrumentation en inscrivant les indications *Cembali* et *Senza bassi d'arco.*

Io son quel gelsomino, mes. 1–3

Exemple 11

Troisièmement, il existe quelques exceptions à la règle observée précédemment. Il est question des deux manuscrits à Londres qui contiennent les concertos pour deux violons ou pour violon et orgue RV 510/766 et RV 765/767. Il est vrai qu'il s'agit là de partitions non autographes, mais Vivaldi y a ajouté un tel nombre d'inscriptions qu'elles ont dû être écrites suivant ses directives et donc répondre à ses intentions. Le titre que Vivaldi a inscrit en tête de l'un de ces manuscrits ne laisse aucun doute au sujet de la présence de deux versions différentes de l'œuvre: *Con*[to] *P Organo, e Violino e per 2 Violini obligati,* mais la disposition de la partition correspond à celle du concerto pour deux violons (voir p. 154, disposition III). Ceci est sans doute motivé par le fait que l'œuvre – à l'instar des concertos RV 510 (dont la partition autographe se trouve à Turin) et RV 766 – a été composée pour ces deux instruments et par la suite transformée en concerto pour violon et orgue. Dans les manuscrits à Londres la partie d'orgue est de fait inscrite conformément à la version originelle, c'est-à-dire à la deuxième portée qui est désignée, devant la première accolade, par les mots *Violino / ò / Organo.* Il s'ensuit que la partie d'orgue doit se composer du texte inscrit sur cette portée et de la partie de basse, mais cela soulève la question de savoir dans quelle mesure celle-ci doit être renforcée par les instruments à cordes. Alors que la partition du concerto RV 541, par exemple, n'occasionne aucune hésitation à ce propos, la main gauche de l'orgue et la basse continue étant inscrites sur deux portées individuelles, la question s'impose au sujet des œuvres citées à Londres et des compositions telles que RV 554 ou RV 584: Vivaldi n'y a pas marqué la distinction entre les deux fonctions qu'assument les parties notées en clef de fa. Bien qu'il ne soit pas possible de trouver et de présenter ici la solution aux problèmes que suscitent de la sorte ces manuscrits, il n'est pas inutile de remarquer que, dans certaines circonstances, les deux portées de l'instrument à clavier peuvent se situer à quelque distance l'une de l'autre dans les partitions vivaldiennes. Cette observation sera notamment utile pour l'étude des modifications dont le concerto pour violon et violoncelle RV 546 éventuellement a été l'objet (voir Troisième Partie, pp. 422).

Pour terminer la question de la basse continue et de l'instrument à clavier, il convient d'attirer l'attention sur les importants défauts que comporte l'édition de Ricordi. Dans les partitions des œuvres avec orchestre, la partie de basse est normalement divisée en «Violoncelli», «Contrabbassi» et «Cembalo» ou «Organo». On apprend, certes, que «la realizzazione del basso per il cembalo (inesistente nei manoscritti) è segnata in note più piccole» et que «tutte le altre aggiunte del revisore sono tra parentesi», mais ces indications ne sont pas absolument conformes aux principes éditoriaux adoptés. Les éditeurs auraient ainsi dû communiquer également en notes plus petites la partie de contrebasse qui, n'étant pas identique à celles des violoncelles et de l'instrument à clavier, ne remonte pas à la documentation, mais est due à la fantaisie du restituteur individuel. D'un autre côté, il aurait été encore plus avantageux – et plus conforme à la pratique normalement appliquée pour les éditions critiques – de réunir sur une portée les basses à archet (sauf naturellement dans les cas où Vivaldi a écrit une partie de violoncelle obligée, différente de la partie de basse continue; voir à titre d'exemple le premier mouvement du concerto pour violon RV 205). Qui plus est, la désignation de l'instrument à clavier adopté dans les partitions individuelles n'y est le plus souvent pas communiquée par les éditeurs de telle sorte qu'elle se distingue visiblement des indications authentiques, émanant des sources.

c. Les parties vocales

L'emplacement des portées qui contiennent les parties vocales est fixe en ce sens qu'il n'est pas soumis aux variations causées par le nombre et les registres différents des voix. Quelles que soient la quantité et la nature – qu'il s'agisse autrement dit d'un air pour soprano ou pour basse, d'un récitatif, d'un duo ou d'un chœur – les portées des parties vocales se situent en règle générale immédiatement au-dessus de la basse continue; font exception à cette règle les partitions qui comportent une partie de basse instrumentale obligée (violoncelle, basson, timbales) située entre la basse continue et les parties vocales. Lorsque l'orchestre se présente en l'une des variantes désignées plus haut par c et d, les parties vocales sont inscrites aux portées inférieures des partitions. Ainsi se présente par exemple le second mouvement du *Laudate Pueri* RV 600 où la partie du soliste vocal, inscrite à la quatrième portée, est accompagnée par deux parties de violons et une partie d'altos (variante c3).

Dans les mouvements qui comportent plusieurs parties vocales et qui sont écrits sur des textes en vers (duos, ensembles divers, chœurs), chaque partie est inscrite sur une portée individuelle. Cette règle ne s'applique pas au sujet des chœurs finals qui sont le plus souvent des mouvement assez brefs et d'une structure fort simple; l'ensemble des exécutants – instruments et chœur – s'y produisent à l'unisson, ce qui a permis à Vivaldi d'écrire des partitions ne comprenant que deux ou trois portées au total. L'ultime mouvement de *L'Olimpiade,* par exemple, intitulé *Coro,* est noté en partition à deux portées: la première, en clef d'ut_1, comporte le texte chanté «Viva il figlio delinquente...» mais étant désignée par *Tutti tutti Vnis*^{ni} elle comprend sans aucun doute non seulement le chœur mais aussi les violons et éventuellement les instruments à vent apparaissant dans quelques airs de l'opéra; l'autre partie, en clef de fa, est celle des *Violette col Basso.*

Le *recitativo secco* se présente de manière différente. Toujours écrit en partition à deux portées avec la basse continue à la portée inférieure, le récitatif réunit toutes les répliques à la portée supérieure. Les noms des personnages sont écrits au-dessus de la partition et les notes de chaque réplique sont introduites par la clef qui répond au registre du personnage. Cette pratique est appliquée même dans les cas où deux voix égales se suivent.

L'identification des voix individuelles n'occasionne normalement aucune difficulté puisque Vivaldi se servait, selon la coutume de son époque, des clefs qui sont maintenant hors d'usage: les parties de soprano sont écrites en clef d'ut_1, celles des contraltos en clef d'ut_3, les ténors en clef d'ut_4 et les basses en clef de fa. Cette pratique a naturellement permis de déterminer exactement le registre des voix pour lesquelles sont composées les nombreuses œuvres intitulées simplement *Cantata* ou *Can^{ta}*, *Motetto, Introduzione,* etc. De même, la voix des chanteurs individuels dont les noms sont communiqués dans les livrets peuvent être identifiés par ce moyen. Qu'il soit indispensable, à ce propos, de s'assurer qu'il y a identité entre les versions du manuscrit et du livret est un fait évident.

Il convient de remarquer enfin que Vivaldi n'avait pas l'habitude de changer les clefs à l'intérieur d'une partie, même si le nombre de lignes supplémentaires des notes les plus aiguës ou graves avait pu être réduit. Jusqu'à plus ample informé il n'existe qu'une seule exception à cette observation: la partie de contralto de l'air «Solca il mar e nel periglio» de *La Virtù trionfante* II, 14 est notée alternativement en clefs d'ut_3 et d'ut_1.

3. OMISSION ET FUSION DES PARTIES DE L'ORCHESTRE

A l'intérieur d'un mouvement, une partie quelconque de l'ensemble instrumental ou vocal peut alternativement se rapporter à une autre partie de trois manières diverses: elle peut différer de l'autre partie, elle peut être identique à l'autre partie ou elle peut pauser. Ces trois corrélations fondamentales apparaissent en une très grande quantité de variantes dans la musique de Vivaldi, ce qui a permis au compositeur d'appliquer quelques principes d'abréviations destinés à simplifier la notation des œuvres écrites en partition. Il est évident que ces procédés ne sont mis en jeu que pour les deux dernières corrélations: lorsque les deux parties comparées sont musicalement dissemblables, chacune d'elles est écrite intégralement. Bien que l'on puisse facilement trouver des exceptions aux observations qui seront avancées ci-après, elles sont pourtant confirmées par de si nombreux cas relevés dans les manuscrits autographes qu'il semble légitime de les regarder comme des règles générales des habitudes graphiques vivaldiennes. Etant donné que les deux corrélations qui nous préoccupent ici apparaissent maintes fois simultanément et que, de plus, les abréviations adoptées par Vivaldi pour désigner l'une et l'autre sont parfois apparemment identiques, il est nécessaire de présenter pour commencer l'ensemble des méthodes graphiques dont il s'est servi.

L'omission provisoire d'une partie est désignée de trois manières différentes:

1) La partie comporte des silences. Bien que l'emploi de ces signes soit «normal» du point de vue des règles générales de la notation musicale, Vivaldi n'en a que rarement fait l'usage. Le plus souvent, les silences servent à compléter les mesures, mais on trouve pourtant souvent des mesures dans lesquelles il n'a écrit par exemple qu'une seule note. Voir par exemple la planche 24, mes. 12, où les parties de violons et d'alto ne comportent que la première noire, désignée par un point d'orgue; de manière semblable, les mêmes parties ne comportent que deux et trois temps aux mes. 1 et 3 de l'exemple communiqué en planche 25.

2) Le plus souvent, les parties qui pausent sont laissées en blanc, ne comportant donc aucune inscription quelconque. Les mes. 13–14 des parties de

violon et d'alto de la planche 24 et les mes. 4–8, mêmes parties, de la planche 25 sont des exemples typiques. Voir en outre le début des deux partitions autographes de l'air «Lo splendor ch'à sperare» aux planches 35 et 44 où la partie de soprano est désignée par des mesures vides jusqu'au premier solo.

3) Les portées des parties silencieuses sont omises de la partition. Ce procédé qui se voit appliqué surtout dans la musique vocale, implique naturellement que le nombre des portées dont se compose la partition n'est pas stable mais varie au contraire plus ou moins considérablement à l'intérieur d'un mouvement.

La fusion provisoire de deux ou plusieurs parties jouant à l'unisson s'effectue graphiquement de son côté de deux manières dissemblables dans les partitions vivaldiennes:

1) Le texte musical des parties identiques est inscrit sur une portée désignée éventuellement par des indications déterminant l'identité des instruments et des voix; les portées des autres parties sont omises de la partition. Ce principe d'abréviation occasionne également une certaine variation dans la disposition d'une partition à l'intérieur d'un mouvement.

2) Le texte musical des parties qui jouent à l'unisson est inscrit sur une portée, les autres portées sont laissées sans inscriptions à la suite de l'indication obligatoire qui la reporte à la partie dont le texte est écrit intégralement *(partie notée)*. De ce fait, ces portées vides – que l'on pourrait désigner comme *relatives* – se présentent de manière presque identique à celles des parties qui pausent, mentionnées plus haut sous 2: seules les indications au début des sections marquent la différence. Aussi est-il important de savoir identifier ces indications et leurs variantes.

Lorsque la partie notée se trouve au-dessus de la ou des portées relatives, ces dernières comportent des indications qui se divisent en trois catégories:

a. Le plus souvent, Vivaldi a inscrit un signe qui dans certains manuscrits peut être déchiffré comme une abréviation des mots *Vt Supra:*

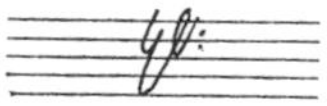

(voir planche 19, mes. 7, 2e portée); parfois cette indication est précédée du signe indiquant l'unisson: *$Vnis^{ni}$* ou *V^{i}*, qui dans certains cas peut remplacer l'autre (voir planche 32, 1ère mesure, 2e portée).

b. Le début du texte musical de la partie relative est marqué par une ou plusieurs notes, procédé qui est appliqué notamment lorsque le thème commence par une anacrouse; très souvent, le texte amorcé est suivi de l'une des indications signalées plus haut (voir par exemple planche 29, 1ère mesure, 2e portée).

c. Si la partie notée et la partie relative sont séparées d'une ou de plusieurs portées renfermant un texte individuel, Vivaldi a normalement remplacé ces indications par des inscriptions plus exactes, telles que *Con il Principale* [RV 579 (I)] ou *Con il Pmo Hautbois* [RV 556 (I)].

Lorsque les parties notées sont inversement situées au-dessous des portées relatives, celles-ci sont désignées par deux indications différentes:

a. Les renvois à basse continue se présentent toujours sous la forme d'une clef de fa, normalement suivie d'indications plus ou moins abrégées: *Con il Basso, Con il B* (voir planche 39, mes. 9, 3e portée) ou simplement *B* (voir planche 19 où les quatre portées supérieures comportent cette dernière indication à la mes. 1).

b. Les renvois aux autres parties s'effectue en général par des explications relativement claires: *Con la pte* (voir planche 39, mes. 9, 1ère portée), *Vnisno col Pmo Violo* [RV 589 (I)], etc.

Vivaldi a fait usage de ces différentes méthodes d'abréviation dans tous les contextes: compositions instrumentales et vocales, tuttis (ritournelles) et solos, partitions d'orchestre normales, réduites et amplifiées, etc. De manière générale, les divers signes sont sinon facilement déchiffrables, tout au moins compréhensibles, mais soulèvent pourtant quelques problèmes d'interprétation. Particulièrement remarquable est à ce propos l'emploi très fréquent de la clef de fa, laquelle surtout pour la reproduction graphique de l'accompagnement des solos joue un rôle de grande importance et qui peut, dans certaines circonstances, donner lieu à quelques hésitations. Aussi paraît-il opportun, avant d'étudier ces problèmes, de présenter sommairement les divers aspects graphiques de l'accompagnement chez Vivaldi.

a. Variantes de l'accompagnement

Alors que l'accompagnement du soliste vocal dans l'air avec *da capo* comprend normalement chez Vivaldi un développement de la substance musicale exposée dans la ritournelle initiale, celui de l'instrument soliste dans le concerto est en général plus simple et se compose souvent d'une série d'accords exécutés par des ensembles variés. Au sujet de cette question l'exemple suivant, qui reproduit les mes. 32–37 de l'Allegro mà poco initial du concerto pour violon RV 264, démontre que l'accompagnement du soliste peut varier assez considérablement pour ce qui concerne à la fois le caractère musical et l'ensemble instrumental:

Exemple 12

Il est vrai que l'accompagnement confié à la seule basse continue mérite d'être signalé en raison de la fréquence avec laquelle il apparaît dans le concerto vivaldien, mais il est moins juste d'en souligner l'importance au détriment d'autres accompagnements dont le compositeur s'est servi, semble-t-il, aussi souvent[9]. Il n'est pas douteux que l'instrumentation en soit déterminée surtout par le caractère musical – notamment par le rythme harmonique – mais quelle que soit l'utilité d'étudier la question d'un point de vue stylistique, l'exposé suivant doit se limiter à la présentation des aspects graphiques des variantes employées le plus souvent.

Selon le nombre de parties et suivant les corrélations qui existent entre elles, l'accompagnement d'un ou de plusieurs solistes instrumentaux se divise en sept catégories. Les notations qui sont désignées ci-après comme «normales» se présentent sans abréviations et avec les clefs qui correspondent aux parties individuelles. Pour des raisons pratiques le nombre d'exemples communiqués est réduit à un minimum, mais ils sont par contre cités dans la mesure possible d'après les mêmes œuvres. Ceci servira à démontrer la diversité de l'accompagnement dans un mouvement.

Variantes de l'accompagnement

1. L'orchestre est complet, les quatre parties sont individuelles.
   Notation: normale; voir les mes. 1–2 de l'exemple 12, p. 169.
2. L'orchestre est complet, les quatre parties jouent à l'unisson.
   Notation: seule la partie de basse est écrite; les portées des autres parties sont désignées par la clef de fa et par le renvoi à la basse.

RV 211 (III, 2e version, mes. 193–195)

Exemple 13

3. L'accompagnement comprend les violons I, les violons II et les altos en parties individuelles.

Notation: normale; voir les mes. 3–4 de l'exempe 12, p. 169. Etant donné qu'il s'agit là de l'accompagnement le plus fréquent après la basse continue, il convient de communiquer encore un exemple typique.

RV 211 (III, mes. 96–102)

Exemple 14

L'exemple démontre l'emploi d'une abréviation assez fréquente chez Vivaldi: les croches et les doubles-croches répétées sont souvent notées en valeurs plus longues et sont désignées par *Crome (Cro:)* ou *Semicrome.* Les valeurs réelles qui suivent de tels passages abrégés sont désignés par *Come stà* (voir par exemple planche 34).

Parfois Vivaldi a noté l'accompagnement en question avec deux clefs de sol pour les violons et une clef de fa pour les altos [RV 445 (I, mes. 61–68); RV 490 (III, mes. 85–92)].

Il existe en outre quelques variantes comprenant la réunion des violons ou celle des violons II et des altos. Ces variantes ne sont pas très fréquentes et se présentent apparemment en notations diverses: clefs de sol et de fa, indication *ut supra,* etc. [RV 350 (I, mes. 16–21: 3 clefs de fa); RV 201 (I, mes. 43–46: clef de sol et deux clefs de fa)].

4. Le soliste (instrument aigu ou grave) est accompagné par les violons I/II et les altos jouant à l'unisson.
Notation: seule la partie de violon I est écrite, notée en clef de fa; dési-

gnées par la même clef, les portées des deux autres parties comportent l'indication *ut supra.*

RV 350 (I, mes. 23–25)

Exemple 15

RV 490 (III, mes. 42–48)

Exemple 16

5. L'accompagnement est réduit à ne comprendre que les violons en parties individuelles.
Notation: a) normale, c'est-à-dire avec deux clefs de sol [RV 353 (I, mes, 44–64); RV 470 (I, mes. 62–66];
b) les deux parties sont notées en clefs de fa.

RV 350 (I, mes. 103–105)

Exemple 17

6. Les deux violons jouent à l'unisson.
Notation: a) la partie de violon I est écrite intégralement et est notée en clef de sol; celle des violons II est désignée par la même clef et comporte l'indication *ut supra* (notation normale) [RV 350 (III, mes. 46–55); RV 391 (III, mes. 83–91)];
b) les deux parties se présentent de la même manière mais sont désignées par les clefs de fa (voir exemple 18, p. 174).

7. L'accompagnement ne comprend que la basse continue.
Notation: normale; voir les mes. 5–6 de l'exemple 12, p. 169. L'exemple 19 (voir p. 174) démontre comment se présente la transition d'une variante (nº 4) à l'autre.

RV 350 (I, mes. 93–95; le passage qui commence à la mes. 93 s'achève par la première mesure de l'exemple 17 cité plus haut)

Exemple 18

RV 350 (I, mes. 29–31; cf. l'exemple 15, p. 172)

Exemple 19

b. Interprétation des signes

Les diverses abréviations dont Vivaldi a fait usage dans ses partitions soulèvent deux problèmes d'interprétation assez importants. Bien qu'il s'agisse de problèmes concernant surtout la pratique musicale il serait injuste de les passer sous silence dans le présent ouvrage, notamment en raison de l'importance que la solution peut avoir sous le rapport d'une édition critique des œuvres.

La première question qui mérite ainsi une attention particulière consiste à savoir si l'instrument soliste d'un concerto doit pauser dans les tuttis ou si, inversement, il doit se joindre à la partie de l'orchestre qui correspond à son niveau sonore. La question se pose notamment au sujet des instruments à vent; en effet, le violon et le violoncelle, faisant de toutes façons partie de l'orchestre à cordes s'unissent fort naturellement aux ripiénistes[10]. Cependent, la documentation ne semble occasionner aucun doute à propos des instruments tels que le hautbois ou le basson, ce dont témoignent à la fois les habitudes graphiques de Vivaldi telles qu'elles se manifestent dans les partitions autographes et les reproductions non autographes de ses œuvres.

Comme on l'a vu en examinant la disposition des partitions, l'instrument soliste est normalement écrit à la portée supérieure lorsqu'il est question d'un instrument aigu et à la quatrième portée quand l'instrument est grave. Dans le premier cas, les parties du tutti sont inscrites aux portées n°s 1 (soliste), 3 (violons II), 4 (altos) et 5 (basse); la seconde portée, celle des violons I, ne comporte en général que le signe désignant l'unisson avec la partie qui est inscrite au-dessus: elle s'unit donc au soliste. Dans le second cas, les tuttis sont notés aux portées n°s 1 et 2 (violons I et II), 3 (altos) et 5 (basse); la quatrième portée ne contient de son côté que l'indication de l'unisson avec la basse continue. Autrement dit, suivant les inscriptions du compositeur, les solistes ne pausent pas dans les tuttis – quelle que soit la nature de l'instrument –, conclusion que confirment les sources non autographes manuscrites et imprimées des œuvres en parties séparées. Dans celles-ci, la partie de l'instrument soliste ne comporte pas de pauses pour les tuttis. C'est ainsi que se présentent, par exemple, les deux copies à Berlin et à Stockholm[11] du concerto pour flûte traversière RV 436, et c'est de la même manière que les éditeurs à Amsterdam ont publié les concertos pour hautbois dans les opus 8 et 11, RV 454, RV 449 et RV 460. (Les deux concertos de l'opus 7 pour cet instrument, RV 464 et RV 465, comportent des solos obligés dans les tuttis et constituent donc un cas particulier.)

En dépit des conclusions que l'on semble ainsi pouvoir tirer de la documentation, la question mérite d'être soulevée pour deux raisons différentes.

L'édition de Ricordi présente, au sujet de ce problème, un manque de conséquence qui paraît se fonder sur une argumentation inexacte. Pour commencer les éditeurs ont suivi les indications de Vivaldi et ont reproduit les tuttis à cinq parties, c'est-à-dire en incluant l'instrument soliste; mais à partir du volume 214 (RV 496) ils ont visiblement changé d'avis, si bien que, après quelque temps d'hésitation, ils l'ont retranché conséquemment des tuttis. En se basant sur le manuscrit autographe du concerto RV 496 G. F. Malipiero signale, dans le volume cité, que «all'inizio di questo concerto e in vari punti il Fagotto ha pausa nei Tutti. Ciò rafforza la nostra convinzione che non suonasse nei Tutti o, comunque, che non sia opportuno farlo suonare». Cette affirmation n'est pas rigoureusement exacte, car dans le manuscrit en question la partie de basson est à plusieurs endroits laissée sans inscription: elle ne comporte ni pauses, ni renvois à la basse. En tenant compte des habitudes graphiques de Vivaldi on constate aisément qu'il y a là une erreur notoire de la part du compositeur: Vivaldi a sans aucun doute oublié d'inscrire la lettre B indiquant l'unisson avec la basse continue; cette supposition est corroborée par la présence de ce signe aux mes. 45 et 71 du premier mouvement et aux mes. 1, 41 et 85 du finale. Le retranchement du basson dans certains tuttis aurait d'autre part été chose si extraordinaire que Vivaldi indubitablement l'aurait précisé en inscrivant des pauses à la quatrième portée de la partition.

Dans le but d'étayer cette supposition il paraît utile de signaler qu'il existe plusieurs partitions autographes dans lesquelles les pauses inscrites dans la partie de soliste affirment que l'instrument, exceptionnellement, ne joue pas dans les tuttis. Le mouvement lent abandonné du concerto pour violon RV 370 (voir exemple 194, p. 362) commence ainsi par six mesures notées aux trois portées de l'orchestre (variante a3): les pauses inscrites à la portée supérieure ne permettent en effet aucun doute. De même, le Largo du concerto pour violon RV 350 s'ouvre par 2½ mesures notées aux quatre portées de l'orchestre, tandis que la partie de soliste ne commence qu'à la mes. 3; le mouvement s'achève, de manière analogue, par une mesure qui ne comporte que l'orchestre. Bien que Vivaldi n'ait pas inscrit, dans cette partition, les pauses marquant l'absence du violon principal, la disposition ne laisse aucun doute au sujet de l'instrumentation (voir en outre l'exemple 103, p. 243). Qui plus est, le compositeur a visiblement oublié d'inscrire la lettre B dans d'autres partitions; il suffit de mentionner, parmi les exemples relativement nombreux, celles des concertos pour basson RV 497 et RV 498 où le signe en question manque au début des mouvements lents. Le manuscrit du concerto RV 496 ne semble donc pas, à ce propos, être exceptionnel.

En partant de cette œuvre les éditeurs ont pourtant modifié leurs principes. Ainsi, dans le volume 215 qui reproduit la partition du concerto pour hautbois

RV 461, la partie de soliste est conservée dans les tuttis, mais G. F. Malipiero affirme que «riferendoci al concerto per Fagotto in Sol minore, Tomo 214°, avvertiamo che ci siamo andati sempre più formando la convinzione che nei concerti con uno strumento a fiato solista questo non suonasse nei Tutti. Invece Violini, Viole et Violoncelli solisti potevano rinforzare, nei Tutti, le esigue file degli Archi». Par la suite, comme on en verra plus bas un exemple, les partitions de Ricordi suppriment les parties des instruments solistes sans signaler et sans commenter cette modification par rapport aux manuscrits originaux. G. F. Malipiero semble même avoir trouvé la preuve de ce retranchement. Dans le volume 315 qui contient le concerto pour hautbois RV 457, l'éditeur annonce que «di questo concerto esiste soltanto la parte dell'oboe solo, ciò conferma la convinzione che nei concerti per fiati solisti, questi non raddoppiarono gli archi nei 'Tutti'». Cependant, comme il sera montré dans la Troisième Partie, le manuscrit en question est un *manuscrit modifiant* et ne doit renfermer que les sections qui sont nouvelles par rapport au texte qu'il modifie, en l'occurence les solos du concerto, les tuttis étant dérivés d'un autre manuscrit (voir pp. 284ss).

Deux manuscrits suffiront pour démontrer que la pratique appliquée par Ricordi à partir du tome 214 va à l'encontre des intentions de Vivaldi. Du concerto pour hautbois RV 448, qui a été formé de la même manière que le RV 457, c'est-à-dire par le concours d'un manuscrit modifiant qui ne comporte que les solos, la partition complète non autographe révisée par Vivaldi contient les indications suivantes, inscrites à la portée des violons I: *Vnis^{ni} col hautbois* (premier mouvement, mes. 1–2), *Vt supra* (mes. 33), etc. Encore plus convainquante s'avère l'inscription que Vivaldi a ajoutée à la porté de la basse au début du manuscrit qui contient le concerto pour basson RV 466. Pour des raisons qui sont analysées dans la Troisième Partie (pp. 350ss), la disposition de la partition du tutti initial correspond à celle d'un concerto pour violon: trois clefs de sol, clef d'ut$_3$ et clef de fa. Si le basson devait réellement pauser dans ce tutti, Vivaldi ne se serait certainement pas donné la peine d'inscrire les mots *Basso e Fagotto,* désignant de manière à ne laisser aucun doute l'union de l'instrument soliste avec la basse continue. Pourtant, malgré cette indication claire, G. F. Malipiero a supprimé le basson en publiant le concerto, tome 274, et n'a pas mentionné qu'il s'agit d'un procédé qui s'oppose aux intentions de Vivaldi.

Quoi qu'il en soit, il est pourtant légitime, dans certaines circonstances, de poser la question qui nous préoccupe ici. Dans certains contextes l'union de l'instrument soliste à vent avec les ripiénistes cause en effet un déséquilibre sonore au sujet duquel les documents ne fournissent aucune explication. C'est notamment le cas lorsque les tuttis sont écrits en style contrapuntique qui présuppose justement l'égalité des parties. De l'exemple suivant qui reproduit les cinq mesures par lesquelles s'ouvre la partition autographe du troisième mouvement du concerto pour basson RV 500, on voit que Vivaldi a fait doubler la partie de basse continue par celle de l'instrument soliste:

RV 500, 3e mouvement, mes. 1–5:

Exemple 20

En l'occurence, cette instrumentation ne cause pas de déséquilibre grave étant donné que la basse continue d'avance a une sonorité complexe. Par contre, le même texte est plus problématique lorsqu'il se situe dans la mouture pour hautbois RV 463: ici, l'instrument soliste doit, suivant les règles générales, doubler la partie des violons I, laquelle obtient dans ce cas une prédominance notoire par rapport aux violons II. Etant donné que le compositeur n'a rien indiqué dans ses manuscrits au sujet de ce problème, nous sommes dans l'impossibilité de savoir s'il a réellement désiré cette instrumentation ou si, en vue d'une sonorité plus égale, le soliste doit pauser ou – ce qui n'est pas exclu – si un second hautbois doit renforcer les violons II.

La seconde question que soulève l'interprétation exacte des signes dont s'est servi Vivaldi concerne l'emploi de la clef de fa. Comme on l'a vu, cette clef ne se trouve pas exclusivement dans les parties des instruments graves, mais est au contraire souvent inscrite dans des contextes qui comportent des instruments qui sont normalement notés en clefs de sol et d'ut_3. Qu'il s'agisse de passages à l'unisson avec la basse ou d'accompagnement réduit, la notation en clef de fa des violons et des altos soulève la question de savoir à quelle octave les parties doivent se situer. Il est bien évident qu'une transposition est indispensable, mais plusieurs solutions semblent être possibles. Dans la partition autographe de l'air pour basse «Ami la donna imbelle» de *La Fida Ninfa* II, 6, par exemple, Vivaldi a noté l'unisson de l'orchestre suivant ses principes coutumiers:

Ami la donna imbelle, mes. 1–10

Exemple 21

En raison du fait que la partie de basse continue, exécutée par les violoncelles et les violones, comporte en soi l'intervalle d'une octave il n'est pas exclu que les violons doivent être situés à deux octaves de la basse. L'exemple suivant, dans lequel les parties de violons II et des altos sont réunies, présente ainsi l'une des solutions théoriquement possibles:

Exemple 22

Les parties séparées autographes des concertos de Vivaldi que l'on consulterait spontanément pour savoir comment il a lui-même réalisé ses intentions, sont peu instructives: le compositeur y a en effet conservé les clefs de fa dans les parties de violons et d'altos. Pourtant, il sera absolument inutile de chercher à défendre la solution proposée dans le dernier exemple, aussi intéressante qu'elle puisse paraître du point de vue de la sonorité orchestrale. Tout porte à croire, effectivement, que l'unisson doit être réalisé de telle sorte que les parties supérieures se situent aussi près que possible de la partie notée. Ceci est particulièrement évident lorsqu'il est question de l'accompagnement d'un soliste. Comme on peut s'en rendre compte en examinant les exemples cités plus haut, notamment les n°s 15 et 17, la transposition de deux octaves des violons de l'orchestre les porterait au même niveau que l'instrument soliste et même parfois au-delà de la partie de celui-ci. Que la réalisation des passages de tuttis à l'unisson doive être effectuée de la même manière se dégage d'une erreur d'écriture qui se trouve dans la partition autographe à Dresde du concerto RV 314; cette erreur, qui est décrite dans la Troisième Partie (p. 300), démontre en effet que les violons et les altos doivent jouer à l'unisson proprement dit, à l'intervalle d'une octave au-dessus de la basse. Il s'ensuit que la réalisation correcte de l'exemple cité plus haut doit être comme suit:

Exemple 23

4. PARTITIONS EXCEPTIONNELLES

Malgré les efforts fournis pour dresser un classement systématique des partitions de Vivaldi un certain nombre y échappent, n'étant de fait pas conformes aux habitudes graphiques du compositeur. Les raisons pour lesquelles il a parfois abandonné ses propres coutumes se perdent souvent dans l'obscurité, mais il serait injuste de ne pas en tenir compte; la notation inhabituelle d'une œuvre peut en effet être un indice important de la manière dont elle a été composée. Normalement, les partitions exceptionnelles ne donnent lieu à aucun doute au sujet de la détermination de l'ensemble instrumental et vocal qu'elles contiennent, les indications que Vivaldi y a inscrites étant le plus souvent très précises, mais quelques documents renferment des textes qui sont moins clairs. Aussi sera-t-il opportun de voir, sous le rapport des partitions exceptionnelles, quelques exemples de notation problématique et d'indications ambiguës.

Voyons toutefois pour commencer quelques partitions qui n'occasionnent aucune hésitation à cet égard. Contrairement à toutes les règles, Vivaldi a écrit la partition du concerto pour violon RV 231 en accolades à trois portées pour les deux mouvements vifs (le mouvement médian est noté normalement en accolades à deux portées, ne comportant que l'instrument soliste – désigné par *Solo* – et la basse continue). Dans les deux Allegros, la partition comprend, outre les portées des altos et de la basse continue désignées respectivement par les clefs d'ut_3 et de fa, une portée comportant à la fois la partie des ripiénistes et celle de l'instrument soliste, notées en clef de sol. Désignée devant la première accolade des deux mouvements en question par l'indication *Vnis^{ni}*, la portée contient à l'intérieur des mouvements les mots *Solo* et *Tutti*. La nature de l'instrument soliste est confirmée par les mots *Viol^{o} Principale* qui accompagnent une retouche dans le finale (voir p. 152). La composition est intitulée *Con^{to}*, et comme on le sait cette indication désigne à la fois les concertos pour orchestre sans soliste et les concertos pour violon. Il n'est pas exclu que Vivaldi ait commencé l'écriture de cette œuvre avec l'intention de composer un concerto pour orchestre, mais qu'il ait changé d'avis et en ait fait une œuvre pour violon et cordes. Comme on en verra dans la Troisième Partie quelques exemples ce genre de modifications effectuées au moment même de l'écriture d'une composition apparaît dans plusieurs partitions vivaldiennes.

Une autre partition qui est inhabituelle est celle du Largo du concerto en fa majeur pour basson RV 491. Au début du mouvement, en sol mineur, Vivaldi avait d'abord inscrit les deux clefs de sol aux portées supérieures, mais il les a corrigées en clefs d'ut$_1$:

RV 491, 2e mouvement, mes. 1–3:

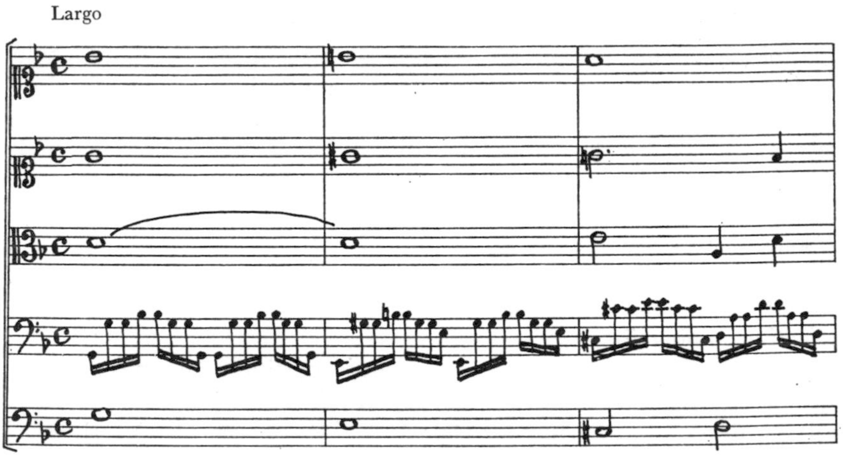

Exemple 24

Cette notation ne s'explique pas facilement, même si l'on tient compte du fait que le mouvement peut avoir été copié d'après une partition de musique vocale. La même série d'accords se retrouve en effet intégralement dans les diverses versions du *Magnificat* RV 610/610a/611, premier mouvement, et dans le *Kyrie* en double chœur RV 587, dont les exemples suivants communiquent le début de l'introduction instrumentale et les premières mesures du chœur (la partition de Vivaldi comprend pour ce mouvement 16 portées; signalons que la même substance harmonique se retrouve dans l'introduction lente du concerto *Madrigalesco* en ré mineur pour orchestre à cordes RV 129.)

Kyrie, RV 587, 1er mouvement, mes. 1–3 et 28–30

Exemple 25

On a vu plus haut, pp. 79s, un cas analogue de partition exceptionnellement notée en clefs d'ut: le concerto pour violoncelle RV 401 est réellement écrit d'une manière très inhabituelle. C'est par le même qualificatif que doit être désignée la façon dont Vivaldi a écrit les deux partitions autographes qui se trouvent dans le célèbre volume 2389/0/4 à Dresde. Celle du concerto pour viole d'amour et lut RV 540 comporte dans les tuttis la partie de viole d'amour à la troisième portée et celle du lut à la cinquième, c'est-à-dire à l'unisson avec la basse continue. Dans les solos, la viole d'amour conserve son emplacement alors que le lut se trouve à la quatrième portée, notée en clef de sol. Le mouvement lent de cette œuvre est par contre disposé normalement: les deux solistes, notés aux portées supérieures, sont accompagnés par les *Violini Soli,* notés en clef de fa. C'est inversement la partition du mouvement lent de la *Sinfonia* RV 149, contenue dans l'ultime manuscrit du volume, qui est inhabituelle. Tandis que les deux mouvements vifs sont à quatre parties et notés conformément à cet ensemble, l'Andante est à cinq parties: les violons sont divisés en quatre groupes – deux fois *Violini con l'arco* et deux fois *Violini Pizzicati* – et sont accompagnés par les *Violette e Violoncello Pizzicati Senza Cembali.*

Dans la musique vocale on trouve également plusieurs exemples de partitions qui ne sont pas conformes aux dispositions habituelles. Ainsi, celle de l'air pour soprano «Ti lascerei gl'affetti miei» de *Tito Manlio* III, 9, qui comporte deux parties de hautbois et une partie de basson s'ajoutant à l'orchestre à cordes, est disposée de telle sorte que les trois instruments à vent forment un véritable trio: le basson est exceptionnellement inscrit à la troisième portée, séparant les hautbois des deux parties de violon; normalement, comme on l'a vu, le basson aurait dû être situé entre la partie vocale et la basse continue. Singulière est également la partition de l'air pour contralto «In mezzo all'onte irato» de *Rosmira fedele* III, 3, dans laquelle les deux parties de cor sont inscrites entre celles des violons, première portée, et du soliste vocal, quatrième portée. Comme on le verra dans Troisième Partie (voir pp. 377–384), la nature spéciale de cet opéra soulève par principe la question de l'authenticité des mouvements individuels, même au sujet de ceux qui sont écrits par la main de Vivaldi, et la disposition de l'air en question peut être due à ce que le compositeur ait emprunté le mouvement à un opéra d'un autre auteur; il n'est ainsi pas exclu qu'il ait copié la partition d'après une source comportant la même disposition sans l'adapter à ses propres habitudes graphiques. De manière analogue s'explique éventuellement l'emplacement de la partie de cor dans l'air pour soprano «Nell'intimo del petto quel dolce», dont les deux partitions connues la situent entre les altos et la partie vocale et non pas à la portée supérieure. L'une se trouve dans le manuscrit partiellement autographe de *Farnace* I, 7 (Giordano 36) et est écrite par un copiste; l'autre, entièrement autographe, se trouve dans le manuscrit daté de 1738 et comporte l'indication suivante que Vivaldi peut-être a ajoutée personnellement dans le but d'obtenir un effet sonore qui n'était pas prévu par l'auteur de la composition: *Questro pedale del Corno non deue mai mancare* [;] *per tanto deuono suonare due Corni unissoni e sempre piano affine uno lascia prendere fiato all'altro.* Que Vivaldi effectivement ait parfois «amélioré» les compositions d'autres auteurs en les appropriant à son propre style sera démontré dans la Troisième Partie. D'autre part, la partition autographe de l'opéra *Farnace* de 1738 comporte un air avec deux cors, à savoir l'air pour ténor «Alle minaccie di fiera belva» (II, 2), dont la partition situe les parties des instruments à vent normalement, c'est-à-dire aux deux portées supérieures.

Parmi les partitions d'œuvres vocales dont la disposition exceptionnelle ne s'explique pas aisément, on peut citer l'air pour soprano «Qui mentre mormorando» de *La Virtù trionfante* II, 1 qui comporte deux portées de violons et une partie notée en clef de fa et désignée par *Violette e Viol°* *Soli*, inscrites au-dessus de la partie vocale; celle-ci est donc inscrite à la portée inférieure de chaque accolade. Il paraît étrange, de même, que Vivaldi ait conservé la disposition en accolades à trois portées dans l'air pour basse «Cor ritroso che non consente» de *La Fida Ninfa* I, 9. La portée supérieure, en clef de fa, ne comporte que les indications *Violini e Violette* plus le renvoi désignant l'unisson avec la basse continue. En effet, Vivaldi avait pu écrire cette partition en se servant de la variante a1 de l'orchestre (voir p. 142).

Il existe enfin un petit nombre de manuscrits autographes qui comportent des indications problématiques concernant l'instrumentation des parties individuelles de la partition. Quelques exemples suffiront pour démontrer la nature des problèmes qu'ils soulèvent.

La partition du *Laudate Pueri à Canto solo con Istromti* RV 601 contient, au début de la première accolade, l'indication *Violini / e / Hautbois*, inscrite à la hauteur de la portée supérieure. En général, une telle indication n'occasionne aucune hésitation, mais en l'occurence elle n'est pas très claire. D'un côté, le fait que l'indication soit inscrite à la hauteur de la portée supérieure et non pas de telle sorte qu'elle désigne explicitement les deux portées de violons, soulève la question de savoir si Vivaldi n'a voulu le dédoublement que des violons I ou si l'orchestre à cordes doit être amplifié par deux hautbois. Pour des raisons d'équilibre sonore cette dernière solution paraît naturellement être la plus vraisemblable. D'un autre côté, il est assez singulier que la partition ne renferme aucune autre inscription destinée à modifier ou à confirmer, directement ou indirectement, la présence des instruments à vent en question. Normalement, Vivaldi a varié la sonorité orchestrale des mouvements à l'intérieur d'une composition telle que le *Laudate Pueri:* les hautbois devraient donc pauser dans certains mouvements, mais le compositeur n'a rien inscrit dans le but de préciser les modifications éventuelles de l'instrumentation. L'unique exception est l'indication *Flauto / Trau:* désignant l'instrument soliste obligé dans le septième mouvement. Les parties de violons de certains mouvements sont d'autre part telles qu'elles ne peuvent pas être dédoublées par des hautbois, étant écrites dans un registre grave dépassant l'ambitus de cet instrument. Il est donc probable que le dédoublement ne soit prévu que pour le premier et pour le huitième mouvements: ce dernier est, suivant les habitudes stylistiques du compositeur, une version abrégée du mouvement initial et doit conséquemment comprendre le même ensemble instrumental. Il convient de signaler que l'édition publiée par Ricordi ne comporte les hautbois que dans le premier mouvement.

Malgré la présence d'indications apparemment très claires et détaillées, les intentions de Vivaldi ne sont nullement faciles à établir au sujet de l'air «Bel riposo dei mortali» de *Il Giustino* I, 4. La partition comprend cinq portées disposées de la manière suivante: les deux portées supérieures, désignées par les clef de sol, sont celles des *Violini, Flauti, e Hautbois,* indication inscrite entre les portées; la troisième est celle du soliste vocal, et les deux dernières, comportant chacune une clef de fa, sont désignées respectivement par *Violon^lo e Violette* et *Violone senza Cembali.* Le problème que soulève cette partition consiste à savoir comment Vivaldi a fait doubler les parties de violons par les instruments à vent cités: encore une fois, l'écriture est nettement conçue pour les violons et les parties ne peuvent pas être jouées intégralement par les flûtes et les hautbois. Il est évident que la transposition à l'octave supérieure est une solution possible, mais la partition ne comporte aucune indication permettant de déterminer si seuls les passages graves doivent être transposés ou si les parties des instruments à vent doivent être exécutées intégralement une octave au-dessus des violons[12].

Il ne paraît pas inutile de rappeler, enfin, sous le rapport des indications problématiques que les manuscrits de Vivaldi comportent parfois des désignations d'instruments dont l'identité n'a pas encore été déterminée avec certitude. Les problèmes que soulèvent les indications telles que *Salmoè, Flautino, Clarinet* ou *Viol^e all'Inglese* relèvent cependant avant tout de l'organographie et de la pratique musicale et n'entrent donc pas dans les cadres de l'étude des habitudes graphiques du compositeur. Aussi indispensables et intéressantes que soient les études de ces questions, elles ne pourront pas être soulevées dans le présent ouvrage.

C. LES PARTITIONS ABREGEES

Comme on a précédemment eu l'occasion d'en voir plusieurs exemples, Vivaldi a de manière générale, en écrivant ses partitions, exercé une certaine économie du travail ce dont témoigne en effet la présence des innombrables abréviations différentes, des réductions de la partition, etc. Ces procédés lui ont évité l'inconvéniant d'effectuer un travail d'écriture long et en somme inutile. C'est sans aucun doute dans la même perspective qu'il faut considérer le fait qu'il a négligé d'écrire, dans un très grand nombre de ses manuscrits, les partitions complètes de ses œuvres mais s'est au contraire contenté d'indiquer, par l'intermédiaire de divers signes, les sections par lesquelles les mouvements doivent être complétés.

Abstraction faite de la double barre de répétition l'abréviation la plus simple et la plus fréquente apparaît dans les airs des opéras, des cantates, des *serenate,* etc. Les partitions de ces mouvements – lesquels à l'exécution se composent de trois sections (ABA) – ne comprennent que les deux premières et s'achèvent par les lettres *D.C.* désignant la reprise, le *da capo,* de la section initiale. Cette indication et cette manière d'écrire l'air typique de l'époque sont en réalité si fréquentes, non seulement chez Vivaldi mais chez tous les compositeurs de son siècle, qu'elles ne méritent à peine d'être mentionnées. Pourtant, l'analyse critique des partitions vivaldiennes soulève un certain nombre de problèmes concernant justement l'établissement exact des sections qui constituent les reprises. Ces problèmes apparaissent tant dans les mouvements des concertos instrumentaux que dans les compositions vocales. Bien que le *da capo* historiquement soit le plus étroitement lié à ces dernières, le style musical des œuvres de Vivaldi oblige à envisager pour commencer les compositions instrumentales.

Il ne sera pas inutile de remarquer que très souvent les éditions modernes des œuvres Vivaldi, et notamment celles de Ricordi, comportent des erreurs à l'égard des reprises, erreurs qui remontent, semble-t-il, au fait que les problèmes que suscitent les manuscrits n'ont pas été analysés foncièrement au préalable. Pourtant, il ne sera pas nécessaire de préciser à chacun des exemples cités ci-après la solution qu'ont adoptée les éditeurs; quelques cas particulièrement instructifs suffiront pour démontrer cela.

1. LE MOUVEMENT DU CONCERTO INSTRUMENTAL

Pour comprendre à la fois les motifs de Vivaldi pour négliger d'inscrire toutes les sections des mouvements instrumentaux et la nature des problèmes que présentent à ce propos les manuscrits, il est indispensable de connaître les principes sur lesquels se fonde la construction formelle des mouvements en question. Quoique ces principes soient relativement bien connus, il ne semble pas inutile de les présenter brièvement ci-après par l'intermédiaire de l'analyse d'une composition typique. L'un des plus beaux exemples qui s'offrent à cet égard est le premier mouvement du concerto en ré mineur pour hautbois RV 454, dont la partition autographe se trouve dans le manuscrit Foà 32, fol. 41–50 (le premier mouvement, Allegro, est inscrit aux fol. 41r à 45r; voir planches 17 et 18).

Le mouvement se compose de cinq tuttis entre lesquels se situent quatre solos. Ceux-ci pourront être laissés hors de considération, étant sans importance pour l'étude de la question; c'est en effet exclusivement dans les tuttis que se développent les principes de construction qui nous préoccupent ici.

Le premier tutti, mes. 1–21, en ré mineur, se compose de quatre sections: mes. 1–7 qui, sur le rythme syncopé qui caractérise tout le mouvement, en accentue la tonalité par la cadence tonale (tonique-dominante-tonique); mes. 8–15 qui poursuit le même rythme mais présente de son côté une marche harmonique progressant par quintes (ré-sol-ut-fa-si bémol-mi-la-ré); mes. 16–18 qui se compose d'un bref motif chromatique descendant, répété à la quinte supérieure et suivi d'une simple formule de cadence; et mes. 19–21 qui est une répétition littérale de la section précédente. Ce tutti initial, dont la structure peut être désignée par les lettres ABCC, présente la substance musicale de laquelle se composent les autres tuttis du mouvement:

RV 454, 1e mouvement, partie de hautbois et violons I
Tutti I, mes. 1–22

Exemple 26

Le second tutti, en fa majeur, et le troisième, en la mineur, comprennent ainsi les sections A (abrégée) et C:

Tutti II, mes. 38–44

Exemple 27

Tutti III, mes. 62–68

Exemple 28

tandis que le quatrième, mes. 79–86, en ré mineur, reprend la marche harmonique de la section B (voir plus haut mes. 8–15) du tutti initial; le dernier tutti, mes. 109–120, qui suivant les règles est dans le ton principal du mouvement, se compose des sections B et C. Sous la forme d'un tableau le premier Allegro du concerto pour hautbois RV 454 se présente de la sorte:

Tutti I	ré mineur	mes.	1–21	ABCC
Solo I	ré mineur – fa majeur			
Tutti II	fa majeur	mes.	38–44	AC
Solo II	fa majeur – la mineur			
Tutti III	la mineur	mes.	62–68	AC
Solo III	la mineur – ré mineur			
Tutti IV	ré mineur	mes.	79–86	B
Solo IV	ré mineur			
Tutti V	ré mineur	mes.	109–120	BC

Ce principe fondamental de la construction des tuttis à l'intérieur des mouvements (tuttis II, III, etc.), principe qui a permis à Vivaldi de mettre particulièrement en valeur sa richesse d'imagination et son sens développé de la forme bien équilibrée, se trouve appliqué dans la grande majorité de ses concertos; et comme on le verra plus loin, il l'a même mis en œuvre pour la construction de l'air avec *da capo.*

Ce qu'il importe de remarquer ici, c'est le fait que, dans de nombreux mouvements instrumentaux, le tutti final ne se compose pas d'une reprise exacte et intégrale de la substance musicale exposée, au début, par l'orchestre, mais comporte fréquemment – comme dans l'exemple analysé – une sélection des sections dont se compose le premier tutti. Les innombrables aspects stylistiques de la forme du mouvement vivaldien n'ont pas encore été l'objet d'études et de descriptions détaillées, et les observations suivantes ne doivent point être regardées comme exhaustives; pourtant, on semble pouvoir affirmer que le dernier tutti d'un mouvement de concerto peut se rapporter au tutti initial de deux manières différentes, dont seulement la première permet l'écriture abrégée du mouvement:

1. la substance musicale du tutti final est la reprise de la dernière ou des dernières sections du premier tutti; c'est évidemment le cas lorsque les deux tuttis sont absolument identiques;
2. le dernier tutti présente la substance des dernières sections du tutti initial en une version plus ou moins variée ou comporte des sections (motifs, etc.) qui ne figurent pas dans le premier tutti.

Quoique les partitions qui appartiennent à la dernière catégorie n'entrent pas dans le sujet traité, puisque Vivaldi de toute évidence a dû en écrire toutes les sections sans abréviations ou *da capo,* il paraît utile de démontrer l'existence de mouvements dont le tutti final diffère du premier tutti. Il suffira de reproduire les parties de violon I de quelques mouvements de concertos:

RV 479, concerto pour basson, 1er mouvement
Tutti I, mes. 1–14

Exemple 29

Tutti VI, mes. 94–102

Exemple 30

Alors que les différences entre ces deux tuttis sont dues notamment à ce que Vivaldi a varié mélodiquement le passage commençant à la mes. 7 (cf. mes. 98–101), celles des exemples suivants sont plutôt d'ordre structural puisque l'ultime tutti comprend, avec d'insignifiantes modifications rythmiques à la fin, la reprise des mes. 1–4, 7–8, 26–28, 31–34 plus 33–34:

RV 296, concerto pour violon, 3e mouvement
Tutti I, mes. 1–34

Exemple 31

Tutti V, mes. 198–212

Exemple 32

Lorsque le premier tutti – contrairement à ceux des exemples précédents – s'achève par une modulation, la substance musicale est naturellement différente dans l'ultime tutti, celui-ci devant normalement se terminer par un accord sur la tonique:

RV 488, concerto pour basson, 3e mouvement
Tutti I, mes. 1–16 (le tutti s'achève par une cadence en ut majeur)

Exemple 33

Tutti V, mes. 132–139

Exemple 34

Comme ces trois exemples en témoignent, les différences ne sont pas très considérables, mais elles sont pourtant assez grandes pour exclure que Vivaldi ait pu omettre les derniers tuttis de ses partitions pour n'en indiquer la structure que par l'intermédiaire de renvois.

D'autre part, il serait injuste de déduire des observations précédentes et des exemples cités que Vivaldi ait toujours abrégé ses partitions lorsque la substance musicale du tutti final est identique à celle du premier tutti. Un exemple suffira pour démontrer qu'il n'en est pas ainsi: la partition autographe du premier Allegro du concerto pour violon en si bémol majeur RV 362, intitulé *La Caccia,* s'achève, mes. 150–162, par la reprise exacte des mes. 19–30 qui terminent le premier tutti. Suivant les procédés qui seront décrits plus bas le compositeur aurait donc pu interrompre la partition dès la mes. 149 et indiquer le *da capo* des mesures qu'il avait déjà écrites plus haut. – La partition du premier mouvement du concerto pour violon RV 261 donne lieu, à ce propos, à une observation intéressante qui s'oppose à l'exemple du concerto *La Caccia:* arrivé à la fin du dernier solo qui s'achève à la mes. 99, Vivaldi a commencé l'écriture du tutti final, mais comme celui-ci sans doute devait être identique a premier tutti, mes. 1–12, il s'est arrêté à la quatrième mesure, a rayé ce qu'il en avait écrit et a ajouté l'indication de *da capo*.

Contrairement aux indications que Vivaldi a inscrites à la fin des airs avec *da capo,* lesquelles ne comprennent souvent que les lettres *D. C.,* celles qui se trouvent à la fin des mouvements instrumentaux comportent en règle générale un complément quelconque destiné à préciser la ou, le cas échéant, les limites de la section à reprendre. Etant donné que ces compléments correspondent à des signes spéciaux que le compositeur a inscrits dans le tutti initial, il semble justifié de les désigner comme des *renvois,* terme qui a été adopté pour la description des manuscrits dans le *Répertoire*.

La reprise la plus simple à tous les points de vue se compose du premier tutti intégral. Pour ce genre de *da capo,* Vivaldi a indiqué *D. C. Sino al Segno* 𝄐. Le point d'orgue, marquant la fin de la reprise, est normalement inscrit sur les notes de l'accord qui achève le premier tutti et qui enchaîne le premier solo. Parmi les innombrables exemples de ce procédé on peut citer le premier Allegro du concerto pour basson RV 477 dont quelques pages sont reproduites aux planches 24 et 25. Au premier accord de la mes. 12 (planche 24) Vivaldi a inscrit les points d'orgue au dessus de chaque portée, indiquant de la sorte la fin du mouvement. La partition de celui-ci s'achève en effet à la fin du dernier solo, mes. 60 (planche 25), à la suite duquel on lit l'indication citée plus haut.

La reprise qui se compose par contre d'une partie du tutti initial est désignée par l'indication *D. C. al Segno* 𝄋 *Sino al Segno* 𝄐, les deux signes marquant respectivement le début et la fin de la section qui doit compléter le mouvement. Encore une fois un seul exemple, choisi parmi les innombrables partitions qui comportent cette indication, doit suffire pour démontrer ce procédé d'abréviation. Le premier mouvement du concerto pour basson RV 475 renferme ainsi, comme le montrent les planches 19 à 21, le signe inscrit aux cinq portées entre les mes. 6 et 7, et les points d'orgue situés à la mes. 17. Ces signes correspondent à l'indication que Vivaldi a inscrite à la fin de la partition incomplètement écrite.

Abstraction faite des cas de doute et de quelques indications exceptionnelles dont il sera question plus loin, les manuscrits autographes des œuvres instrumentales de Vivaldi ne contiennent pas d'autres indications de *da capo,* à une seule exception près, que les deux qui ont été signalées. L'unique exception à cette règle mérite pour plusieurs raisons une attention particulière: non seulement il s'agit d'un procédé extraordinaire, mais la partition en question permettra en outre de tirer des conclusions importantes au sujet des manuscrits des compositions vocales. La partition qui contient le concerto pour violoncelle RV 410 renferme à la fin du premier Allegro l'indication:

Scrivete D. C. poi da un ⁂ si passa all'altra ⁂ sino al Segno 𝄐 , laquelle répond en effet aux signes que Vivaldi a inscrits, dans le tutti initial, entre les mes. 3/4 et 16/17. Le tutti final de ce mouvement se compose donc des mes. 1–3 suivies des mes. 17–21:

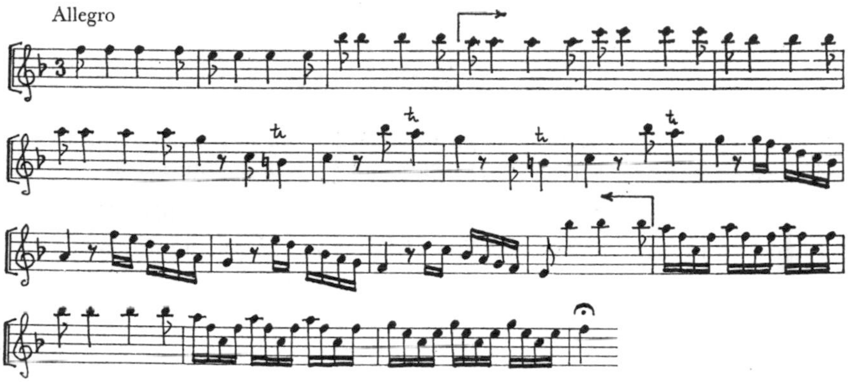

Exemple 35

De manière générale, les indications de *da capo* et les renvois correspondants sont assez clairs pour permettre l'établissement exact des intentions du compositeur, mais la motivation principale d'analyser spécialement cette question relève du fait qu'un certain nombre de manuscrits soulèvent quelques problèmes importants auxquels il sera toutefois, selon toute vraisemblance, difficile de trouver une solution générale qui puisse être regardée comme authentique. Méthodologiquement, ces problèmes se divisent en deux groupes: les uns soulèvent diverses questions concernant notamment le dessin rythmique de l'enchaînement à la reprise; les autres, d'origine différente, remontent à un désaccord entre les signes inscrits dans le tutti initial et les indications de *da capo* inscrites à la fin des mêmes mouvements.

a. L'enchaînement de la reprise

En raison de la nature particulière des partitions dont il est question ici, il est important d'étudier la manière dont se présente exactement l'enchaînement de la fin du dernier solo au début du tutti final. Cette question soulève à la vérité de nombreux problèmes au sujet de l'établissement des textes authentiques, conformes aux intentions du compositeur, problèmes qui sont dus au fait qu'il n'est souvent pas facile de déterminer comment l'enchaînement doit être réalisé en conservant inaltérée la mesure du mouvement. L'exposé de cette question doit logiquement commencer par la présentation de quelques exemples de partitions qui ne donnent lieu à aucune hésitation. Pour des raisons qui seront développées au passage ces exemples sont choisis parmi les mouvements qui sont écrits à la mesure de $\frac{4}{4}$, $\frac{12}{8}$, etc., tandis que les mesures de $\frac{3}{8}$ et de $\frac{2}{4}$ sont omises de propos délibéré.

Pour chaque partition analysée seront communiqués deux ou trois exemples musicaux reproduisant respectivement l'ultime mesure intégrale de la partition telle que Vivaldi l'a écrite (A), la mesure complète du premier tutti par laquelle (ou par une section de laquelle) commence le tutti final (B) et, suivant les besoins, l'enchaînement des deux, tel qu'il doit être exécuté (C). La ligne en pointillé des exemples désignés par B indique l'endroit où se situe, dans le manuscrit, l'indication ※ dans le tutti initial.

Le premier Allegro du concerto pour basson RV 474 s'achève à la mes. 70 (A), suivie de l'indication *D. C. Sino al Segno* 𝄐 ce qui signifie la reprise du tutti initial à partir de la mes. 1 (B); les deux mesures doivent donc se suivre:

Exemple 36

Il en est de même pour l'Allegro molto du concerto pour violon RV 303, où la reprise commence toutefois à la mes. 12 du premier tutti:

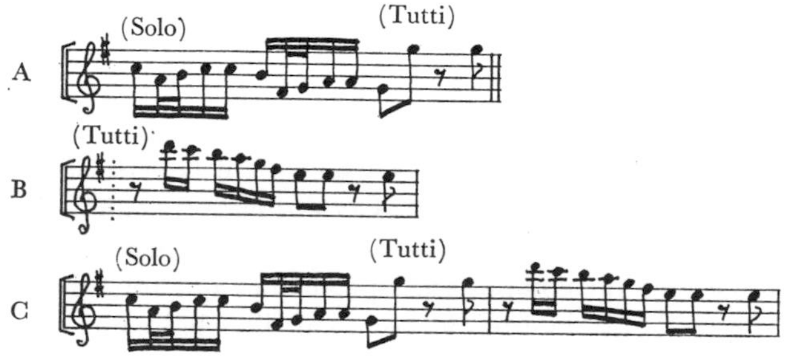

Exemple 37

et pour le premier Allegro du concerto pour violon RV 325 qui s'achève, mes. 101, non pas par le solo mais par deux mesures de tutti qui s'enchaînent avec la mes. 11 du premier tutti:

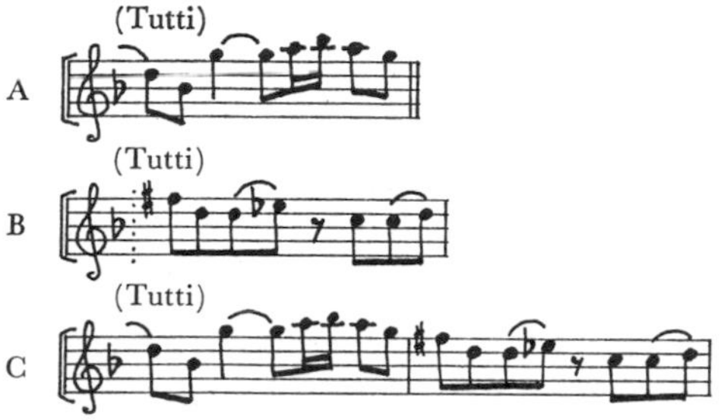

Exemple 38

Ces exemples sont normaux en ce sens que les partitions s'achèvent par une mesure à quatre temps et que le tutti final commence aussi, conséquemment, par une mesure intégrale. A la vérité, une telle régularité n'apparaît cependant que très rarement. Souvent, en effet, la dernière mesure du solo est incomplète, ne comprenant que deux au trois temps; par contre, la mesure initiale du tutti qui doit la suivre est réduite à ne comprendre que le nombre de temps qui, ajoutés à ceux de l'ultime mesure, résultent en une mesure complète.

C'est ainsi que le premier mouvement du concerto pour orchestre à cordes RV 166 s'achève par une mesure à deux temps qui doit être suivie de la seconde moitié de la mes. 7:

Exemple 39

Dans les mouvements écrits aux mesures de $\frac{6}{8}$ et de $\frac{12}{8}$, Vivaldi a appliqué les mêmes procédés, ce dont témoignent l'Allegro molto du concerto inachevé pour basson RV 468, mes. 93 et 6:

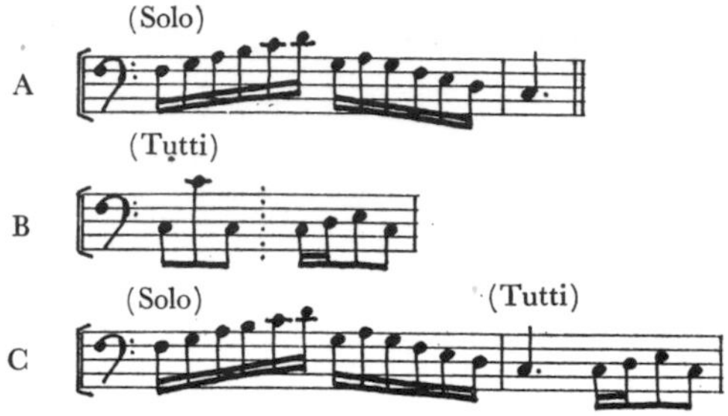

Exemple 40

et le Larghetto en $\frac{12}{8}$ du concerto pour violon RV 211, mes. 27 et 9:

Exemple 41

Que l'ultime mesure puisse se composer d'un ou de trois temps et être complétée par le nombre de temps équivalent dans la reprise se dégage, par exemple, du concerto pour violon RV 312 dont la partition du premier mouvement contient les textes suivants, mes. 75 et 3:

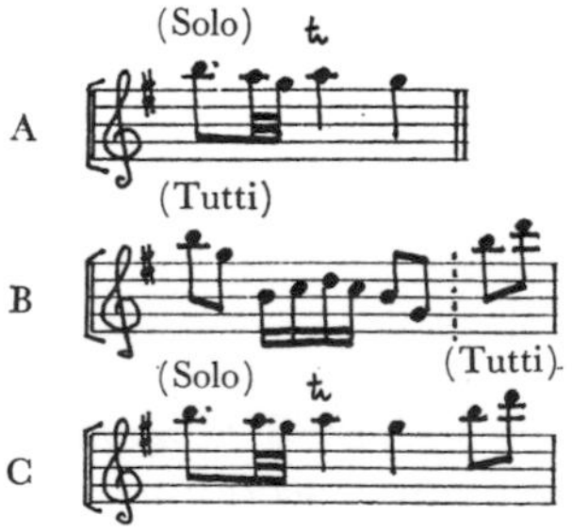

Exemple 42

et du concerto pour flûte traversière RV 427 où l'on trouve aux mes. 70 et 5 du mouvement initial l'application du même procédé:

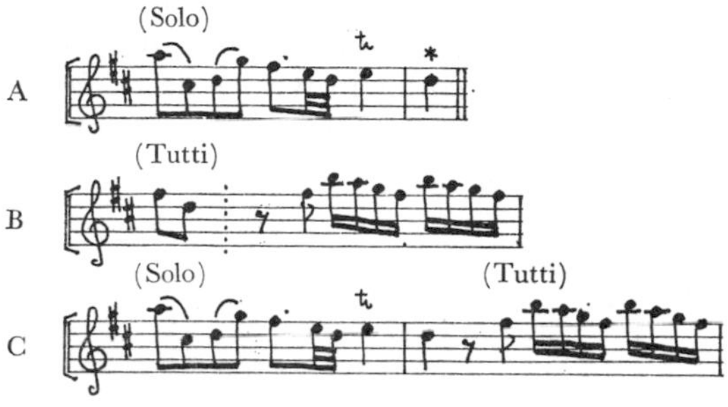

Exemple 43

Parfois il y a lieu d'ajouter les silences que Vivaldi a négligé d'inscrire mais qui sont nécessaires pour compléter la mesure d'enchaînement; c'est notamment le cas lorsque la reprise comprend le premier tutti intégral et que celui-ci commence par une anacrouse de valeur brève, comme par exemple dans le premier mouvement du concerto pour hautbois RV 461, mes. 62 et 1:

Exemple 44

ou dans le finale du concerto pour hautbois RV 451, mes. 56 et 1:

Exemple 45

Les petites lacunes de ce genre ne posent en général aucun problème, mais dès qu'elles atteignent la valeur d'une noire, les difficultés s'imposent. En partant du principe démontré dans les deux exemples précédents il paraît logique d'ajouter un soupir à l'ultime mesure du premier Allegro du concerto pour hautbois RV 447 de telle sorte qu'elle s'accorde au rythme de la seconde moitié de la mes. 6 où Vivaldi a indiqué la reprise à partir du troisième temps:

Exemple 46

mais cette solution, reproduite dans l'exemple C, qui a été adoptée dans l'édition de Ricordi du concerto (tome 216), paraît incorrecte; elle ne répond en effet pas aux procédés que Vivaldi semble avoir appliqués lui-même et suivant lesquels l'enchaînement doit se produire sans interruption, c'est-à-dire conformément aux enchaînements des solos I et II aux tuttis II et III, mes. 40 et 68–69:

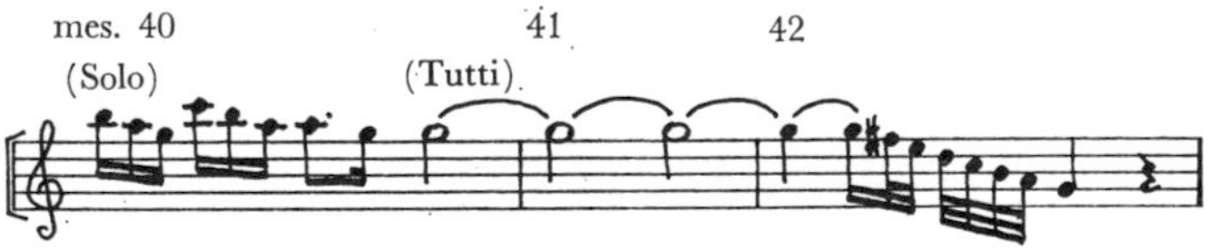

Exemple 47

Exemple 48

Pour ce qui concerne le tutti final, ce procédé implique automatiquement soit l'existence d'une mesure à deux temps comprenant la première blanche du tutti:

Exemple 49

soit un décalage du mouvement rythmique par rapport à celui du premier tutti, les premiers temps devant prendre la place des troisièmes temps et *vice versa:*

Exemple 50

Comme il a déjà été signalé plus haut, on trouve assez fréquemment, dans les partitions vivaldiennes, des mesures à deux temps en plein milieu des mouvements en $\frac{4}{4}$, mais aucun document, jusqu'à plus ample informé, n'a été retrouvé qui permette de conclure que ce procédé ait été appliqué par le compositeur lui-même pour l'enchaînement du tutti final. Par contre, qu'il ait lui-même proposé le décalage de la mesure est un fait qui se voit confirmé non seulement par l'existence de nombreux tuttis à l'intérieur des mouvements qui se présentent de manière analogue – comparer ainsi les exemples 47 et 54B – mais encore par les exemples que fournissent les deux manuscrits autographes qui existent du concerto pour violon RV 372. Ce qui rend ces documents particulièrement utiles en l'occurence, c'est le fait qu'il s'agit d'une partition et d'un ensemble de parties séparées copiées par Vivaldi personnellement.

Dans la partition, Foà 30, fol. 2–11, le mouvement initial comporte les textes suivants, mes. 105 et 12, dont l'enchaînement, de toute évidence, ne se produit pas avec la même facilité que pour les compositions citées plus haut. Il sera utile de reproduire, pour ce concerto, les partitions complètes des mesures en question:

A

B

Exemple 51

Dans l'autre manuscrit, Giordano 29, fol. 1–11, en parties séparées, Vivaldi a écrit la fin de la partie de violon principal conformément à la partition, c'est-à-dire jusqu'à la dernière mesure de l'ultimo solo, laquelle est suivie de l'indication *D. C. al Segno* ※ *sino al Segno* 𝄐 *Poi segue.* Par contre, les parties d'accompagnement comprennent le mouvement intégralement, ce qui nous permet de prendre connaissance des intentions du compositeur et de constater que l'accompagnement, à l'endroit même de l'enchaînement, a été légèrement modifié. Mises en partition, les cinq parties de la mesure d'enchaînement et la première mesure du tutti final se présentent de la sorte:

Exemple 52

(L'édition de Ricordi du concerto, tome 284, est basée sur la partition et reproduit le tutti final avec le décalage du mouvement rythmique (mes. 106–109); par contre, les notes ajoutées à l'accompagnement par Vivaldi, lesquelles ne figurent que dans l'autre manuscrit, n'y sont pas communiquées.)

L'indication que Vivaldi a inscrite à la fin du premier Allegro du concerto pour flûte à bec RV 442 est à ce propos intéressante: au dessus de l'inscription *D. C. sino al Segno* 𝄐 il a ajouté les mots *Scrivete in battuta.* Il y a donc lieu de supposer que l'enchaînement que propose l'édition de Le Cene, concerto pour flûte traversière RV 434, op. 10 n° 5, impliquant à la fois l'adjonction d'un demi-soupir et le décalage du mouvement rythmique soit conforme aux intentions de Vivaldi:

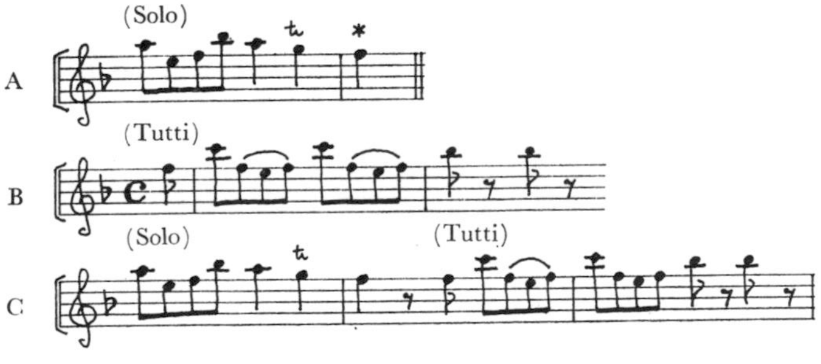

Exemple 53

(Comme il a été signalé plus haut, p. 90, l'édition de Ricordi, tome 46, fondée sur la partition autographe, comporte un texte incorrect: l'enchaînement par l'intermédiaire d'une mesure à deux temps n'est manifestement pas la solution exacte.)

De la confrontation des exemples 43, 46 et 53 se dégage nettement la différence foncière qui existe entre les notes désignées par un astérisque (dernières notes des exemples A). Dans les exemples 43 et 53 il s'agit visiblement d'une note appartenant au texte musical, tandis qu'elle est supprimée dans le troisième cas, du moins lorsque l'enchaînement est réalisé comme il est suggéré dans l'exemple 50. Bien que la documentation actuellement connue du concerto en question ne permette pas d'en prouver l'authenticité, la solution se voit cependant étayée non seulement par les exemples cités du décalage rythmique du tutti final, mais aussi par l'existence d'un nombre très élevé, dans les partitions de Vivaldi, de notes qui ont exactement la même fonction que celles de l'exemple 46 et qui doivent donc être supprimées du texte musical. En vérité, celles des exemples 43 et 53 semblent être sinon exceptionnelles, tout au moins présenter quelques-uns des rares cas où elles font partie du mouvement. Normalement, en effet, la fin des solos n'est pas notée de la manière qui a été démontrée dans les exemples 36 à 42, mais comporte le plus souvent, à la suite de l'ultime note du solo, encore une note ou un accord destinés à marquer le raccord. (Bien qu'il s'agisse en général d'un *accord,* il est préférable, semble-t-il, d'employer en français, pour des raisons de style, le terme de *notes de raccord.)* Il suffira, pour démontrer l'existence et la fonction de ces raccords, d'analyser deux au trois exemples instructifs.

Le concerto pour hautbois RV 448 (dont la formation très particulière sera développée dans la Troisième Partie, pp. 284ss) remonte – par l'intermédiaire du concerto pour basson RV 470 – au concerto cité plus haut, RV 447 (exemples 46 et 53). Ainsi, les tuttis du premier mouvement des trois œuvres sont identiques à l'exception du tutti final: alors que celui du RV 447 est la reprise partielle du premier tutti, celui des deux autres moutures comprend le tutti initial en entier, ce que confirment les indications identiques que Vivaldi a inscrites à la fin des derniers solos: *D. C. sino al Segno* 𝄐 (Foà 32, fol. 299v [RV 448] et fol. 304r [RV 470]). Le solo du hautbois s'achève cependant par une note qui ne peut être qu'une note de raccord, désignant – à l'instar d'un guidon – la note qui doit suivre:

Exemple 54

De son côté, la partition du concerto pour basson présente les textes suivants, résultant logiquement en l'enchaînement signalé dans l'exemple C:

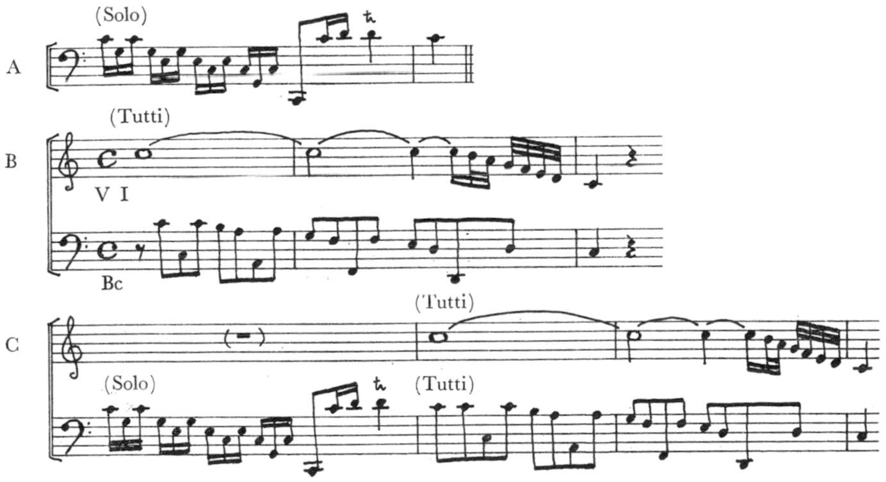

Exemple 55

D'autre part, le concerto pour flûte traversière RV 436 présente à la fin du premier mouvement une mesure de trois temps qui est suivie de la seconde moitié de la mes. 13. Les deux manuscrits non autographes qui existent de ce concerto – déposés à Berlin et à Stockholm[13] – confirment que l'ultime note du solo est une note de raccord, l'enchaînement se produisant comme il est montré en C:

Exemple 56

La partition du concerto pour violon RV 278 renferme enfin un exemple intéressant du même procédé: alors que la partie de violon principal comprend, à l'ultime mesure, trois temps, celles de l'accompagnement – dont seule la partie des violons I est reproduite ci-après – n'en ont que deux:

Exemple 57

Alors que les notes de raccord présentées plus haut, à l'exception de celle de l'exemple 46, n'ont apparemment donné lieu à aucun problème, l'une des principales difficultés que soulèvent les manuscrits de Vivaldi au sujet de l'enchaînement du *da capo* concerne justement l'interprétation de l'ultime note de la partition. Ces difficultés sont dues au fait que Vivaldi a eu l'habitude d'écrire les notes de raccord, quelle que soit la mesure du mouvement, comme une *noire*. Elles n'ont donc en principe que la fonction de fixer la hauteur des tons par lesquels commence le dernier tutti, mais non pas celle d'en marquer la durée. Ceci provoque, de toute évidence, des problèmes à l'égard des mouvements en $\frac{3}{8}$ et en $\frac{2}{4}$ qui ont été laissés hors de considération jusqu'ici.

Au sujet de ces mouvements, pour lesquels le décalage du mouvement rythmique ne peut naturellement pas être effectué, la question est de savoir si l'ultime note doit être regardée comme une note de raccord et donc être supprimée, ou si elle doit faire partie du texte musical et, suivant les cas, être complétée par l'addition d'un demi-soupir ou d'un soupir afin de former une mesure complète:

$\frac{3}{8}$  et $\frac{2}{4}$ 

Signalons toutefois que, parmi les mouvements ayant ces mesures, certaines partitions ne donnent lieu à aucune hésitation, ce que pourront démontrer les quelques cas suivants.

La fin du troisième mouvement du concerto pour basson RV 492 est notée comme une noire pointée tant dans la partie de soliste qu'à celle de la basse continue, si bien qu'il s'agit sans aucun doute possible d'une mesure complète et non pas d'une note de raccord:

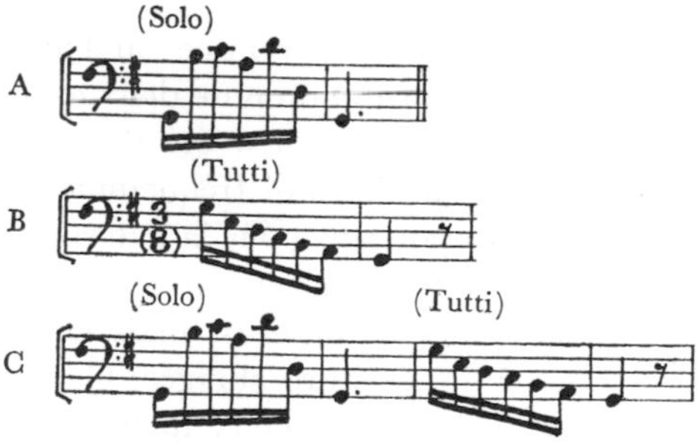

Exemple 58

Lorsque la reprise commence par une anacrouse, l'enchaînement ne pose pas non plus de problèmes, comme le montre par exemple le premier Allegro du concerto pour viole d'amour et lut RV 540 où Vivaldi a complété la dernière mesure en ajoutant à la basse un demi-soupir:

Exemple 59

Bien que ces exemples eussent facilement pu être complétés par d'autres cas analogues, il faut souligner toutefois que, normalement, dans les mouvements en $\frac{3}{8}$ et $\frac{2}{4}$, l'ultime note est une noire simple et que le *da capo* commence par une mesure intégrale. Que l'enchaînement constitue dans ces cas un réel problème, que l'ultime note, autrement dit, puisse assumer l'une ou l'autre des fonctions signalées, peut être démontré par la confrontation de deux exemples qui pour plusieurs raisons sont intéressants. Comme il a été démontré dans la Première Partie, les nombres de mesures que Vivaldi fréquemment a inscrits à la fin des mouvements sont des indices importants pour la détermination de l'intégralité des partitions, mais ils sont utiles en cette fonction non seulement pour ce qui concerne l'état matériel des manuscrits, mais encore pour l'établissement des textes qui sont transmis en écriture abrégée. Ce sont ainsi les nombres de mesures que l'on trouve à la fin de deux mouvements en $\frac{2}{4}$ qui obligent à soulever la question de la fonction exacte des ultimes notes des partitions.

Le dernier mouvement, Allegro, du concerto pour violon RV 330 s'achève à la mes. 141 de la partition; elle est suivie d'un accord de deux noires inscrites à la portée du violon principal et à la partie des violons I qui contiennent l'accompagnement à l'unisson des violons et des altos. La reprise commence par la mes. 11 du tutti initial, sans anacrouse. En raison du fait que les violons de l'orchestre accompagnent le soliste jusqu'à l'ultime note, il paraît musicalement logique de regarder celle-ci comme une partie du texte musical et d'y ajouter en conséquence un soupir; c'est ainsi que se produit l'enchaînement dans l'édition de Ricordi, tome 92. Cependant, Vivaldi a inscrit, à la fin du mouvement, le nombre de mesures: *141,* qui s'oppose à une telle solution. L'ultime note doit donc être une note de raccord et doit être supprimée de sorte que l'enchaînement se produise comme en C:

Exemple 60

Le premier mouvement du concerto pour hautbois et basson RV 545, Andante molto, s'achève de son côté à la mes. 129 qui est suivie d'une noire inscrite aux deux portées des instruments solistes. Le *da capo* comprend ici le tutti initial complet, mes. 1–24, et puisque les premières notes de celui-ci sont identiques aux ultimes notes du solo, il y a lieu de supposer, d'un point de vue musical, que ce sont des notes de raccord à supprimer; encore une fois c'est la solution proposée par l'édition de Ricordi, tome 280. Toutefois, le nombre inscrit à la fin du mouvement, 130, semble indiquer qu'il s'agit au contraire d'une mesure individuelle qui doit donc être complétée par un soupir:

Exemple 61

Il est vrai que les nombres de mesures inscrits à la fin des mouvements ne sont pas des indications auxquelles on peut avoir une confiance la plus absolue – un mécompte de la part de Vivaldi ne doit pas ainsi être laissé hors de considération – mais la question est de savoir dans lequel des deux manuscrits Vivaldi se serait trompé ou s'il y a erreur dans les deux documents[14].

La documentation actuellement connue est étrangement pauvre en sources permettant d'établir avec certitude comment Vivaldi lui-même a considéré ces enchaînements: en effet, sur un total d'environ 50 mouvements en $\frac{3}{8}$ et $\frac{2}{4}$ qui se terminent par une noire précédant le *da capo*, la fonction exacte de celle-ci ne peut être déterminée sûrement que pour 7–8 partitions. Celles-ci sont par contre d'autant plus importantes et intéressantes qu'elles impliquent toutes que la noire en question est une indication du raccord et ne fait donc pas partie du texte musical proprement dit.

Il existe ainsi à Turin quatre manuscrits autographes et un manuscrit non autographe dans lesquels Vivaldi a inscrit les nombres des mesures à la fin des mouvements qui nous préoccupent ici, mais pour lesquels – contrairement aux exemples précédents – il a inclu les mesures du *da capo*. Ce sont les partitions des concertos pour violon RV 171, 1er mouvement, RV 258 et 350, 3e mouvement, le concerto pour violoncelle RV 403, 3e mouvement, qui se trouve dans un manuscrit non autographe, et le concerto pour violon, hautbois et orgue (ou violon, violoncelle et orgue) RV 554/554a, 3e mouvement. Pour chacune de ces partitions, la vérification des nombres de mesures donne comme résultat le retranchement de l'ultime note qui ne peut donc pas entrer dans une mesure individuelle mais doit assumer la fonction d'indiquer le raccord.

Pour trois partitions le même résultat se dégage de la confrontation des manuscrits autographes en question et des copies qui existent des mêmes œuvres: concertos pour violon RV 372, 3e mouvement (Foà 30, fol. 2–11 en partition et Giordano 29, fol. 1–11 en parties séparées autographes), et pour flûte traversière RV 436, 3e mouvement (deux manuscrits non autographes en parties séparées à Berlin et à Stockholm); enfin, le concerto pour deux violons RV 523, 3e mouvement, se retrouve en parties séparées non autographes à Paris, mais pour cette œuvre l'enchaînement ne pose aucun problème, car le mouvement en question s'achève dans le manuscrit autographe à Turin par une section de tutti dont il paraît peu raisonnable d'interrompre le mouvement rythmique par l'insération d'une pause générale. (Pour mémoire il convient de noter que les copies en parties séparées des concertos pour violon RV 271, 3e mouvement, 10e concerto du recueil manuscrit autographe intitulé *La Cetra,* et RV 367, 3e mouvement, Giordano 34, fol. 103–110, manuscrit partiellement autographe, n'ont aucune valeur pour l'étude de la question: ces copies reproduisent en effet exactement les abréviations que l'on trouve dans les partitions des mêmes compositions.)

S'il faut en juger d'après ces quelques documents, Vivaldi paraît donc lui-même avoir regardé l'ultime note de ses partitions comme une indication du raccord, si bien que la solution proposée dans l'exemple 61C, malgré le nombre de mesures indiqué, doit être considérée comme inexacte. Cependant, même si on semble ainsi pouvoir formuler une règle générale s'appliquant à tous les mouvements où la reprise commence sans anacrouse – quelle qu'en soit par ailleurs la mesure – certain manuscrits soulèvent pourtant quelques problèmes d'interprétation.

C'est ainsi que la partition du concerto pour basson RV 497 – dont chacun des trois mouvements en $\frac{3}{8}$, $\frac{3}{8}$ et $\frac{2}{4}$ s'achève par une noire suivie de l'indication de *da capo* – présente un cas particulièrement compliqué. Entre les mes. 166 et 167 et après l'ultime note de la partition du premier Allegro Vivaldi a inscrit les signes désignant la répétition de la section:

Exemple 62

La présence de ce signe inscrit *après* l'ultime note pourrait indiquer qu'il ne s'agit pas, exceptionnellement, d'une note de raccord mais qu'elle doit être complétée par un demi-soupir afin de former deux mesures individuelles:

Exemple 63

Cette solution a en partie été adoptée dans le volume 72 de l'édition de Ricordi (la répétition des mesures en question n'a pas été effectuée, la signification des signes étant mise en doute), mais la question est de savoir si elle est conforme aux intentions de Vivaldi. En effet, deux autres solutions sont possibles: d'une part, il se peut que l'ultime noire doive former une mesure individuelle avant la répétition mais être supprimée à l'enchaînement avec le tutti final, mais d'autre part il n'est pas exclu que Vivaldi l'ait considérée comme une indication marquant le raccord à la fois à la répétition des mes. 167–169 et au tutti final:

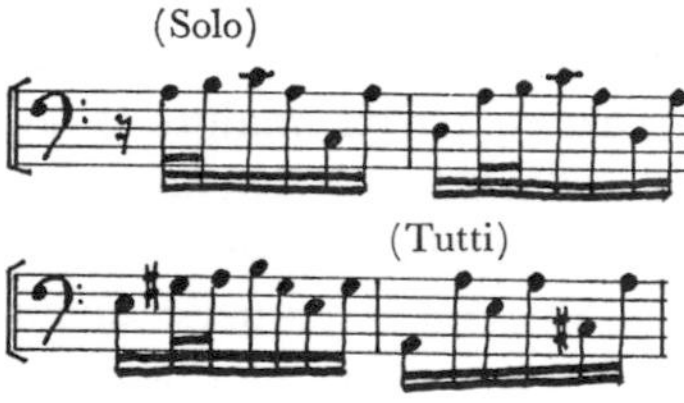

Exemple 64

(Voir en outre p. 245)

Bien que le présent exposé se limite en principe à l'étude des manuscrits autographes de Vivaldi il paraît opportun de signaler que les problèmes concernant l'enchaînement du tutti final et les notes de raccord apparaissent également au sujet des documents non autographes. Un exemple particulièrement intéressant suffira pour démontrer la nécessité de soumettre chaque document à une analyse critique envisagée spécialement sous le rapport des habitudes graphiques du compositeur.

Il a déjà été démontré ailleurs que l'édition de Le Cene des 12 concertos de l'op. 9, recueil intitulé *La Cetra,* renferme plusieurs erreurs remontant vraisemblablement à une interprétation inexacte, de la part de l'éditeur, des indications de Vivaldi. Malheureusement, nous ne possédons que la source gravée du 9e concerto du recueil, RV 530 pour deux violons, mais il y a lieu de supposer que Vivaldi ait écrit la partition du premier mouvement suivant ses habitudes, c'est-à-dire jusqu'à la fin du dernier solo, et qu'il y ait ajouté l'indication *D. C. sino al Segno* 𝄐 : le tutti final est en effet identique au premier tutti. Dans l'édition, l'enchaînement, mes. 78 et 79, du dernier solo au dernier tutti se présente la sorte:

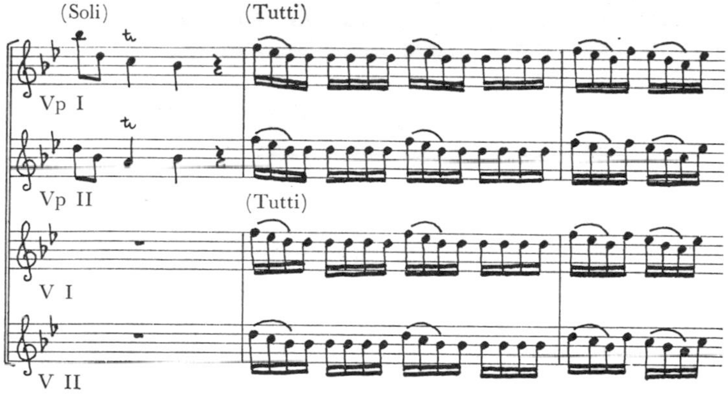

Exemple 65

mais la question est de savoir si l'ultime note du solo est une note de raccord que Le Cene aurait dû supprimer de telle sorte que l'enchaînement se produise, par analogie à l'enchaînement du premier solo au second tutti, mes. 26 et 27:

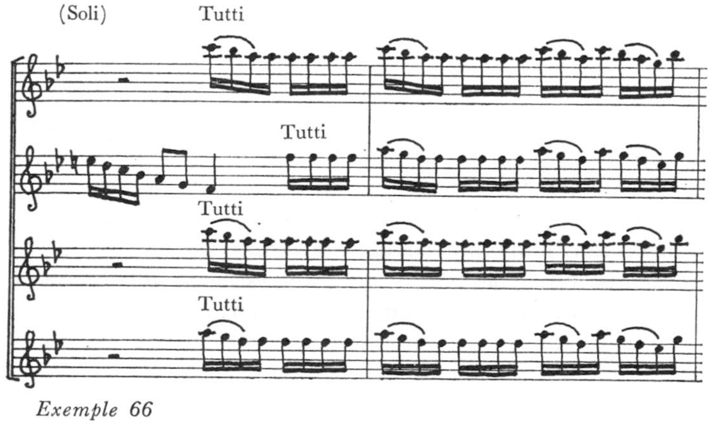

Exemple 66

sans l'intermédiaire d'un soupir et avec le décalage du mouvement rythmique:

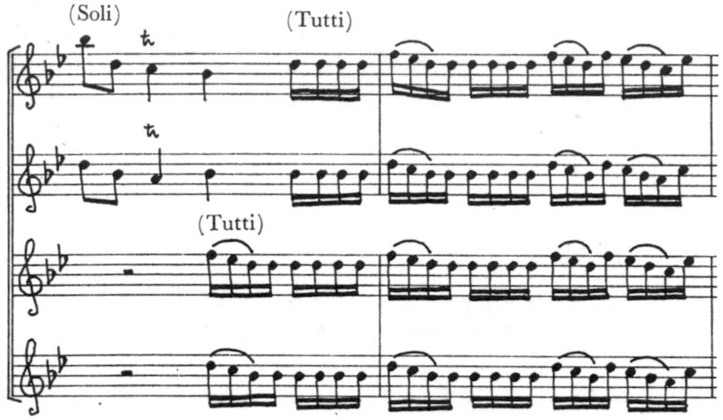

Exemple 67

Comme on l'a vu plus haut, le violon principal II doit sans aucun doute possible s'unir aux violons II de l'orchestre dans les tuttis; les textes des deux exemples précédents diffèrent donc pour plusieurs raisons de la source du concerto mais paraîssent plus conformes aux intentions de Vivaldi[15].

b. Indications de reprise inexactes

Le rétablissement exact de la reprise, conformément aux indications du compositeur, se heurte pour certaines partitions à des obstacles de nature différente de ceux qui ont été analysés précédemment. Il est question notamment des discordances qui sont dues le plus souvent au fait que Vivaldi a négligé d'inscrire l'une ou l'autre des indications qui marquent la manière dont se présente la fin du mouvement.

Quelques partitions s'achèvent par les seules doubles barres inscrites à la fin du dernier solo, c'est-à-dire sans indication de *da capo,* ce qui dénoterait évidemment une structure inhabituelle des mouvements. Vivaldi a très vraisemblablement oublié de prescrire la reprise du tutti initial, supposition qu'étaient les signes qu'il a inscrits pour en marquer le début. C'est ainsi que le premier mouvement du concerto pour deux violons RV 524, au terme duquel on ne trouve aucun renvoi, sans le moindre doute doit être complété par la reprise d'une section du tutti initial: les signes dont il s'est servi d'habitude pour désigner le début de la section à reprendre se trouvent effectivement inscrits à la mes. 22. Par un raisonnement semblable on peut conclure que l'Allegro initial du concerto pour viole d'amour RV 394 est incomplet sans la reprise des mes. 13–16. Le fait que le début de la section à reprendre n'est marquée ici que par deux signes inscrits entre les première et deuxième portées et entre les quatrième et cinquième portées, explique peut-être pourquoi les éditeurs de Ricordi ont inexactement reproduit intégralement le tutti initial à la fin du mouvement.

Généralement faciles à rétablir s'avèrent également les partitions dans lesquelles Vivaldi a oublié ou pour une autre raison a négligé d'inscrire les points d'orgue marquant la fin de la reprise. D'ordinaire, celle-ci comprend toujours, comme on l'a vu plus haut, la dernière section du tutti initial, si bien que l'absence de ces signes n'occasionne normalement aucune hésitation. Parmi les partitions relativement nombreuses qui présentent ce défaut il suffira de mentionner par exemple les deux mouvements vifs des concertos pour violoncelle RV 399, pour hautbois RV 461 et pour basson RV 496, ou le mouvement lent du concerto pour violoncelle RV 413, dont le premier Allegro comporte d'ailleurs la même inexactitude.

Pour quelques partitions l'absence des points d'orgue soulève pourtant la question de savoir exactement à quelle mesure la reprise doit s'achever. La partition du mouvement initial du concerto en ut mineur pour basson RV 480 comporte ainsi l'indication *D. C. Sino al Segno* 𝄐 ,mais ledit signe n'est pas inscrit à la mes. 30 où s'achève le tutti initial. Le problème que soulève cette partition remonte à l'existence des points d'orgue inscrits sur les notes de l'accord qui forme la mes. 21, accord de septième dominante. Le fait qu'il ne s'agisse pas comme d'habitude de la tonique semble s'opposer à ce que le mouvement s'achève par la reprise incomplète du tutti initial, mais étant donné que le mouvement lent s'ouvre par un accord en ut mineur, il n'est pas exclu que Vivaldi ait désiré marquer l'enchaînement des deux mouvements par une telle disposition de l'Allegro initial. S'il en est ainsi, l'absence des points d'orgue à la mes. 30 est donc volontaire de la part du compositeur.

Nettement plus compliquées sont enfin les partitions pour lesquelles Vivaldi a indiqué la reprise *dal Segno* mais dans lesquelles le tutti initial ne comporte pas ce signe. Il s'agit là sans doute d'une erreur notoire qui soulève deux questions différentes. D'une part, l'indication de *da capo* peut en effet être inexactement formulée, éventuellement par distraction ou par habitude; dans ce cas, la reprise doit comprendre le tutti initial intégralement. Mais d'autre part, Vivaldi peut avoir oublié d'indiquer à partir de quelle mesure la reprise doit commencer. Le plus souvent, le rétablissement des intentions du compositeur doit se fonder sur des critères musicaux et stylistiques, car il n'existe, semble-t-il, aucune méthode qui puisse être appliquée avec certitude pour résoudre le problème que posent ces partitions.

C'est ainsi que la solution que propose l'édition de Ricordi, tome 278, au sujet du premier mouvement du concerto pour basson RV 490 peut être aussi bien exacte que fausse. La partition du mouvement s'achève, dans le manuscrit autographe, après la mes. 91 par les notes de raccord et par l'indication *D. C. al Segno* 𝄋 *Sino al Segno* 𝄐, mais aucun de ces deux signes ne se trouve dans le tutti initial. Celui-ci se compose de quatre motifs qui sont repris dans les tuttis II et III suivant les pricipes habituels:

RV 490, 1er mouvement:

Exemple 68

En forme schématique le mouvement se présente de la sorte:

Tutti I	mes. 1–19	fa majeur	AA_1BCD	18½ mesures
Solo I	mes. 19–41			
Tutti II	mes. 41–51	la mineur	ABD	10 mesures
Solo II	mes. 51–64			
Tutti III	mes. 65–74	ré mineur/fa majeur	ACD	10 mesures
Solo III	mes. 75–91			
Da Capo				

Dans l'édition de Ricordi, la reprise comprend le tutti intégralement, ce qui s'oppose évidemment à l'indication de *da capo,* et rien n'empêche, en vérité, d'un point de vue musical, qu'elle ne doive comprendre par exemple que les mes. 10–19 (sections CD), solution qui produirait une disposition plus équilibrée du mouvement. Quoi qu'il en soit, il est certain que les éditeurs auraient rendu service aux musiciens et aux musicologues en attirant l'attention sur le fait que la solution choisie n'est pas la seule possible.

On aurait pu croire que les nombres de mesures inscrits à la fin des partitions de certains mouvements seraient utiles pour la détermination exacte de la reprise, mais il n'existe, jusqu'à plus ample informé, qu'un seul document qui à la fois renferme ces chiffres et soit problématique pour ce qui concerne le *da capo:* c'est le manuscrit autographe du concerto pour violon RV 346. Celui-ci soulève plusieurs questions qui semblent difficiles à résoudre, mais dont l'étude détaillée s'avère particulièrement instructive.

Le seul mouvement de ce manuscrit qui ne donne lieu à aucune hésitation est le Largo. La partition comprend 27 mesures auxquelles s'ajoutent, suivant les indications précises de Vivaldi, trois mesures du tutti initial (mes. 6–8). A la fin du mouvement il a inscrit le chiffre *30,* ce qui nous permet de constater que, pour la partition en question, il a effectué le dénombrement des mesures en incluant celles du *da capo* (voir pp. 75s). Tout porte à croire qu'il a appliqué le même procédé au sujet du finale, quoique ce mouvement présente un certain nombre d'irrégularités. Quelques passages de soliste sont rayés et remplacés par de nouveaux textes inscrits aux portées inférieures, et plusieurs mesures sont barrées; la fin du mouvement est en outre difficilement lisible, les dernières mesures étant inscrites en marge, c'est-à-dire au-delà de la ligne verticale qui marque la fin des portées. La partition de ce mouvement comporte 143 mesures au total, soit – si l'on compte les 13 mesures de la reprise indiquée par Vivaldi (mes. 10–22) – 156 mesures, mais ce chiffre s'oppose au nombre que le compositeur lui-même a inscrit: *168.* Il se trouve à l'ultime mesure de la dernière section rayée, ce qui nous permet de tirer la conclusion que Vivaldi l'a inscrit avant d'avoir retranché les diverses sections barrées. En effet, celles-ci comprennent en tout 12 mesures qui, ajoutées aux 156 mesures de la version définitive du mouvement, résultent en un total de 168 mesures.

Il est dont logique de penser que le nombre inscrit à la fin du premier mouvement possède les mêmes qualités que ceux des deux autres mouvements du concerto: qu'il soit inscrit avant que Vivaldi ait retranché quelques mesures du mouvement et qu'il comprenne les mesures du tutti initial qui constituent la reprise. Puisque le début de celle-ci n'est pas indiquée par le signe habituel ⋇, il aurait été facile de retrouver l'endroit exact si le chiffre inscrit n'avait pas été corrigé de telle sorte qu'il soit difficilement lisible; on semble pouvoir distinguer les chiffres 110, 111 et 119. Bien qu'il n'ait pas été possible de déterminer à l'œil nu, ni à la loupe, ni sous la lumière ultraviolette, quel chiffre Vivaldi a inscrit originellement, tout porte à croire cependant que le nombre exact soit 111. En effet, tandis que les deux autres nombres cités ne donnent aucune solution plausible, le chiffre 111 permet d'avancer une explication admissible, suivant laquelle la reprise se compose des mes. 8–15 du tutti initial. Ajoutée aux 103 mesures de la version primitive de la partition, c'est-à-dire y compris les mesures rayées, cette reprise de huit mesures résulte en effet à un total de 111 mesures. Musicalement, rien ne semble s'opposer à une telle solution:

RV 346, 1er mouvement:

Exemple 69

Signalons que l'édition de Ricordi du concerto en question, tome 229, comporte la reprise intégrale du tutti initial, solution qui paraît donc inexacte.

Il convient de remarquer enfin que les divers problèmes dont il a été question précédemment au sujet de l'interprétation des notes de raccord, du décalage rythmique, du rétablissement de la reprise inexactement marquée, etc., ne constituent pas l'ensemble des difficultés que soulèvent les manuscrits autographes des compositions instrumentales de Vivaldi. Plusieurs documents renferment des erreurs et des inexactitudes dont la solution exacte donne parfois lieu à quelques hésitations. Il est absolument certain qu'il sera utile, sinon indispensable, de poursuivre les études de ces diverses questions, mais pour le présent exposé il suffira de rappeler l'importance de soumettre chaque document à une analyse critique et détaillée.

2. L'AIR AVEC DA CAPO

En raison du fait que la musique instrumentale de Vivaldi jusqu'à une époque récente a été le principal objet des recherches effectuées et qu'elle est le sujet prédominant des descriptions analytiques, les divers auteurs ont naturellement surtout orienté leur attention vers les qualités musicales que présentent les œuvres appartenant à ce domaine. Sans toujours fonder leurs affirmations et leurs conclusions sur des études systématiques et détaillées, soulevant les multiples variantes et analysant les nombreuses exceptions et particularités des compositions individuelles, ils ont à juste raison noté la richesse et la diversité qu'offrent notamment les constructions formelles du concerto vivaldien. Cependant, bien que les œuvres vocales n'aient pas encore été soumises à des études suffisamment développées pour permettre de tirer des conclusions déterminantes, il paraît certain que ce domaine présente les mêmes qualités de richesse et de variation. Ceci concerne, comme pour la musique instrumentale, en premier lieu les constructions des mouvements; l'air avec *da capo,* qui est de beaucoup le plus fréquent, se présente chez Vivaldi en une très grande quantité de variantes dont il sera nécessaire de ne présenter qu'un nombre fort restreint ci-après. Encore une fois il faut souligner que le but du présent exposé est d'étudier les principaux problèmes que soulèvent les habitudes graphiques du compositeur et que les éléments stylistiques, aussi intéressantes qu'en soient les études, ne peuvent être que très incomplètement décrits. Cette observation implique entre autre qu'il faut renoncer à l'examen spécial des mouvements sans *da capo* dont on trouve pourtant de nombreux exemples non seulement dans les œuvres liturgiques, mais aussi dans les compositions basées sur des textes modernes italiens et latins. Ainsi, les airs en forme de cavatine, en forme de rondeau, les airs à deux reprises, etc., devront être passés sous silence puisqu'ils n'occasionnent aucune hésitation quant à l'établissement des textes musicaux d'après les partitions de Vivaldi.

Suivant les traditions musicales de son époque l'air avec *da capo* est normalement, chez Vivaldi, écrit dans le style concertant, c'est-à-dire dans un style qui exploite musicalement les contrastes dynamiques et sonores qu'offre l'alternance des tuttis, confiés aux seules parties instrumentales, et les solos où la partie vocale est en vedette. Le texte chanté détermine la structure caractéristique de la forme: il est divisé en deux sections dont la première est répétée à la fin, constituant ainsi le *da capo*. Musicalement, les deux sections sont traitées très différemment. La première comporte ainsi deux solos sur le même texte, encadrés de tuttis ou ritournelles, tandis que la seconde qui peut présenter un contraste plus ou moins accentué par rapport à la première – contraste dynamique, tonal, rythmique, harmonique, mélodique, etc. – ne comprend en général qu'un seul solo sans tuttis.

Comme pour le concerto instrumental, les problèmes qui nous préoccupent particulièrement ici concernent la structure des ritournelles; il est vrai que les manuscrits de Vivaldi ne posent pas, à leur sujet, d'aussi nombreuses questions que les partitions des œuvres instrumentales, mais il semble pourtant utile de présenter, pour commencer, quelques aspects importants en analysant des airs typiques, répondant à la forme qui semble apparaître le plus souvent chez Vivaldi.

La forme la plus simple se trouve par exemple dans l'air pour contralto «Quo cum patriæ me ducit» de la première partie de *Juditha Triumphans*. Les trois ritournelles que les exemples suivants reproduisent intégralement, sont relativement courtes et ne comprennent pas de motifs contrastants; le second et le troisième tutti, suivant la règle générale, sont plus brefs que le premier:

Quo cum patriæ me ducit
Tutti I, mes. 1–6

Exemple 70

Tutti II, mes. 14–16

Exemple 71

Tutti III, mes. 30–34

Exemple 72

C'est la même structure simple que l'on trouve dans l'air pour contralto «Ah che non posso nò lasciar» de *La Fida Ninfa* II, 2 qui pour plusieurs raisons mérite d'être signalé. Comme le démontrent les exemples suivants, qui ne comportent que la partie de violon I des trois ritournelles, la troisième est exceptionnellement identique à la première, tandis que la seconde est plus courte:

Ah che non posso nò lasciar
Tutti I, mes. 1–8

Exemple 73

Tutti II, mes. 19–21

Exemple 74

Tutti III, mes. 37–44

Exmeple 75

Bien que le livret de *La Fida Ninfa* atteste sûrement que l'air appartient à cet opéra, la composition n'est pas originellement écrite pour ce texte. La musique est en effet empruntée à l'air «Poveri affetti miei siete innocenti» qui se trouve dans la partition d'*Orlando furioso* III, 5, où elle se présente toutefois en une version un peu différente. Dans cet opéra, l'air commence par le premier solo, sans introduction instrumentale. (Il sera peut-être utile de noter à ce propos qu'il s'agit là d'une variante assez fréquente chez Vivaldi de l'air avec *da capo:* celle-ci se compose donc de deux ritounelles dans la première partie du texte mais la reprise en comporte assez souvent trois, comme c'est le cas pour l'air d'*Orlando furioso;* la ritournelle «supplémentaire» est inscrite à la suite de la seconde section du texte.) D'autre part, la version de *La Fida Ninfa* avec trois ritournelles dans la première partie réapparaît dans l'air «Trovo negl'occhi tuoi il contento» de *L'Atenaide* I, 7, dont la partition non autographe se trouve dans Giordano 39, fol. 30r–32v.

Ce modèle de la construction des ritournelles se voit appliqué dans de nombreux airs de Vivaldi datant, semble-t-il, de toutes les périodes de sa vie. L'exemple suivant qui comporte la même simplicité de la construction est cité non seulement pour démontrer que les trois tuttis, contrairement aux exemples précédents, peuvent être dans le même ton, mais aussi dans le but de présenter un cas intéressant des modifications que Vivaldi a effectuées lui-même dans son texte musical. L'air en question, «Vedrai nel volto di quella» d'*Arsilda Regina di Ponto* II, 8, comporte en effet deux ratures importantes: l'une supprime les quatre mesures reproduites ci-après en notes plus petites, et l'autre a pour résultat le retranchement d'un quatrième tutti et d'un quatrième solo que Vivaldi avait composés pour la seconde partie du texte; d'origine celle-ci se terminait ainsi en ré mineur. Par l'effet de ces ratures, la forme de l'air est «normale» avec trois tuttis dans la première section, présentant chacun sa version individuelle de la même substance musicale. (Il est intéressant de noter que la dernière ritournelle comprend les mesures que le compositeur a retranchées dans le premier tutti.)

Vedrai nel volto di quella

Tutti I, mes. 1–14

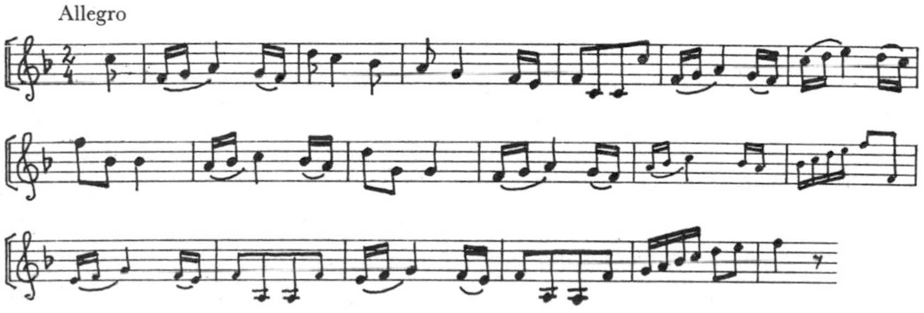

Exemple 76

Tutti II, mes. 37–41

Exemple 77

Tutti III, mes. 67–79

Exemple 78

Tutti IV, mes. 98–101, rayé

Exemple 79

Il y a lieu de remarquer que la musique de cette composition se retrouve, avec quelques modifications dans les solos mais avec les mêmes ritournelles, dans deux autres partitions d'opéra de Vivaldi: l'air en sol majeur pour soprano «Non basta al labbro» de *Tito Manlio* III, 6, et l'air en fa majeur pour soprano «Oh quante lagrime le ferai» de *La Virtù trionfante* II, 6.

Il a déjà été signalé que les compositions vocales de Vivaldi contiennent d'innombrables aspects que l'on retrouve dans les œuvres instrumentales; bien qu'il ne soit pas possible d'entrer dans les détails de cette question intéressante il sera utile de noter ici deux traits particulièrement importants pour l'étude de la manière de travailler du compositeur.

Premièrement, les tuttis des concertos et les ritournelles des airs ont, entre autres fonctions communes, celle de fixer musicalement le niveau tonal qu'atteignent progressivement les modulations des solos. En raison de cette fonction, la substance musicale des tuttis est fondée sur des thèmes et des motifs dont le caractère est essentiellement harmonique: gammes ascendantes et descendantes, triades brisées, notes répétées, etc. C'est surtout dans l'art d'inventer les formules mélodiques les plus variées et de les combiner avec une grande quantité de dessins rythmiques que les œuvres de Vivaldi témoignent de la richesse d'imagination de leur auteur. Ce qu'il importe de noter à ce propos, c'est le fait que, jusqu'à plus ample informé, la substance thématique des concertos ne diffère pas stylistiquement de celle qu'il a écrite pour les airs; au contraire, de nombreux mouvements appartenant à l'un et à l'autre des deux domaines présentent des similitudes thématiques notoires, similitudes qui dans certains cas vont jusqu'à identité absolue. L'occasion de revenir sur cette question se présentera dans la Troisième Partie (voir pp. 265ss).

Deuxièmement, l'air avec *da capo,* bien que de conception foncièrement différente de celle mouvement instrumental, comporte en raison du style concertant de nombreux aspects structuraux que Vivaldi a exploités dans ses concertos. En effet, il a très souvent, semble-t-il, appliqué les principes de construction observés plus haut au sujet du mouvement instrumental pour la formation des ritournelles des airs avec *da capo*. Parmi les exemples relativement nombreux de cette construction particulière on peut citer l'air pour contralto «Armata di furore» d'*Armida al Campo d'Egitto* I, 13. Le premier tutti se compose de trois sections – ABC – qui, comme dans le concerto instrumental, servent à la formation des ritournelles consécutives: le second tutti comprend la première section et le dernier se compose des sections A et C:

Armata di furore

Tutti I, mes. 1–10

Exemple 80

Tutti II, mes. 23–25

Exemple 81

Tutti III, mes. 41–48

Exemple 82

A l'exécution, le mouvement se présente, sous la forme d'un tableau, de la manière suivante:

Tutti I	ut mineur	mes. 1–10	ABC
Solo I	ut mineur – mi bémol majeur		
Tutti II	ut mineur	mes. 23–25	A
Solo II	ut mineur		
Tutti III	ut mineur	mes. 41–48	AC
Solo III	mi bémol majeur		

Tutti IV = Tutti I		ABC
Solo IV = Solo I		
Tutti V = Tutti II	*da capo*	A
Solo V = Solo II		
Tutti VI = Tutti III		AC

Cette méthode caractéristique de varier la construction des ritournelles à l'intérieur d'un air, identique comme on le voit aux principes que Vivaldi a mis en œuvre pour différer la forme des tuttis dans ses concertos, ne se limite pas toujours aux ritournelles II et III, mais se voit appliquée dans un assez grand nombre de mouvements vocaux pour la formation de la ritounelle IV. Par contre, Vivaldi ne semble pas avoir modifié les ritounelles V et VI qui restent identiques aux ritounelles II et III. En vérité, du point de vue des habitudes graphiques du compositeur, la quatrième ritournelle de l'air avec *da capo* – plus exactement la première ritournelle de la reprise – a la même importance pour la manière dont il en a écrit les partitions et a effectué les abréviations que le dernier tutti du mouvement instrumental. Suivant la nature et l'ampleur des modifications qu'elle subit par rapport à la ritournelle I, les partitions de Vivaldi se divisent en trois catégories comprenant chacune un principe d'abréviation différent des deux autres:

1. La ritournelle IV est identique à la ritournelle I. Dans ce cas, la partition ne comprend que les deux sections du texte chanté, suivies de l'indication *D. C.* désignant la reprise intégrale de la première section jusqu'au point d'orgue. Voir les planches 39 et 40. Tous les airs cités plus haut appartiennent à cette catégorie.
2. La ritournelle IV, en général plus brève que la ritournelle I, présente une version plus ou moins variée de la substance de celle-ci. Pour les airs de ce groupe, relativement nombreux, Vivaldi a inscrit la ritournelle IV à la suite de la seconde section du texte et a ajouté l'indication *D. C. al Segno* ※ ; le signe correspondant est situé au début du premier solo.
3. Suivant le modèle du tutti final du mouvement instrumental, la ritournelle IV se compose d'une sélection des sections thématiques dont se compose la première ritournelle. Normalement elle comprend le début et la fin de celle-ci, mais la sélection peut dans certains cas être formée autrement. La partition de cet air correspond, quant à la structure, à celle qui est citée plus haut sous 1: elle comprend les deux sections du texte chanté suivies de l'indication *D. C.*, mais dans la première ritournelle Vivaldi a inscrit les signes ※ marquant le début et la fin des sections à supprimer au moment de la reprise. Voir planche 36.

Le premier des airs qui serviront à démontrer l'existence des partitions appartenant aux deux dernières catégories est particulièrement intéressant en raison des modifications dont il a été l'objet de la part du compositeur. Il est question de l'air en si bémol majeur pour basse, deux hautbois et orchestre à cordes «Qual'è à l'onte de venti sul monte», dont le texte, vraisemblablement écrit par Domenico Lalli, existe en deux versions légèrement différentes. La première fait partie de la version primitive de l'opéra de cet auteur, *Arsilda Regina di Ponto,* où l'air achevait le second acte. L'autre version se trouve dans *L'Incoronazione di Dario* I, 17, dont le livret est d'A. Morselli:

Arsilda Regina di Ponto	*L'Incoronazione di Dario*
Qual'è à l'onte de venti sul monte	Qual'è à l'onte de venti sul monte
Debil pianta aggitata si mira	Debil pianta aggitata si mira
Tal s'aggira quest'alma nel seno	Tal s'aggira quest'alma nel seno
La speranza m'anima, m'inalza	La fortezza l'anima, l'inalza
Poi il timore à terra sbalza	Ma il timore che à terra balza
Così in tanto il mio core vien meno.	Non mi lascia goder il sereno.

Dans le premier de ces deux opéras l'air se terminait d'origine par une cadence en mi bémol majeur et comportait le *da capo* intégral de la première section du texte, mais Vivaldi a rayé les trois dernières mesures et a inscrit, sur la première page du folio suivant, une nouvelle terminaison cadençant en ré mineur. A la suite de la double barre finale il a inscrit les lettres *D. C.*, mais elles sont grattées pour donner la place à l'écriture de la quatrième ritournelle, laquelle est suivie de l'indication *D. C. al Segno* ※ . Dans cet opéra, l'air n'a cependant pas été conservé: d'abord, semble-t-il, Vivaldi l'a retranché pour le remplacer par une composition plus brève en sol mineur sur le même texte, mais celle-ci a également été supprimée; en effet, le livret d'*Arsilda* ne contient pas ce texte.

Le grand air en si bémol majeur n'a cependant pas été abandonné définitivement puisqu'il a pu servir à l'ultime scène du premier acte de *L'Incoronazione di Dario.* Bien que le ton de la composition et l'ensemble instrumental accompagnant la basse soient conservés, la partition de la nouvelle version diffère sur plusieurs points de la version originelle. Les solos ont subi un certain nombre de modifications mélodiques et les ritournelles ont de même été légèrement modifiées: la mes. 10 de la première ritournelle dans *Arsilda* et les mesures correspondantes des ritournelles III et IV sont supprimées, la ritournelle II est réduite à ne comprendre qu'une mesure et la ritournelle IV est en revanche plus longue. Pourtant, malgré ces quelques différences, l'air a conservé sa structure caractérisée par la présence d'une ritournelle individuelle placée au début de la reprise.

Les exemples suivants reproduisent les parties de hautbois I et de violon I des quatre ritournelles. Les mesures que Vivaldi a omises dans la version de *L'Incoronazione* sont marquées par un astérisque; les deux versions des ritournelles II et IV sont communiquées individuellement.

Qual'è à l'onte de venti sul monte
Tutti I, mes. 1–11 *(Arsilda),* mes. 1–10 *(L'Incoronazione)*

Exemple 83

Tutti II, mes. 24–25 *(Arsilda),* mes. 22 *(L'Incoronazione)*

Exemple 84

Tutti III, mes. 40–48 *(Arsilda),* mes. 35–42 *(L'Incoronazione)*

Exemple 85

Tutti IV, mes. 66–69 *(Arsilda)*

Exemple 86

Tutti IV, mes. 59–63 *(L'Incoronazione)*

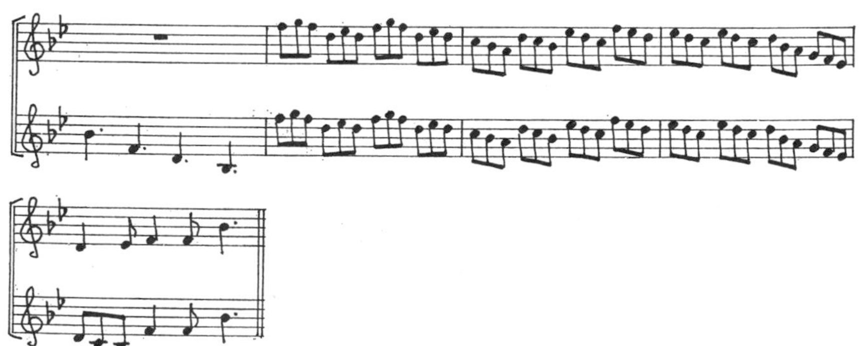

Exemple 87

Les partitions des deux opéras qui renferment cet air datent de périodes relativement proches (1715–1717), mais on trouve plusieurs exemples d'airs appartenant à la même catégorie dans les œuvres scéniques que Vivaldi a écrites à d'autres époques, parfois même assez tardives, quoiqu'il s'agisse sans aucun doute d'une forme qu'il a employée notamment dans ses premiers opéras. Il suffira, sans entrer dans les détails des constructions formelles qui suivent le modèle de l'exemple cité, de mentionner les compositions suivantes dont les partitions autographes s'achèvent toutes par la ritournelle IV suivie de l'indication *D. C. al Segno* ⋇ :

«Quando m'alletta la fresca erbetta»	*Ottone in Villa* I, 1	1713
«L'intendo e non l'intendo»	*Tito Manlio* I, 12	1719
«Tu m'offendi ma non rendi»	*La Verità in Cimento* I, 5	1720
«Allor che mi vedrò»	*Il Giustino* I, 11	1724
«Tu vorresti col tuo»	*Griselda* II, 11	1735
«Se mai senti spirarti»	*Catone in Utica* II, 4	1737

Il est vrai que la datation des airs mêmes n'est aucunement assurée par le fait qu'ils se trouvent dans les partitions des opéras cités. Comme il a déjà été signalé, les compositeurs de l'époque – et parmi eux Vivaldi – avaient coutume de reprendre les airs qu'ils avaient écrits pour des opéras antérieurs, si bien que les compositions facilement peuvent remonter à d'anciennes œuvres dramatiques perdues, sans qu'il soit possible d'en déterminer l'origine. Cependant, sous le rapport des études graphiques chez Vivaldi, il n'est pas sans importance de noter que le compositeur semble avoir appliqué ce principe d'abréviation pour l'air avec *da capo* à toutes les époques de sa carrière de compositeur dramatique.

Une observation analogue peut être avancée au sujet des airs de la troisième catégorie dont les ritournelles, et en particulier la quatrième, sont construites suivant les principes que Vivaldi a mis en œuvre dans les concertos instrumentaux. L'air de ce type, auquel W. Kolneder[16] a proposé la désignation d'*aria-concerto,* semble être plus fréquent que celui de la seconde catégorie, mais n'apparaît pas avec la même régularité dans l'œuvre de Vivaldi. Alors qu'on le trouve assez rarement, voire exceptionnellement, dans les premiers opéras datant de 1713 à environ 1719–1720, il apparaît avec une plus grande fréquence à partir de *Il Giustino* de 1724.

L'exemple le plus ancien se trouve dans la partition d'*Arsilda Regina di Ponto* II, 3 datant de 1715 ou 1716: l'air «Va superbo quel vassallo» que Vivaldi a retranché de l'opéra (le texte ne figure effectivement pas dans le livret) comporte, aux mes. 5–6 et 12–13, des doubles croix désignant sans aucun doute possible le retranchement des mes. 6–12 à la reprise.

(Il est vrai que l'on trouve ces mêmes signes dans l'air «Se vedessi in faccia al porto» appartenant à la version primitive d'*Orlando finto pazzo* III, 7 de 1714, mais à la fin de l'air se trouve l'inscription *D. C. il Rit*^{lo} *da uno Segno all'altro* ※. Cette indication semble dénoter que le tutti initial ne se compose, à la reprise, que des mesures comprises entre les deux signes, impliquant de la sorte le retranchement du début et de la fin de la ritournelle. Musicalement, rien ne paraît, en l'occurence, s'opposer à une telle interprétation; si elle est conforme aux intentions du compositeur, il est toutefois question d'une variante exceptionnelle de l'air appartenant à la troisième catégorie. Normalement, en effet, la présence des doubles croix, inscrites dans la ritournelle initiale et laissées sans indications explicatives, semble marquer le début et la fin de la section qui doit être supprimée au moment de la reprise. Ce mode d'abréviation est donc identique à celui que l'on a déjà vu en examinant la partition du concerto pour violoncelle RV 410; voir plus haut, pp. 194s, et notamment l'exemple 35).

Bien que la construction de l'air appartenant à cette catégorie soit for simple il ne paraît pas inutile d'en communiquer quelques exemples extraits des œuvres vocales. Ceux-ci auront en même temps l'avantage de permettre l'étude de quelques autres aspects des partitions vivaldiennes.

Le premier exemple est l'air pour contralto «Sorge l'irato nembo» dont la partition se trouve dans le manuscrit de l'opéra *Orlando furioso* II, 4 (voir planche 36). La première ritournelle se compose de quatre sections thématiques qui comportent les éléments sur lesquels se fondent les ritournelles II et III, la quatrième étant bâtie sur une sélection de ces éléments:

Sorge l'irato nembo
Tutti I, mes. 1–9

Exemple 88

Tutti II, mes. 24–25

Exemple 89

Tutti III, mes. 40–44

Exemple 90

En forme de tableau, cette construction montre clairement l'analogie au mouvement instrumental, caractérisée surtout par la variation des formes des tuttis:

Tutti I	ut majeur	mes. 1–9	ABCD
Solo I	ut majeur – sol majeur		
Tutti II	sol majeur	mes. 24–25	BD
Solo II	sol majeur – ut majeur		
Tutti III	ut majeur	mes. 40–44	BCD
Solo III	mi mineur		
Tutti IV	ut majeur	*da capo*	AD
Solo IV = Solo I		*da capo*	
Tutti V = Tutti II		*da capo*	BD
Solo V = Solo II		*da capo*	
Tutti VI = Tutti III		*da capo*	BCD

Ce qui rend l'air en question particulièrement intéressant est le fait que Vivaldi l'a repris pour la composition de deux autres opéras où il se présente toutefois en une version légèrement différente mais très significative. Dans la partition partiellement autographe de *Farnace,* Giordano 36, dont la date ne peut être déterminée avec certitude mais qui renferme de très nombreux airs vraisemblablement empruntés à des opéras antérieurs *(Il Giustino, Orlando furioso, Bajazet,* etc.), il se trouve en partition autographe à la scène 14 du premier acte. Abstraction faite du ton – l'air est transposé en si bémol majeur – la seule différence entre les deux versions est l'absence, dans la partition de *Farnace,* des signes indiquant l'abréviation de la première ritournelle pour la reprise. Il est vrai que Vivaldi théoriquement peut avoir oublié de les inscrire en copiant le mouvement, mais il n'est pas exclu, d'un autre côté, qu'il les ait omis volontairement dans le but de former une version différente de la composition. Quoi qu'il en soit, il est assez remarquable que cette même version reparaît dans la partition non autographe de *L'Atenaide* où l'air se trouve à la scène 7 du second acte, ce qui pourrait corroborer l'hypothèse des deux versions. Comme on le verra dans la Troisième Partie, Vivaldi a lui-même intentionnellement modifié certaines œuvres par une altération des *da capo* (voir pp. 323s et 437). En conclusion de ces observations il ne semble pas inutile de souligner encore une fois l'importance de noter attentivement les inscriptions diverses des manuscrits de Vivaldi, non seulement sous le rapport du rétablissement des textes en vue de leur publication mais aussi, et surtout, sous le rapport des études stylistiques. Aussi insignifiantes qu'elles puissent paraître, les doubles croix ont en effet, dans cette perspective, une fonction structurale non sans importance.

L'autre exemple qui mérite d'être signalé est l'air pour soprano «Scocca dardi l'altero suo ciglio» qui provient de *La Griselda* II, 6. Les qualités notoires de cette composition en tant qu'exemple instructif ont déjà été notées par W. Kolneder qui en a cité plusieurs extraits dans le but de décrire le style de l'*aria-concerto.* Ainsi que l'affirme cet auteur, l'exemple est d'autant plus intéressant que la première ritournelle de l'air comporte une substance musicale particulièrement variée, laquelle se retrouve dans deux autres œuvres de Vivaldi, à savoir dans le premier mouvement du concerto pour basson RV 471 et du concerto pour hautbois qui en est dérivé RV 450. Il paraît donc utile de compléter l'étude de W. Kolneder par la confrontation des deux mouvements du point de vue de la structure des tuttis et des ritournelles[17].

Sans entrer dans les détails de la question de la chronologie relative des trois œuvres – W. Kolneder annonce, sans toutefois le motiver, que les deux mouvements instrumentaux sont antérieurs à l'air – il est intéressant de noter que le nombre de sections thématiques dans le premier tutti des concertos s'élève à huit, et que six d'entre elles réapparaissent, avec quelques différences sans importance, dans la première ritournelle du mouvement vocal. Pour des raisons de clarté les exemples suivants reproduisent les deux parties de violons des mouvements.

RV 471 et RV 450, 1er mouvement, mes. 1–29

Exemple 91

Ne comportant pas les sections D et E des deux concertos, les ritournelles de l'air se présentent de la manière suivante; la quatrième se compose, selon les principes décrits plus haut, du début et de la fin de la première ritournelle (comparer les exemples 92, ci-après, et 98, p. 239):

Scocca dardi l'altero suo ciglio
Tutti I, mes. 1–20

Exemple 92

Tutti II, mes. 59–62

Exemple 93

Tutti III, mes. 107–115

Exemple 94

En forme de tableau les deux mouvements se présentent de la manière suivante:

RV 471 et RV 450, 1er mouvement:

Tutti I	ut majeur	mes. 1–29	ABCDEFGH
Solo I	ut majeur – la mineur		
Tutti II	la mineur	mes. 54–63	ACGH
Solo II			
Tutti III	fa majeur	mes. 85–101	ABEFH
Solo III			
Tutti IV	ut majeur	mes. 130–134	GH

Scocca dardi l'altero suo ciglio

Tutti I	ut majeur	mes. 1–20	ABCFGH
Solo I	ut majeur – sol majeur		
Tutti II	sol majeur	mes. 59–62	GH
Solo II	sol majeur – ut majeur		
Tutti III	ut majeur	mes. 107–115	BGH
Solo III ($\frac{3}{8}$)	la mineur		
Tutti IV	ut majeur	*da capo*	AGH
Solo IV = Solo I			
Tutti V = Tutti II			GH
Solo V = Solo II			
Tutti VI = Tutti III			BGH

Outre les qualités musicales de l'air «Scocca dardi l'altero suo ciglio» la partition en est pour plusieurs raisons intéressante sous le point de vue des habitudes graphiques de Vivaldi. Elle constitue en effet un exemple instructif du fait que la reproduction en édition critique des œuvres vocales suscite parfois des problèmes analogues à ceux qui ont été soulevés plus haut au sujet des compositions instrumentales. Sous ce rapport il y a naturellement une différence de principes: alors que les mouvements des concertos doivent être reproduits en partition intégrale, incluant la reprise, les éditions modernes des airs de l'époque ne la communiquent normalement pas; il suffit de reproduire les deux sections du texte chanté et d'ajouter à la partition les indications marquant le *da capo*. Il n'y a aucune raison de ne pas suivre cette pratique pour ce qui concerne les airs de Vivaldi, mais il importe cependant de noter quelques-unes des principales modifications qui doivent indispensablement être effectuées par rapport aux partitions originales si les éditions doivent répondre à la fois aux intentions du compositeur et aux procédés modernes de la notation musicale.

Au sujet des airs qui appartiennent à la première catégorie citée plus haut, p. 226, la plus importante rectification du texte original consiste à modifier la valeur de l'accord final de telle sorte qu'il corresponde à l'enchaînement de la reprise. Normalement, Vivaldi n'a pas tenu compte de l'existence d'anacrouses au début des mouvements, si bien que l'ultime note doit être diminuée. Ainsi, la partition de l'air «Se parto, se resto, confusa» de *Catone in Utica* III, 2, dont le thème initial commence par une croche:

Exemple 95

doit s'achever non pas comme chez Vivaldi par une ronde, mais par la valeur qui, avec l'anacrouse, résulte en une mesure entière (l'emploi dans ce cas du double point est à éviter, n'étant pas conforme à la notation de l'époque):

Exemple 96

(Voir en outre les planches 39 et 40).

Il en est naturellement de même pour ce qui concerne les nombreux airs dont la seconde section est écrite dans une mesure différente de celle de la première. C'est ainsi que la fin de l'air «Scocca dardi l'altero suo ciglio» doit se terminer par une noire simple et non pas par la noire pointée que Vivaldi a écrite conformément à la mesure de $\frac{3}{8}$ (voir exemple 98).

Les airs de la seconde catégorie, dont la partition manuscrite comporte la ritournelle IV suivie de l'indication *D. C. al Segno* ※ , sont naturellement à reproduire telles que le compositeur les a notées. A leur sujet il faut remarquer que l'enchaînement de la reprise occasionne les mêmes questions que les partitions des mouvements instrumentaux. Ainsi que le démontre l'exemple 87 (p. 229) Vivaldi a parfois inscrit, à la fin de la partition, des notes qui ne peuvent avoir d'autre fonction que celle d'indiquer le raccord (il est intéressant de remarquer que cette note ne figure pas dans l'autre partition du même air, voir exemple 86). Ces notes sont destinées, comme celles qui se trouvent à la fin des partitions de concertos, à indiquer l'enchaînement de la reprise et doivent conséquemment, dans une édition moderne, être supprimées. Lorsque la fin de la partition se présente comme dans l'exemple 86, l'enchaînement ne cause en effet aucune difficulté, étant donné que la demi-mesure se joint naturellement à celle du début de la reprise:

Qual'è à l'onte de venti sul monte, mes. 11–12 (10–11):

Exemple 97

Pour ce qui concerne les airs de la troisième catégorie, le principe éditorial le plus simple est d'adapter la partition suivant le modèle de l'air de la seconde catégorie, c'est-à-dire de reproduire – conformément aux indications de Vivaldi – la ritournelle IV à la fin du mouvement et d'y ajouter le renvoi *al Segno*. Selon ce principe, la partition de l'air «Scocca dardi l'altero suo ciglio» se terminera donc de la manière suivante:

Exemple 98

Il convient de noter enfin que l'air «Agitata da due venti» de *Griselda* II, 2 a été publié chez Ricordi (en transcription pour chant et piano) sans aucune information signalant que le premier tutti doit être abrégé à la reprise. Dans la partition autographe, Vivaldi a clairement marqué le retranchement des mes. 4–9, indication qui semble avoir échappé à l'éditeur, mais qui est pourtant stylistiquement si importante qu'elle mérite d'être respectée.

3. METHODES D'ABREVIATION DIVERSES

Les partitions dont il a été question jusqu'ici ont ceci de commun que Vivaldi a pu se dispenser d'en écrire la fin, celle-ci étant identique au début des mouvements. Même s'il n'a pas employé le terme de *da capo* – comme par exemple dans le mouvement lent du concerto RV 222 où l'on trouve l'indication exceptionnelle *Rit*^{lo} *Pmo Sino Al Segno* 𝄐 – l'idée musicale est toujours la même. Il existe cependant un petit nombre de partitions qui ne comportent pas de *da capo* proprement dit, mais qui se présentent pourtant sous une forme graphique abrégée. Bien qu'elles soient fort peu nombreuses on semble pouvoir classer ces partitions en plusieurs catégories d'après la construction des mouvements.

La première catégorie comprend les partitions de mouvements en forme de *rondeau*. Cette forme est caractérisée par la présence de ritournelles absolument identiques à la fois sur le plan structural et sur le plan tonal. Pour ces mouvements Vivaldi n'a normalement inscrit qu'une fois la ritournelle et a simplement indiqué les reprises de celle-ci. C'est de cette manière que se présentent les troisièmes mouvements des concertos pour violoncelle RV 406 (en partition non autographe avec inscriptions ajoutées par Vivaldi) et RV 419 et du concerto pour basson RV 473, etc.

Le finale du concerto RV 419 se compose effectivement de cinq sections, deux solos encadrés de trois tuttis (ABACA), mais les tuttis II et III, identiques, sont remplacés dans la partition par les indications *Qui il Pmo Rit*^{lo} */ Poi Segue,* inscrite à la suite du premier solo, et *Qui segue il Pmo / Ritornello* à la suite du second. Il est intéressant de noter que la dernière indication est suivie de cinq doubles barres avec prolongement sinueux et d'un paraphe, marquant la fin de la composition.

Bien que ces indications soient facilement compréhensibles, la réalisation soulève pourtant quelques problèmes analogues à ceux qui ont été examinés plus haut. Le premier solo s'achève, dans la partition de Vivaldi, par deux noires inscrites aux portées du soliste et de la basse:

Exemple 99

mais la question est de savoir si le compositeur avait l'intention de compléter la mesure par un demi-soupir (exemple 100 A) ou s'il est question d'une mesure de raccord à supprimer (100B). Il convient de signaler que la seconde solution, qui paraît être la plus exacte, a été adoptée dans l'édition de Ricordi:

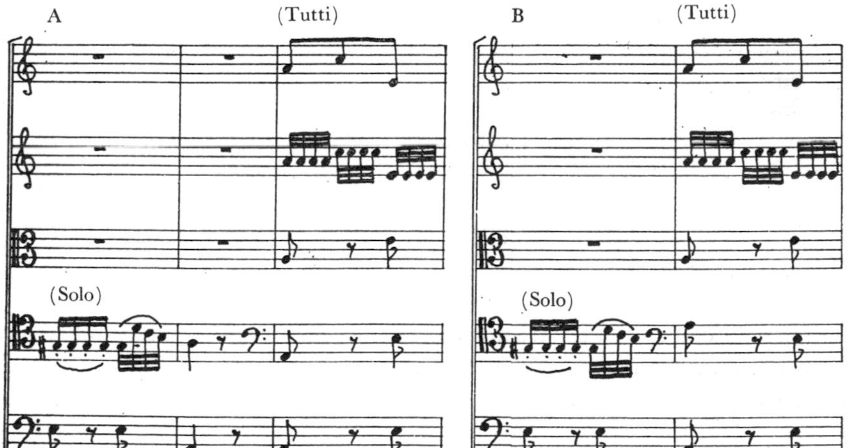

Exemple 100

Il en est de même pour ce qui concerne l'air pour contralto «Per lo stral che vien dà rai» d'*Orlando finto pazzo* II, 4. Le premier solo, accompagné par les violons à l'unisson notés en clef de fa (voir p. 147, variante d1, et pp. 173s, variante 6), s'achève de manière analogue par une mesure qui peut avoir deux fonctions:

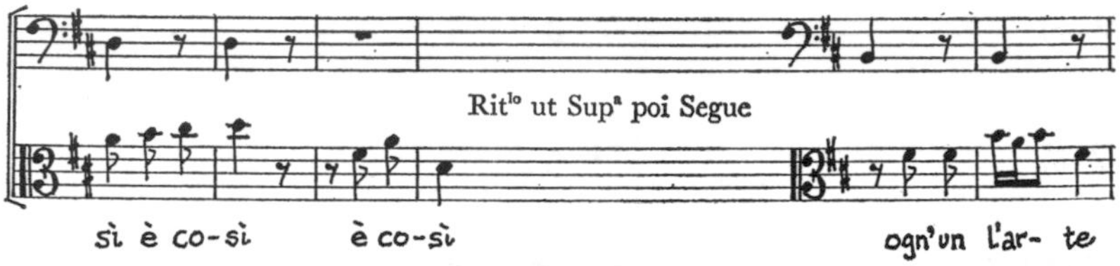

Exemple 101

mais le caractère musical de la partie de soliste n'exclut pas que la solution proposée dans l'exemple A suivant soit la plus juste:

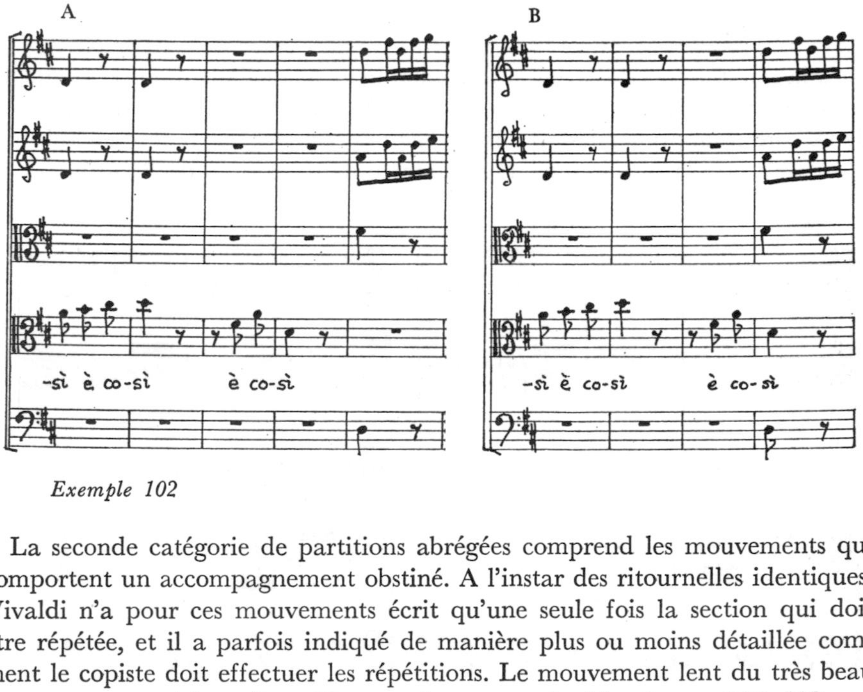

Exemple 102

La seconde catégorie de partitions abrégées comprend les mouvements qui comportent un accompagnement obstiné. A l'instar des ritournelles identiques, Vivaldi n'a pour ces mouvements écrit qu'une seule fois la section qui doit être répétée, et il a parfois indiqué de manière plus ou moins détaillée comment le copiste doit effectuer les répétitions. Le mouvement lent du très beau concerto pour violon discordé et orchestre en double chœur, RV 583, est ainsi noté de telle sorte que les deux tuttis qui encadrent le solo sont écrits en partition, tandis que la partie de violon principal n'est notée que sur une portée. Au début de la première accolade les quatre portées sont désignées respectivement par *V° Prinp^e* (lequel ne joue exceptionnellement pas dans le tutti), *Tutti Violi / =ni, Violette / Senza / Bassi* et *Tutto il / 2do Coro / Vn^i*:

Exemple 103

Le solo s'achève par une note de raccord suivie de l'indication *Segue Subito ambi li Cori / Vnis^i* désignant le second tutti, noté en partition à quatre portées.

De manière analogue, le mouvement lent du concerto en ut mineur pour basson RV 480 est noté alternativement en partition à cinq portées (mes. 1–8 et 17–28) et sur une portée (mes. 9–16 et 49–40), celle-ci comportant la partie de l'instrument soliste: l'orchestre doit effectivement, suivant les indications de Vivaldi, répéter les deux sections écrites en partition: *Gl'Istrom*[ti] *replicano / lo stesso* et *Gl'Istrom*[ti] *come Sopra.*

Particulièrement intéressante sous ce rapport est la partition de l'ultime mouvement de la sonate pour violon et basse continue RV 19. Le mouvement comprend 14 reprises au total, mais il est évident qu'il s'agit d'un «thème» suivi de six «variations». La partie de basse est sans aucun doute possible la même dans chaque variation, si bien que Vivaldi ne l'a écrite complètement que dans le thème; la portée inférieure des variations est laissée sans inscriptions, sauf aux endroits où la basse n'est pas identique à celle qui est écrite une fois pour toutes. Dans l'exemple suivant le début du thème et celui de chacune des six variations sont superposés afin de démontrer que la basse est commune à toutes les sections du mouvement; voir en outre, au sujet de la formation de la sonate en question, pp. 408s.

Exemple 104

Ainsi qu'on a déjà pu en voir plusieurs exemples, Vivaldi s'est assez souvent servi du Signe ·S· pour marquer la répétition d'une section (voir exemples 62 et 103). Que cette indication ait réellement cette fonction peut être démontré par la partition du concerto pour violon RV 303 où les signes en question sont inscrits aux barres de mesures séparant les mes. 165–169: pour éviter toute confusion, sans doute, Vivaldi a ajouté les mots: *Tutte si replicano.* De même, dans le premier mouvement du concerto pour violon et violoncelle RV 546, la mes. 59 n'a que deux temps, mais par l'effet des signes marquant la répétition, la mesure est rendue complète. Il est assez intéressant de remarquer que les mêmes signes apparaissent côte à côte avec les indications habituelles de reprise, les doubles barres à deux points, dans le troisième mouvement de l'*Introdutione al Dixit* RV 635.

Il existe d'autre part un certain nombre de partitions dans lesquelles se trouvent des indications et des signes divers, probablement autographes, dont la fonction est toutefois obscure. Ainsi, dans les trois mouvements du concerto pour deux hautbois RV 536 on découvre à plusieurs endroits des doubles lignes et des doubles croix, signes dont il n'a pas été possible de déceler le sens. Il se peut que Vivaldi ait marqué de cette manière les sections à répéter ou à retrancher, mais le manuscrit ne contient aucune indication explicative.

Il convient de signaler pour terminer que plusieurs partitions comportent des indications marquant l'emplacement d'une cadence de soliste à improviser: *Qui si ferma à piacimento.* Parmi les exemples relativement nombreux le plus intéressant est sans doute le manuscrit du concerto pour violon RV 208, œuvre transcrite pour orgue par J. S. Bach (BWV 594). Comme il a été démontré ailleurs, la partition autographe ne comporte pas les cadences, celles-ci étant marquées par l'indication citée, mais elles se trouvent dans la copie non autographe du concerto à Schwerin. Remarquable est également à ce propos l'air pour soprano «Guarda in quest'occhi» d'*Ottone in Villa* III, 4, dont la partition comporte, outre la partie vocale et l'orchestre à cordes, un violon et un violoncelle solistes. Dans l'ultime tutti, désigné par *Rit^lo dopo l'Aria,* Vivaldi a inscrit les mots *Qui si ferma à piac^to / poi segue.* Contrairement à ce qu'affirme W. Kolneder[18] en écrivant que «eine Kadenz ist an dieser Stelle nicht sehr wahrscheinlich» et en supposant que Vivaldi ait désiré interrompre le mouvement musical par une longue pause («eine länger dauernde Zäsur»), l'ensemble instrumental du mouvement rend la présence d'une cadence pour violon parfaitement plausible.

D. DIVERS ELEMENTS DE LA NOTATION MUSICALE

Pour terminer l'étude des habitudes graphiques de Vivaldi il convient de présenter certains aspects caractéristiques qui occasionnent parfois quelques difficultés de nature différente, mais qui d'autre part, dans certains cas, sont d'une assez grande utilité pour la musicologie vivaldienne. Il est notamment question, sous ce rapport, d'habitudes qui paraissent être liées à certaines périodes de la carrière de Vivaldi et dont l'étude pourra donc concourir à l'établissement d'une chronologie des œuvres.

Cette observation concerne avant tout l'indication des mesures ternaires que le compositeur a désignées soit comme une «fraction» ($\frac{3}{4}$, $\frac{3}{8}$), soit par le chiffre 3. En partant des manuscrits qui sont datables – tels que les partitions des opéras, de l'oratorio *Juditha Triumphans,* de *La Cetra,* etc. – on semble pouvoir observer que les fractions apparaissent dans les documents musicaux écrits jusqu'à environ 1720, alors que ceux qui datent de 1724 à 1740 ne comportent que l'indication 3. Il est particulièrement utile à ce propos de comparer les quelques manuscrits qui renferment les mêmes compositions en partitions autographes. Parmi les exemples il suffira, pour démontrer cette observation, de citer l'air «Lo splendor ch'à sperare»: dans le manuscrit de *La Verità in Cimento* de 1720 où il se trouve parmi les mouvements retranchés du début du troisième acte (voir p. 114, n° 30), la mesure est indiquée comme $\frac{3}{4}$, mais dans celui de *Il Giustino* qui date de 1724 et où il se trouve dans la scène 11 de l'acte III, la même indication est remplacée par le seul chiffre 3 (voir planches 35 et 44).

Une observation analogue peut être avancée au sujet des clefs et des armures. Vivaldi n'a jamais négligé d'inscrire ces indications au début des mouvements, celles-ci étant en effet, comme on l'a vu plus haut, souvent les seules désignations des parties instrumentales et vocales; mais alors qu'il semble avoir eu, jusqu'à une certaine époque, l'habitude de les écrire soigneusement au début de chaque accolade, on découvre qu'il a pu s'en dispenser dans les partitions plus tardives: dans celles-ci les clefs et armures sont normalement inscrites seulement à la première ou parfois aux 2–3 premières accolades. Il est intéressant de noter que la partition autographe de *Tito Manlio,* par exemple, qui date de 1719 et qui comporte de nombreux traits graphiques indiquant que Vivaldi a dû être pressé en écrivant le manuscrit, comporte toutes les clefs et armures, alors que celle de *Farnace* qu'il a daté de 1738 répond aux habitudes de la seconde période. Il faut noter à ce propos que les partitions des récitatifs font exception à cette règle éventuelle: dans tous les manuscrits d'opéra les clefs sont répétées au début de chaque accolade.

Il n'est pas aisé de déterminer à quelle époque Vivaldi a adopté ces nouvelles habitudes, notamment en raison de l'insuffisance des recherches effectuées dans le domaine de la chronologie. On semble cependant pouvoir noter que les partitions qui datent d'avant 1727 environ comportent les clefs à toutes les accolades, et que celles qui sont écrites après cette date ne les contiennent qu'au début des mouvements, mais il faut souligner très énergiquement que cette observation comporte encore de nombreux éléments d'incertitude. La nature des manuscrits paraît ainsi jouer un certain rôle pour la présence des clefs; à titre d'exemple, les deux partitions autographes du célèbre volume 2389/0/4 à Dresde, datant sans doute de 1740, sont vraisemblablement des copies calligraphiées et comportent peut-être pour cette raison les indications en question à toutes les accolades. A cause de l'incertitude qu'occasionne de la sorte ce critère de datation, il a paru juste de ne pas le mettre en valeur dans le présent ouvrage lorsqu'il est question de situer chronologiquement un manuscrit ou une œuvre quelconque. Pour des raisons évidentes il n'a cependant pas semblé inutile de signaler que la présence ou l'absence des clefs peut s'avérer avantageux à ce propos, notamment dans le but de montrer l'orientation des recherches qui doivent indispensablement être poursuivies.

Ce sont absolument les mêmes conclusions qu'il faut tirer du fait que les tons de sol et d'ut mineur sont notés tantôt avec un et deux bémols, suivant l'ancienne tradition, tantôt avec deux et trois bémols. Il est assez logique de penser que Vivaldi se soit accoutumé à une certaine époque à la notation moderne, mais il n'a pas été possible de déterminer, même approximativement, une date au terme de laquelle les partitions des œuvres écrites en ces tons comportent la notation dorique. La question devient d'autant plus compliquée lorsqu'on note que la partition du concerto pour orchestre à cordes RV 143, en fa mineur, comportait d'origine quatre bémols, mais que le dernier est soigneusement gratté aux quatre portées.

Alors que les indications de mesure qui ne comprennent que le chiffre 3 et que l'absence des clefs ne soulèvent aucune difficulté concernant la détermination des intentions du compositeur, Vivaldi a employé d'autres abréviations graphiques dont il est parfois moins facile de comprendre la signification exacte, celles-ci pouvant effectivement être réalisées de manières dissemblables.

Spécialement problématique est la notation particulière des bariolages. Le plus souvent, les passages qui comprennent une figuration quelconque répétée, se présentent graphiquement de telle sorte que les notes à jouer sont écrites en valeurs plus longues (blanches, blanches pointées, rondes, etc.), notation qui correspond donc à l'abréviation observée plus haut au sujet de l'accompagnement (voir p. 171, exemple 14). Avant d'aborder les questions que soulève cette écriture particulière il faut toutefois avancer quelques observations assez importantes.

Premièrement, la notation abrégée des figurations répétées ne se trouve pas exclusivement dans les parties de violon, quoiqu'elle soit naturellement le plus souvent appliquée pour cet instrument. Dans l'air pour soprano, flautino et violoncelle «Cara sorte di chi nata» de *La Verità in Cimento* III, 5 (3), on trouve effectivement le passage suivant dans la partie de l'instrument à vent:

Cara sorte di chi nata, mes. 38–42

Exemple 105

Deuxièmement, Vivaldi n'a pas toujours profité des avantages que lui offrait cette abréviation pour accélérer et faciliter son travail d'écriture. Ainsi, il a écrit toutes les doubles croches des violons dans l'air «Gemo in un punto e fremo» de *L'Olimpiade* II, 15, et ce n'est qu'à partir de la neuvième mesure qu'il les a remplacées par des blanches désignées par *Segue così* dans la copie du même air qui se trouve dans *Farnace* de 1738, acte II, scène 11 (noter l'indication inexacte de $\frac{12}{8}$ à la portée supérieure et celle de C à la basse):

Gemo in un punto e fremo, mes. 1–3 *(L'Olimpiade* et *Farnace)*:

Exemple 106

Même air, mes. 9–10 *(Farnace)*:

Exemple 107

Que Vivaldi ait employé l'abréviation en question avec une certaine inconstance ressort de la première version de l'air «Quando serve alla ragione» de *La Verità in Cimento* III, 3 (1), où la partie de violoncelle obligé comporte tantôt des croches, tantôt des blanches pointées (la partie est notée intégralement à la mesure de $\frac{9}{8}$, les autres parties à celle de $\frac{3}{4}$):
Quando serve alla ragione, mes. 1–5 (voir planche 45)

Exemple 108

Même air, mes. 15–19 (cf. exemple 8, p. 117):

Exemple 109

Ces exemples démontrent que Vivaldi paraît avoir fait usage de ce procédé de notation à toutes les époques de sa carrière, si bien qu'une étude de celui-ci est de valeur nulle sous le rapport de la chronologie des œuvres. Ils ont d'autre part ceci de commun que les intentions du compositeur sont parfaitement claires, la réalisation n'occasionnant aucune hésitation. Ainsi que le montrent les exemples suivants, la notation abrégée n'est normalement appliquée qu'après une ou deux mesures dans lesquelles l'exécution est présentée de manière détaillée:

RV 314, 3ᵉ mouvement, mes. 120–126:

Exemple 110

RV 391 (pour violon discordé), 1er mouvement, mes. 57–62:

Exemple 111

mais dans nombre de partitions Vivaldi a négligé d'indiquer de quelle manière un passage noté de façon analogue doit être exécuté. Cette négligence apparente semble avoir deux explications. D'un côté, le compositeur paraît avoir fait emploi de l'écriture abrégée lorsque la réalisation est musicalement évidente. A titre d'exemple, l'air avec flautino cité plus haut comporte le passage suivant qui semble pouvoir être exécuté de manières diverses:

Cara sorte di chi nata, mes. 4–6:

Exemple 112

mais tout porte à croire que la basse ne permet qu'une réalisation:

Exemple 113

D'un autre côté, le compositeur a probablement de son plein gré omis de signaler une réalisation, laissant la liberté aux interprètes de choisir le moyen d'exécution qui leur convient le mieux. Ainsi, la partition du concerto pour violon RV 235 comporte le texte suivant, où les mesures notées en blanches pointées sont désignées par les mots *Arp°* [= arpeggio] *di Semicrome:*

RV 235, 1er mouvement, mes. 115–119

Exemple 114

Il est fort évident que la réalisation des arpèges peut s'effectuer de nombreuses manières dissemblables, mais pour une raison particulière il sera utile de communiquer quelques-unes des solutions possibles:

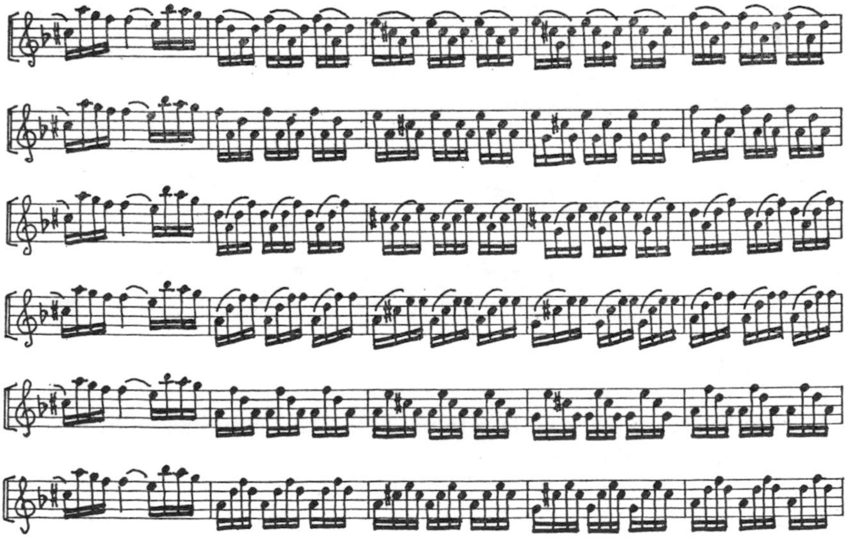

Exemple 115

Il serait naturellement très aisé de multiplier les exemples, mais les six solutions proposées suffisent pour démontrer que les éditeurs de Ricordi ont commis une erreur fondamentale en transcrivant de tels passages notés chez Vivaldi en valeurs plus longues, sans signaler qu'il s'agit d'une interprétation parmi d'autres possibles. Ainsi, pour le concerto RV 235 cité plus haut, G. F. Malipiero a imposé aux musiciens la dernière réalisation de l'exemple précédent. Même si la supposition que Vivaldi ait volontairement négligé d'en signaler l'exécution est inexacte, il aurait été plus juste de conserver la notation originelle et – ainsi que l'a fait par exemple H. Grüss – de proposer en note deux ou trois modes d'exécution. Sous ce rapport l'édition de Ricordi a donc une valeur pratique fort limitée.

Une abréviation apparentée à celle des bariolages notés en valeurs longues se voit appliquée dans quelques partitions où Vivaldi a indiqué le rythme pointé d'une figuration en écrivant une ou deux mesures conformément à ses intentions, tandis que la suite du texte musical est noté en valeurs égales. C'est ainsi que les mesures intiales du mouvement lent du concerto pour mandoline RV 425 comporte la partie de soliste suivante:

Exemple 116

qu'il serait effectivement faux de jouer telle qu'elle est écrite. Il en est de même pour ce qui concerne par exemple le premier air de *La Verità in Cimento,* «Me fe reo l'amor d'un figlio» (I, 1), dans lequel les deux parties de violons de présentent de la sorte:

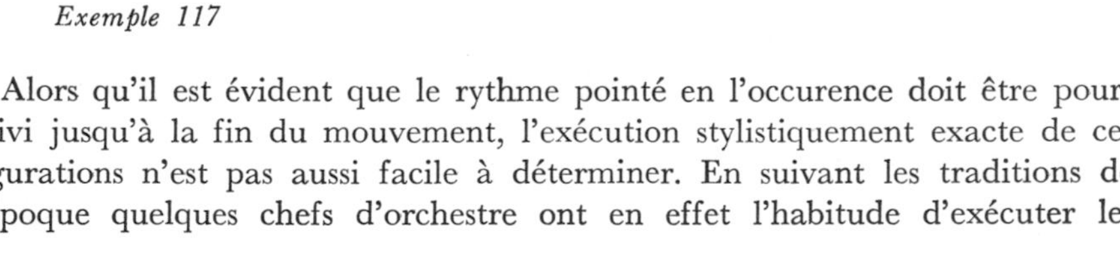

Exemple 117

Alors qu'il est évident que le rythme pointé en l'occurence doit être poursuivi jusqu'à la fin du mouvement, l'exécution stylistiquement exacte de ces figurations n'est pas aussi facile à déterminer. En suivant les traditions de l'époque quelques chefs d'orchestre ont en effet l'habitude d'exécuter les rythmes pointés en accentuant la durée des valeurs, si bien que le début du concerto pour violon et deux orchestres RV 581, par exemple, que Vivaldi a noté ainsi:

Exemple 118

soit en quelque sorte regardée comme une notation équivalente au bouble point qui n'était pas encore en usage à son époque:

Exemple 119

Ce n'est pas le devoir du présent ouvrage de discuter les arguments que l'on pourrait avancer pour et contre une telle interprétation, mais du point de vue de la graphie vivaldienne il convient pourtant de signaler que le compositeur a inscrit dans quelques partitions les mots *alla Francese,* désignant clairement le rythme caractéristique de l'ouverture française (RV 117, 1er mouvement, RV 139/RV 543, 2e mouvement, et les airs «So che combatte ancor chi segue il cor», «Tornar voglio il primo ardore», etc.). De plus, il est certain que Vivaldi avait les moyens de noter ces figurations particulières sans se servir des doubles points. Si le compositeur avait vécu à une époque plus récente il aurait sans doute écrit le debut du concerto pour flautino RV 444:

Exemple 120

en faisant usage de la notation moderne:

Exemple 121

Quoi qu'il en soit, le fait qu'il ait appliqué – comme on a pu le voir – d'innombrables méthodes graphiques d'abréviations diverses, laissant fréquemment sous-entendus de nombreux détails, ne permet pas d'exclure que Vivaldi ait *écrit* en croches pointées le début de son grand *Beatus Vir* en double chœur RV 597:

Exemple 122

mais que les auditeurs de son époque aient *entendu* une exécution différente, éventuellement:

Exemple 123

Sous le rapport de la publication en éditions critiques et de l'exécution authentique des œuvres, les exemples cités d'écriture abrégée et de notation ambiguë montrent enfin la nécessité d'envisager indépendamment de leur contexte historique les questions d'interprétation que suscitent les textes musicaux de Vivaldi. En raison du fait que les traités de l'époque offrent de nombreuses informations utiles au sujet de la pratique musicale (voir toutefois p. 124), il est important de noter que ces exposés ne comportent pas en général la garantie d'être valables pour les compositions vivaldiennes. Malgré les nombreuses similitudes que l'on peut observer chez les maîtres de l'ère baroque, traits qui caractérisent justement la musique de cette époque par rapport à celle d'autres périodes, chaque auteur possède son propre style et son propre mode d'expression. Il serait donc méthodologiquement inexact de négliger les différences stylistiques, aussi imperceptibles qu'elles puissent paraître de nos jours, et de croire qu'un mode d'exécution qui est authentique pour les compositions d'un auteur puisse être appliqué sans réserve à toutes les œuvres de la même époque. C'est une des raisons pour lesquelles il importe de connaître dans tous les détails le style individuel de Vivaldi (voir pp. 444 et 454s).

TROISIEME PARTIE

LA FORMATION DES TEXTES MUSICAUX

Lorsque nous écoutons une œuvre d'un ancien compositeur ou en analysons les traits stylistiques, l'objet de notre attention musicale ou intellectuelle est la composition achevée telle que le compositeur nous l'a laissée. Dans ces circonstances, c'est le produit de son travail créateur qui nous préoccupe et non pas le travail en lui-même. L'intérêt que nous manifestons à l'égard de ses compositions est donc avant tout – et à juste raison – dirigé vers une tentative de réponse à la question: *qu'a-t-il composé?*

Pourtant, l'autre question, *comment l'a-t-il composé?*, n'est pas moins intéressante, ni moins importante. Bien au contraire, cette question mérite d'être l'objet d'une attention particulière, son éclaircissement pouvant non seulement concourir à de plus amples connaissances sur la personnalité du compositeur, mais aussi – et surtout – s'avérer fort utile pour l'établissement exact des textes musicaux d'après les documents qui nous sont parvenus. C'est ainsi que P. Wackernagel, en étudiant le travail qu'a effectué J. S. Bach en écrivant sa célèbre partition des Concertos Brandenbourgeois, a pu non seulement relever un nombre assez élevé de détails intéressants concernant ce «Produkt einer oft mechanischen Schreibarbeit», mais a réussi en outre à attirer l'attention sur des erreurs dans les diverses éditions modernes des six concertos. De même, A. Mendel, en préparant la partition de la Passion selon St. Jean pour la NBA, a rétabli plusieurs versions consécutives de la composition qui à la fois témoignent du travail qu'a accompli l'auteur à travers les années et ont permis la publication d'une partition moderne digne d'un intérêt particulier, notamment d'un point de vue méthodologique. Il paraît inutile de multiplier les exemples d'études semblables, celles-ci ayant déjà démontré par elles-mêmes leur raison d'être. Pourtant, il est opportun de signaler encore un exposé qui démontre que les recherches de ce genre ne sont non seulement avantageuses, mais ont été accomplies avec succès dans la documentation des œuvres d'un compositeur italien. Dans l'article qui porte le titre significatif de «Per l'edizione critica di un concerto tartiniano», P. Petrobelli affirme que l'existence de deux ratures dans la partition autographe de Tartini peut fournir des informations utiles parce qu'elles permettent de savoir si le manuscrit est copié par le compositeur ou «se non si tratti invece di una 'partitura di redazione', di una partitura, cioè, sulla quale il compositore abbia lavorato direttamente, e che recchi ancora traccie dei ripensamenti, e dei pentimenti da lui, del suo lavoro creativo». L'analyse des deux ratures, exposée dans l'article cité, devient d'autant plus intéressante lorsqu'on se rappelle qu'il a été rédigé, selon l'affirmation de l'auteur, dans le but de «presentare e discutere alcuni problemi relativi alla ricostruzione testuale di un concerto di Tartini» et que «un studio di questo genere permette non solo di conoscere la composizione come il musicista volle che fosse conosciuta, ed eseguita (e non come vogliono i vari 'revisori'), ma offre inoltre la possibilità di ampliare, su basi documentarie, la visione critica, nel senso che la conoscenza di elementi 'oggetivi' (interni all'opera stessa, o ricativi direttamente dai fonti) fornisce la garanzia necessaria per un discorso critico universalmente valido»[1].

L'exposé suivant, consacré à l'étude des questions relatives à la formation des textes musicaux de Vivaldi, a pour but notamment de démontrer de manière détaillée qu'elle est indispensable pour connaître les intentions du compositeur. Le travail de recherches effectué à ce propos ne doit certainement pas être accompli en faveur de tel ou tel compositeur, mais doit être regardé comme «universalmente valido».

Méthodologiquement, la question comprend les deux problèmes suivants: description des *procédés de composition* que Vivaldi a appliqués en créant ses œuvres et étude des *techniques graphiques* mises en œuvre pour la formation des compositions et des manuscrits. Il est très important de souligner que ces deux aspects de la question sont foncièrement différents et qu'il n'existe un rapport direct entre eux que dans certaines circonstances. En effet, comme on le verra plus loin, un procédé de composition ne s'identifie pas exclusivement à l'application d'une seule technique graphique; au contraire, Vivaldi a formé de plusieurs manières dissemblables les manuscrits qui contiennent des œuvres composées selon les mêmes procédés. Pourtant, il se montre impossible de séparer ces deux aspects de son travail: l'un ne peut en vérité être étudié et décrit efficacement s'il n'est pas amplement tenu compte de l'autre.

Du double aspect suit d'autre part que l'analyse se fonde inévitablement sur deux sources différentes mais d'importance égale. Comme on en a déjà vu de nombreux exemples, les *manuscrits* autographes renferment d'innombrables indices révélateurs des opérations que Vivaldi a effectuées en écrivant les textes qui nous sont transmis, mais l'étude des manuscrits en qualité de do-

1. Les notes se trouvent aux pp. 491s.

cuments historiques ne peut être effectuée indépendamment de celle des textes musicaux mêmes ou plus exactement des informations que l'on peut relever de la *musique* de Vivaldi. L'étude des éléments musicaux des œuvres donne effectivement souvent lieu à des observations importantes concernant le travail créateur et permettent de tirer des conclusions d'ordre capital au sujet de la façon dont telle œuvre ou tel manuscrit a été formé.

La réussite des recheches dépendra naturellement de la distinction exacte entre les divers procédes et techniques, question qui soulève de nombreux problèmes d'interprétation et d'identification. Cependant, aussi fécondes et utiles que soient les études effectuées dans ce domaine, il faut reconnaître que nous ne réussirons sans doute jamais, pour plusieurs raisons, à reconstruire en détails le mode de travail de Vivaldi: certains aspects se perdent inévitablement dans l'obscurité. Avant d'aborder l'étude détaillée des manuscrits il convient donc, en présentant brièvement les traits fondamentaux de ses procédés de composition, de signaler les principales techniques graphiques qu'il a appliquées, d'analyser quelques-unes de leurs conséquences et de voir quelles sont les limites qui se posent naturellement à nos connaissances.

A. LES PROCEDES DE COMPOSITION

Les exemples déjà analysés dans les deux premières parties du présent ouvrage ont amplement démontré l'existence, chez Vivaldi, de deux principes de composition essentiellement différents.

D'une part, naturellement, il a travaillé «ordinairement» en tant que compositeur: il a inventé une substance musicale, composée d'une quantité indéfinie d'éléments musicaux et formée selon des principes structuraux plus ou moins individuels à la composition.

Au sujet des manuscrits autographes des compositions originales, contenues dans les partitions de travail ou *partitions de composition,* le point de mire de notre attention est évidemment avant tout de savoir dans quel ordre Vivaldi en a inscrit les diverses sections: suivant de toute vraisemblance les idées au fur et à mesure qu'elles naissent dans l'esprit du compositeur, l'écriture de la partition originale doit par principe refléter, semble-t-il, sa manière de concevoir la substance musicale. Cependant, les diverses étapes de la formation d'une partition de travail ne peuvent être observées objectivement que pour un nombre assez limité des compositions. Une fois achevée, la partition ne comporte que rarement des indices permettant d'élucider la question. Comme on l'a déjà vu, les manuscrits ont souvent une apparence générale relativement homogène, si bien qu'il nous est le plus souvent impossible de déterminer si telle section a été écrite avant ou après telle autre. De plus, cette apparence homogène des manuscrits qui ne caractérise pas seulement les manuscrits originaux mais un très grand nombre de documents autographes, constitue un obstacle sérieux pour l'identification des partitions de composition. D'un autre côté, les partitions qui peuvent être identifiées, suivant certains critères, comme originales et qui en même temps sont susceptibles de jeter un peu de lumière sur le travail de composition chez Vivaldi, semblent témoigner de plusieurs habitudes; mais ces documents ne sont pas suffisamment nombreux pour permettre de tirer des conclusions valables pour l'ensemble des documents autographes. Il est au contraire fort probable que plusieurs aspects particuliers de son mode de composition, ne laissant aucune trace visible dans les partitions, nous échappent définitivement.

D'autre part, Vivaldi a souvent créé une œuvre en reprenant intégralement ou partiellement la substance musicale d'une ancienne composition, et – la transformant plus ou moins radicalement – l'a présentée d'une manière nouvelle ou dans un nouveau contexte.

Cette dernière façon de «composer», que l'on rencontre chez la plupart des compositeurs de l'époque, joue à la vérité un très grand rôle dans la production vivaldienne. Aussi ne sera-t-il pas inutile de rappeler ici que ce procédé chez lui n'a pas encore été étudié et présenté de manière exhaustive. Il est vrai que la question a été soulevée notamment par un musicologue, mais se limitant aux compositions instrumentales – négligeant de la sorte à la fois les nombreux aspects que présentent les œuvres vocales et les rapports qui existent entre ces deux domaines – l'auteur en question n'a pas été à même d'étudier et d'exposer systématiquement l'ensemble des problèmes que soulève la documentation à cet égard[2]. Cependant, aussi intéressant et urgent que soit l'accomplissement du devoir d'examiner la question afin d'en relever les qualités musicales et les aspects stylistiques, ces questions ne pourront pas être analysées de manière individuelle et détaillée dans le présent ouvrage.

En ce qui concerne cette manière particulière de former une œuvre, qui s'identifie donc à un certain nombre d'opérations différentes impliquant l'emploi renouvelé d'une substance musicale préexistante, il est juste de distinguer deux catégories: les *transformations* et les *emprunts.* En effet, les compositions complètes – qu'il s'agisse de mouvements isolés ou d'œuvres intégrales – formées principalement ou exclusivement par la modification quelconque d'une composition antérieure, diffèrent naturellement des œuvres que Vivaldi a formées en n'utilisant qu'une partie des anciennes compositions. Dans le premier cas, le résultat des modifications sera en général la formation d'une nouvelle version de la composition; dans l'autre cas, le nouveau texte sera au contraire une nouvelle œuvre individuelle qui n'est que partiellement apparentée à la composition originelle.

Les techniques graphiques appliquées à la formation d'une œuvre qui est basée sur la substance musicale empruntée à une composition antérieure se subdivisent en deux catégories. La première comprend les cas où Vivaldi a écrit un nouveau manuscrit individuel renfermant soit entièrement, soit partiellement le nouveau texte; alors que les uns seront analysés plus bas sous le rapport des *copies autographes,* les autres, désignés comme *manuscrits modifiants,* seront l'objet d'un exposé individuel. L'autre catégorie comprend les techniques que Vivaldi a mises en œuvre lorsqu'il a formé la nouvelle version ou œuvre en modifiant la partition même de la composition originale; ce sont les *manuscrits modifiés*. Ces deux manières d'agir, dont également plusieurs exemples seront analysés, ne répondent aucunement à la distinction signalée plus haut entre d'une part les versions différentes d'une œuvre et d'autre part les compositions individuelles apparentées. Logiquement, ces dernières présenteront de si considérables différences mutuelles que la dernière venue indiscutablement a dû être écrite séparément, mais la version modifiée d'une œuvre peut aisément avoir été formée de manière analogue. Inversement, les altérations effectuées dans un manuscrit, destinées à la création d'une nouvelle version de l'ancienne œuvre, ne comporteront pas, normalement, des transformations aussi radicales; mais cela n'exclut pas que la nouvelle mouture puisse être regardée, suivant les circonstances, comme une œuvre individuelle.

Le second procédé de composition soulève de toute évidence une certaine quantité de problèmes fondamentaux auxquels la musicologie doit indispensablement trouver une solution. L'existence de transformations et d'emprunts dans l'œuvre de Vivaldi a en effet d'importantes conséquences non seulement sur le plan de la théorie et des réflexions, mais aussi sur celui des travaux pratiques.

La toute première question qui s'impose consiste à savoir si Vivaldi, en formant une nouvelle version d'une œuvre, automatiquement a rejeté la composition originelle, ou si les deux versions sont équivalentes. Il y a probablement de nos jours une tendance à regarder les œuvres des anciens compositeurs sous le même angle que celles des auteurs romantiques, c'est-à-dire une tendance à respecter ce que l'on croit être leur «droit d'auteur». Selon cette opinion, la question de la priorité qualitative des versions successives d'une œuvre ne se pose pas: c'est exclusivement l'ultime version qui compte étant donné que celle-ci répond à la «dernière volonté» du compositeur; les étapes antérieures font partie du travail créateur et n'entrent à la rigueur en considération que sous le rapport des études historiques. Comme on en verra par la suite quelques exemples significatifs cette conception n'est cependant pas soutenable au sujet d'un compositeur comme Vivaldi; il faut au contraire, et ceci est indispensable, se poser la question citée et chercher à y trouver une réponse.

Ceci est d'autant plus clair lorsqu'il est question de la publication en édition moderne des œuvres: faut-il publier chacune des versions successives d'une composition ou suffit-il de n'en éditer que la dernière? La réponse spontanée à cette question est naturellement que les circonstances individuelles doivent être déterminantes: si les transformations effectuées par le compositeur lui-même – la question de l'authenticité est évidemment fondamentale – sont assez considérables, si elles sont suffisamment remarquables pour mériter d'être l'objet d'un intérêt musical particulier, il paraît justifié de publier les diverses versions de l'œuvre; mais si elles ne sont que d'ordre secondaire, l'ultime version doit suffire.

En dépit de l'application de principes éditoriaux singulièrement inconstants et irréguliers, les compositions vivaldiennes publiées par Ricordi démontrent assez nettement que cette opinion a été la base de l'édition. Alors que les versions différentes de certains concertos (tels que RV 90/428 ou RV 104/439) sont publiées individuellement puisqu'il s'agit de textes musicaux et d'ensembles instrumentaux relativement dissemblables, les éditeurs n'ont pas trouvé nécessaire de faire graver les versions primitives des œuvres si elles ne diffèrent que légèrement des versions définitives (telles que par exemple celles des concertos RV 119 ou RV 365). Il est significatif, à ce propos, que les premières (RV 90/428 et RV 104/439) sont transmises en sources individuelles, tandis que les autres ne sont connues que de *manuscrits modifiés.* Il est à noter qu'assez souvent l'existence des versions dissemblables vraisemblablement est passée inaperçue aux éditeurs; ce n'est qu'ainsi que s'explique le fait un peu étrange que ce sont parfois les versions primitives des œuvres qui ont été publiées, alors que les textes modifiés, constituant pour ainsi dire la «dernière volonté» de Vivaldi, ont été passés sous silence (RV 205, RV 281, etc.).

Au sujet de cette question qui, me semble-t-il, est aussi compliquée qu'importante, je suis arrivé, notamment en étudiant les manuscrits autographes, à la conclusion que, malgré les nombreuses difficultés auxquelles se heurtera la musicologie, il faut chercher à publier toutes les versions des compositions dont les textes peuvent être restitués. Cette conclusion se fonde surtout sur deux critères différents. Premièrement, il nous est le plus souvent impossible – comme on le verra plus loin – de déterminer les motifs qui ont incité Vivaldi à transformer ses œuvres; même dans les cas où les modifications semblent être effectuées dans le seul but relever les qualités musicales et esthétiques des textes, nous ne possédons pas la preuve que le compositeur ait rejeté les versions primitives. Deuxièmement, dans les cas où les versions dissemblables sont indiscutablement authentiques, celles-ci doivent – quelles que soient la nature et la motivation des transformations effectuées – être regardées comme le produit de son travail et donc être mises à la portée des musicologues et des musiciens. Il est fort évident qu'une telle entreprise soulève quelques problèmes pratiques concernant les principes éditoriaux, notamment au sujet des œuvres qui ont été l'objet de modifications légères, mais il paraît certain qu'une édition ne peut être considérée comme *intégrale* que si elle comporte l'ensemble des œuvres que le compositeur nous a laissées.

Malgré l'aspect peut-être subjectif de cette opinion, qui sera d'ailleurs étayée par plusieurs observations parfaitement objectives, c'est dans cette perspective que sera envisagée l'étude du travail qu'a effectué Vivaldi en composant ses œuvres et en écrivant ses manuscrits, et c'est dans la même perspective qu'a été dressé le *Répertoire*.

Il ne sera pas nécessaire de discuter longuement ici à propos des principes de catalogage, mais il convient pourtant de signaler que la numérotation des œuvres – contrairement notamment à celle de M. Pincherle – a été élaborée dans le but de présenter et de désigner de manière aussi détaillée et exacte que possible les versions dissemblables des compositions individuelles. Ainsi, plusieurs œuvres ont dû être inventoriées séparément et désignées par des numéros individuels, bien qu'elles ne soient que les versions modifiées d'autres compositions (RV 236 = RV 454, RV 179 = RV 581, RV 450 = RV 471, etc.). Par contre, d'autres œuvres, présentées sous un seul numéro dans les anciens catalogues, ont dû être dédoublées puisqu'elles présentent des différences mutuelles trop amples pour qu'il paraisse juste de les désigner par un seul numéro (RV 181/181a = P 9, RV 263/263a = P 242, RV 104 et RV 439 = P 342, etc.); de plus, quelques concertos que l'on avait jusqu'alors regardés comme des œuvres individuelles ne sont à la vérité que des versions dissemblables d'une et même composition (RV 285/285a = P 275 et P 255, RV 383/383a = P 353 et P 327, RV 438 = P 118 et P 141, etc.). Ajoutons, pour démontrer combien la question est compliquée et mérite d'être traitée avec le plus grand soin, que plusieurs œuvres que Vivaldi a formées dans des *manuscrits modifiés* n'ont été identifiées qu'après l'étude renouvelée et poursuivie des documents: RV 768, RV 769, RV 770. En ce qui concerne les œuvres dans lesquelles Vivaldi n'a effectué que de légères modifications (ratures de sections plus ou moins longues, retouches de la partie de soliste, terminaisons différentes d'un mouvement, ensemble instrumental modifié de l'accompagnement, etc.) il a semblé impossible – et inutile – d'en tenir compte dans la numérotation. Par contre, l'une des principales fonctions qu'assument les descriptions des sources est d'indiquer l'existence de ce genre de transformations des textes musicaux. Bien que les exposés de ces questions aient dû être réduits à un minimum – il appartient à la vérité au «kritischer Bericht» d'une édition scientifique d'entrer dans les menus détails – ils sont présentés à la fois dans le but de signaler que Vivaldi a modifié sa composition et dans l'espoir d'être d'une certaine utilité à une édition critique de sa production musicale.

A la question de savoir si Vivaldi a rejeté les anciennes versions de ses œuvres s'ajoutent d'autres problèmes d'importance capitale pour l'étude critique des documents, problèmes que soulèvent notamment les divers procédés de transformation et d'emprunt.

Premièrement, il est indispensable pour la réussite des recherches d'établir l'ordre chronologique de deux compositions apparentées, question à laquelle il est toutefois dans certaines circonstances difficile, sinon impossible, de trouver une solution qui se fonde sur des critères irréfutables. Alors que la priorité ne soulève aucun problème pour ce qui concerne les versions que Vivaldi a formées en modifiant la partition même de l'œuvre ancienne, c'est-à-dire en ajoutant des inscriptions diverses dans le manuscrit de celle-ci, l'ordre chronologique relatif des œuvres inscrites dans des sources individuelles ne peut être établi sûrement que pour un petit nombre de compositions. Les critères qui se fondent sur les éléments stylistiques des œuvres doivent à ce propos être mis en valeur avec la plus grande prudence, ceux-ci pouvant donner lieu à des conclusions inexactes[3].

Deuxièmement, il paraît évident que l'étude des divers aspects de la technique de transformation ne peut être effectuée avec succès que si l'existence de compositions modifiées ou basées en partie sur des œuvres antérieures peut être déterminée avec certitude. Pour cette question les circonstances de la documentation occasionnent des observations contraires à celles du problème de la chronologie: les œuvres apparentées qui sont transmises en manuscrits individuels ne posent aucun problème à cet égard, l'existence de chaque version étant automatiquement confirmée par la présence du document qui la renferme; par contre, les inscriptions ajoutées à une partition, destinées à en modifier d'une manière ou d'une autre le contenu, peuvent aisément se confondre avec les inscriptions originales, si bien que l'existence des versions consécutives se perd dans l'obscurité. La question sera analysée plus bas sous le rapport de l'identification des *manuscrits modifiés* et sera décrite par l'intermédiaire de quelques exemples instructifs.

Enfin, une question analogue se pose au sujet des compositions que Vivaldi a écrites en empruntant une section quelconque à une œuvre antérieure: thème, tutti, ritournelle, passage de soliste, etc. Les problèmes qui s'imposent à ce propos concernent non seulement la chronologie relative mais aussi l'existence des emprunts. Alors que certaines œuvres contiennent des sections assez longues et caractéristiques pour exclure qu'il s'agisse d'une analogie fortuite, certains thèmes initiaux, assez brefs et simples, qui apparaissent dans plusieurs mouvements différents, peuvent devoir leur similitude au fait qu'ils remontent au même auteur et que, ainsi que l'on a pu le voir plus haut, sa substance musicale est construite selon certaines règles déterminées par la fonction des tuttis des mouvements instrumentaux et vocaux (voir notamment pp. 224 et 233ss).

La partition de *La Verità in Cimento* comporte plusieurs airs qui sont des exemples très instructifs de ces questions. (Pour des raisons pratiques, les citations suivantes sont en partition comprenant l'ensemble des parties prescrites par Vivaldi; la disposition originale des partions est communiquée par l'intermédiaire des sigles adoptés dans la Deuxième Partie, voir pp. 142ss).

La scène 2 du premier acte contient un air qui est introduit par la ritournelle suivante:

Vorrei veder anch'io felice il figlio (a4)

Exemple 124

La même musique se trouve, avec quelques variantes notamment dans les parties d'alto et de basse, dans un concerto pour orchestre à cordes, plus tard transformé en concerto pour hautbois et violon. Dans ce mouvement, la section a également la fonction de tutti – ou ritournelle – initial. La confrontation des deux exemples ne laisse aucun doute au sujet de l'affinité des deux mouvements: malgré les différences mélodiques il est certain que la substance musicale de l'un a été reprise pour la composition de l'autre. Cependant, il nous est impossible de déterminer si l'air a été composé le premier ou si Vivaldi au contraire l'a composé en reprenant la substance du concerto:

RV 139 (RV 543), 1er mouvement, mes. 1–7 (a4)

Exemple 125

(Du fait que le manuscrit du concerto comporte des mouvements en mesure ternaire, désignée par le seul chiffre *3,* on semble toutefois pouvoir conclure, sauf erreur, qu'il est postérieur à l'opéra; voir p. 246. Il en est de même pour ce qui concerne la composition instrumentale des exemples suivants.)

Les scènes 3 et 4 du même acte contiennent chacune un air dont les thèmes initiaux se retrouvent dans le premier et dans le troisième mouvement d'un et même concerto pour orchestre à cordes, fait qui étaie les rapports qui existent entre les mouvements (voir exemples 126–129):

Solo quella guancia bella (a3)

Allegro

Exemple 126

RV 159, 1er mouvement (a3)

Allegro

Exemple 127

Ne' vostri dolci sguardi (b3)

Exemple 128

RV 159, 3^{e} mouvement (a4; le mouvement commence, en la mineur, par un trio d'instruments solistes: 2 violons et violoncelle):

Exemple 129

Le premier acte s'achève de plus par un air dont la ritournelle initiale reparaît dans le mouvement lent d'un concerto pour violon. Dans le mouvement vocal l'accompagnement est confié aux violons jouant à l'unisson et aux *Viol*[lo] *e Violette Soli* dont les parties sont réunies à la portée inférieure de la partition autographe; le mouvement comporte l'indication *Tutti Piano.* L'ensemble instrumental du mouvement lent du concerto est le même, à la seule exception que la portée inférieure de la partition comprend, outre les instruments de l'air, un violone: *Viol*[te], *Viol*[ne] *e Viol*[lo] *senza Cembalo;* les instruments doivent jouer *Tutti sempre Piano.* Encore une fois, la parenté des deux compositions est évidente: la seule différence entre les deux exemples suivants se trouve dans les mes. 2 et 6. (Par contre, il n'a pas été possible de situer chronologiquement le manuscrit du concerto par rapport à celui de l'œuvre dramatique.)

Amato ben tu sei la mia speranza (a2)

Exemple 130

RV 199, 2e mouvement (a2)

Exemple 131

Il ne sera peut-être pas inutile de compléter ces observations en signalant que d'autres partitions d'opéra renferment également des mouvements dont les thèmes initiaux reparaissent dans des œuvres instrumentales. A titre d'exemple, *Arsilda Regina di Ponto* comporte, dans le premier acte, au moins trois airs dont la substance musicale se retrouve ailleurs dans la production de Vivaldi: «Col piacer della mia fede» (I, 3) et concerto pour flûte à bec, hautbois, violon, basson et basse continue RV 94, 1er mouvement; «Fingi d'aver un cor fra sdegno» (I, 4) et concerto pour orchestre RV 136, 2e mouvement; «Perche veggo nel tuo volto» (I, 11) et même composition, 3e mouvement. Par contre il semble inutile de souligner que de tels rapports sont d'importance capitale pour l'étude stylistique des œuvres vivaldiennes.

Les exemples précédents n'occasionnent donc aucune hésitation au sujet de l'affinité qui existe entre les diverses compositions citées, étant donné que la substance musicale – en dépit des variantes plus ou moins importantes – comporte de nombreux traits communs. Manifestement plus difficile s'avère par contre l'établissement des rapports éventuels entre deux mouvements dont les thèmes initiaux ne sont pas identiques mais qui comportent pourtant une certaine similitude. La 4e scène du second acte de *La Verità in Cimento* contient ainsi un air dont le début ressemble de manière frappante au thème initial du premier mouvement d'un concerto pour flûte traversière, violon, basson et basse continue. Cependant, comme le démontrent les exemples suivants, il paraît impossible de déterminer si cette analogie thématique est due au style personnel de Vivaldi ou si au contraire le compositeur a emprunté le thème à l'un des mouvements et l'a transformé à l'occasion de la composition de l'autre:

Un tenero affetto mi dice (a2)

Exemple 132

RV 106, 1er mouvement

Exemple 133

Qu'il soit parfois réellement malaisé de faire la distinction sûre entre les emprunts proprement dit et l'emploi renouvelé d'un principe de construction thématique, ne peut guère être montré plus clairement que par les exemples suivants. Bien que l'idée musicale – la gamme ascendante en canon à 2 ou à 4 parties – soit indiscutablement la même dans les quatre compositions, elle se présente de manières si dissemblables qu'il paraît peu vraisemblable que

Vivaldi consciemment ait repris le thème de l'un de ces mouvements pour la composition des autres:

Chi seguir vuol la costanza

Exemple 134

A solis ortu usque ad occasum (RV 602/602a/603)

Exemple 135

RV 268, 3[e] mouvement

Exemple 136

RV 501, La Notte, 5e mouvement

Exemple 137

D'un autre côté, il y a lieu de noter que quelques mouvements, apparemment différents à en juger d'après les thèmes initiaux, en réalité sont les mêmes compositions en versions légèrement dissemblables. A titre d'exemple, l'Allegro initial du concerto pour flûte traversière cité plus haut, RV 438, contenu dans le manuscrit non autographe Giordano 31, fol. 250–259, ne diffère du mouvement qui se trouve dans la partition incomplète ou inachevée autographe Giordano 31, fol. 428–432 que par le thème initial modifié:

RV 438, 1er mouvement, Giordano 31, fol. 250–259

Exemple 138

RV 438 (1er mouvement), Giordano 31, fol. 428–432

Exemple 139

—

La question de savoir comment Vivaldi a créé ses compositions ne peut enfin être envisagée sans qu'il ne soit tenu compte de la situation du compositeur lui-même. Les circonstances matérielles, sociales, mentales, etc., dans lesquelles ses œuvres ont été écrites ont de toute évidence été des facteurs déterminants pour l'application de tel ou tel procédé. Sous ce rapport, les transformations des œuvres soulèvent notamment la question d'en déterminer la motivation: la mise en œuvre de ce procédé peut en effet être causée tant par sa propre volonté artistique que par une contrainte externe émanant de sources différentes: défaut de temps, critique des qualités musicales, caprices d'un chanteur, habileté supérieure d'un musicien, etc. Cependant, la documentation historique actuellement connue est très insuffisante pour ce qui concerne les détails de la vie musicale dans les institutions où il a exercé ses fonctions, surtout au Pio Ospedale della Pietà et au théâtre. Elle nous laisse au surplus dans l'ignorance à l'égard des occasions auxquelles il a composé la plupart de ses œuvres, si bien qu'il est fort difficile de connaître exactement ces motifs. Le plus souvent il faut donc se contenter de relever des manuscrits les différents indices qui sont susceptibles de nous informer des procédés que Vivaldi a appliqués.

En raison de cette limitation regrettable de nos sources d'information il ne sera peut-être pas inutile de présenter pour terminer quelques exemples des moyens par l'intermédiaire desquels il nous est pourtant possible d'établir avec vraisemblance que les circonstances ont dû exercer une certaine influence sur la manière dont Vivaldi a créé ses œuvres. Puisque le présent exposé comporte surtout des exemples du travail matériel du compositeur, il paraît juste de démontrer que même le style musical de ses compositions a pu se soumettre à une influence externe.

Il a déjà été dit plus haut que l'étude des partitions d'opéra et des livrets a permis de constater que le ténor Antonio Barbieri a chanté l'air «Quando serve alla ragione» au moins à deux occasions différentes: il se trouve dans l'opéra *La Verità in Cimento* de 1720, mais fut repris quelques années plus tard dans *Il Giustino,* représenté à Rome en 1724. La reprise intégrale de cet air – dans la nouvelle œuvre dramatique il est transposé d'ut en ré majeur – peut évidemment être due à un simple défaut de temps chez le compositeur: il paraît logiquement plus simple de copier une ancienne œuvre que d'en composer une nouvelle. Mais le fait que l'air soit repris et par surcroît transposé peut aussi bien remonter au chanteur. Si celui-ci a connu un certain succès en l'exécutant à Venise en 1720, il est naturel de penser qu'il en ait demandé la reprise et la transposition au compositeur. De même, c'est vraisemblablement Anna Girò qui a incité Vivaldi à reprendre et à transposer en sol majeur l'air «Stringi le mie catene» qu'elle avait chanté en la majeur dans *Bajazet* [*Tamerlano*], pour l'opéra *La Griselda,* où elle le chanta avec les paroles «Brami le mie catene».

Que la situation dans laquelle se trouvait Vivaldi ne fût par toujours commode se dégage par exemple de la partition d'*Orlando finto pazzo* de 1714. La scène 7 du IIIe acte comporte ainsi, Giordano 38, fol. 133r–v et 138r–140r, un air en sol majeur pour soprano qu'il a cependant retranché en appliquant sa technique habituelle: le début est rayé et les folios qui contiennent la fin sont rattachés avec du fil:

Se vedessi in faccia al porto navicella

Exemple 140

A la place il a composé un nouvel air en mi majeur dont la partition est inscrite sur les pages d'un fascicule supplémentaire, fol. 134–137, ajouté à la partition:

Sperai la pace qual usignuolo

Exemple 141

Mais cette composition, dont le texte se trouve dans le livret, n'a pas non plus été conservée. Ce document renferme en effet un supplément suivant lequel l'air «Sperai la pace» doit être remplacé par un nouveau texte; la nouvelle composition – la troisième pour la même scène – se trouve aux fol. 174–175 du manuscrit:

Sventurata navicella

Exemple 142

La partition de cet air comporte l'inscription: *Se q*[ue]*sta non piace non voglio più scrivere di Musica.* Heureusement, Vivaldi n'a pas été obligé de tenir son engagement. Que l'air réellement ait été accepté (par le public, par les cantatrices?) se dégage du fait que la musique se retrouve dans les opéras *Tito Manlio* de 1719 (I, 9; «Parla a me speranza amica») et *Il Giustino* (II, 13; «Sventurata navicella»). Ajoutons que la cantatrice qui l'a chanté dans *Orlando finto pazzo,* Margherita Gualandi (dite «la Campioli») n'a pas eu le plaisir de l'exécuter lorsqu'elle s'est produite dans le rôle principal de *Tito Manlio* où il fut chanté par Gasparo Geri.

Il n'est pas douteux, enfin, que la cantatrice Giovanna Gasparini qui a chanté dans plusieurs opéras de Vivaldi *(Artabano* 1725, *La Fida Ninfa* 1732,

Catone in Utica 1737) était dotée de talents vocaux extraordinairement développés. La partition de *La Fida Ninfa,* opéra dans lequel elle chanta dans le rôle de Morasto, contient plusieurs airs chantés par ce personnage desquels les parties vocales sont particulièrement élaborées. Il est intéressant de noter que le fameux exemple qu'A. Schering a cité pour montrer le style «instrumental» des parties vocales chez Vivaldi est extrait de l'un de ces airs, à savoir le «Destino avaro» qui provient de la scène 10 du second acte[4]. Il est donc raisonnable de croire que le compositeur ait écrit ces airs remarquables pour mettre en valeur l'agilité et l'ambitus extraordinaires de sa voix. Pour en démontrer les qualités le second solo de l'air «Come in vano il mare irato» de *Catone in Utica* II, 14 mérite d'être reproduit intégralement (la partie est notée en clef d'ut_1 dans le manuscrit):

di Ce - sa - re l'or - go - glio non giun - ge a spa-ven - tar
a spa - ven -
tar
a
spa - ven - tar.

Exemple 143

Il paraît évident que le style à la fois vocal et instrumental dans lequel Vivaldi a écrit cette musique est dicté par le fait que Giovanna Gasparini faisait partie de la troupe qui devait représenter l'opéra en question. C'est très vraisemblablement dans cette même perspective qu'il faut voir, par exemple dans la partition de *Juditha Triumphans,* la présence des airs écrits spécialement pour la *Sig*ra *Barbara.*

B. LES TECHNIQUES GRAPHIQUES

1. CLASSEMENT DES MANUSCRITS

Pour exposer les divers problèmes que soulève l'étude du travail de Vivaldi il convient d'effectuer un classement systématique des documents. Comme on a déjà pu s'en faire une idée, il existe effectivement plusieurs catégories de manuscrits autographes dont la nature est déterminée par les divers procédés de composition appliqués.

De manière générale, la musicologie bibliographique divise les manuscrits relatifs à une composition en deux groupes, à savoir les manuscrits *autographes* qui sont écrits par le compositeur de l'œuvre, et les manuscrits *copiés* qui remontent à toute autre personne. Cette distinction, qui se fonde sur l'identification des mains différentes, est adoptée notamment dans les grands catalogues thématiques où elle concourt à un classement fondamental et indispensable des manuscrits. Comme il a déjà été dit, les manuscrits qui sont écrits par le compositeur sont incontestablement de valeur historique bien supérieure à celle des documents non autographes. La question est cependant de savoir si cette division est suffisante et réellement adéquate sous le rapport des études historiques ou, autrement dit, si un classement basé sur d'autres critères que celui des mains différentes ne peut être effectué avec un plus grand profit. Du point de vue de la science historique il paraît ainsi important et justifié de subdiviser les documents d'après leur formation, c'est-à-dire d'après les rapports qui existent entre la formation des compositions mêmes et celle des manuscrits qui les renferment.

Sous cette perspective, la première distinction s'effectue entre les *manuscrits originaux* qui contiennent la toute première écriture des compositions, et les *reproductions* qui remontent, d'une manière ou d'une autre, à quelque document préexistant. L'ensemble de la documentation des compositions de Vivaldi démontre effectivement l'utilité d'envisager une telle distinction, car il n'y a chez lui certainement pas opposition exclusive entre *autographe* et *copie*. Lorsqu'une œuvre est transmise en deux manuscrits autographes, l'un d'eux doit logiquement être une reproduction faite d'après une source quelconque. Cela n'implique naturellement pas que l'autre manuscrit autographe automatiquement puisse être regardé ni comme le manuscrit original, ni même comme le modèle de la copie; en vérité, la filiation peut se produire en une multitude de variantes.

Dans la documentation vivaldienne actuellement connue on trouve un assez grand nombre de manuscrits autographes qui renferment les mêmes compositions: concertos, cantates, airs d'opéra, etc. Même s'il n'est pas toujours possible d'identifier avec certitude la nature individuelle de ces documents, il faut conclure, du fait même que Vivaldi nous a laissé la preuve d'avoir copié lui-même certaines œuvres, que des manuscrits autographes qui ne nous sont pas parvenus en doubles ont également pu avoir été écrits d'après une source préexistante. Pour l'étude des techniques graphiques appliquées à la formation des manuscrit originaux (partitions de composition) il importe d'identifier les manuscrits copiés afin de les retrancher de ce domaine de recherche. Ceci tient au fait qu'il nous est impossible de savoir *a priori* si l'ordre dans lequel Vivaldi a inscrit les diverses sections d'une partition quelconque est le même dans les manuscrits originaux et dans les manuscrits qu'il a copiés. Théoriquement, il est fort possible qu'il ait appliqué deux techniques différentes pour la formation des manuscrits appartenant à l'une et à l'autre catégorie.

Aux deux groupes de manuscrits autographes qui se forment de la sorte se joignent d'un autre côté les deux autres catégories qui ont déjà été mentionnées au sujet des œuvres que Vivaldi a écrites en se basant sur une substance musicale préexistante, les *manuscrits modifiants* et les *manuscrits modifiés.*

En résumant les observations précédentes il paraît donc opportun de fonder la description des manuscrits autographes de Vivaldi sur la subdivision en quatre groupes indiquée ci-après; pour des raisons qu'il sera inutile de développer ici puisqu'elles se dégageront des exposés, ils seront analysés dans l'ordre suivant:

1) les *manuscrits modifiants,* c'est-à-dire les documents qui renferment des sections de composition destinées à remplacer les sections correspondantes d'œuvres préexistantes, contenues dans d'autres sources;
2) les *copies autographes* qui sont les manuscrits écrits d'après d'autres manuscrits, éventuellement d'après les manuscrits originaux;
3) les *partitions de composition* comprenant la toute première écriture des œuvres (manuscrits originaux);
4) les *manuscrits modifiés* qui comportent les textes musicaux – originaux ou copiés, autographes ou non autographes – que Vivaldi a soumis à quelque altération plus ou moins importante dans le but de former une nouvelle œuvre ou une nouvelle version de l'ancienne composition.

L'étude des documents appartenant à chacune de ces quatre catégories doit logiquement comporter l'analyse critique des indices qui en déterminent le caractère individuel. Ces critères sont en soi d'importance capitale pour la description des techniques graphiques de Vivaldi et sont de nature – et surtout – de valeur très différentes.

Même si la subdivision proposée plus haut peut être regardée comme fondamentale pour l'étude des manuscrits autographes, il y a lieu de remarquer qu'elle n'a pas pu être adoptée dans le *Répertoire* dans lequel se trouve le classement traditionnel en manuscrits autographes et manuscrits copiés (non autographes). Ceci tient au simple fait que les indices sur lesquels se fonderait une subdivision plus détaillée ne sont pas assez nombreux, ni suffisamment distincts. Comme on l'a vu en examinant les diverses inscriptions des manuscrits et notamment les indications initiales et terminales, les documents ne renferment qu'exceptionnellement des informations inscrites dans le but spécifique d'en indiquer la fonction et donc de signaler les circonstances de leur formation. Il se peut, naturellement, que les divers signes, sigles, lettres, etc. que le compositeur a inscrits aux premières pages de certaines partitions (voir p. 64) aient une telle mission, mais tant que la signification de ces indications échappe à notre compréhension elles n'ont aucune valeur à ce propos. Abstraction faite de quelques critères particuliers dont il sera question plus loin, ce sera ainsi surtout par l'intermédiaire de l'étude des détails graphiques qu'il sera possible d'identifier la nature de quelques documents autographes, encore que cette méthode donne souvent lieu à des hésitations et des incertitudes inévitables.

D'autre part, l'étude des manuscrits appartenant à un groupe permettra de tirer des conclusions concernant le travail de composition qui serviront, à leur tour, aux études des autres groupes. Bien que ce processus implique inévitablement la présentation d'observations évidentes ou déjà mentionnées, il comporte, semble-t-il, l'avantage de montrer systématiquement les nombreux aspects du travail qu'a effectué le compositeur en formant ses textes musicaux.

Il faut peut-être préciser pour terminer que l'exposé concernera exclusivement les problèmes que soulèvent les manuscrits de ce compositeur. Il ne sera pas possible, ainsi, ni d'aborder systématiquement les nombreux aspects des documents non autographes, relevant notamment de l'étude des copistes individuels, ni d'examiner les questions et les méthodes d'analyse qui se rapportent à la documentation d'autres compositeurs de la même époque. Plusieurs aspects importants des études musicologiques-historiques, n'étant pas sujet d'actualité pour ce qui concerne Vivaldi, seront passés sous silence.

2. LES MANUSCRITS MODIFIANTS

Il existe à Turin quelques manuscrits qui ont été formés dans le but spécifique de renfermer les sections musicales que Vivaldi a composées pour remplacer les sections correspondantes de certaines œuvres préexistantes, contenues dans d'autres manuscrits. Ceux-ci contiennent des compositions individuelles qui existent indépendamment des documents «complémentaires»; par contre, ces derniers, les *manuscrits modifiants,* n'ont en soi, et pour ainsi dire, aucune valeur en qualité de documents musicaux.

Bien que quelques-uns de ces manuscrits n'aient apparemment soulevé aucun problème pour la publication en édition moderne des nouvelles versions des œuvres en question, et bien qu'ils aient déjà été l'objet d'une description dans la littérature vivaldienne[5], il sera nécessaire de les soumettre à un examen renouvelé en raison des conclusions importantes qu'ils permettent de tirer au sujet de l'identification de la nature des manuscrits de Vivaldi.

Il est question des quatre manuscrits autographes qui contiennent les parties de soliste pour hautbois des concertos RV 448, 450, 457 et 463, que Vivaldi a écrites pour remplacer le basson solo des concertos RV 470, 471, 485 et 500. Ces derniers sont transmis en partitions complètes, mais ils ont donc, un certain temps après leur formation, servi à la composition de concertos pour l'autre instrument à vent. Voici la liste des sources autographes de ces quatre paires de compositions:

RV 448 [solos pour hautbois]: Foà 32, fol. 299–300
RV 470 [concerto pour basson]: Foà 32, fol. 301–308

RV 450 [solos pour hautbois]: Foà 32, fol. 173–176
RV 471 [concerto pour basson]: Foà 32, fol. 162–172

RV 457 [solos pour hautbois]: Giordano 31, fol. 34–37
RV 485 [concerto pour basson]: Giordano 31, fol. 38–47

RV 463 [solos pour hautbois]: Foà 32, fol. 2–3
RV 500 [concerto pour basson]: Giordano 35, fol. 305–312

A cette liste s'ajoute, d'autre part, la partition complète mais non autographe du concerto pour hautbois RV 448: Foà 32, fol. 23–32.

La confrontation des quatre manuscrits qui nous préoccupent spécialement ici, révèle une certaine quantité de traits communs qui témoignent notamment d'une régularité notoire au sujet de la manière de travailler chez Vivaldi. Il n'est pas exclu que cette régularité puisse être un indice permettant de situer chronologiquement les quatre transcriptions à une et même époque, sans qu'il ne soit toutefois possible d'en préciser la date. Abstraction faite des textes musicaux et des indications explicatives qui les accompagnent, les inscriptions communes des quatre manuscrits comprennent notamment les titres exceptionnels des documents. Ceux-ci se composent d'un incipit comprenant une ou deux mesures de la partie des violons I inscrit en haut, à gauche, à la portée supérieure de la première page et qui est suivi, à la même hauteur, du titre proprement dit:

RV 448  *Con^{to} P Fag: accomodato P Hautbois*

RV 450  *P Fag: ridotto P Haut*

RV 457  *P Fag: ridotto p Haut:*

RV 463  *Con^{to} P Fag: ridotto P Haut:*

Les quatre manuscrits – même celui du concerto RV 463 dont le format diffère de celui du manuscrit qui contient le concerto pour basson RV 500 – ont apparemment été si étroitement liés aux manuscrits originaux que Vivaldi a pu négliger d'y inscrire son nom; les manuscrits modifiants sont effectivement anonymes.

Dans les partitions des quatre concertos pour basson, Vivaldi a inscrit, le plus souvent aux endroits où commencent et où s'achèvent les solos des trois mouvements, des chiffres arabes qui se rapportent aux diverses sections contenues dans les manuscrits modifiants. Ceux-ci ne comprennent en effet que les solos pour hautbois inscrits soit seuls sans accompagnement, soit en partition comprenant les parties de soliste et les instruments de l'orchestre à cordes. Le plus souvent l'accompagnement est cependant identique à celui du passage correspondant du concerto pour basson, ce que Vivaldi a indiqué en inscrivant des explications telles que *Tutte le parti stano come Sopra l'Originale* [,] *l'Ha: come Segue* ou *Tutte le parti restano come sono Sopra l'Originale saluo l'Haut: che chi segue.* Malgré les soins avec lesquels Vivaldi visiblement a travaillé en écrivant ces manuscrits, on y trouve quelques inexactitudes sans importance; à titre d'exemple le chiffre 6 du concerto pour basson RV 470 est inscrit au début du mouvement lent et non pas, comme il devrait l'être, au début du solo de ce mouvement, mes. 9.

Quels que soient les motifs qui ont incité Vivaldi à transformer ainsi quatre concertos pour basson, il est à peu près certain que les manuscrits modifiants aient été écrits dans le but de servir à la confection de matériel d'exécution, lequel a pu être copié directement d'après les deux sources de chaque concerto transcrit. Il est intéressant et important de remarquer que Vivaldi n'a pas écrit les nouvelles moutures des œuvres en *partition,* constatation qui permet de tirer trois conclusions fondamentales. D'une part, les exemples montrent qu'une œuvre peut exister en tant que composition individuelle sans que le compositeur n'en ait écrit un manuscrit complet ou, autrement dit, sans qu'il n'en existe une *partition de composition.* D'autre part, il y a lieu de supposer que le manuscrit non autographe du concerto RV 448, pour des motifs inconnus, exceptionnellement a été copié en partition d'après les deux manuscrits cités plus haut. Cela nous permet d'avancer la conclusion intéressante que la première partition qui soit écrite d'une composition, dans certaines circonstances peut avoir été écrite par un copiste et non pas par l'auteur de l'œuvre. Enfin, on ne peut pas exclure, par principe, que nous n'ayons connaissance que d'une partie des œuvres que Vivaldi a transformées en appliquant les mêmes techniques. Il est vrai, certes, que les chiffres qu'il a inscrits dans les quatre partitions des concertos pour basson sont des indices dont on ne trouve pas d'autres exemples parmi les manuscrits à Turin, mais rien ne s'oppose à la supposition que Vivaldi, pour d'autres œuvres, ait négligé d'ajouter des marques de ce genre dans les partitions qu'il a modifiées de manière analogue. Les documents dont il sera question ci-après ne peuvent qu'étayer ces observations.

Un autre manuscrit que Vivaldi a écrit dans le but de composer des sections musicales qui doivent remplacer les sections d'une œuvre préexistante, est le document Giordano 32, fol. 44–47, dont la fonction est de contenir une version pour soprano de l'Introduction au Gloria RV 639, laquelle, dans la version originelle, est écrite pour contralto, Foà 40, fol. 26–37 (voir p. 43). Bien qu'il s'agisse ici du même genre de modification que ceux des concertos pour basson transformés en œuvres pour hautbois, à savoir le remplacement du soliste par un autre, les manuscrits des deux compositions vocales présentent un certain nombre de différences par rapport aux documents signalés plus haut.

Premièrement, le titre du manuscrit modifiant, *Introd^e al Gloria,* sans nom d'auteur, ne comporte aucune référence à la composition originelle, ni aucune inscription indiquant qu'il est question d'un texte «ridotto» ou «accommodato». C'est en effet exclusivement par l'intermédiaire du texte chanté et de la nature des inscriptions musicales que la fonction particulière du document a pu être identifiée. Deuxièmement, le texte musical du nouveau manuscrit est écrit en partition à deux portées comprenant la partie de soprano et la partie de basse continue, identique à celle de la composition originale; par contre, les autres parties de l'orchestre ne sont pas signalées. Vivaldi n'a donc pas été obligé, suivant les principes des concertos pour basson, d'inscrire, dans la partition originelle, des repères quelconques: la partie de basse suffit en effet pour déterminer l'emplacement exact de chaque mesure de la partie de soliste. Troisièmement, le manuscrit modifiant est remarquable en raison du fait que Vivaldi n'en a personnellement écrit qu'une partie. C'est ainsi que, en ayant inscrit lui-même le début, il a pu laisser à un copiste le soin d'écrire à la fois la partie de basse à partir de la mes. 11 (y compris les clefs et les armures à partir de la mes. 63 = 2^e accolade du fol. 45r) et les paroles chantées; le copiste n'avait qu'à les ajouter au dessous de la partie de soliste que Vivaldi a écrite lui-même d'un bout à l'autre.

Le manuscrit Giordano 35, fol. 303–304, dont la fonction est également de compléter et de modifier le texte musical d'une composition préexistante, est pour plusieurs raisons le plus intéressant, notamment parce que sa qualité de manuscrit modifiant n'a été décelée qu'à une époque récente. La composition que Vivaldi a formée par l'intermédiaire de ce document n'est ainsi pas comprise dans la numérotation principale du *Verzeichnis,* mais y est ajoutée dans le supplément des œuvres retrouvées depuis mai 1971.

Le manuscrit en question était à la vérité fort énigmatique. Vivaldi y a écrit six mesures d'une partition à deux portées désignées par les clefs de sol et de fa, mais sans armures, et comprenant un passage de soliste en do dièse mineur; elles sont suivies de la partition complète à cinq portées d'un mouvement lent, Andante, en la majeur; la dernière page, enfin, est inutilisée. Sans titre et sans nom d'auteur, le manuscrit contient en tête l'inscription suivante qui est en soi fort obscure: *Vn tuono più alto Il Violino Principale.* Elle énonce bien l'instrument soliste du fragment, mais elle ne comporte apparemment aucune indication permettant ni d'expliquer la transposition de la partie de violon, ni d'identifier la composition. (Le manuscrit, n'appartenant à aucun des concertos pour violon connus, a en effet été inventorié comme fragment de concerto, RV 744). Cependant, il s'agit sans aucun doute possible d'un manuscrit modifiant qui se rapporte à un manuscrit renfermant une œuvre pour un autre instrument soliste que le violon, en fonction de quoi l'inscription citée est parfaitement logique et compréhensible.

L'œuvre en question est le concerto en la majeur pour viole d'amour RV 396 dont la partition autographe se trouve dans Foà 29, fol. 324–331. Celle-ci est remarquable pour deux raisons: d'une part, la partie de soliste, contrairement à tous les autres concertos avec viole d'amour, est exceptionnellement écrite en clef d'ut$_3$ et d'autre part, le manuscrit contient deux ratures effectuées très légèrement et comprenant le mouvement lent intégral et les mes. 37–42 du finale. Ce sont en effet les sections du manuscrit original que Vivaldi a retranchées afin de les remplacer par celles qu'il a inscrites dans le manuscrit modifiant à l'occasion de la formation du concerto pour violon basé sur le concerto pour viole d'amour. En outre, il est évident que l'inscription citée plus haut est destinée au copiste qui doit, en écrivant la nouvelle partie de soliste, «transposer» d'un ton les notes écrites en clef d'ut$_3$ pour arriver à la même note (à l'octave supérieure) en clef de sol:

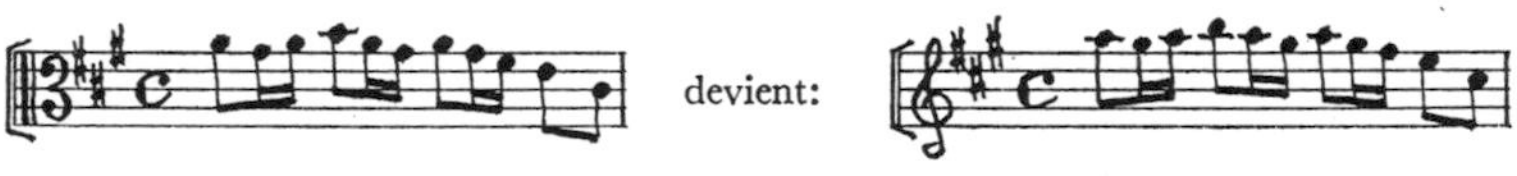

Exemple 144

Le nouveau concerto, désigné désormais par le numéro d'identification RV 768, se compose ainsi du premier mouvement du concerto original, du nouvel Andante et du finale de l'ancienne œuvre, dans lequel toutefois les mes. 37–42 sont modifiées ainsi que le démontrent les exemples suivants:

RV 396, 3ᵉ mouvement, mes. 36–43

Exemple 145

Dans l'exemple suivant, la partie de soliste est transposée, suivant les indications de Vivaldi, un *tuono più alto* aux mes. 36 et 43. De plus, les mes. 37–42 de l'exemple précédent sont substituées à celles qui sont inscrites dans le manuscrit modifiant; comme on le voit, cette opération s'effectue aisément puisque les mes. 36–37 et 42–43 se tiennent musicalement:

RV 768, 3e mouvement, mes. 36–43

Exemple 146

Alors que le retranchement de l'Andante pour viole d'amour semble être occasionné par la présence de doubles cordes difficilement réalisables sur le violon, la motivation de remplacer ce passage soliste du finale par le nouveau texte n'est pas évidente; elle peut avoir été dictée par des raisons purement musicales.

En raison du fait que certains manuscrits en parties séparées de compositions vocales comportent la partie de soliste inscrite en partition avec la basse (tels que RV 608 ou RV 683), on pourrait croire que la «partition» citée plus haut de l'Introduction au Gloria RV 639a n'ait pas été écrite pour assumer la fonction de manuscrit modifiant mais qu'il s'agisse de la seule partie subsistante d'un manuscrit incomplètement transmis. Bien qu'il ne soit pas possible, naturellement, d'éliminer une telle explication, le document qui sera analysé ci-après, écrit également en partition à deux portées de soliste et de basse continue, affirme que les manuscrits modifiants peuvent réellement se présenter sous cette forme particulière. Il est question de la partition de l'air «Lo splendor ch'ha sul volto il mio bene» que Vivaldi a inscrit dans un fascicule supplémentaire, ajouté comme on l'a vu plus haut, à la partition de *La Verità in Cimento,* acte III, scène 8 (= scène 6 du livret). D'origine, le récitatif de cette scène, dont le début se trouve au fol. 309v, s'achevait à la page suivante, fol. 312r, mais par la suite le compositeur a ajouté le fascicule fol. 310–311 et a rattaché les fol. 311–314 de telle sorte que la fin du récitatif et l'air originel, «Sia conforto alle tue piaghe», soient retranchés. En conséquence de cette opération, Vivaldi a été obligé de réinscrire, au fol. 310r, la fin du récitatif. Cette constatation est importante, en l'occurence, parce qu'elle confirme l'emplacement du fascicule ajouté. Celui-ci contient par ailleurs la partition de l'air sus-mentionné dont le texte figure en scène 6 du troisième acte dans le livret.

Ce qui rend le fascicule en question digne d'attention particulière, c'est le fait qu'il ne s'agit pas, ainsi que l'on pourrait être tenté de le croire à première vue, d'un air pour soprano et basse continue, mais d'un manuscrit modifiant: par l'intermédiaire de cette «partition» Vivaldi a effectivement transformé l'air «Lo splendor ch'à separe m'invitta» dont la partition complète se trouve dans le début de l'acte, parmi les mouvements qu'il a retranchés, fol. 276r–279r. (Rappelons que les scènes 1 et 2 de la partition sont supprimées, si bien que la scène 3 du manuscrit correspond à la scène 1 du livret; voir pp. 53s. De ce fait il est fort probable que le manuscrit modifiant ait rapport à la copie de l'air qui se trouve, avec les mêmes paroles, dans les collections du volume Foà 28 [fol. 127r–129v; voir pp. 118s]). Les exemples 147 et 148, p. 292, et les planches 44 et 47 exposent les mesures initiales du texte original et le début de celui du manuscrit modifiant (voir en outre planche 35).

Musicalement, les deux versions sont identiques, mais comportent un texte chanté différent; de plus, la première version était destinée au personnage de Melindo, la seconde fut chantée par Zelim:

Lo splendor ch'à sperare m'invit[t]a	Lo splendor ch'hà sul volto il mio bene
Anche addita	Alla spene
Ch'è un vapor gonfio il sen di saette;	Fermi il volo superbo ed audace
Or sereno e benigno scintilla	E se resta il German senza regno
Or sfavilla	Ben è degno
Minaccioso e tempeste promette.	Ch'io la sposa gli ceda con pace.

Bien que les rapports qui existent entre les deux partitions ne donnent lieu à aucun doute lorsqu'elles sont confrontées de la sorte, il faut reconnaître qu'ils ne sautent pas aux yeux à l'étude du manuscrit. Vivaldi n'a effectivement rien inscrit qui puisse nous mettre sur la piste de la fonction que doit assumer la partition à deux portées. Ce sont à la vérité quelques traits stylistiques qui ont permis de déceler la nature de ce document: la présence des signes ※ marquant le début de la reprise – jusqu'à plus ample informé inconus dans les airs pour voix et basse continue seule – et l'absence d'accompagnement dans les solos sont des indices nets du caractère spécial de la partition.

Exemple 147

Exemple 148

En partant des mêmes observations on doit supposer que la partition de l'air «La bella mia nemica» qui se trouve aux fol. 102r–103r du manuscrit de l'opéra *Armida al Campo d'Egitto* (Foà 38) ait la même fonction. Elle se compose également de deux portées, soprano et basse continue, et comporte aussi le signe ✳ situé à la deuxième mesure:

Exemple 149

Encore une fois, le compositeur n'a ajouté aucune indication permettant d'identifier le mouvement que cette partition doit compléter, et les recherches effectuées parmi les airs de l'opéra en question sont demeurées vaines. Il n'est pas exclu que l'air ait disparu avec le second acte, mais une autre explication paraît plus vraisemblable. La composition se trouve dans le manuscrit partiellement autographe de l'opéra *Rosmira fedele,* acte III, scène 2 (4), où elle se situe aux fol. 112–116 du volume Foà 36:

La bella mia nemica

Exemple 150

Abstraction faite de quelques variantes mélodiques insignifiantes (quelques notes pointées suivies de valeurs plus brèves sont remplacées par des notes égales), les deux textes sont musicalement identiques; les paroles chantées sont également les mêmes dans les deux sources.

Comme il sera démontré dans les chapitres suivants sous le rapport de l'analyse des manuscrits originaux et des manuscrits modifiés, les deux opéras cités sont des *pasticci,* dont les partitions comportent chacune un certain nombre d'airs que Vivaldi a empruntés à des œuvres dramatiques d'autres compositeurs. Ainsi, le manuscrit de *Rosmira* contient 11 airs en partition non autographe – et parmi eux l'air en question – et celui d'*Armida* en contient deux; ceux-ci font partie des mouvements que Vivaldi a ajoutés à sa partition à l'occasion de la reprise de l'opéra en 1738, mais à ces deux compositions semble donc se joindre l'air qui nous préoccupe ici: au lieu d'en recopier intégralement la partition ou de retrancher le fascicule du manuscrit de *Rosmira,* le compositeur s'est contenté d'inscrire les deux parties inférieures de la partition. Le copiste chargé de la confection du matériel d'exécution a donc vraisemblablement eu les deux partitions à sa disposition, supposition qui se voit étayée par le fait que les deux opéras furent représentés pendant la même saison, carneval 1738, au théâtre S. Angelo à Venise. De plus, ce détail nous permet de situer les deux opéras chronologiquement: la partition de *Rosmira* a logiquement dû être formée avant que Vivaldi ait effectué les modifications dans celle d'*Armida*[6].

L'identification de la fonction qu'assument les deux partitions citées situées dans les manuscrits de *La Verità in Cimento* et d'*Armida al Campo d'Egitto* nous oblige à tirer une conclusion dont les conséquences sont indiscutablement d'importance considérable: les deux manuscrits démontrent nettement que la partition à deux parties, comprenant une partie de soliste vocal (ou instrumental?) et basse continue, n'est pas nécessairement complète. Elle peut se rapporter, en qualité de manuscrit modifiant, à quelque autre partition. Il s'ensuit, puisque le compositeur souvent a négligé de préciser la nature de ces documents particuliers, que le mouvement lent d'un concerto ou qu'un air quelconque, notés de cette manière, doivent être complétés par l'addition de parties supplémentaires afin de répondre aux intentions de Vivaldi.

Il est donc possible que nous possédons, sans le savoir et sans pouvoir les identifier, un certain nombre de manuscrits modifiants et un certain nombre de partitions dont les textes ont été modifiés par le concours de tels documents. C'est ainsi que le manuscrit qui contient le seul mouvement initial du concerto pour flûte traversière RV 438, Giordano 31, fol. 428–432 (voir p. 51 et les exemples 138 et 139), peut être un manuscrit modifiant destiné à compléter soit la partition autographe (perdue), soit la copie non autographe du concerto, Giordano 31, fol. 250–259: comme on l'a vu, le manuscrit «incomplet» comporte une autre version du mouvement. Et c'est peut-être de la même manière que doit être interprété le manuscrit Giordano 30, fol. 31–34, qui renferme le finale d'un concerto en si bémol majeur RV 745 (voir pp. 64s); en l'occurence, le mouvement qu'il doit éventuellement remplacer n'a toutefois pas été identifié.

Il en est de même pour ce qui concerne le manuscrit énigmatique du concerto pour violoncelle RV 400. Le document se compose d'un fascicule de quatre folios (Foà 29, fol. 41–44) qui renferment le premier et le second mouvement, et d'une double feuille (fol. 45–46) qui contient le finale. Ce qui rend le manuscrit problématique, c'est le fait que Vivaldi a rayé le titre de l'œuvre, *Con*^{to} *Con Violon*^{lo} et *Del Viualdi* mais a réinscrit ces indications; de plus, il a écrit le mot *Finis* à la fin du premier Allegro. On ne peut donc pas exclure que la partition de ce mouvement à un moment donné fût transformée en finale d'une autre œuvre pour violoncelle, peut-être le concerto RV 399 également en ut majeur. Comme on le verra plus loin (voir p. 329), le manuscrit de cette composition est désigné par le mot *Originale,* indication qui – tout comme la rature du titre et le mot *Finis* de l'autre document – peut avoir été destinée au copiste qui devait écrire la nouvelle version du concerto RV 399. Cependant, rien ne permet de prouver qu'il en soit ainsi et l'explication avancée demeure sur le plan des conjectures.

Les deux manuscrits qui contiennent les concertos pour flûte traversière RV 431 et 432 doivent enfin être regardés dans la même perspective. A la fin des premiers mouvements, Vivaldi a inscrit les indications *Graue Sopra il Libro come stà* (RV 431) laquelle est suivie du finale, et *Graue Sopra il Libro* (RV 432, sans finale). Il n'est pas douteux que ces inscriptions étaient destinées aux copistes qui devaient se rapporter à d'autres manuscrits – actuellement inconnus – pour écrire les parties séparées des deux œuvres.

3. LES COPIES AUTOGRAPHES

Dans l'ensemble de la documentation des œuvres de Vivaldi se trouve un nombre inconnu de manuscrits que le compositeur a copiés lui-même d'après un document préexistant. Ces manuscrits se divisent théoriquement en deux groupes: le premier se compose des documents pour lesquels la filiation entre les diverses sources autographes connues peut être déterminée d'une manière ou d'une autre; le second groupe comprend de son côté les manuscrits qui sont copiés mais dont le modèle est inconnu (perdu), dans quel cas les copies sont isolées, ou dont le modèle ne peut pas être identifié.

D'un point de vue musical, les œuvres dont il existe plusieurs manuscrits autographes se divisent en deux catégories comprenant respectivement les compositions que Vivaldi a reproduites intégralement et sans altérations, et les œuvres qui inversement ont été l'objet d'une modification quelconque à l'occasion de la formation du document copié. Il est question, sous ce rapport, tant de compositions complètes, copiées avec tous les mouvements, que de mouvements individuels faisant partie d'une composition par ailleurs différente.

L'existence de copies autographes intégrales et inaltérées est en soi chose remarquable. Elle semble affirmer que certaines œuvres avaient atteint une telle perfection subjective que le compositeur n'a pas désiré en améliorer ou en modifier la substance. Parmi les compositions qui se présentent de la sorte, on peut citer le concerto pour violon RV 391 dont les parties d'orchestre sont contenues dans le recueil *La Cetra* et qui correspondent exactement à celles de la partition à Turin. Sans connaître la partie de violon principal il ne nous est naturellement pas possible d'établir avec une certitude absolue que l'œuvre soit reproduite sans aucune modification, mais les parties qui subsistent semblent affirmer que le compositeur ait copié le concerto sans l'altérer. Il en est de même pour ce qui concerne les mouvements vifs du concerto pour violon RV 314 qui sont reproduits intégralement et sans modifications musicales dans le manuscrit à Dresde 2389/0/70 (comme on le verra plus bas, le manuscrit a sans aucun doute été copié d'après la partition à Turin et le mouvement lent a été l'objet de quelques transformations). Même si Vivaldi parfois, volontairement ou par accident, a négligé d'inscrire dans le nouveau manuscrit tous les détails – tels que signes d'articulation, chiffres à la basse continue, etc. – les deux textes sont identiques.

Le plus souvent, cependant, il semble avoir profité de l'occasion pour modifier les œuvres, si peu que ce soit, en les copiant. Ceci paraît exclure que les compositions reproduites sans changements quelconques aient été conservées telles quelles pour des raisons d'économie de temps ou de travail. Il serait par conséquent injuste de conclure de l'étude des transformations qu'il a effectuées, qu'il s'agit d'une règle sans exceptions.

a. Identification des manuscrits autographes copiés

L'identification des manuscrits que Vivaldi a copiés d'après une source préexistante se fonde sur des indices appartenant à deux catégories différentes: les indices graphiques et les indices historiques; ils seront analysés plus bas par le concours d'exemples plus ou moins détaillés selon les besoins. A cela s'ajoutent en théorie les critères qui se basent sur l'étude des textes musicaux mêmes, mais cette méthode ne pourra pas, pour des raisons logiques, être envisagée ci-après: le but de la confrontation de deux manuscrits autographes est d'étudier les modifications qu'a effectuées le compositeur et celles-ci ne peuvent donc pas en même temps être le point de départ d'une telle analyse. De plus, les éléments stylistiques sont de valeur nulle pour ce qui concerne les copies autographes isolées (la confrontation des versions successives étant exclue) ainsi qu'au sujet des manuscrits qui contiennent des textes identiques.

Il existe à Turin et ailleurs quelques documents musicaux autographes dont la nature même exclut qu'il s'agisse de manuscrits originaux: ce sont les manuscrits en parties séparées. Il est peu vraisemblable, en effet, que la toute première écriture d'une œuvre soit effectuée sous d'autre forme que celle de la partition, et inversement les manuscrits en parties séparées – qu'il soit question du matériel d'exécution ou de manuscrits qu'il a écrits en parties détachées pour d'autre motifs – doivent avoir été reproduits d'après un autre texte.

Les manuscrits autographes en parties séparées ne sont pas très nombreux et plusieurs d'entre eux ont déjà été signalés. Parmi ces documents le recueil mentionné plus haut, intitulé *La Cetra,* est sans doute le plus intéressant malgré son état d'imperfection; il mérite une attention particulière de la part de la musicologie vivaldienne non seulement à cause du nombre de compositions qu'il renferme – dont plusieurs se retrouvent en partitions autographes à Turin – mais aussi en raison des informations que l'on peut en relever en comparant les parties les unes avec les autres. L'importante collection dite d'Aylesford, déposée actuellement à Manchester, qui pour les manuscrits de concertos vivaldiens se compose exclusivement de parties séparées, comprend en outre quelques documents autographes dignes d'attention.

Du point de vue de l'étude des techniques graphiques appliquées par Vivaldi, les manuscrits en parties séparées sont évidemment d'intérêt limité; l'analyse critique de ces documents est importante surtout sous le rapport des aspects musicaux.

La présence de sections écrites par un copiste dans une partition par ailleurs autographe est en outre un critère qui semble indiquer que le document ne soit pas une partition de composition, mais qu'il renferme au contraire un texte reproduit d'après une source préexistante. Cependant, il serait faux de regarder une telle conclusion comme générale: les sections non autographes peuvent effectivement être interprétées de manières différentes, ce que les quelques exemples suivants, comprenant tous des manuscrits partiellement autographes, serviront à démontrer.

Le manuscrit du motet «Nulla in mundo pax» RV 630, Giordano 32, fol. 199–208, est un exemple des documents qui sans aucun doute possible sont copiés d'un bout à l'autre d'après une autre source, actuellement inconnue. La première page du manuscrit, y compris les indications initiales – *Motetto* et, à droite: *Di D. Ant^o Viualdi* – est écrite par le compositeur lui-même, tandis que le reste du manuscrit, à partir du verso du premier folio, est inscrit par quelque copiste. A moins que Vivaldi ne lui ait dicté oralement ce qu'il devait écrire – supposition qui est trop invraisemblable pour être acceptable – le copiste et donc Vivaldi ont eu un document quelconque servant de modèle. Cette supposition explique en outre la manière inhabituelle dont le compositeur y a inscrit son nom (voir pp. 62s). Pour des raisons analogues il faut supposer que Vivaldi, avec le concours d'un copiste, ait copié la partition du concerto RV 224 qui se trouve dans l'un des manuscrits aux dimensions minuscules à Dresde, 2389/0/57: alors que les deux premiers mouvements sont entièrement autographes, le finale qui comporte au total 146 mesures ne l'est que jusqu'à la mes. 25 dans la partie de violon principal et jusqu'à la mes. 16 des parties d'accompagnement. La section inscrite par le copiste est si considérable qu'il paraît certain que le document soit une copie. Les dimensions particulières du papier semblent étayer cette supposition.

Le manuscrit du motet «In furore giustissimæ iræ» RV 626, Giordano 32, fol. 189–198, présente apparemment un cas semblable. Il se compose de deux fascicules de respectivement quatre et six folios, qui ont ceci de remarquable que le premier est entièrement écrit de la main de Vivaldi, tandis que l'autre ne renferme que l'écriture d'un copiste. Il est naturellement possible que chacun d'eux ait copié sa partie du document d'après une source préexistante commune, mais une autre explication ne doit pas être laissée hors de considération: il n'est pas exclu, ainsi, que le manuscrit, à l'origine, ait été écrit intégralement par Vivaldi mais que le second fascicule, ayant éventuellement subi quelque détérioration matérielle, ait été remplacé plus tard par le fascicule copié, dans le but d'en préserver le contenu. (C'est très vraisemblablement de manière analogue que doit être interprétée la présence de quelques pages autographes insérées dans la partition par ailleurs non autographe de la serenata *La Sena Festiggiante* RV 693, Foà 27, fol. 146–253; les pages autographes sont les fol. 218–220 et 233–235.)

Dans certains manuscrits partiellement autographes les sections dont Vivaldi a laissé l'écriture à un copiste témoignent enfin de l'économie du travail chez le compositeur et apportent en même temps d'importantes informations au sujet de la formation des œuvres qu'ils contiennent. Le manuscrit le plus intéressant à ce propos est sans doute celui du concerto pour deux trompettes RV 537. Cette composition n'est pas une œuvre entièrement originale, car deux mouvements remontent au concerto pour orchestre sans soliste RV 110, à savoir la brève transition de six mesures qui, dans les deux concertos, tient la place de mouvement lent, et le finale dont la substance musicale des tuttis est empruntée au mouvement initial du concerto pour orchestre. Que le concerto pour trompettes soit réellement postérieur à cette œuvre est un fait qui est confirmé par la présence d'une section pour orchestre seul (tutti) qu'un copiste à écrite dans la partition par ailleurs autographe. Arrivé à la mes. 60 du dernier mouvement, Vivaldi a vraisemblablement demandé au copiste d'effectuer le simple travail de reproduire les mes. 22–42 du premier Allegro du concerto antérieur; à la suite de cette section, Vivaldi a repris son travail de composition. Le copiste a respecté si fidèlement le modèle qu'il a inscrit les parties de violons I et II aux deux portées supérieures de la partition, conformément à la disposition de concerto pour orchestre, si bien que Vivaldi a été obligé d'ajouter quelques indications explicatives. Ce détail, qui ne se serait certainement pas produit si le copiste avait travaillé d'après un manuscrit renfermant le concerto pour deux trompettes, semble donc confirmer que la partition de celui-ci contient la première écriture de cette œuvre. Le manuscrit doit par conséquent, même s'il n'est pas entièrement autographe, être regardé comme le manuscrit original de la composition puisqu'il n'en existe aucun document antérieur; le manuscrit qui contient le concerto pour orchestre RV 110 renferme justement une autre œuvre. D'une telle observation se dégage l'utilité de la distinction suggérée entre manuscrits originaux et manuscrits copiés, complétant la division des documents en manuscrits autographes et manuscrits non autographes.

Il y a lieu d'observer que la partition du concerto pour violon et violoncelle

RV 544, pour des raisons semblables, paraît être une copie et qu'elle a peut-être été formée de la même manière: les mes. 74–92 du finale ne sont pas autographes. La composition et le manuscrit d'après lesquels la partition est copiée n'ont toutefois pas été retrouvés ou identifiés.

La nature des corrections que comporte une partition autographe peut en outre être un indice important permettant de l'identifier comme une copie. Lorsque les erreurs sont des fautes d'écriture notoires ou lorsque Vivaldi visiblement s'est trompé de portées, de mesures, etc. en inscrivant une partie qu'il a corrigée, il est très probable que le document soit une copie. Il est vrai que de telles méprises aisément peuvent se produire au moment de l'écriture du texte original, si bien que la présence de corrections de ce genre ne doit pas être regardée comme une garantie de la nature du manuscrit; mais dans les quelques cas où l'un des manuscrits autographes d'une et même composition comporte un nombre plus ou moins élevé de fautes d'écriture évidentes qui n'apparaissent pas dans l'autre document, il semble raisonnable de le regarder comme le manuscrit copié.

C'est de cette manière que la partition autographe du concerto pour violon RV 314 qui se trouve à Dresde, 2389/0/70, a pu être identifiée comme une copie et que celle-ci sans aucun doute a eu l'autre partition autographe, Giordano 30, fol. 264–273, comme modèle. Parmi les détails assez nombreux sur lesquels se fonde cette conclusion, on peut signaler, par exemple, que Vivaldi a effectué une correction très caractéristique aux mes. 15–17 du troisième mouvement à la portée du violon principal. Dans le manuscrit à Turin, fol. 268v, il a, contrairement à ses propres habitudes, écrit les quatre parties – violon principal = violon I, violon II, alto et basse continue – bien qu'il s'agisse d'une section *all'unissono*. En copiant ce passage, Vivaldi a commencé à écrire les notes de la portée supérieure, visiblement en suivant le texte du modèle, mais voyant que toutes les parties comportent les mêmes notes, il les a effacées et y a inscrit l'abréviation désignant l'unisson avec la basse. Une telle correction ne s'explique, semble-t-il, qu'en supposant que le manuscrit ait été copié. Le début du mouvement lent ne peut qu'étayer cette conclusion: ici Vivaldi a très visiblement commencé à écrire le texte des deux portées qui se trouvent dans l'autre manuscrit, mais s'étant ravisé, il a transformé la blanche pointée à la première mesure de la basse en noire pointée suivie de trois croches; de même, le ré dièse de la seconde mesure à la partie de violon est rayé et remplacé par d'autres figures. Dans le manuscrit copié le mouvement se présente ainsi en une version différente de celle du manuscrit à Turin:

RV 314, 2ᵉ mouvement, version à Turin

Exemple 151

RV 314, 2ᵉ mouvement, version à Dresde

Exemple 152

Peut-être s'agit-il là de l'un des très rares documents susceptibles de nous informer de la pratique d'ornementation chez Vivaldi. Quoi qu'il en soit, les deux versions méritent naturellement d'être mises à la portée des musiciens et des musicologues; il est regrettable – et significatif – que le tome 192 de l'édition de Ricordi, reproduisant le texte de la partition à Turin, passe sous silence l'existence du mouvement transformé par Vivaldi lui-même.

La partition du premier mouvement du concerto pour violon RV 369 dont le manuscrit se trouve dans le volume Foà 31 (fol. 39–51) présente un cas un peu différent. L'écriture ne comporte aucune correction qui permette d'en établir la nature, mais la fin du mouvement reparaît au fol. 44r, c'est-à-dire à la suite de la partition en question. Etant donné que cette terminaison comporte de nombreuses ratures, il est logique de penser que Vivaldi ait retranché la partition originale du mouvement, renfermant peut-être trop de ratures et de corrections, et l'ait remplacée par une copie au net. Comme on le verra plus loin, la partition du finale de ce concerto contient effectivement plusieurs corrections de composition ce qui laisse supposer que le mouvement initial en ait comporté également.

Suivant les définitions sur lesquelles se base la terminologie adoptée dans le présent ouvrage pour dénommer les différentes catégories de manuscrits autographes, il y a opposition exclusive entre manuscrits originaux et manuscrits copiés. Tandis que l'un, rappelons-le, est le document qui comporte la première écriture d'une œuvre, l'autre est inversement écrit d'après une source préexistante. La question est cependant de savoir si une telle distinction rigoureuse est soutenable. Un manuscrit original, autrement dit, peut-il être copié? Aussi paradoxale que puisse paraître cette question, tout porte à croire qu'il faille y répondre par l'affirmative dans certaines circonstances. Il existe à Turin un manuscrit, ou plus exactement une seule page, dont le texte musical que Vivaldi y a inscrit semble jeter un peu de lumière sur un aspect particulier de sa façon de travailler et qui effectivement nous oblige à poser la question citée.

Il est question du fol. 213 du volume Foà 33. Comme on l'a vu plus haut, ce folio se trouve dans la partition de *La Verità in Cimento* où il a servi à recouvrir une page dont le texte devait être supprimé, fait auquel nous devons que cette page intéressante soit conservée. Il a été dit à son sujet (voir p. 107) qu'elle contient quelques fragments de la seconde version de l'air «Quando serve alla regione», mais il s'agit – sans le moindre doute possible – d'esquisses que Vivaldi a notées avant d'en écrire la partition complète. On reconnaît ainsi le début de la ritournelle initiale et les premières mesures de la partie de soliste (voir planche 38 et l'exemple 9, p. 117). Malheureusement, le manuscrit autographe – la partition originale – de cet air n'est pas parvenu jusqu'à nous ce qui nous empêche de savoir comment s'est présentée graphiquement la partition, mais le fait que nous soyons en possession de ces esquisses a évidemment d'importantes conséquences au sujet des études relatives à la documentation vivaldienne.

Il est peu vraisemblable notamment que la composition citée soit la seule dans l'ensemble de la production de Vivaldi qu'il ait écrite en se basant sur des esquisses. Il est au contraire fort probable que le compositeur, du moins pour certaines œuvres et pendant une certaine période de sa carrière, ait noté les principales idées musicales d'un mouvement avant d'en écrire la partition. N'ayant de valeur pour le compositeur que jusqu'à la formation du texte définitif, les esquisses ont fort naturellement été détruites – à moins que le papier, d'une manière ou d'une autre, ait pu servir ailleurs – et ne sont donc qu'exceptionnellement parvenues jusqu'à nous.

Il est par conséquent légitime de soulever la question de savoir si une partition que Vivaldi a écrite en se fondant sur des esquisses doit être regardée comme une copie ou si elle doit être désignée comme le manuscrit original de l'œuvre. Malgré l'aspect peut-être abstrait de cette question, elle n'en est pas moins importante sous le rapport de l'étude du travail créateur du compositeur. D'une part, il a déjà été signalé que le but des recherches effectuées dans ce domaine est de savoir dans quel ordre les diverses idées musicales sont nées dans l'esprit de Vivaldi; mais si leur toute première «matérialisation» a été faite sous la forme d'esquisses, la partition terminée ne sera pas susceptible de refléter la succession des idées: même si l'ordre des inscriptions peut être déterminé, il serait méthodologiquement injuste de l'identifier comme celui de la conception intellectuelle de la substance musicale. Envisagé sous cet angle le manuscrit original est aussi peu instructif que le manuscrit copié. D'autre part, cette observation implique naturellement qu'un nouvel aspect relatif au problème de l'identification des manuscrits copiés s'impose.

Le matériel de travail du compositeur – esquisses, ébauches, brouillons, etc. – étant inconnu, il n'est évidemment pas aisé de trouver les moyens de prouver qu'une partition quelconque ne soit pas la réalisation immédiate et spontanée des idées musicales mais qu'elle renferme au contraire un texte que Vivaldi a travaillé au préalable et qui éventuellement est le résultat d'un procès de maturation. L'aspect graphique régulier et harmonique d'une partition, l'absence de ratures et de corrections, etc. sont des traits qui peuvent indiquer qu'elle soit une copie au net de la composition, mais en qualité de critères d'identification ces indices doivent naturellement être regardés avec la plus grande prudence: on ne peut pas exclure que Vivaldi, à une certaine époque, ait atteint une telle expérience et une telle routine qu'il ait pu écrire ses partitions sans se servir d'esquisses et sans y laisser pourtant de traces révélatrices de son travail créateur. Cette observation semble toutefois accepter une exception: certaines partitions variables, particulièrement compliquées et hétérogènes, sont disposées de telle sorte que le nombre des portées dès le début d'une accolade réponde au nombre de parties qu'elle comporte plus loin, mais se présentent néanmoins sans corrections ou erreurs d'écriture quelconques. Pour ce qui concerne ces partitions, il est donc logique de penser que le compositeur se soit fondé sur des esquisses ou que le manuscrit soit de bout à autre une copie.

Le manuscrit de *La Verità in Cimento* comporte un exemple très intéressant et instructif des problèmes que suscitent à ce propos les manuscrits de Vivaldi. L'air «Tu sei sol dell'alma mia», dont la partition se trouve à la scène 8 du second acte (fol. 262v–264r) mais qui a été retranché de l'opéra, se compose de quatre ritournelles et de quatre solos. Les sections instrumentales sont écrites à trois parties – violons à l'unisson, altos et basse continue – et les solos sont exceptionnellement accompagnés par les seuls violons jouant à l'unisson avec la partie vocale. Sous forme de tableau, le mouvement se présente de la sorte:

Rit. I	mes.	1– 8	violons, altos, basse continue
Solo I	mes.	9–20	soprano et violons
Rit. II	mes.	20–22	violons, altos, basse continue
Solo II	mes.	22–35	soprano et violons
Rit. III	mes.	35–41	violons, altos, basse continue
Solo III	mes.	42–46	soprano et violons
Rit. IV	mes.	47–48	violons, altos, basse continue
Solo IV	mes.	48–54	soprano et violons
Da capo			

Normalement, la disposition d'une partition reste invariable à l'intérieur d'un mouvement, mais comme on l'a vu dans la Deuxième Partie (p. 167), le nombre des portées peut être modifié dans certaines circonstances. En l'occurence, les pauses des altos et de la basse dans les solos et la fusion de la partie vocale et des violons ont permis à Vivaldi d'appliquer l'une de ses abréviations caractéristiques. Des 10 accolades dont se compose la partition, deux ne sont qu'à une seule portée (les chiffres romains I et II désignent respectivement la première et la deuxième moitié d'une mesure):

1e accolade:	mes. 1– 6: 4 portées [clefs: sol, ut_3, ut_1, fa]
2e accolade:	mes. 7–12(I): 4 portées
3e accolade:	mes. 12(II)–17(I): 1 portée [clef: ut_1]
4e accolade:	mes. 17(II)–22(I): 4 portées
5e accolade:	mes. 22(II)–27(I): 1 portée
6e accolade:	mes. 27(II)–33(I): 4 portées
7e accolade:	mes. 33(II)–38(I): 4 portées
8e accolade:	mes. 38(II)–43: 4 portées
9e accolade:	mes. 44–48: 4 portées
10e accolade:	mes. 49–54: 4 portées

Une telle disposition rationnelle, établie en tenant compte du nombre de parties que doit contenir les accolades, semble indiquer que Vivaldi a dû écrire cette partition en se servant d'un modèle quelconque qui lui a permis de prévoir la disposition nécessaire. La supposition que ce modèle n'ait pas été une partition complète préexistante mais plutôt des esquisses se voit étayée par le fait que les 6e et 10e accolades, à l'instar des 3e et 5e, auraient pu ne comprendre qu'une seule portée. Cette supposition est d'autant plus vraisemblable que les esquisses mentionnées plus haut se rapportent à un air qui a fait partie du même opéra.

Pourtant, aussi convainquantes que puissent paraître ces observations, la conclusion n'en est pas moins inexacte: la partition a sans aucun doute été copiée intégralement d'après une source préexistante, laquelle vraisemblablement peut être identifiée comme la partition non autographe de l'air «Nelle mie selve natie» qui se trouve dans le volume Foà 28 aux fol. 56v–58r. Comme on le sait, ce volume renferme une assez grande collection d'airs d'opéra que Vivaldi a formée entre environ 1717 et 1721 dans le but de se procurer une sorte de réserve dans laquelle il pouvait puiser en composant un nouvel opéra. Il est vrai que la collection renferme plusieurs airs copiés sans doute d'après la partition de *La Verità in Cimento,* mais l'air en question provient, à en juger d'après le texte, de l'opéra *Scanderberg* de 1718 (acte II, scène 2). La supposition que l'air de *La Verità* soit emprunté à la collection est d'autre part renforcée par le fait que plusieurs mouvements de cette œuvre dramatique se trouvent ou se sont trouvés dans les partitions d'opéras antérieurs. Pour démontrer qu'il en est ainsi il suffit de signaler quelques-uns des emprunts: l'air «Crudele se brami» (III, 2 dans la partition) provient de *Scanderberg* II, 9 [1718]: «Con palme ed allori» (Foà 28, fol. 118r–123v; fragment de la partition autographe originale) ou de *Teuzzone* III, 1 [1719]: «Con palme ed allori» (Foà 33, fol. 99v–105r; non autographe); l'air «Il ciglio aciero la guancia vaga» (I, 4) provient de *Tito Manlio* I, 4 [1719]: «Liquore ingrato breve» (Giordano 29, fol. 184v–186r); l'air «Amato ben tu sei la mia speranza» (I, 12) provient de *La Candace* II, 13 [carneval 1720]: «Inganno mio tu sei la mia speranza» (partition originale perdue); le quintette «Anima mia, mio ben» (II, 9) provient du même opéra, II, 9: «Anima del cor mio» (quatuor; partition originale perdue). Dans ces circonstances on semble donc pouvoir conclure que la partition de l'air qui nous intéresse spécialement ici n'a pas été écrite d'après des esquisses, mais qu'elle est la copie intégrale d'une partition antérieure du mouvement.

Les critères d'identification dont il a été question jusqu'ici se sont tous rapportés d'une manière ou d'une autre aux aspects graphiques des manuscrits, mais les derniers exemples démontrent que les indices historiques peuvent également être utiles pour déterminer la nature d'un document. En effet, lorsque chacun des manuscrits qui contiennent la même composition peut être située chronologiquement de manière plus ou moins exacte, il est évident qu'il y a là un moyen d'identifier le plus jeune comme une copie. Etant donné, cependant, que les documents musicaux que Vivaldi nous a laissés ne comportent pas d'indications destinées à préciser la date de leur formation, la méthode n'entre en considération que pour un nombre assez restreint de partitions. Comme il a déjà été dit, ce sont surtout les manuscrits des œuvres dramatiques qui, par l'intermédiaire des dates imprimées dans les livrets, se montrent utiles à ce propos, encore que certaines difficultés, nécessitant l'étude critique de la formation des documents individuels, soient inévitables.

Le problème principal qui s'impose à cet égard consiste à déterminer si la partition notamment d'un mouvement isolé (air, chœur, etc.) a été écrite à la même époque que le reste du manuscrit ou si Vivaldi inversement l'a retranchée d'une ancienne œuvre afin de la situer dans le nouveau manuscrit. Si la partition est inscrite dans un fascicule qui comporte des sections d'autres mouvements – fin du récitatif précédent, début de la scène suivante, etc. – elle a normalement dû être écrite à la même époque. Si au contraire le mouvement se trouve seul dans un fascicule individuel, si celui-ci par surcroît comporte un numéro d'ordre hors série, si le nom du personnage est différent de ceux qui se produisent dans l'opéra, etc., il y a de fortes raisons de croire que la partition soit antérieure à celle des autres mouvements du même opéra. Dans ces circonstances, la datation devient problématique, notamment si l'opéra antérieur ne peut être daté ou identifié.

A titre d'exemple, la partition de *Griselda* II, 2, opéra représenté à Venise *Nella Fiera dell'Ascenssione l'Anno 1735,* contient un air dont les paroles chantées se retrouvent dans le livret de *L'Adelaide,* exécuté quelques mois auparavant à Vérone (carneval 1735), «Agitata da due venti». Bien que le manuscrit de cette dernière œuvre dramatique ne soit pas parvenu jusqu'à nous, il paraît logique de penser que Vivaldi, en écrivant le manuscrit de *Griselda,* ait copié la composition citée d'après l'ancien opéra, supposition qui se voit étayée par le fait que, selon les deux livrets, l'air fut exécuté par la même cantatrice, Margherita Giacomazzi. De plus, les circonstances codicologiques semblent prouver que la partition de l'air fasse bien partie d'origine du manuscrit de *Griselda:* il est inscrit sur les 10 premières pages d'un fascicule de 6 folios (soit 12 pages; Foà 36, fol. 175–180), désigné par le numéro d'ordre 3; les fascicules voisins, fol. 173–174 et 181–182, comportent les numéros 2 et 4. A la suite du mouvement en question, Vivaldi a écrit le début du récitatif de la troisième scène (fol. 179v) qui s'achève à la page suivante et qui, à son tour, est suivi (fol. 180v) du début de l'air appartenant à cette scène (emprunté, d'ailleurs, à *L'Atenaide* de 1729). Il est donc logique de regarder la partition de la composition en question comme une copie écrite d'après le manuscrit de l'ancien opéra, mais cette conclusion est en vérité inexacte; au contraire, tout porte à croire que Vivaldi a emprunté l'air *matériellement* à l'autre opéra. Le fait que le fascicule contienne au moins trois mouvements consécutifs faisant indiscutablement partie de *Griselda* paraît évidemment s'opposer à une telle supposition: les pages qui suivent la partition de l'air auraient normalement contenu la suite de l'ancien opéra. Il existe cependant, comme on l'a vu, une exception à cette règle: à la fin d'un acte, la partition peut contenir un certain nombre de pages laissées en blanc, et c'est justement ce qui explique, en l'occurence, le fait que le récitatif et le début de l'air de *Griselda* aient pû être inscrits dans le même fascicule. Celui-ci s'est effectivement sans aucun doute possible trouvé à la fin du premier acte de *L'Adelaide:* suivant le livret de cet opéra, il achève en effet cet acte. A la première mesure du récitatif se trouvent les traces d'un texte quelconque: il s'agit probablement d'une indication terminale qui n'avait plus de raison d'être et que Vivaldi a grattée afin de pouvoir y inscrire le début du récitatif. Que la partition de l'air soit réellement retranchée du manuscrit antérieur et située dans le nouveau contexte se voit confirmé par le nom du personnage qui doit l'exécuter: selon le livret de *Griselda,* l'air est chanté par Costanza, mais la partition comporte devant la première accolade le nom abrégé de *Ma:.* Aucun personnage de l'opéra ne répond à cette indication (Gualtiero, Griselda, Costanza, Roberto, Ottone, Corrado et Everardo); par contre, dans *L'Adelaide,* Margherita Giacomazzi s'est produite dans le rôle de *Ma*tilde.

Un cas analogue se présente dans la partition de l'opéra *L'Olimpiade,* représenté à Venise *Nel Carnovale dell'Anno MDCCXXXIV,* qui comporte dans la scène 7 du second acte un air que Vivaldi à première vue a emprunté à *La Fida Ninfa* datant de 1732; la même composition se trouve en effet dans le second acte, scène 9, de cet opéra. A en juger d'après ces dates il paraît évident que la partition qui se trouve dans *L'Olimpiade* soit une copie, mais l'étude critique des documents en question rend cette conclusion problématique. L'air est inscrit dans un fascicule sans numéro, Foà 39, fol. 83–86, qui comporte à la première page la fin d'un récitatif dont ni les paroles, ni les personnages n'apparaissent dans le livret de *L'Olimpiade.* Le fragment en question provient d'une partition que Vivaldi a écrite sur le texte de *Lucio Vero* de Zeno, deuxième acte, première scène, ce que confirment d'une part les noms des personnages (Claudio et Lucio Vero, désignés par Vivaldi comme *Cl.* et *L. V.)* et d'autre part les œuvres complètes du librettiste; l'air qui suit doit être chanté par *Cl.* Etant donné que ce fragment et quelques autres indices que contient la partition de *L'Olimpiade* sont les seules traces qui subsistent de cette partition perdue, il nous est impossible de savoir à quelle époque Vivaldi a composé un *Lucio Vero;* par contre, il est certain que le compositeur encore une fois a emprunté matériellement, sans la copier, la partition à un manuscrit antérieur. De ce fait on ne peut donc pas exclure que, malgré les dates, la partition de l'air contenue dans le manuscrit de *La Fida Ninfa* soit postérieure à celle qui se trouve dans *L'Olimpiade,* supposition que quelques différences d'aspect graphique entre les deux partitions pourront peut-être sinon confirmer, tout au moins, rendre plausible.

L'ensemble instrumental de la première partie de l'air comporte les violons à l'unisson et la fusion des altos et de la basse continue, ce qui a permis à Vivaldi d'écrire cette section en accolades à trois portées. La deuxième partie est par contre écrite en accolades à cinq portées, les violons et les altos étant individuels. Dans la partition qui se situe dans le manuscrit de *L'Olimpiade,* le compositeur ne semble pas avoir prévu cette modification, car le début de l'accolade ne comporte que trois portées (fol. 85v, première accolade):

Qual serpe tortuosa (pour basse):

Exemple 153

Dans la partition de *La Fida Ninfa* il a par contre disposé l'accolade où s'effectue la transition de telle sorte qu'elle comprend dès le début les cinq portées nécessaires (Giordano 39bis, fol. 227r, deuxième accolade):

Qual serpe tortuosa (pour contralto)

Exemple 154

Comme on l'a vu plus haut, cette disposition rationelle est l'un des indices qui permettent d'identifier de manière plus ou moins certaine la copie. En l'occurence, tout porte donc à croire que la partition de l'opéra vraisemblablement abandonné, *Lucio Vero,* ait été écrite avant celle de *La Fida Ninfa.*

b. Les transformations musicales

La confrontation de deux ou plusieurs manuscrits autographes qui contiennent la même œuvre en versions dissemblables est pour plusieurs raisons une opération extrêmement utile. Bien qu'elle donne souvent lieu, comme il a déjà été souligné, à une hésitation inévitable au sujet de la priorité des versions individuelles, elle permet cependant de déterminer de quelle manière l'auteur a considéré lui-même ses propres compositions et d'établir objectivement la nature des modifications accomplies.

Le fait qu'une telle confrontation de textes apparentés se fonde sur des documents entièrement ou partiellement autographes, exclut *a priori* les problèmes de l'authenticité: même si les transformations qui se dégagent des manuscrits étaient occasionnées par des influences externes, les textes dissemblables présentent inévitablement les variantes qui remontent à Vivaldi ou auxquelles il a dû tout au moins consentir. Par contre, les textes qui sont transmis en sources non autographes – manuscrites et gravées – ne comportent pas cette garantie. Les documents à Dresde qui contiennent des œuvres transformées plus ou moins radicalement par J. G. Pisendel sont des exemples évidents de versions non authentiques qui se soustraient à notre attention. Pourtant, en raison du nombre assez limité de manuscrits autographes copiés qu'il est possible d'identifier, il sera nécessaire d'examiner les textes contenus dans quelques documents non autographes dont l'authenticité paraît relativement sûre (voir la Quatrième Partie).

Il est important de souligner que les observations qui vont suivre ne se fondent pas sur l'étude détaillée de tous les doublets autographes connus. Ce travail de comparaison, aussi important et utile qu'il soit, relève surtout des études stylistiques: ce sera en effet l'un des devoirs que pourra accomplir la musicologie vivaldienne avec avantage afin de parvenir à des connaissances plus amples et plus nuancées de la musique du compositeur vénitien. Que ce devoir n'ait pas encore été soulevé tient probablement avant tout au fait que les doubles autographes n'ont pas été recensés dans les catalogues publiés jusqu'à présent. Cependant, aussi incomplètes et inachevées que soient les études effectuées dans ce domaine particulier, elles semblent pourtant être suffisantes pour permettre d'établir un classement général des modifications.

De plus, les affirmations qui seront avancées à ce sujet ne seront accompagnées que d'un ou de deux exemples tirés dans la mesure possible des œuvres instrumentales et des compositions vocales. En raison du fait que le nombre des exemples ne répond pas statistiquement à la fréquence des procédés – certains parmi eux sont effectivement beaucoup plus rares que d'autres – ils sont destinés non pas à décrire le style musical de Vivaldi mais exclusivement à en attester l'existence dans les deux domaines. Un assez grand nombre des exemples qui ont été analysés jusqu'ici sous les rapports les plus variés ont d'autre part déjà montré la plupart des procédés de transformation dont il sera question ci-après. Il paraît pourtant utile, notamment en vue de faciliter l'étude des documents les plus compliqués, les manuscrits modifiés, de dresser en quelque sorte le catalogue des modifications observées: étant donné que celles-ci sont authentiques dans ce sens qu'elles sont attestées par l'existence de plusieurs manuscrits autographes, il est logique de penser que Vivaldi a effectué les mêmes genres de modifications dans les manuscrits qu'il a révisés par la suite.

Signalons enfin qu'il sera impossible de relever et de classer les innombrables variantes d'importance secondaire, telles qu'elles apparaissent par exemple aux signes d'articulation, aux indications dynamiques, aux chiffres de la basse continue, etc.; il en est de même pour les petites modifications musicales d'ordre mélodique, rythmique, etc., dont les documents offrent de nombreux exemples mais qui sont sans aucune importance sous le rapport des transformations qui nous préoccupent spécialement ici.

1. MODIFICATIONS DE L'ENSEMBLE INSTRUMENTAL ET VOCAL

A. Substitution du soliste

Normalement, l'écriture musicale de Vivaldi est essentiellement «idiomatique», c'est-à-dire qu'elle est appropriée aux instruments et aux voix pour lesquels il a composé les œuvres individuelles. La partie de soliste d'un concerto pour violon ou pour violoncelle, par exemple, comporte ainsi le plus souvent de nombreux passages qui sont conçus exclusivement pour ces instruments et qu'il serait sinon impossible, tout au moins très malaisé d'exécuter sur d'autres que ceux-ci; de même, il a écrit un air pour soprano ou pour contralto en tenant compte du caractère individuel de ces voix. En général, le ou les solistes d'une composition quelconque ne peuvent pas être substitués: l'ambitus, le registre, la sonorité, la technique, etc., sont des éléments si étroitement liés aux parties individuelles que le remplacement par d'autres moyens d'exécution ne peut pas être effectué simplement. Il est ainsi très significatif que Vivaldi, en composant les quatre concertos pour haubois basés sur d'anciennes œuvres pour basson (voir pp. 284ss), n'a pas transposé mécaniquement d'une ou de deux octaves les parties de soliste, mais en a composé de nouvelles en adaptant son écriture musicale aux possibilités qu'offre l'instrument aigu. Il s'ensuit que les substitutions des solistes sont relativement peu fréquentes et qu'elles impliquent le plus souvent une modification plus ou moins radicale de la substance musicale.

a. Soliste instrumental

Parmi les quelques compositions instrumentales dont il existe plusieurs versions qui se distinguent par la présence d'instruments solistes différents, on peut citer le concerto pour hautbois RV 454, composé sans aucun doute pour cet instrument, mais publié à Amsterdam en 1725 comme œuvre pour violon et orchestre, RV 236 (op. 8 n° 9). Il est remarquable que l'édition comporte l'indication *Questo concerto si può fare ancora cor* [sic] *l'Hautbois.* A moins que l'indication ne soit pas authentique, Vivaldi a donc remplacé l'instrument originel tout en offrant aux musiciens de l'époque les moyens d'exécuter l'œuvre avec celui-ci. Cependant, en l'occurence, tout porte à croire que la substitution remonte au compositeur, car dans la partition autographe intitulée *Con^to^ p Haubois* [sic] se trouve, ajoutée à une retouche de la partie de soliste dans le premier mouvement, l'indication apparemment contradictoire *Viol^o^ Principale.* Le nouveau texte n'est pas spécifiquement violinistique, si bien qu'il y a lieu de supposer qu'il s'agit d'une simple amélioration musicale, effectuée probablement en vue de la publication de l'œuvre. S'il en est ainsi, il faut conclure que le concerto pour hautbois existe en deux versions légèrement différentes (voir planches 17 et 18).

Particulièrement intéressant est l'air pour contralto «Tu dormi in tante pene» de *Tito Manlio* III, 1. Dans la partition autographe de l'opéra, Vivaldi a écrit une partie de *Viola d'Amor* obligée dont voici le début (jusqu'à la mes. 13, l'instrument cité est accompagné par *Vn Violino Solo):*

Tu dormi in tante pene, mes. 1–3 (version autographe):

Exemple 155

Le manuscrit non autographe de *Tito Manlio* comporte le même air, mais le copiste n'a écrit que les parties de contralto et de basse; la portée supérieure de sa partition avait été laissée sans inscriptions, permettant à Vivaldi d'y ajouter de sa propre main une partie de *Violino Solo,* accompagnée par la basse continue:

Tu dormi in tante pene, mes. 1–3 (version partiellement autographe):

Exemple 156

Le remplacement de la viole d'amour par le violon, effectué pour des motifs inconnus, a donc obligé le compositeur à écrire une nouvelle partie, l'ancienne n'étant effectivement pas réalisable sur l'autre instrument.

b. Soliste vocal

En raison du fait que les airs d'opéra étaient interchangeables, qu'ils pouvaient autrement dit être repris une ou plusieurs fois dans de nouveaux contextes, il n'est pas surprenant que la substitution des solistes vocaux soit un peu plus fréquente que celle des instruments. Parmi les exemples il suffira de signaler l'air «No bel labbro men sdegnoso» qui se trouve dans la partition d'*Armida al Campo d'Egitto* III, 3 pour contralto, en fa majeur, et qui reparaît dans celle de *Il Giustino* I, 11 où il est transposé en si bémol majeur, étant dans ce dernier opéra pour soprano. Quelques exemples supplémentaires seront signalés plus loin sous le rapport d'autres genres de modifications.

B. Modification de l'accompagnement

Pour des raisons logiques les modifications que Vivaldi a effectuées dans l'accompagnement d'un ou de plusieurs solistes n'affectent que les parties instrumentales, mais cela n'empêche naturellement pas que ce genre de transformations apparaisse tant dans la musique instrumentale que dans les compositions vocales. De manière générale, il n'est pas question de modifications radicales, mais aussi peu importantes qu'elles puissent paraître, elles méritent d'être signalées, étant en effet assez caractéristiques.

Comme on l'a vu plus haut (p. 147, variante d1), le mouvement lent du concerto en ré majeur pour violon et deux orchestres RV 582 comprend la partie de soliste, laquelle – suivant les indications du manuscrit autographe – est accompagnée par les *Primi* [violini] *Soli del Pmo Coro.* Le même mouvement se retrouve comme *Preludio* (avec quelques modifications mélodiques sans importance) de la sonate pour violon RV 12, œuvre où, naturellement, l'accompagnement ne peut être que la basse continue. Il n'a pas été possible d'établir l'ordre chronologique de ces deux compositions.

La partition autographe du concerto en mi majeur pour violon RV 263 comportait d'origine les indications suivantes, inscrites à la partie d'accompagnement du mouvement médian: *Bassi Soli* (à savoir au début des ritournelles, mes. 1, 13 et 27) et *Violini Soli* (au début des solos, mes. 5 et 16); ces indications sont cependant rayées et remplacées par respectivement *Tutti* et *Viol^{i} e Viol^{e} Soli.* Dans l'édition gravée du concerto (op. 9 n° 4, source qui comporte un autre finale), les deux parties de violons de l'orchestre contiennent l'indication *Largo Tacet,* si bien que l'accompagnement se compose des altos et de la basse continue, celle-ci ne jouant toutefois que dans les ritournelles. Etant donné que Vivaldi a lui-même remanié l'accompagnement au moins une fois et qu'il a en outre substitué le finale à celui du concerto RV 762, il est assez logique de penser qu'il soit également l'auteur de la nouvelle version du Largo. D'un autre côté, du fait que Michel Charles Le Cene a commis nombre d'erreurs notoires en publiant ce recueil (voir par exemple pp. 212ss), on ne peut pas exclure que la version gravée ne soit pas authentique. Il convient de rappeler que l'édition de Ricordi ne comprend que la version imprimée du concerto, RV 263a, la version originelle étant jusqu'à plus ample informé toujours inédite.

Authentiques sont par contre sans aucun doute possible les modifications que le compositeur a accomplies en copiant l'air «Lascerà l'amata salma» de *La Virtù trionfante* II, 11 de 1724. Dans le manuscrit de cette œuvre dramatique il est en si bémol majeur pour soprano, et l'accompagnement se compose des violons *Vnis^{ni}* et d'une partie notée en clef de fa, désignée par les mots *Violette e Violoncello Soli* (voir p. 143, variante a2). Le même air se retrouve dans la *serenata* «Gloria e Himeneo» datant probablement de 1725 (voir p. 33), mais en reprenant la composition Vivaldi l'a modifiée d'au moins quatre manières différentes: le texte chanté est remplacé par de nouvelles paroles, «Al seren d'amica calma», le ton est transposé en fa majeur, le soprano est substitué au contralto de la *serenata* (l'air est chanté par le personnage allégorique de *Gloria)* et l'accompagnement est enfin légèrement transformé: alors que la portée supérieure de la partition est toujours celle des violons à l'unisson, la partie inférieure est désignée par l'indication *Senza Cembali,* impliquant le retranchement total des altos et des instruments à clavier, la basse devant en effet, dans la nouvelle version, être exécutée par les violoncelles et les violones.

C. Modification de l'ensemble

Il existe un certain nombre de compositions – œuvres intégrales et mouvements isolés – desquelles l'ensemble des parties instrumentales est substitué ou remanié de manière plus ou moins radicale. Quelques-unes des modifications de l'accompagnement sont de toute évidence apparentées à ce genre de transformations, mais étant donné que Vivaldi les a effectuées parfois pour des compositions sans solistes proprement dit ou sans solistes principaux, il convient de les envisager séparément et d'en présenter quelques exemples.

Dans l'exposé concernant la disposition des partitions qui contiennent les grandes œuvres instrumentales, l'attention a été attirée sur le fait que la substance musicale de la *sinfonia* qui se situe dans le troisième acte de *Tito Manlio* reparaît avec une orchestration très différente dans le premier mouvement du *Concerto funebre* RV 579 (voir p. 158). Il en est de même pour ce qui concerne le finale de ce même concerto dont la fugue se retrouve comme troisième mouvement du concerto pour orchestre à cordes RV 123 en ré majeur. En dehors des ensembles instrumentaux essentiellement dissemblables, les deux mouvements ne sont pas musicalement absolument uniformes: les mes. 25–35 et 56^{III-IV}–57^{I-II} du concerto pour orchestre ne figurent point dans l'autre œuvre, si bien que les mouvements comprennent respectivement 71 et 59 mesures. L'ordre chronologique des deux compositions n'a pas pu être déterminé objectivement, mais il semble logique de supposer que le *Concerto funebre* soit postérieur à l'autre œuvre (et vraisemblablement à *Tito Manlio*).

Il est assez intéressant de noter que les concertos pour plusieurs instruments et basse continue sans orchestre à cordes ont fréquemment été sujets à des modifications analogues. Parmi les exemples il suffit de signaler ici l'œuvre intitulée *Il Gardellino,* RV 90, dont il existe au moins trois versions dissemblables. L'œuvre a très vraisemblablement été composée pour l'ensemble qui est le plus fréquent à l'intérieur de ce groupe de concertos, à savoir flûte traversière, hautbois, violon, basson et basse continue. La partition non autographe à Turin comporte effectivement cet ensemble, et c'est donc probablement par la suite que les instruments à vent ont pu être substitués par des violons et un violoncelle. Les parties séparées non autographes du concerto, retrouvées à Manchester, comportent en effet les désignations des instruments ajoutées par Vivaldi lui-même: *Flauto ò Viol*^{o} *Pmo, Hautbois ò Viol*^{o} [2do?], *Viol*^{o} *3zo, Violoncello ò Fagotto* et *Basso Cont.* Les désignations des parties de violon (celle du violon II – «2do» ou «secondo» – a disparu, la papier ayant été rogné sur le bord supérieur et sur le côté droit) paraissent indiquer que la transformation de l'ensemble instrumental doit s'effectuer à toutes les parties en bloc. Il serait donc contraire aux intentions de Vivaldi, semble-t-il, de substituer par exemple la flûte par un violon mais de conserver les deux autres instruments à vent, supposition que confirment notamment les partitions autographes des concertos RV 95 et RV 106 qui seront examinées plus loin (pp. 420s et 431s). Le concerto intitulé *Il Gardellino* fut enfin publié dans l'op. 10 comme œuvre pour flûte traversière et orchestre à cordes, RV 428, ensemble essentiellement différent de celui des autres versions. Ainsi que l'affirme I. Farup celles-ci sont vraisemblablement antérieures au concerto édité à Amsterdam[7].

Pour des raisons évidentes les compositions vocales n'ont pas pu être l'objet de modifications semblables, le nombre et la nature des parties d'un ensemble ou d'un chœur ne parmettant pas les permutations aussi variées que les parties instrumentales. Il convient cependant de signaler que le quintette qui achève le second acte de *La Verità in Cimento,* «Anima mia mio ben», sans doute est une version modifiée du quatuor par lequel se termine la scène 9 du deuxième acte de *La Candace,* «Anima del cor mio». La partition de cet opéra a malheureusement disparu, mais la collection d'airs isolés du volume Foà 28 à Turin comporte au moins douze mouvements – et parmi eux le quatuor cité – qui proviennent de cette œuvre dramatique. Le livret de *La Candace* situe la représentation au *Teatro Arciducale di Mantova* pendant la saison de *Carnovale dell'Anno M.DCCXX.* Si cette date est exacte – si elle ne désigne donc pas, selon le *more veneto,* le début de 1721 – on doit conclure que Vivaldi a transformé un ensemble comprenant deux sopranos et deux contraltos en quintette de deux sopranos, deux contraltos et ténor.

2. MODIFICATIONS HARMONIQUES

L'occasion s'est présentée à plusieurs reprises de signaler l'existence de mouvements que Vivaldi a transposés en les copiant. Ce n'est aucunement un hasard qu'à une exception près ces exemples ont été tirés d'œuvres vocales, notamment des opéras. Pour des raisons assez évidentes, la transposition est effectivement une opération qui est liée surtout à la substitution d'un soliste, laquelle est accomplie beaucoup plus fréquemment au sujet des voix qu'à celui des instruments. Le remplacement de par exemple un soprano par un contralto implique naturellement que le ton originel ne peut que rarement être conservé. C'est en effet le même genre de modification qui a dû motiver la transposition citée plus haut du mouvement lent en fa mineur du concerto pour flûte à bec RV 442 en sol mineur dans la version pour flûte traversière RV 434 (op. 10 nº 5; voir p. 90 et p. 433).

Qu'il ne s'agisse cependant pas d'une règle sans exceptions démontrent les trois versions de l'air dont il a été question plus haut (voir pp. 223ss), «Vedrai nel volto di quella» pour contralto en fa majeur d'*Arsilda Regina di Ponto* II, 8, «Non basta al labbro» pour contralto en sol majeur de *Tito Manlio* III, 6 et «Oh quante lagrime le ferai» pour soprano en fa majeur de *La Virtù trionfante* II, 6. De même, l'air «Qual serpe tortuosa» pour basse dans *L'Olimpiade* II, 7 est dans le même ton, sol majeur, dans la partition de *La Fida Ninfa* II, 9 où le soliste est un contralto (voir p. 308, les exemples 153 et 154). Par contre, l'air pour ténor «Care pupille tra mille e mille» de *La Virtù trionfante* II, 4 est en la mineur, tandis que la version pour soprano dans la *serenata* «Gloria e Himeneo» RV 687 est en sol mineur.

Dans la musique instrumentale, où l'on trouve également un nombre assez élevé de mouvements empruntés à des œuvres antérieures, Vivaldi n'a normalement pas remplacé de manière analogue le soliste par un autre instrument, si bien qu'il n'a pas été obligé de transposer les compositions. La liste suivante expose ainsi cinq paires de mouvements lents pour un ou deux violons qui se trouvent à la fois dans une sonate et dans un concerto. Bien qu'il n'ait pas été possible de déterminer l'ordre chronologique des deux œuvres de chacun de ces exemples d'emprunts, la question est en l'occurence d'importance secondaire puisque Vivaldi en a toujours conservé le ton:

RV 12, 1er mouvement = RV 582, 2e mouvement: ré mineur (pour violon, voir p. 313)

RV 17a, 3e mouvement = RV 314, 2e mouvement: sol majeur (pour violon, voir p. 301, version à Turin)

RV 22, 3e mouvement = RV 212a, 2e mouvement: sol majeur (pour violon)

RV 71, 2e mouvement = RV 516, 2e mouvement: sol majeur (pour deux violons)

RV 755, 3e mouvement = RV 229, 2e mouvement: si mineur (pour violon, voir pp. 389ss).

Exceptionnel est donc, parmi les compositions instrumentales indiscutablement authentiques, le premier mouvement de la sonate citée plus haut en sol *majeur* RV 22, dont le troisième mouvement reparaît, en la *mineur,* dans le concerto pour violon RV 294. Encore une fois il n'a pas été possible d'établir l'ordre chronologique des deux œuvres. (Malgré l'indication $\frac{3}{8}$ du recueil non autographe à Manchester, document qui comporte, probablement selon les modèles individuels des sonates, des mesures ternaires désignées de manières différentes [$\frac{3}{8}$, $\frac{3}{4}$ et 3, voir p. 246], le fait que le manuscrit du concerto soit une *copie* [en parties séparées, voir p. 297] exclut la datation relative des compositions: le concerto peut en effet être antérieur à la sonate.)

RV 22, 3e mouvement, mes. 1–9

Exemple 157

RV 294, 2e mouvement, mes. 1–9

Exemple 158

Au sujet des sonates de l'opus 13 qui présentent quelques exemples de transpositions analogues, mais où le *mode* (majeur ou mineur) n'est toutefois pas modifié, voir pp. 471ss).

3. MODIFICATIONS RYTHMIQUES

Parmi les nombreuses modifications que Vivaldi a effectuées en recopiant ses œuvres, celles qui affectent la mesure et le tempo d'un mouvement sont sans doute les moins nombreuses et les moins importantes. Pourtant, il convient de signaler quelques exemples de l'application de ce procédé de transformation, exemples qui ont été retrouvés exclusivement dans le domaine de la musique vocale.

L'air pour soprano «Al [ou Dal] tribunal d'amore» existe ainsi en trois versions légèrement dissemblables: dans *Griselda* II, 3, où il est en ré majeur, la mesure est de $\frac{4}{4}$ (notée comme C) et le tempo est *Larghetto;* dans la partition non autographe de *L'Atenaide* II, 11 (scène 9 du livret), on le retrouve, toujours à la mesure de $\frac{4}{4}$, en mi bémol majeur et au tempo d'*All*^{o} *ma d'un mezzo tempo,* indication qui n'est peut-être pas authentique; dans le manuscrit autographe de *Farnace* II, 3, daté de 1738, Vivaldi a repris l'ancien ton, ré majeur, mais il a modifié la mesure de l'air en corrigeant les C en $\frac{2}{4}$; l'ultime partition comporte l'indication de tempo *Larghetto ma spiritoso.*

De manière analogue, l'air pour contralto «Liquore ingrato beve» de *Tito Manlio* I, 4 est un Andante, désigné dans le manuscrit autographe par l'indication *And*^{te}, tandis que la copie pour soprano du même mouvement qui se trouve parmi les airs ajoutés à la partition de *La Verità in Cimento* I, 4 (voir p. 305), est un *Larghetto;* pour cet air, le compositeur n'a pas modifié la mesure, celle-ci étant de $\frac{4}{4}$ dans les deux sources citées.

Ainsi qu'il sera démontré un peu plus loin, le premier mouvement de la cantate pour soprano RV 662 existe en deux versions dissemblables, parvenues jusqu'à notre époque en deux manuscrits autographes dont celui des fonds de Turin comporte l'indication de tempo *Larghetto,* alors que celui qui se trouve à Dresde est un *And*^{te}.

Signalons enfin sous ce rapport que les indications de tempo différentes paraissent marquer une véritable modification. On aurait en effet pu croire qu'il soit question de nuances insignifiantes, mais le fait que Vivaldi personnellement, dans la partition non autographe du concerto pour flûte traversière RV 438, ait rayé l'indication *Larghetto* inscrite par le copiste pour la remplacer par celle d'*And*^{te}, démontre que les désignations avaient une signification assez précise à l'époque (ajoutons que dans la version pour violoncelle du même concerto, RV 414, le mouvement médian est un *Largo).*

4. MODIFICATIONS DE LA SUBSTANCE MUSICALE

Lorsqu'on compare deux manuscrits autographes d'une et même composition on constate, ainsi qu'il a été dit plus haut, assez fréquemment que les textes musicaux ne sont pas identiques pour ce qui concerne la substance musicale proprement dit. Souvent, en effet, l'une des sources comporte des sections qui n'apparaissent pas dans l'autre ou elle renferme des textes qui sont plus ou moins différents de ceux de l'autre document.

Parmi les exemples de dissimilitudes musicales on peut citer l'air «Ah che non posso nò lasciar» de *La Fida Ninfa* II, 2 que Vivaldi a recopié soit d'après *Orlando furioso* III, 5 («Poveri affetti miei»), soit d'après *L'Atenaide* I, 7 («Trovo negl'occhi tuoi»). Outre les différences de structure déjà signalées (voir pp. 221s), la confrontation des trois partitions révèle que chaque version comporte, dans la seconde section de l'air, une substance musicale différente de celle des deux autres: en effet, ladite section – qui se compose de respectivement 17 et 14 mesures dans *Orlando furioso* et dans *L'Atenaide* – s'achève en mi bémol majeur dans les partitions de ces deux opéras, alors qu'elle cadence en ré mineur dans celle de *La Fida Ninfa,* où elle comprend 20 mesures.

En raison des difficultés qu'offrent les questions de la chronologie – relative et absolue – il est en général malaisé de déterminer si Vivaldi a retranché d'une œuvre certaines sections en la recopiant ou si, inversement, il l'a amplifiée en y ajoutant de nouvelles sections. On aura normalement tendance à croire que le compositeur a accompli seulement un raccourcissement des compositions, tel qu'on le verra plus loin en étudiant la formation de l'Allegro initial du concerto pour violon RV 370 (voir pp. 353ss), mais on verra aussi, notamment au sujet de l'identification des manuscrits modifiés, que ce procédé n'est aucunement exclusif: l'étude critique de la documentation relative au concerto pour violon RV 229, par exemple, démontre de manière à ne laisser aucun doute que la nouvelle version du finale est considérablement plus longue que la version primitive du mouvement (voir pp. 389ss).

N'ayant pas les moyens de situer chronologiquement les deux manuscrits autographes de la cantate pour soprano citée plus haut RV 662, nous sommes dans l'impossibilité de savoir si Vivaldi en a abrégé ou rallongé les airs en les recopiant; toujours est-il que les deux sources comportent deux versions dissemblables des mouvements. L'exemple suivant, qui comprend les mes. 1–20 de l'air initial de la version transmise à Turin et les mes. 1–19 de celle de Dresde, est communiqué dans le but de présenter en premier lieu un texte qui n'est pas absolument le même dans les deux sources: la superposition des deux versions montre nettement la nature et l'ampleur des divergences (le texte provenant de Turin est marqué par (T), celui de Dresde par (D); sauf spécification les textes sont identiques):

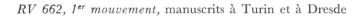

RV 662, 1er mouvement, manuscrits à Turin et à Dresde

Exemple 159

L'air en question comporte, à Turin, 57 mesures tandis que l'autre version n'en a que 53, chiffres qui témoignent de l'ampleur que peuvent atteindre les modifications; encore plus convainquants sont à ce propos ceux du dernier air de la même cantate, lequel comprend 120 mesures dans la source à Turin et 101 dans celle de Dresde.

De telles différences, résultant du retranchement de certaines sections ou de l'addition de nouveaux passages, apparaissent surtout, semble-t-il, dans les œuvres qui furent publiées du vivant de Vivaldi, fait dont on verra un peu plus loin quelques exemples significatifs.

L'exemple 159 est en outre instructif en raison du fait qu'il atteste que Vivaldi, en recopiant une œuvre, a révisé la partie de soliste, opération qui apparaît très fréquemment dans les manuscrits modifiés. En l'occurence, il semble évident que les deux versions de la cantate étaient destinées à deux cantatrices qui ne disposaient pas du même ambitus: alors que celle pour qui la version à Turin a été écrite pouvait atteindre le *ut*$_5$ l'autre ne possédait visiblement que le *la*$_4$. (Naturellement, il serait méthodologiquement inexact de chercher à fonder la chronologie relative des deux sources sur une telle observation, car chacune des deux versions peut à la vérité avoir été formée d'après l'autre et avoir été adaptée à une voix spécifique.)

Dans le domaine de la musique instrumentale les retouches de ce genre n'apparaissent que rarement parmi les œuvres transmises en documents autographes. Aussi faut-il faire appel à des sources non autographes pour en signaler un exemple, fait qui soulève naturellement la question de l'authenticité. Ainsi qu'il sera développé dans la Quatrième Partie, cette question se pose notamment au sujet de l'originalité des versions dissemblables qui sont parvenues jusqu'à notre époque.

Du grand concerto en ut mineur pour violon RV 202 on connaît actuellement quatre sources de nature – et de valeur en tant que document historique – inégales: 1) les parties séparées autographes du manuscrit intitulé *La Cetra* de 1728 (concerto n° 3); 2) le recueil gravé en 1729 à Amsterdam par Michel Charles le Cene, désigné par le numéro d'opus 11 (concerto n° 5); 3) la partition écrite par le copiste «B» à la Sächsische Landesbibliothek à Dresde, 2389/0/122; 4) les parties séparées anonymes et non autographes à la Deutsche Staatsbibliothek à Berlin, collection «Thulemeier» n° 242. Malgré l'état d'imperfection du manuscrit de *La Cetra,* on semble pouvoir affirmer, en confrontant les parties d'accompagnement, que le texte de cette source est identique à celui de l'édition d'Amsterdam, tandis que les deux autres documents comportent une version sensiblement différente. C'est ainsi que, par exemple, la partie de soliste du mouvement lent des deux premières sources est totalement différente de celle des manuscrits non autographes; de même, l'accompagnement a été modifié ainsi que le démontrent les deux exemples suivants, communiquant le début des deux solos différents:

RV 202, 2e mouvement, mes. 12–16 (version de *La Cetra* et de l'opus 11; l'accompagnement est exécuté par les violons I et II jouant à l'unisson)

Exemple 160

RV 202, 2e mouvement, mes. 12–15 (version des manuscrits à Berlin et à Dresde; le violon principal est accompagné par les violons I/II et par les altos)

Exemple 161

Abstraction faite de la question de l'authenticité de la version citée dans le second exemple – il est en effet difficile de prouver qu'elle est due à Vivaldi et non pas à quelque autre musicien – il est fort malaisé de situer les deux textes en ordre chronologique. Ainsi que le signale K. Heller, les copies écrites par le copiste «B» datent selon toutes les apparences de la seconde moitié des années 1720, c'est-à-dire de la même époque des deux sources authentiques. Le manuscrit à Berlin, copié d'une main non identifiée et transmis sans page de titre, n'a pas pu être daté.

Apparentée aux modifications de ce genre est en outre la substitution d'un mouvement par une composition différente. Parmi les nombreux exemples il suffira de signaler le concerto en ut mineur pour violon RV 198, dont la partition manuscrite à Dresde, écrite par le même copiste «B», comporte un autre mouvement médian que le concerto qui fut gravé à Amsterdam en 1727 dans l'opus 9, *La Cetra* (concerto n° 11, RV 198a). Cette œuvre impose les mêmes problèmes que la composition précédente au sujet de l'authenticité et de la chronologie des versions dissemblables.

Les transformations de la substance musicale peuvent enfin être si radicales qu'elles affectent la structure formelle d'un mouvement. De toute évidence le retranchement – ou l'adjonction – d'une section musicale occasionne une modification de la *forme* individuelle dans le sens le plus large du mot, mais il semble justifié de distinguer les opérations qui n'impliquent que de brefs passages d'importance structurale secondaire des transformations qui vont jusqu'à la refonte de la construction. Particulièrement intéressante et instructive sous ce rapport s'avère la confrontation des deux documents qui contiennent le concerto en mi mineur pour violon RV 277. Dans la source gravée, opus 11 (concerto n° 2, *Il Favorito*), le finale comporte 202 mesures, tandis que les parties séparées autographes du manuscrit *La Cetra* (concerto n° 11, sans titre) n'en ont que 175 (ou plus exactement 152) pour le même mouvement. La différence entre les deux versions, qui peuvent être regardées l'une et l'autre comme authentiques, est double: d'une part, la source gravée contient 37 mesures (mes. 101–137) qui ne figurent pas dans l'autre document, et d'autre part ce dernier prescrit, à la suite de la mes. 152, la reprise intégrale du tutti initial (soit 23 mesures), alors que le texte imprimé comporte à la fin des parties individuelles l'ultime section du premier tutti, mes. 11–23 (soit 13 mesures). Présentées sous forme de tableau, les deux versions sont visiblement différentes du point de vue de la construction formelle:

Version imprimée:

Tutti I	mi mineur	mes. 1– 23	ABCD^{A}E
Solo I		mes. 23– 53	
Tutti II	si mineur	mes. 54– 70	AB'D^{A}E
Solo II		mes. 71– 95	
Tutti III	sol majeur	mes. 96–112	ABE
Solo III		mes. 113–137	
Tutti IV	mi mineur	mes. 138–146	ABC
Solo IV		mes. 147–189	
Tutti V	mi mineur	mes. 190–202	D^{A}E

Version manuscrite:

Tutti I	mi mineur	mes. 1– 23	ABCD^{A}E
Solo I		mes. 23– 53	
Tutti II	si mineur	mes. 54– 70	AB'D^{A}E
Solo II		mes. 71– 95	
Tutti III	sol maj./mi mineur	mes. 96–109	AB'ABC
Solo III		mes. 110–152	
Tutti IV	mi mineur	mes. 153–175	ABCD^{A}E

Malheureusement, la partition originale de la composition demeure inconnue si bien que la musicologie vivaldienne n'a pas les moyens de savoir laquelle des deux versions a été formée la première. Etant donné que l'on trouve, dans les concertos de Vivaldi, plusieurs exemples de tuttis qui comportent une reprise analogue à celle du tutti III de la version manuscrite, il n'est pas exclu que celle-ci soit la plus ancienne, quoiqu'il paraisse plus logique de penser que Vivaldi l'a créée en supprimant les mes. 101–137 et en corrigeant l'indication de da capo.

Extrêmement intéressante s'avère de même la transformation structurale que Vivaldi a effectuée en reprenant l'air d'*Orlando finto pazzo* III, 12 «Anderò, volerò, griderò» pour son *Orlando furioso* III, 14. La première version, datant de 1714, comporte le texte suivant:

Anderò, volerò, griderò
Su la Senna, su il Tebro, su il Reno;
Animando à battaglia, a vendetta
Ogni cuore che venti valor
Empio duol che mi serpi nel seno
Scaglia pur la fatale saetta
A finire il mio acerbo dolor.

Commençant par les mesures de l'exemple suivant, l'air est avec da capo et se compose de deux brefs tuttis encadrant un solo sensiblement plus long:

Version d'*Orlando finto pazzo* III, 12 (les parties de violons II et d'altos sont omises)

Exemple 162

A	Tutti I	sol mineur	mes. 1– 3
	Solo I		mes. 3–17
	Tutti II	sol mineur	mes. 18–21
B	Solo II		mes. 21–32
	Tutti III = Tutti I Solo III = Solo I Tutti IV = Tutti II	= Da Capo	

Vivaldi semble avoir repris ce mouvement au moins à trois occasions différentes. Premièrement, c'est très vraisemblablement le même air qui a figuré dans la reprise de 1714 de l'*Orlando furioso* de G. A. Ristori, représentation à l'occasion de laquelle Vivaldi paraît avoir remanié considérablement la partition de 1713 (voir p. 35). Malheureusement, le manuscrit du troisième acte de cette œuvre a disparu, nous laissant dans l'impossibilité d'identifier la musique en question; toujours est-il que le livret de 1714 – contrairement à celui de 1713 – comporte, à la scène 14, le même texte (il se termine toutefois ici par les mots: . . . *fiero dolor)*. Deuxièmement, l'air se retrouve, sans modifications musicales, dans la partition de *Teuzzone* II, 12 où les paroles sont légèrement modifiées au début: «Si ribelle, anderò, morirò».

Le troisième emploi est donc celui de l'*Orlando furioso* de Vivaldi, datant de 1727, opéra dans lequel le compositeur à l'origine avait repris l'air intégralement, quoique transposé en fa mineur, fait dont témoigne la fin de la partition, inscrite au fol. 150r du manuscrit (Giordano 39bis); s'étant cependant ravisé, il a effectué un certain nombre d'opérations ayant pour effet une transformation plus radicale de la musique. Ecrite par un copiste sur deux feuilles ajoutées au manuscrit (fol. 148–149), lesquelles comportent au début une nouvelle version autographe des ultimes mesures du récitatif précédent, la composition comporte un nouveau texte chanté:

Anderò, chiamerò dal profundo
L'empie furie del baratro immondo
Chiederò negl'abissi vendetta
Dell'offeso, e tradito mio amor.

Musicalement, l'air est transformé au début, mais l'ancien ton, sol mineur, est conservé; structuralement, il est par contre réduit à ne comprendre que la première section de l'ancienne composition, obtenant par l'effet du retranchement de la seconde section la forme d'une cavatine:

Version d'*Orlando furioso* (les parties de violons II et d'altos sont également omises)

Exemple 163

Tutti I	sol mineur	mes. 1– 3
Solo I		mes. 3–15
Tutti II	sol mineur	mes. 15–18

Bien que les quelques exemples cités précédemment attestent que Vivaldi effectivement a transformé parfois considérablement certains mouvements en les recopiant, il y a lieu de souligner que ce genre de refonte de la construction formelle n'apparaît que rarement parmi les œuvres transmises en manuscrits autographes copiés. Le plus souvent, en vérité, les différences que présentent les versions dissemblables sont plutôt insignifiantes du point de vue de la forme, ne comprenant que des sections relativement brèves; même dans les cas où il est question de passages assez amples, les transformations ne sont en général pas accomplies dans le but d'altérer le plan structural de la composition individuelle. Cependant, l'étude des modifications radicales se montrera utile pour l'analyse critique des manuscrits modifiés, documents dans lesquels elles se produisent beaucoup plus fréquemment et où elles ont des conséquences importantes pour la restitution des textes musicaux des versions individuelles.

4. LES PARTITIONS DE COMPOSITION

Pour connaître la manière dont un compositeur a conçu la substance musicale de ses œuvres il faut évidemment chercher en premier lieu à étudier d'une part les esquisses sur lesquelles il s'est fondé en écrivant ses partitions, d'autre part les manuscrits originaux, écrits spontanément et sans intermédiaires. Pour ce qui concerne Vivaldi, il a déjà été dit que les esquisses avec lesquelles il a travaillé ne nous sont qu'exceptionnellement parvenues, si bien que la musicologie se voit obligée de s'intéresser particulièrement, sinon exclusivement aux partitions de composition. Quoique la nature de celles-ci soit déjà définie, il convient toutefois d'avancer à leur sujet quelques précisions relatives non seulement à l'étude du travail qu'a effectué le compositeur, mais aussi aux problèmes attachés à leur identification.

Ainsi que l'on a pu le constater plus haut, Vivaldi a appliqué deux procédés essentiellement différents en formant une œuvre quelconque, à savoir le travail original de composition et les emprunts. Bien que ce soit naturellement le premier de ces procédés qui nous préoccupe ici, il sera par principe très difficile de l'envisager séparément, sans tenir compte de l'autre. Ceci relève du simple fait que Vivaldi a parfois mis les deux procédés en œuvre pour la formation d'une et même composition. Il s'ensuit que, dans une partition quelconque, certains passages, empruntés à des œuvres antérieures, peuvent alterner avec des sections musicales originales. Comme on l'a vu et comme on en verra plus loin quelques exemples instructifs, un mouvement peut ainsi s'ouvrir par une substance qu'il a reprise d'une œuvre préexistante, mais comporter par ailleurs un texte original, ou inversement, il peut renfermer à l'intérieur du mouvement des passages qui ne sont pas originaux. De même, une composition intégrale peut dans certaines circonstances se composer d'un mélange de mouvements originaux, de mouvements empruntés et de mouvements modifiés. Le meilleur exemple de ce genre de composition est sans doute le concerto pour deux trompettes RV 537 dont la formation a été décrite plus haut (p. 299).

De ces observations suit qu'il sera impossible d'identifier avec une certitude absolue une partition comme originale: même la présence d'indices irréfutables n'exclut pas que certaines sections du texte soient copiées. Cela ne constitue naturellement pas un obstacle qui nous empêche d'étudier la manière dont Vivaldi a composé ses œuvres; les difficultés que soulève à cet égard la documentation sont notamment de nature graphique.

a. Identification des partitions de travail

Quelques partitions à Turin comportent à la première page le mot *Originale* que l'on aurait tendance à regarder comme un indice sûr de la nature du manuscrit. Ce sont les documents qui renferment les concertos pour orchestre RV 153, pour violoncelle et orchestre RV 399 et RV 406 et l'opéra *L'Olimpiade*. Pour l'une de ces œuvres le qualificatif est toutefois dans ce sens absolument erroné: le manuscrit du concerto pour violoncelle RV 406 n'est pas autographe; quoiqu'il renferme quelques inscriptions ajoutées par Vivaldi on peut donc exclure qu'il s'agisse d'une partition de travail original. De ce fait il y a lieu de mettre en doute, pour les autres manuscrits désignés de la même manière, qu'ils soient originaux, aussi autographes qu'ils soient. Ce doute se voit confirmé par l'étude détaillée et critique du manuscrit du concerto RV 153 qui sera plus loin l'objet d'une étude spéciale (pp. 413ss; voir en outre p. 295).

La signification exacte du mot *Originale* n'est aucunement claire. Comme on l'a vu sous le rapport des manuscrits modifiants, Vivaldi y a parfois désigné par ce terme les partitions qu'ils modifient (par exemple *Tutte le parti stano come Sopra l'Originale)*, mais dans aucun cas ces dernières ne comportent ce mot. Il est au contraire probable que le concerto RV 406 ait été composé partiellement sur la substance musicale d'autres œuvres. Quelques passages du premier mouvement se retrouvent ainsi dans le concerto pour basson RV 481; si les autres mouvements remontent également d'une manière ou d'une autre à des compositions antérieures l'indication inscrite à la première page du manuscrit peut signaler qu'il s'agit de la première partition complète de l'œuvre. De façon analogue s'expliquerait le fait que la partition autographe du concerto RV 399 est désignée par ce même mot. Pour cette œuvre il n'a toutefois pas été possible de trouver la ou les compositions auxquelles Vivaldi éventuellement a emprunté la substance musicale.

Du point de vue de la structure matérielle du manuscrit, la partition de *L'Olimpiade* est très compliquée et la formation ne peut en être déterminée en raison des multiples bandes de papier qu'elle contient, de la numérotation irrégulière des fascicules, des pages inutilisées, etc. Il y a pourtant lieu de croire – bien qu'il renferme de nombreux emprunts – que le manuscrit contienne la partition originale de l'œuvre. Le second acte qui nous préoccupera spécialement ici, comporte d'après le livret dix textes en vers, à savoir neuf airs et un chœur, désignés ci-après pour des raisons de commodité par les numéros 1–10:

1	Se tu sprezzar pretendi la mia sincera	II, 2
2	Sta piagendo la tortorella	II, 3
3	Per que' tanti suoi sospiri	II, 4
4	Siam navi all'onte al genti	II, 5
5	«Del forte Licida nome maggiore (chœur)	II, 6
6	Qual serpe tortuosa s'avolge	II, 7
7	Se cerca, se dice: l'amico dov'è?	II, 10
8	Tu me da me dividi barbaro	II, 11
9	«No la speranza più non m'alletta	II, 12
10	Gemo in un punto e fremo	II, 15

Le chœur, n° 5, et l'air n° 9 sont désignés dans le livret par des guillemets et n'apparaissent donc pas dans la partition ainsi que ces indications le signalent. Les quatre airs n°s 1, 2, 3 et 6 sont d'autre part désignés par un astérisque qui indique que les textes en question ne proviennent pas de cet opéra. En effet, ils ne figurent pas dans *L'Olimpiade* tel qu'il est reproduit dans les œuvres complètes de Metastasio. A leur place on trouve les airs «Grandi è ver son le sue pene» à la scène 3 et «So ch'è fanciullo Amore» en scène 7; la deuxième scène ne comporte pas de textes en vers chez le grand librettiste; par contre, la scène 4 s'achève par l'air «Che non mi disse un dì» que Vivaldi n'a pas mis en musique mais qui contrairement aux n°s 5 et 9 est passé sous silence dans le livret.

Ce qui rend les quatre mouvements particulièrement intéressants, est le fait que les partitions contiennent toutes des indices permettant d'établir qu'elles n'ont pas été écrites d'origine pour cette œuvre dramatique mais sont empruntées matériellement à des manuscrits antérieurs. Celle du premier air comporte ainsi trois textes chantés. D'origine la musique était composée sur les paroles «O più tremar non voglio fra tante affese» que l'on peut identifier comme l'air de la scène 1 du premier acte de *Demofoonte* de Metastasio. (Du fait que l'air «Lo seguitai felice quand'era il ciel» de *L'Olimpiade* III, 4 comporte d'origine d'autres paroles provenant également du *Demofoonte* [«Sperai vicino il lido», I, 4], il serait faux de conclure que Vivaldi ait composé un opéra sur ce livret: comme on le sait les airs pouvaient à l'époque être employés, quelle qu'en soit l'origine, dans les contextes les plus divers.) La présence dans la partition d'un second texte, «Se tu tremar non vuoi fra tanti segni» d'origine inconnue et rayé comme le premier pour être remplacé par le troisième, «Se tu sprezzar pretendi la mia sincera», qui se trouve donc dans le livret, semble effectivement indiquer que Vivaldi a emprunté cet air à une œuvre antérieure dont l'identité ne peut toutefois pas être déterminée. Il en est de même pour le troisième air, «Per que' tanti suoi sospiri» dont le texte originel, «Nella rete perche torni» est écrit par un auteur inconnu.

Le second air, «Sta piagendo la tortorella» provient de son côté du *Lucio Vero* de Zeno où il se situe en scène 6 du premier acte. Cette observation paraît confirmer la supposition avancée plus haut que Vivaldi ait écrit une œuvre dramatique sur ce livret mais qu'il l'ait éventuellement abandonné avant de l'achever. La partition comporte effectivement un indice qui démontre qu'elle a fait partie d'un contexte différent. Le soliste vocal de la version primitive est un soprano, mais en appliquant l'une des techniques qui seront décrites plus loin, Vivaldi l'a transformée en air pour contralto. En effet, le texte était chanté dans *L'Olimpiade* par la cantatrice Anna Cattarina della Parte dans le rôle d'Aristea, dont les airs et les récitatifs sont notés en clef d'ut$_3$. Le dernier air en question, «Qual serpe tortuosa s'avolge», a déjà été signalé plus haut, pp. 307ss.

Les quatre airs qui restent, n°s 4, 7, 8 et 10, font partie du texte original de Metastasio et figurent bien dans la partition de Vivaldi. A l'exception du n° 4, que le compositeur a inscrit dans un fascicule individuel sans numéro (Foà 39, fol. 75–78) précédé d'une page qui ne contient que le mot *Segue,* et qui de ce fait peut également être un emprunt matériel, les partitions des airs qui font partie d'origine au texte sont écrites de telle sorte qu'un minimum d'espace les séparent des récitatifs qui les précèdent et qui les suivent. Ceci indique nettement que Vivaldi a écrit tous ces mouvements les uns après les autres et à la même époque. Bien que la présence des emprunts matériels n'en soit naturellement pas une preuve définitive, elle semble pourtant indiquer que le manuscrit renferme la partition originale de l'opéra. Pour ce document, l'indication *Originale* paraît donc exacte. Mais on ne doit pas exclure, d'un autre côté, que Vivaldi a pu désigner ainsi son manuscrit afin de le distinguer d'une copie éventuelle de l'œuvre, manuscrit dont cependant aucune trace n'a été décelée.

Puisque les inscriptions désignant explicitement les manuscrits comme originaux ne sont ni très nombreuses, ni de valeur suffisamment importante pour entrer en considération en qualité de critères certains d'identification, il faut s'en tenir à d'autres moyens pour déterminer la nature des partitions. La méthode la plus simple à décrire – mais probablement la plus difficile à mettre en œuvre avec succès – est l'analyse critique des partitions d'opéra complétée par la confrontation du texte contenu dans le livret. L'examen détaillé du manuscrit qui contient *La Verità in Cimento* a montré l'existence d'une certaine quantité de mouvements que Vivaldi avait composés pour cette œuvre mais qu'il a retranchés du manuscrit. Ce genre de «corrections» du texte musical ne s'explique en effet qu'en supposant que la partition de l'œuvre soit une partition de travail. Même si, parmi ces mouvements, quelques-uns sont copiés d'après des sources antérieures, ce qui en l'occurence est effectivement le cas, le fait même que le compositeur les ait écrits et supprimés témoigne du travail qu'il a effectué en formant la partition de l'opéra. En raison de l'importance d'analyser sous cet angle les manuscrits, un exemple particulièrement instructif sera décrit plus loin sous le rapport du travail créateur de Vivaldi.

Pour ce qui concerne les mouvements individuels des opéras, les compositions instrumentales et les œuvres vocales dont les paroles chantées ne sont pas communiquées dans d'autres sources, les critères qui permettront de considérer une partition comme originale sont de nature graphique et peuvent tous être classifiés comme des erreurs corrigées. Ceci n'empêche naturellement pas que ces indices puissent être groupés en catégories diverses; au contraire, la nature des erreurs graphiques est très variée et comporte de ce fait plusieurs éléments à la fois intéressants et problématiques. Etant donné que le nombre des diverses corrections est parfois très élevé dans l'ensemble de la documentation, il faut souligner que les exemples qui seront présentés et analysés dans l'exposé suivant ne répondent aucunement à leur fréquence. De même, il ne sera pas inutile d'affirmer que l'étude poursuivie et systématique des questions qui seront abordées aura de fortes chances de mener à des conclusions importantes concernant soit, de manière générale, le travail créateur de Vivaldi, soit la formation de telle ou telle composition.

Quelques auteurs ont déjà noté, dans les partitions de Vivaldi, l'existence de ratures et de corrections. M. Pincherle affirme ainsi en décrivant la rapidité et la facilité avec laquelle Vivaldi a travaillé, que «l'agilité de conception» du compositeur expliquerait l'annulation de «plusieurs pages déjà orchestrées»[8] (le manuscrit cité par ce musicologue comme un exemple instructif est plus loin l'objet d'une étude circonstanciée, voir pp. 412ss). En ce qui concerne la précipitation de Vivaldi, W. Kolneder partage de manière générale l'avis de l'auteur français, mais ajoute toutefois que «eine Überprüfung der Turiner Autographe, von denen ein guter Teil Arbeitsmanuskripte sind, also keine Reinschriften nach beendeter Komposition, zeigt jedoch, daß Vivaldi viel korrigiert hat und seinem eigenen Schaffen gegenüber keineswegs unkritisch war»[9]. Aussi juste que soit cette observation, elle nécessite pourtant une rectification: comme on le verra plus bas, le dernier auteur notamment n'a pas, dans ses exemples, fait la distinction indispensable entre les *corrections de composition* qui ont été effectuées à l'instant même de l'écriture de la partition, et celles qui remontent à une autre époque. Ces dernières, qui sont désignées suivant les cas comme des *ratures* et des *retouches* dans le *Répertoire,* seront l'objet d'une étude spéciale dans le chapitre consacré à l'étude des manuscrits modifiés (voir pp. 401ss).

Pour pouvoir être identifiées comme de véritables corrections de composition, les ratures doivent remplir certaines conditions fondamentales de nature graphique (voir ci-après) ou de nature musicale (voir pp. 338ss).

Premièrement, le texte annulé doit être incomplet, ce qui se produit de deux manières dissemblables. D'une part, la partition du texte rayé ne doit pas comporter, dans les corrections de composition, toutes les parties qu'elle contiendrait à l'état complet. Ainsi, comme on le voit dans la planche 12, le premier mouvement du concerto pour violon RV 312 contient une rature qui supprime un texte inachevé: la partie de soliste devait, pour que la section soit complète, être accompagnée par la basse, mais celle-ci est visiblement abandonnée avant d'être achevée (les sections rayées sont désignées, dans les exemples qui suivent, par des doubles barres de mesure et par des flèches):

RV 312, 1er mouvement

Exemple 164

De même, dans le finale du concerto pour violon RV 369, Vivaldi a écrit – puis rayé – les mesures de l'exemple suivant; aux mes. 4–6 du texte annulé il a par surcroît négligé d'inscrire les barres de mesure aux portées de l'accompagnement orchestral, signe certain du fait que le texte a été abandonné (l'occasion se présentera plus loin de revenir sur quelques détails au sujet de cet exemple):

RV 369, 3e mouvement

Exemple 165

Un exemple analogue, provenant d'une composition vocale, a été décrit plus haut, pp. 130s; voir en outre planche 34.

D'autre part, l'exemple 164 démontre que le texte est incomplet d'un point de vue rythmique: la fin de la section barrée est une demi-mesure, mais aurait dû comporter quatre temps si la section avait été complète. De manière analogue la rature qui se trouve dans le premier mouvement, au tutti initial, du concerto pour deux violons RV 527 a dû être effectuée au moment même de l'écriture de la partition:

RV 527, 1er mouvement

Exemple 166

Deuxièmement, la partition doit comporter à proximité immédiate de la section raturée le texte qui la remplace. Ce critère peut occasionnellement suffire pour la détermination de la nature de la partition; c'est le cas lorsque la section supprimée ne remplit pas la première condition. Encore une fois, le critère couvre deux aspects différents contenus par les manuscrits vivaldiens.

D'une part, dans de nombreuses partitions, Vivaldi a écrit complètement, avec toutes les parties, des textes qu'il a dû retrancher avant de continuer. Lorsque la section annulée a compris l'ensemble des portées de l'accolade – qu'elles soient donc partiellement ou intégralement utilisées – le nouveau texte est inscrit à la suite immédiate du texte barré. L'exemple 165 contient un cas particulièrement intéressant de se procédé: les mes. 3–8 de l'exemple ont visiblement été remplacées par le texte qui suit, mes. 9–14, mais celui-ci, écrit complètement, est également rayé et remplacé par les mes. 15–20. En raison du fait que les deux ratures subséquentes, en l'occurence, ont été accomplies en *deux* opérations, il est théoriquement possible que Vivaldi ait annulé par la suite la section qui comprend les mes. 9–14, mais le contexte musical paraît s'opposer à une telle interprétation. Il semble en effet peu vraisemblable que cette section ait pu faire partie de la version primitive du mouvement puisqu'elle est la répétition modifiée des mesures précédentes raturées et qu'elle est reprise, de nouveau variée, dans le texte qui la suit. Comme on le voit, les trois passages consécutifs comportent la même marche harmonique formée mélodiquement de manières dissemblables. Il convient de signaler que la partition non autographe à Dresde, 2389/0/113, comporte le texte définitif; les mes. 2 et 15 se suivent:

RV 369, 3ᵉ mouvement, mes. 75–76

Exemple 167

Il en est de même pour ce qui concerne la rature de l'exemple 164. L'ultime mesure de l'exemple a sans doute été écrite pour faire suite à la mesure qui précède la section annulée:

RV 312, 1ᵉʳ mouvement, mes. 62–63

Exemple 168

Si, d'autre part, le texte rayé ne comprend que la partie de soliste et que celle-ci est remplacée par un nouveau texte inscrit sur l'une des portées qui comportent normalement une partie de l'accompagnement, on peut également conclure que la correction a été effectuée avant l'achèvement de la partition, c'est-à-dire au moment même de l'écriture de celle-ci. Il s'agit le plus souvent de partitions de concertos pour des instruments aigus dont le nouveau texte est inscrit à la portée des violons I. Parmi les exemples de ce genre de corrections on peut citer le premier mouvement du concerto pour violon RV 386, où l'on trouve le texte suivant; seule la partie inscrite à la portée supérieure de la partition est annulée:

RV 386, 1er mouvement, mes. 65–67

Exemple 169

Il en est exactement de même dans par exemple le troisième mouvement du concerto pour hautbois RV 451. Le fait que chacune des parties de l'orchestre, désignées par Vivaldi comme dans l'exemple suivant, soit inscrite à la portée au-dessous de celle qu'elle occupe normalement, indique que la correction a fait partie du travail de composition:

RV 451, 3e mouvement, mes. 45–47

Exemple 170

Les conditions d'ordre musical que doivent remplir les textes annulés pour pouvoir être identifiés comme des corrections de composition, sont les incohérences de nature surtout harmonique qui séparent naturellement la fin de la section rayé du début du texte qui la suit. Il est question sous ce rapport d'un véritable défaut de connexité musicale ou d'un développement harmonique qui ne répond pas à la structure normale du mouvement. Le meilleur exemple du premier cas se trouve dans le mouvement lent du concerto pour violon RV 208 où la section raturée devait être suivie non pas d'un accord en mi mineur, mais par une cadence en la mineur. (Comme il a été démontré ailleurs[10], cette correction a permis d'identifier la partition du mouvement comme originale et d'en assurer l'authenticité, conclusions qui au sujet de la transcription pour orgue de J. S. Bach, BWV 594, se sont avérés assez utiles.)

RV 208, 2e mouvement

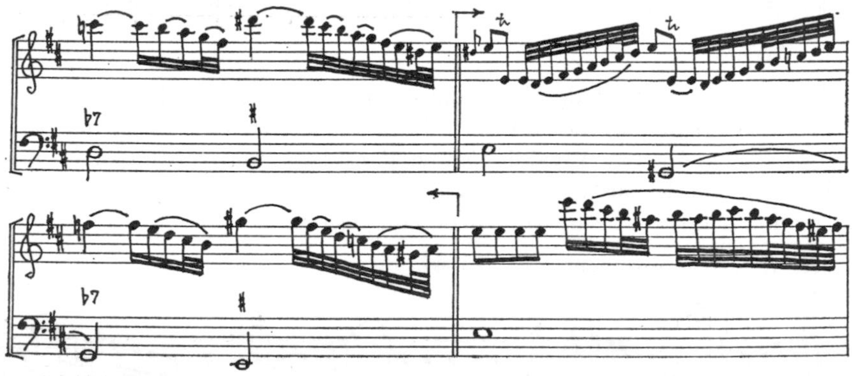

Exemple 171

Un cas analogue de discontinuité se trouve, par exemple, dans le récitatif d'*Orlando furioso* I, 13. La quatrième mesure a dû être supprimée instantanément ce que corrobore le fait que les paroles chantées sont reprises dans la mesure subséquente: celle-ci est donc écrite pour remplacer la mesure annulée.

Parmi les exemples de l'autre cas, il sera intéressant de voir la rature qui se trouve dans le mouvement initial du concerto pour basson RV 481. Il s'agit de la fin du premier solo qui devait, comme on le voit, cadencer en ré mineur, mais puisqu'il s'agit là du ton principal du mouvement, Vivaldi a préféré le la mineur comme ton du second tutti. Que la dernière mesure ne comporte que trois temps est un fait qui confirme que la rature a été effectuée pendant l'écriture de la partition[11]:

RV 481, 1er mouvement

Exemple 172

Dans les nombreux cas où la section rayée comporte un texte qui à la fois est complet et s'enchaîne musicalement avec la suite – qui, autrement dit, ne remplit ni la première, ni la seconde des conditions exposées plus haut –, la correction ne peut pas automatiquement être regardée comme un argument en faveur de l'originalité de la partition. Logiquement, la rature peut dans ces cas avoir été effectuée à une autre époque, même longtemps après l'achèvement de la partition. (Sous le rapport des manuscrits modifiés on verra que Vivaldi effectivement, dans un certain manuscrit, a biffé plusieurs sections vingt ans après avoir écrit la partition.) Ce genre de corrections tardives ne font naturellement pas partie du travail qu'a effectué le compositeur en écrivant la partition originale de l'œuvre, et bien qu'elles reflètent indiscutablement les idées de Vivaldi, elles n'ont aucune valeur au sujet de l'étude de la manière dont il a conçu la substance musicale. Par principe il faut même souligner que si une section annulée n'est pas remplacée d'une manière ou d'une autre par un nouveau texte, la rature peut théoriquement avoir été faite par une autre main et de ce fait ne pas être authentique.

Pour illustrer ces questions il convient de commencer par l'exemple communiqué par W. Kolneder[12]. Le premier mouvement du concerto pour orchestre RV 159, dont le thème initial est reproduit plus haut (voir p. 268), comporte dans la partition autographe quatre ratures par l'effet desquelles 12 mesures au total sont annulées. Si l'on examine de près les textes de ces ratures, on constate qu'ils sont complets – l'orchestre est disposé selon la variante a3 – et que les sections supprimées se tiennent musicalement aux textes qui les suivent. Dans l'exemple suivant, qui communique les deuxième et troisième ratures du mouvement, j'ai cherché à reproduire la modification que Vivaldi a été obligé d'effectuer au début de la mesure qui suit la dernière rature. D'origine, elle comportait au premier temps un accord de si mineur, suivi dans la partie des violons par un demi-soupir et dans les autres parties d'un soupir. L'accord est rayé et remplacé par l'accord d'ut dièse mineur dont les notes sont inscrites à la suite immédiate du trait vertical qui marque la fin de la rature. Le mi des altos est écrit sur le soupir que Vivaldi a dû réinscrire, et le demi-soupir, disparu par l'effet de la rature, est inscrit au-dessus de l'ut dièse des violons:

RV 159, 1er mouvement

Exemple 173

Il est vrai que la cadence en si mineur suivie sans intermédiaire du la majeur peut paraître étrange et s'opposer à la supposition que les ratures aient pu être faites après l'achèvement du mouvement. Cependant, rien n'empêche, stylistiquement, que le mouvement ait comporté cet hiatus. La section en la majeur qui commence à la mesure en question est la reprise du thème initial, fait qui peut motiver la juxtaposition d'accords assez lointains: le nouvel accord en ut dièse mineur en témoigne. D'autre part, dans par exemple le premier mouvement du concerto en la majeur pour violon RV 336 on trouve exactement la même disposition harmonique; le début du solo qui commence après l'accord en si mineur est la reprise du premier solo du mouvement, mcs. 24 et suivantes:

RV 336, 1er mouvement, mes. 92–94

Exemple 174

Ainsi qu'en témoigne donc l'exemple 173 la relation chronologique de la partition et des ratures qu'elle contient ne peut être déterminée. Vivaldi peut effectivement avoir retranché les 12 mesures à n'importe quelle époque. La même incertitude s'impose lorsque la rature ne comprend que la partie de soliste et que le nouveau texte est inscrit sur l'une des portées qui étaient d'origine inutilisées. Dans le premier mouvement du concerto pour violon RV 312, quelques passages du violon pricipal sont ainsi rayés et remplacés par un nouveau texte que Vivaldi a inscrit à la portée de la basse continue qui doit pauser:

RV 312, 1er mouvement, mes. 34–37

Exemple 175

L'inscription du nouveau passage peut dans ce cas, logiquement, avoir été faite quelque temps après l'achèvement du manuscrit. Méthodologiquement, l'étude détaillée des problèmes que soulèvent les ratures et les retouches de ce genre fait partie des questions qui seront développées sous le rapport des manuscrits modifiés, mais il convient de démontrer ici par le concours d'un exemple fort simple que les retouches en effet ont pu être faites après l'écriture achevée d'une partition. Dans le premier mouvement du concerto pour violon RV 379 (= op. 12 nº 5), Vivaldi a rayé les dernières mesures de l'ultime solo et a inscrit le nouveau texte sur une portée supplémentaire qu'il a tracée au-dessus de la rature:

RV 379, 1er mouvement, mes. 83 (fin) à 86

Exemple 176

Ce qu'il importe de remarquer à propos de cette correction, c'est le fait que le texte originel se trouve dans les deux manuscrits en parties séparées non autographes à Dresde, 2389/0/64, et que le nouveau texte par contre figure dans la source gravée. La modification a donc été faite par la suite, éventuellement en vue de la publication du concerto. Aussi peu importante que soit musicalement la correction, elle peut ainsi être un témoignage important de l'attitude critique qu'a prise le compositeur à l'égard de sa propre production.

Que le mouvement initial du concerto RV 312 mentionné plus haut contienne, comme on l'a vu, au moins une véritable correction de composition (exemple 164), ne permet nullement de tirer des conclusions au sujet de la retouche de la partie de soliste. Rien n'empêche en vérité que Vivaldi ait révisé par la suite le texte qui est contenu dans une partition originale. Celle-ci peut donc occasionnellement contenir à la fois des corrections de composition et des modifications ajoutées par la suite, conclusion qui souligne l'importance d'analyser attentivement chaque section musicale annulée afin d'en déterminer la nature exacte.

Pour ce qui concerne l'exploitation des ratures qui peuvent être identifiées comme de véritables corrections de composition, il n'est pas inutile d'affirmer encore une fois qu'elles sont de valeur assez limitée en qualité de sources d'information, ne permettent pas, en effet, de tirer des conclusions décisives au sujet de la formation du mouvement dans lequel elles se situent. La présence d'une correction qui remonte à l'instant même de l'écriture n'atteste que l'originalité du contexte immédiat où elle se trouve. Les transformations accomplies à l'occasion de la copie d'un mouvement comportent entre autres, comme on l'a vu, les modifications de la substance musicale, et Vivaldi peut donc aisément avoir copié une partie du mouvement d'après une œuvre antérieure (composée éventuellement par un autre auteur) et avoir rectifié les passages qui sont nouveaux par rapport à l'ancien texte.

À ce propos, l'un des airs qui ont été signalés pour illustrer quelques aspects du travail de Vivaldi s'avère encore une fois de grande utilité: «Ah che non posso nò lasciar« de *La Fida Ninfa* II, 2 (voir pp. 221s et 319). Comme on l'a déjà vu, Vivaldi en a transformé musicalement la seconde section en copiant le mouvement pour l'opéra cité, mais qu'il eût l'intention de pousser encore plus loin les modifications de la substance musicale est un fait qui se dégage d'une rature qui répond à l'une des conditions que doivent remplir les corrections de composition. A la fin du deuxième solo, après la mes. 36, il a effectivement écrit quelques mesures supplémentaires de la seule partie de soliste, section qui ne se trouve pas dans les deux partitions antérieures de l'air:

Ah che non posso nò lasciar

Exemple 177

Pour des raisons inconnues, Vivaldi n'a en fin de compte pas conservé ce nouveau développement, si bien que le solo a la même longueur que ceux des autres sources. (Que la nouvelle section soit écrite à la mesure de $\frac{12}{8}$ s'explique par le fait que Vivaldi paraît quelquefois n'avoir inscrit, dans les mouvements en $\frac{6}{8}$, qu'une barre de mesure sur deux et qu'il a parfois oublié ou négligé d'ajouter les autres après l'écriture de la partition; celle du même air dans *Orlando furioso,* désignée explicitement et sans corrections visibles par les chiffres $\frac{6}{8}$, comporte de longs passages à la mesure de $\frac{12}{8}$.)

Pour terminer cette brève étude des corrections de composition il sera intéressant de voir un exemple qui se présente d'une manière un peu différente par rapport à ceux qui ont été examinés précédemment. Le début de la partition de l'air «Aure lievi che spirate il mio ben» de *La Fida Ninfa* I, 7 a visiblement comporté un texte musical que Vivaldi a gratté et sur lequel il a inscrit le texte définitif qui commence de la sorte:

Aure lievi che spirate il mio ben

Exemple 178

Sous la lumière de quartz apparaissent les notes originales (les barres de mesure sont vraisemblablement ajoutées par la suite):

Exemple 179

Compte tenu des faits que le nouveau texte soit noté incorrectement d'un point de vue rythmique et que la version définitive se retrouve parmi les airs de *L'Olimpiade* («Per salvar quell'alma ingrata», III, 4) qui proviennent vraisemblablement du manuscrit abandonné du *Lucio Vero* (voir pp. 307ss), la correction est importante parce qu'elle rend témoignage des difficultés qui s'imposent lorsqu'il faut en tirer les conclusions. A moins que Vivaldi n'ait composé simultanément deux œuvres, écrivant tantôt un mouvement de l'une, tantôt un mouvement de l'autre, deux hypothèses doivent en effet être envisagées. Il se peut que la partition dans *La Fida Ninfa* soit originale, que la correction soit donc, autrement dit, celle d'une partition de travail. Ceci impliquerait que celle qui se trouvait dans le manuscrit du *Lucio Vero* et qui par la suite a trouvé sa place dans *L'Olimpiade* soit une copie, écrite éventuellement d'après la partition originale. Cette conclusion s'oppose cependant à celle que l'on a pu tirer de l'analyse graphique de l'air «Qual serpe tortuosa»: on a vu en effet que le manuscrit de *Lucio Vero* vraisemblablement était antérieur à celui de *La Fida Ninfa* (voir p. 309). Il est vrai que cette déduction est fondée sur une argumentation assez faible, mais l'autre hypothèse pourrait toutefois la corroborer. Il n'est pas exclu, ainsi, que Vivaldi, en copiant la partition pour *La Fida Ninfa,* ait désiré corriger l'erreur de notation, mais voyant que la mesure de $\frac{2}{4}$ ne répondait pas à ses intentions, ait conservé l'ancienne notation, aussi erronée qu'elle soit. Il sera sans doute très difficile de trouver la réponse exacte à ces questions qui démontrent encore une fois l'importance d'analyser les corrections des partitions vivaldiennes avec la plus grande prudence.

Dans une quantité assez importante de manuscrits autographes se trouvent, à la suite du premier ou du second mouvement d'un concerto, des débuts de mouvements abandonnés. Vivaldi en a visiblement commencé l'écriture, mais avant de les achever, il les a rayés et a recommencé. Ces mouvements abandonnés – auxquels la musicologie vivaldienne n'a accordé qu'un intérêt sporadique – sont de toute évidence des indices importants à la fois sur la manière de travailler du compositeur et sur la formation des manuscrits qui les renferment. Les ébauches de ce genre sont de même valeur pour l'interprétation d'une composition entière que les corrections de composition par rapport au mouvement dans lequel elles se situent: aussi instructives qu'elles soient, elles ne permettent pas d'identifier la partition de la composition intégrale comme originale, étant donné qu'une ou plusieurs sections de l'œuvre – en l'occurence un ou plusieurs mouvements – en effet aisément peuvent avoir été copiées d'après des partitions préexistantes. De même, l'ébauche peut être le début d'une copie que Vivaldi a abandonnée afin de conserver le mouvement original de la composition. De cette dernière observation se trouve parmi les manuscrits à Turin un exemple fort intéressant.

Le manuscrit Giordano 34, fol. 103–110 contient les parties séparées, incomplètes, du concerto pour violon RV 367, à savoir les parties de *Violino Principale,* de violon I (sans désignation de l'instrument, fol. 106–107) et de *Violin Secondo* (sic; fol. 108–109); les parties d'alto et de basse ont disparu. La partie de violon principal, la seule qui soit entièrement autographe, se compose de huit pages qui doivent être lues dans l'ordre suivant (cf. p. 43):

1	fol. 103r	page de titre: *Con*^{to} */ Del Viualdi / Violino Principale*
2	fol. 103v	1er mouvement du concerto RV 367, début
3	fol. 110r	1er mouvement du concerto RV 367, fin
4	fol. 110v	début rayé du *Largo* du concerto RV 191 (18 mesures)
5	fol. 104r	mouvement lent du concerto RV 367

6 fol. 104v 3e mouvement du concerto RV 367, début
7 fol. 105r 3e mouvement du concerto RV 367, fin
8 fol. 105v inutilisé

A en juger d'après cette disposition, il est très probable que Vivaldi, après avoir copié le mouvement initial, ait eu l'intention de créer une nouvelle version du concerto dans laquelle le mouvement lent en ut mineur devait être remplacé par le Largo en fa majeur du concerto pour violon RV 191. Le fait qu'il en ait copié au total 18 mesures semble exclure qu'il s'agisse d'une erreur. Pourtant, le compositeur s'est ravisé et a en fin de compte gardé le mouvement originel. Les deux parties de violons de l'orchestre ne comportent aucune trace du Largo en fa majeur.

Pour en revenir aux mouvements abandonnés qui se trouvent dans les partitions, il importe d'en analyser la substance musicale et de la comparer avec celle du mouvement qui remplace l'ébauche. On peut effectivement distinguer deux cas essentiellement différents et d'importance inégale. (En raison de l'importance évidente des ébauches, il a paru utile – et suffisant – d'en communiquer les thèmes initiaux dans le *Répertoire;* pour des raisons de clarté les quelques exemples qui vont suivre comportent l'ensemble des parties que contiennent les mouvements abandonnés.)

Lorsque le mouvement définitif comporte un texte musical qui est plus ou moins apparenté à celui de l'ébauche, tout porte à croire que la partition en est originale: dans ce cas il ne paraît en effet pas vraisemblable que Vivaldi se soit fondé ni sur des esquisses, ni sur une partition préexistante. Parmi les exemples de ce genre de mouvements basés sur des ébauches de travail on peut citer le mouvement lent du concerto pour orchestre à cordes RV 160:

RV 160, mouvement lent abandonné

Exemple 180

RV 160, 2ᵉ mouvement, mes. 1–5

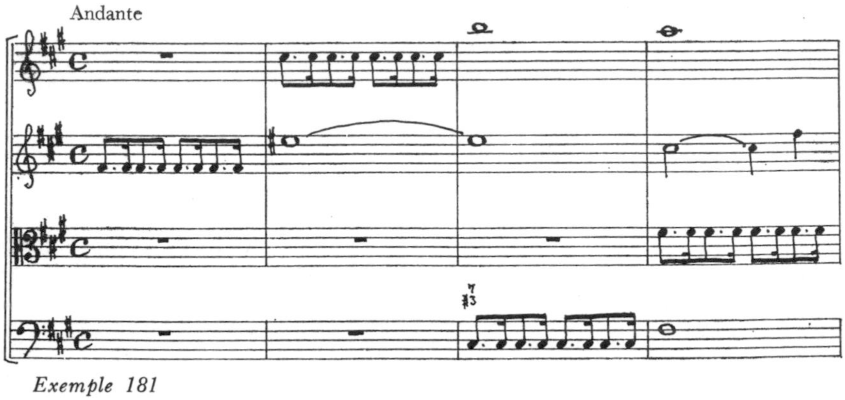

Exemple 181

(Noter la différence de tempo.)

D'autres exemples caractéristiques apparaissent dans la cantate RV 661 (voir p. 94, exemples 4 à 7) et dans le concerto pour basson RV 477 (voir planche 27). Il n'est pas douteux, au sujet de ces compositions, que la substance du mouvement définitif est dérivée des idées que Vivaldi a esquissées dans les ébauches.

Si, par contre, le mouvement diffère musicalement de celui du texte commencé et annulé, la partition ne peut pas en être regardée sûrement comme originale. On ne peut pas exclure, dans ces conditions, que Vivaldi ait abandonné la première tentative (à défaut de temps ou d'idées?) et qu'il ait emprunté le mouvement définitif à une composition antérieure. Ainsi, le premier mouvement du concerto pour flûte à bec RV 442 est suivi du début d'un Largo (pour flûte, violons à l'unisson avec sourdine et altos) dont il n'a écrit que huit mesures:

RV 442, mouvement lent abandonné

Exemple 182

A la suite de cette ébauche Vivaldi a écrit un mouvement en fa mineur qui commence de la sorte (la partie de flûte n'entre qu'à la mes. 6 du mouvement):

RV 442, 2ᵉ mouvement, mes. 1–4

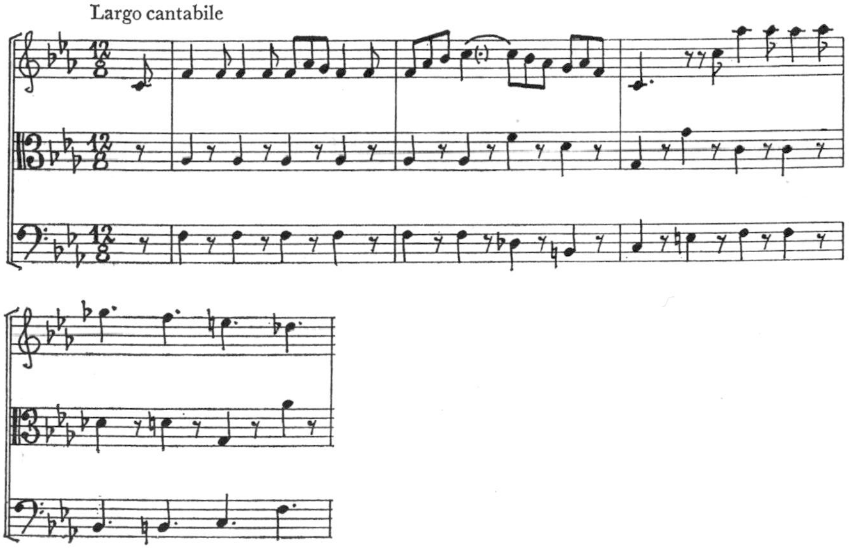

Exemple 183

Bien qu'il ne soit pas possible de déterminer l'ordre chronologique des deux œuvres, il n'est pas exclu que ce mouvement soit une copie écrite d'après la partition de l'air «Se lascio d'adorare, il bel che mi piago» de la *Virtù trionfante* II, 4 qui commence sur le même thème (au sujet des tons différents, voir les exposés aux pages 90 et 433).

Se lascio d'adorare, il bel che mi piago

Exemple 184

Apparentées aux mouvements abandonnés sont les corrections que Vivaldi a parfois effectuées aux clefs, aux armures et notamment aux indications de la mesure au début d'un mouvement. Lorsqu'une partition comporte de telles corrections, il y a lieu de supposer que le compositeur ait eu l'intention d'écrire un mouvement différent, mais cela n'implique naturellement pas que le manuscrit puisse être identifié comme original. Pour les diverses raisons dont il a été question au sujet des corrections de composition et des mouvements abandonnés, les indices de ce genre comportent de nombreux éléments d'incertitude. Les corrections de cette catégorie qui apparaissent au début du mouvement initial d'une composition peuvent cependant, d'autre part, s'expliquer par la supposition que Vivaldi, d'origine, ait destiné le manuscrit à comporter une autre œuvre. Cette observation n'est pas sans importance parce qu'il a effectivement à plusieurs occasions commencé l'écriture d'une œuvre, mais semble avoir changé d'avis en plein milieu du travail et a transformé le texte de telle sorte qu'il répond à un nouvel ensemble instrumental ou, autrement dit, à une autre composition. Les modifications de cette nature sont particulièrement intéressantes et instructives et méritent, sous le rapport de l'étude des manuscrits originaux, d'être examinées de près. Il est vrai qu'elles sont de valeur limitée en qualité d'indices d'identification, question qui sera développée plus bas, mais elles concourent à témoigner de la manière dont le compositeur a créé ses œuvres.

Le tutti initial du concerto pour basson RV 475 est disposé de telle sorte que la partition correspond à celle d'un concerto pour violon (ou pour un instrument de registre aigu): elle comporte trois clefs de sol, une clef d'ut_3 et une clef de fa. A partir du premier solo, mes. 17, la disposition est modifiée pour répondre à l'emplacement normal du basson (voir les reproductions communiquées aux planches 19 et 20). Au sujet de cette composition, il paraît de ce fait logique de penser que Vivaldi ait commencé l'écriture du manuscrit dans l'intention d'écrire un concerto pour violon et orchestre, mais qu'il ait décidé d'en faire une œuvre pour l'autre instrument. Cette supposition est d'autant plus vraisemblable que le libellé du titre inscrit en tête du manuscrit est irrégulier: *Con^{to} Del Viualdi P Fagotto.* Il est évident, si l'on tient compte des habitudes graphiques du compositeur, que l'œuvre d'origine était désignée par les seuls mots *Con^{to} Del Viualdi* désignant le concerto pour violon et orchestre à cordes (voir pp. 151ss) et que l'indication de l'instrument à vent, ne pouvant être inscrite à son emplacement normal, c'est-à-dire à la suite du mot *Con^{to},* a été ajoutée par la suite (voir pp. 150ss et notamment p. 153; voir en outre planches 10 et 24). Il est assez remarquable que plusieurs autres partitions se présentent de manière analogue: le manuscrit du concerto RV 398 est intitulé *P Violoncello Con^{to} Del Viualdi* et ceux des concertos RV 419 et RV 424 comportent l'indication initiale *Con^{to} Del Viualdi P Violoncello;* de plus, ces trois compositions s'ouvrent aussi par un tutti qui est noté en partition de concerto pour violon. De même, il y a lieu de supposer que les concertos pour deux violons RV 512, RV 516 et RV 525 aient été commencés comme des concertos pour un seul violon principal et que l'addition du second ait été faite pendant l'écriture des partitions. Celles-ci sont à cinq portées (voir p. 154, disposition III), mais les titres extraordinairement formulés témoignent de cette modification: *Con^{to} Del Viualdi con 2 Violini obligati* (RV 512 et RV 525) et *Con^{to} Del Viualdi p due Violini* (RV 516)[13].

Ces diverses observations soulèvent automatiquement deux questions différentes. L'une consiste à savoir quelles sont les partitions qui ont été formées de cette manière particulière, l'autre concerne les conclusions auxquelles donnent lieu ces procédés d'écriture singuliers.

Il est bien évident que dans les manuscrits dont les deux parties du titre – *Con^{to}* et *Del Viualdi* – sont séparées l'une de l'autre, le compositeur a aisément pu rajouter la désignation de l'instrument soliste par la suite, sans que cette opération ne soit repérable. Un concerto pour hautbois, pour flûte ou pour un autre instrument aigu peut ainsi facilement avoir été commencé comme concerto pour violon mais transformé en œuvre pour l'instrument en question pendant l'écriture de la partition. Etant donné que la disposition de la partition est la même pour tous ces concertos, quel que soit la nature de l'instrument, rien ne permet de déterminer si une telle modification a été effectuée. Il convient à ce propos de signaler le manuscrit du concerto RV 454 = RV 236 qui contient dans le premier mouvement une retouche de la partie de soliste comportant, suivant les habitudes de Vivaldi, l'indication *Viol^{o} Principale,* mais le manuscrit comporte en tête les inscriptions *Con^{to} p Haubois* et, à droite, *Del Viualdi.* Le concerto peut donc, théoriquement, avoir été commencé – voire achevé – comme concerto pour violon mais transformé, éventuellement par la suite, en œuvre pour hautbois. (Signalons que cette supposition n'est pas soutenable pour des raisons stylistiques: l'ambitus et le texte musical de la partie de soliste ne répondent pas à l'écriture pour le violon; voir au sujet de cette question pp. 310 et 311).

Si l'identification des manuscrits qui ont été formés de cette manière particulière est malaisée, la détermination des motifs en est d'autant plus compliquée. Aussi convainquante que puisse paraître la supposition que Vivaldi ait changé d'avis à l'égard des solistes tout en écrivant les partitions, elle n'en demeure pas moins sur le plan des conjectures. Les manuscrits en question – du moins ceux qui contiennent les concertos pour violoncelle et pour basson – ont un point commun assez remarquable qui oblige à envisager une autre hypothèse. Il paraît en effet assez singulier que la transition d'une disposition à l'autre s'effectue dans tous ces concertos à la fin du premier tutti; dans aucun cas Vivaldi ne paraît avoir changé d'avis après avoir écrit par exemple le second ou le troisième tutti, ce qui, logiquement, aurait aussi bien pu se produire si l'on admet la première supposition. En présumant que Vivaldi ait fondé le mouvement initial sur la substance musicale d'un concerto pour violon en en reprenant tout au moins le premier tutti, on ne peut pas exclure qu'il ait copié mécaniquement et inconsidérément les textes qu'il avait sous les yeux – y compris les indications initiales de l'ancien manuscrit – jusqu'au début du premier solo; à partir de ce point il aura automatiquement reconnu les erreurs des inscriptions et les aura rectifiées. S'il en est ainsi, il s'ensuit que la partition du nouveau concerto doit être originale dans ce sens qu'elle contient la première écriture de l'œuvre en question. Il est en effet fort peu vraisemblable que Vivaldi, s'il a copié intégralement la composition d'après une autre source renfermant la même version, ait conservé les erreurs de notation et les titres irréguliers. Il faut remarquer, d'un autre côté, qu'aucune trace n'a été retrouvée de concertos pour violon dont les tuttis sont identiques à ceux des œuvres pour basson et pour violoncelle en question.

A propos de ces questions le concerto en ut majeur RV 466, dont les indications initiales sont *Con^{to} P Fagotto* et *Del Viualdi,* et dont le tutti initial, rappelons-le, est disposé comme un concerto pour violon (voir p. 177), se montre particulièrement problématique. Le tutti se retrouve, avec quelques modifications sans importance, dans l'air en si bémol majeur pour soprano «Quegl'occhi luminosi» qui d'après le livret provient de *Semiramide* II, 3. Le manuscrit de cette œuvre dramatique a malheureusement disparu, si bien que nous sommes dans l'impossibilité de confronter les deux partitions autographes. Ce qu'il importe de noter à ce propos, est le fait que, normalement, la disposition de la partition des airs est identique à celle des concertos pour des instruments graves: la partie de soliste y est inscrite – qu'elle soit instrumentale ou vocale – à la quatrième portée. Il n'est donc guère probable que

Vivaldi ait copié le tutti du concerto d'après la partition vocale, à moins qu'il n'ait eu l'intention d'écrire un concerto pour violon. Le fait que l'indication de la mesure $\frac{3}{8}$ soit corrigée, ces chiffres étant inscrits sur les C originels, ne concourt certainement pas à rendre la question plus claire.

Pour terminer il convient de souligner que la musicologie aura avantage à poursuivre les recherches en vue de l'identification des partitions de composition, notamment dans le but d'attester l'authenticité des œuvres. Bien que Vivaldi facilement ait pu emprunter des thèmes, des mouvements, etc. à des œuvres composées par d'autres compositeurs, la présence d'indices permettant d'identifier les partitions autographes comme originales assurent tout au moins qu'il a composé lui-même les sections qui contiennent des corrections de travail.

b. Le travail créateur de Vivaldi

Malgré l'existence d'une assez grande quantité de manuscrits autographes que le compositeur a dû écrire en composant les œuvres qu'ils renferment, les documents qui sont susceptibles de nous informer sur la manière dont il les a conçues sont peu nombreux. Les corrections de composition qui ont été analysées plus haut ont déjà révélé certains aspects de son travail créateur, mais comme il a été dit, les observations auxquelles donnent lieu les diverses erreurs ne permettent pas de tirer des conclusions au sujet de la formation d'une œuvre entière. De plus, rappelons que les partitions se présentent normalement de façon si homogène qu'il est le plus souvent impossible, malgré les corrections, de savoir dans quel ordre le compositeur a écrit les diverses sections dont se composent les manuscrits.

Il existe cependant un petit nombre de manuscrits qui pour des raisons particulières permettent de suivre sommairement la succession des inscriptions ou d'établir quelques-unes des étapes qu'ont traversées les œuvres avant d'atteindre leur forme définitive. L'étude détaillée de quelques-unes de ces œuvres est d'autant plus intéressante qu'elle démontre que Vivaldi a appliqué plusieurs procédés dissemblables.

Concerto en si bémol majeur pour violon RV 370

La première œuvre dont la documentation disponible nous permet de constater l'existence de plusieurs phases consécutives est le concerto en si bémol majeur pour violon et orchestre à cordes RV 370 dont il existe trois manuscrits: la partition autographe à Turin, Giordano 30, fol. 172–183, la partition autographe à Dresde, 2380/0/55, et les parties séparées désignées par la même cote, écrites par J. G. Pisendel. Pour des raisons qui se dégageront de l'exposé suivant, la partition autographe à Dresde est la plus ancienne et mérite d'être décrite de manière assez détaillée. (Etant donné que le document a été l'objet de quelques transformations matérielles impliquant le retranchement de quelques folios, les pages et les folios du manuscrit originel sont désignés ci-après par un astérisque.)

A l'origine, le manuscrit s'est composé d'un fascicule de quatre doubles feuilles (soit huit folios ou seize pages). L'écriture musicale commence à la première page où se trouve le titre inscrit en tête: *Con*[to] *Del Viualdi.* Le thème initial du premier tutti (voir les exemples 185 et 191) est à quelques détails près identique à celui qui ouvre le premier mouvement de la sinfonia de l'opéra *Ottone in Villa* de 1713:

Ottone in Villa, Sinfonia, 1er *mouvement, mes. 1–5*

Exemple 185

Il n'est pas possible de situer ces deux compositions en ordre chronologique: Vivaldi peut aussi bien avoir écrit le concerto en empruntant le thème initial à la sinfonia qu'avoir composé celle-ci en se basant sur le thème de l'œuvre instrumentale pour violon et orchestre. Toujours est-il que le manuscrit à Dresde comporte au moins une section originale. Effectivement, arrivé à la mes. 51 du mouvement initial, où devait commencer le second solo, le compositeur s'est visiblement aperçu d'une erreur notoire de composition: le second tutti commence en fa majeur, ton atteint par la modulation effectuée au cours du premier solo, mais il s'achevait, à la mes. 51, en si bémol majeur. Puisqu'il s'agit là du ton principal de la composition, Vivaldi a rayé deux mesures et a écrit un nouveau développement cadençant en sol mineur. Une telle erreur, ainsi que l'affirme K. Heller, ne peut apparaître que dans le manuscrit original de la composition[14].

RV 370, 1er mouvement, mes. 50 et suivantes (ms. à Dresde)

Exemple 186

La partition de la toute première version du mouvement qui, comme on le verra, nous est parvenue incomplètement, s'achève par 2½ mesures inscrites à l'accolade supérieure de la page 15* du manuscrit. L'ultime note est marquée par un point d'orgue et est suivie des doubles barres ordinaires. Ces deux signes confirment que Vivaldi avait achevé l'écriture du mouvement. D'autre part, l'espace qui suit ce mouvement – les cinq portées inférieures de la même page et l'ultime page du manuscrit – était d'origine inutilisé.

Pour des raisons dont il n'y a pas moyen de connaître la nature, Vivaldi n'a pas conservé la version primitive du mouvement, mais l'a modifiée en effectuant un certain nombre d'opérations dans le but d'en retrancher la fin à partir de la mes. 102 et de la remplacer par un texte différent. La section supprimée commence à la page 9 où il a rayé l'ultime mesure qui comporte la fin du troisième solo et le début du quatrième tutti; la rature continue à la page suivante où sont inscrites les mes. 103–114^{II} de la version primitive. La suite, inscrite aux deux folios consécutifs est retranchée du fait que Vivaldi a simplement coupé les deux feuilles à quelques millimètres du milieu, laissant de la sorte deux bandes de papier. Celles-ci contiennent les restes des clefs de sol, ce qui confirme que les pages disparues ont contenu un texte musical. Enfin, le compositeur a rayé les 2½ mesures terminales à la page 15*.

Afin de se procurer l'espace nécessaire pour l'écriture du nouveau texte, Vivaldi a ensuite inséré, entre le fol. 5 et les deux bandes de papier, la seconde moitié d'une double feuille supplémentaire, fol. 6 actuel, qu'il a fixée au manuscrit en situant la bande qui subsiste de la première moitié entre les fol. 3 et 4, de telle sorte que la feuille puisse être cousue à la double feuille du centre, fol. 4–5. La nouvelle feuille, qui renferme donc le texte musical de la seconde version à partir de la mes. 102, n'était pas suffisante pour le contenir, si bien que Vivaldi a continué à la suite de l'ancienne terminaison rayée à la page 15*. La nouvelle version s'achève par trois mesures inscrites à l'accolade supérieure de la page 16*. Les portées inférieures sont inutilisées. De cette observation on peut donc conclure que Vivaldi a effectué ces modifications avant d'écrire les autres mouvements du concerto, conclusion que confirmera la partition autographe à Turin. Il s'ensuit en outre que les corrections font partie du travail de composition.

La structure du manuscrit ainsi modifié se dégage du schéma suivant:

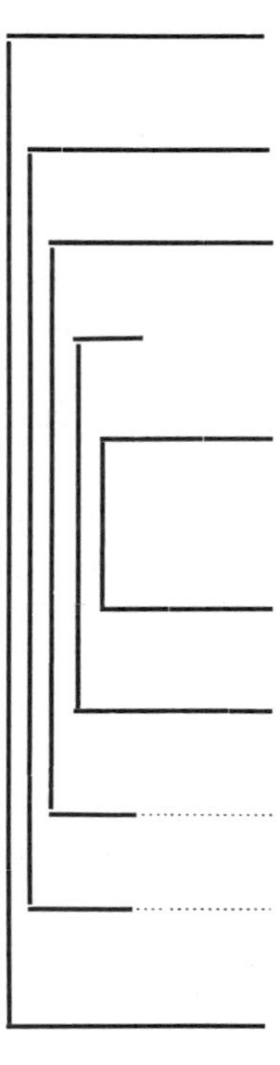

Folios	Pages	Mesures 1e vers.	Mesures 2e vers.
1	1	1– 14	1– 14
	2	15– 24	15– 24
2	3	25– 34	25– 34
	4	34– 45	34– 45
3	5	46– 54	46– 54
	6	55– 64	55– 64
4	7	64– 72	64– 72
	8	72– 87	72– 87
5	9	88–102	88–102
	10	103–114	
6	11		102–115
	12		116–125
6*	11*	perdues	
	12*	perdues	
7*	13*	perdues	
	14*	perdues	
7=8*	14 = 15*	? – ?	126–136
	13 = 16*	inutilisée	137–139

De la confrontation des deux textes – mes. 102–114^{II} de la première version et mes. 102–139 de la seconde – on constate que Vivaldi a modifié assez considérablement le tutti, ce que les premières mesures reproduites dans les exemples suivants pourront démontrer. Dans la première version, le tutti comprenait 8½ mesures, à savoir mes. 102–110, dans la seconde il en comporte 6½, mes. 102–108:

RV 370, 1er mouvement, 1e version, mes. 101–104

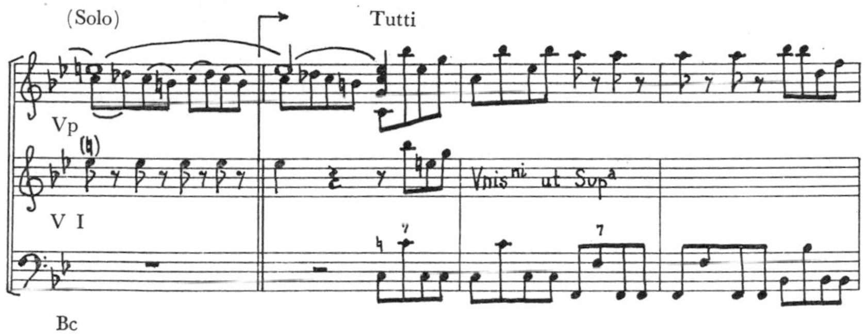

Exemple 187

RV 370, 1er mouvement, 2e version, mes. 101–105

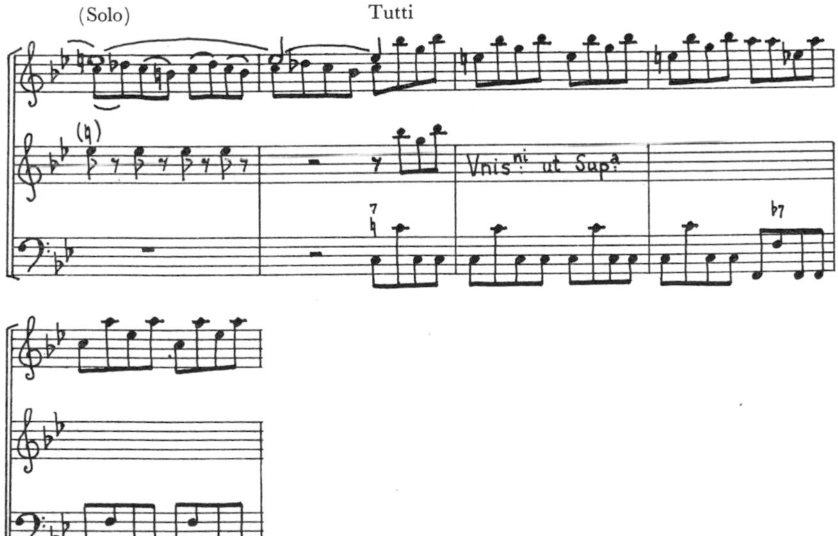

Exemple 188

De plus, le solo a été légèrement modifié – tout au moins au début – et notamment dans l'accompagnement:

RV 370, 1er mouvement, 1e version, mes. 111–114[II]

Exemple 189

RV 370, 1er mouvement, 2^{e} version, mes. 109–112

Exemple 190

En se servant de ce manuscrit inachevé comme modèle Vivaldi a recopié le mouvement dans l'autre manuscrit, mais en a transformé une troisième fois le texte. Dans le manuscrit à Dresde il a inscrit, à certains endroits du tutti initial, de petits traits verticaux destinés sans aucun doute possible à marquer les sections à supprimer. En fait, ces sections ne figurent pas dans la copie autographe à Turin (cf. planches 13 et 14):

RV 370, 1er mouvement, tutti initial (ms. à Dresde)

Exemple 191

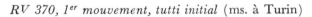

RV 370, 1er mouvement, tutti initial (ms. à Turin)

Exemple 192

Les transformations ne sont cependant pas effectuées exclusivement au début du mouvement mais affectent de nombreux passages que Vivaldi a refaits ou modifiés de manière plus ou moins radicale. Il sera à ce propos utile de communiquer la fin du second solo et le début du troisième tutti; ces mesures démontrent à elles seules que la partition à Turin contient une troisième version du mouvement (comparer l'exemple suivant avec les exemples 187 et 188):

RV 370, 1er mouvement, 3e version, mes. 83–87 (ms. à Turin)

Exemple 193

La fin du mouvement, lequel dans la nouvelle version comprend 115 mesures au total, est inscrite au recto du fol. 176, au verso duquel Vivaldi a commencé l'écriture d'un mouvement lent, probablement une chaconne, pour lequel il n'a pas inscrit la désignation de tempo; mais arrivé à la mes. 13, il l'a abandonné et a rayé tout ce qu'il avait écrit. A la page suivante, fol. 177r, il a commencé le Grave définitif du concerto, mouvement dont la partition s'achève au fol. 177v.

RV 370, mouvement abandonné

Exemple 194

Comme le démontrent les deux exemples suivants, le Grave diffère musicalement du mouvement abandonné, mais aux mesures 17–18 se retrouve, dans l'accompagnement, le thème de la chaconne. Il est vrai qu'il s'agit là d'une formule musicale assez ordinaire, mais on ne peut pas exclure que Vivaldi en ait fait l'usage dans ce contexte sous l'influence des idées qu'il avait en écrivant le mouvement abandonné:

RV 370, 2ᵉ mouvement, mes. 1–8

Exemple 195

RV 370, 2e mouvement, mes. 16–19

Exemple 196

La partition du troisième mouvement du concerto, écrite à la suite du Grave, ne comporte aucune trace permettant de savoir comment Vivaldi l'a formé. Il peut donc aussi bien, semble-t-il, l'avoir composé tout en écrivant la partition que l'avoir copié et éventuellement modifié à plusieurs reprises à l'instar de l'Allegro initial. Quoi qu'il en soit, il est certain que le concerto en tant qu'œuvre intégrale a été formée graduellement: les phases qu'a traversées le premier mouvement et le fait que le mouvement médian remplace une ébauche en témoignent nettement.

Ainsi que l'a démontré K. Heller[15], c'est très vraisemblablement à l'occasion de son séjour à Venise en 1716–17 que J. G. Pisendel a copié, entre autres documents, les parties séparées du concerto RV 370. La copie renferme les trois mouvements de la version définitive de l'œuvre, mais contient en outre un second mouvement lent qui n'est autre que le Grave du concerto pour violon RV 326 (opus 7, lib. I, nº 3). Bien que les manuscrits non autographes n'entrent pas dans les cadres du présent ouvrage, il sera avantageux de faire une exception et d'analyser le manuscrit de Pisendel de manière détaillée.

Il se compose des cinq parties suivantes: une partie qui contient, à la page de titre, les inscriptions *Conto Del Sig. Viualdi / Violino Principale,* et qui se compose de quatre folios avec six pages d'écriture musicale (la huitième et dernière page est inutilisée); trois parties désignées respectivement par *Violino Primo, Violino 2do* et *Alto* et qui ne comprennent chacune qu'une feuille; et une partie d'*Organo* qui à son tour se compose de deux folios avec trois pages de notation musicale (l'ultime page est laissée sans inscriptions). Dans les quatre parties d'accompagnement le mouvement initial est inscrit sur la première page, le Grave originel sur le verso qui renferme aussi le finale; dans la partie de basse ce mouvement s'achève à la troisième page. Pour des raisons pratiques, à savoir pour éviter de tourner la page en plein milieu d'un mouvement, Pisendel a disposé les trois mouvements dans la partie de violon principal de telle sorte que l'Allegro initial est inscrit aux pages 2 et 3, le Grave aux portées supérieures de la page 4 et le finale aux pages 6 et 7. Il est important de tenir compte de cette disposition du manuscrit, car elle affirme que le second Grave n'a pas d'origine fait partie du concerto mais a été ajouté au manuscrit par la suite, sans doute dans le but de remplacer l'ancien mouvement lent. Dans la partie de violon principal, les portées inférieures de la page 4 et celles de la page 5 ont offert l'espace nécessaire pour l'écriture de la partition à deux portées (violon et basse); le mouvement se situe ainsi, fort commodément, entre l'ancien Grave et le finale. Dans les parties de violons et d'alto il se situe par contre à la suite du mouvement initial à la suite duquel quelques portées avaient été laissées sans inscriptions (dans la partie d'alto Pisendel a pourtant été obligé de tracer une portée supplémentaire); dans la partie d'orgue il est inscrit à la suite du troisième mouvement, seul endroit disponible.

Naturellement, nous sommes dans l'impossibilité de savoir si l'adjonction du second Grave a été approuvée par Vivaldi, mais il ne paraît aucunement invraisemblable que l'idée de remplacer l'ancien mouvement médian par celui d'un autre concerto remonte à Pisendel et qu'il l'ait réalisée non pas à Venise, mais après son retour à Dresde[16]. Il est de ce fait légitime de soulever la question de l'authenticité de la nouvelle version du concerto.

Concerto en la mineur pour flautino RV 445

La deuxième composition dont la formation sera présentée de manière relativement détaillée mérite de l'être en raison du fait qu'elle démontre que Vivaldi a appliqué un procédé de composition essentiellement différent de celui qui a été exposé plus haut au sujet du concerto RV 370. Le premier mouvement de cette œuvre avait existé au moins en deux versions dissemblables avant d'obtenir sa forme définitive et avant que ne soient écrits les deux autres mouvements. Le concerto en la mineur pour flautino RV 445 a inversement été composé d'un bout à l'autre en une opération, ce dont témoignent certains aspects particuliers de la partition. Mais avant d'aborder ces questions il convient de présenter sommairement la composition et de voir de quelle manière Vivaldi l'a disposée dans son manuscrit (Giordano 31, fol. 433–442).

Les trois mouvements sont notés en partition à cinq portées par accolade, désignées par trois clefs de sol, une clef d'ut_3 et une clef de fa. Le premier, désigné par l'indication de tempo *All°* et par l'indication de la mesure C, se compose de huit sections, à savoir quatre tuttis et quatre solos disposés de la sorte:

Tutti I	la mineur	mes.	1– 12	ABCD
(fol. 433r–v)				
Solo I		mes.	13– 31	
(fol. 433v–434v)				
Tutti II	ut majeur	mes.	32– 36	AC
(fol. 434v)				
Solo II		mes.	36– 48	
(fol. 434v–435r)				
Tutti III	mi mineur	mes.	49– 52	B
(fol. 435r)				
Solo III		mes.	52– 69	
(fol. 435r–436r)				
Tutti IV	la mineur	mes.	69– 72	A
(fol. 436r)				
Solo IV		mes.	73– 92	
(fol. 436r–437r)				
(Tutti V	la mineur	mes.	1– 12	ABCD)

Bien que Vivaldi n'ait pas inscrit les points d'orgue marquant la fin de la reprise, l'indication de da capo à la fin du mouvement, *D. C.* [*al* rayé] *Sino al Segno* 𝄐 , désigne sans aucun doute possible la reprise intégrale du tutti initial (voir p. 215).

Le second mouvement, *Larghetto* à la mesure de C, comprend un solo encadré de deux tuttis:

Tutti I	la mineur	mes.	1– 6
(fol. 437r)			
Solo I		mes.	7– 23
(fol. 437v–438r)			
Tutti II	la mineur	mes.	23– 24

Le troisième mouvement, à la mesure de $\frac{2}{4}$, ne comporte pas d'indication de tempo et se compose comme l'Allegro initial de quatre tuttis et de quatre solos:

Tutti I (fol. 438v–439r)	la mineur	mes. 1– 24	ABCDA'E
Solo I (fol. 439r–v)		mes. 24– 43	
Tutti II (fol. 439v)	ut majeur	mes. 44– 54	AE
Solo II (fol. 439v–440r)		mes. 54– 80	
Tutti III (fol. 440v)	mi mineur	mes. 81– 87	A
Solo III (fol. 440v–441r)		mes. 88–103	
Tutti IV (fol. 441r)	la mineur	mes. 104–109	A
Solo IV (fol. 441r–442r)		mes. 110–143	
(Tutti V	la mineur	mes. 1– 24	ABCDA'E)

L'ultime page du manuscrit est inutilisée et la partition s'achève par un paraphe.

Les tuttis des deux premiers mouvements sont tous à quatre parties qui sont notées, suivant les habitudes du compositeur, aux portées n° 1 (parties de soliste et de violons I, désignées par le signe équivalant à *Vt Supra,* voir p. 167), n° 3 (violons II), n° 4 (altos) et n° 5 (basse continue). Ceux du finale ne sont qu'à trois parties, les deux parties de violon jouant à l'unisson avec le soliste. Dans l'ensemble, ce concerto est un exemple assez instructif de la diversité avec laquelle Vivaldi a composé l'accompagnement dans les solos: on y trouve effectivement un grand nombre des variantes exposées plus haut (voir pp. 170–174). C'est ainsi que celui du second mouvement est accompagné par les violons et les altos à l'unisson, parties notées à la deuxième portée et désignées, aux trois portées, par des clefs de fa. Caractéristique est également le second solo du finale, celui-ci étant accompagné par la seule basse continue, alors que le troisième comprend, après trois mesures où la basse est seule, les parties de violons et d'altos à l'unisson. De même, le second solo du mouvement initial comprend alternativement les violons et les altos à l'unisson, la basse et les violons en parties individuelles.

Ce qui rend le manuscrit utile sous le rapport de l'étude de la formation du concerto, est le fait que Vivaldi s'est servi d'encre de deux nuances différentes pour en écrire la partition. L'une est très foncée, presque noire, tandis que l'autre est sensiblement plus claire. Cette différence est effectivement assez prononcée pour permettre de les distinguer sûrement l'une de l'autre, du moins pour ce qui concerne les notes.

Il y a, à Turin, deux ou trois manuscrits qui offrent les mêmes différences de couleur de l'encre avec laquelle Vivaldi les a écrits, partitions qui soulèvent par principe une question importante. Tous ces documents, y compris le manuscrit du concerto RV 445, ne comportent aucune indication quelconque permettant d'expliquer objectivement les aspects polychromes de la graphie. On peut supposer, conjecturalement, que le hasard a voulu que l'encre de la première qualité se soit épuisée en plein milieu du travail d'écriture, mais comme on le verra plus loin, la disparité des nuances peut être due à ce que Vivaldi ait écrit les diverses sections des partitions à des époques différentes. Cependant, tout porte à croire que le manuscrit du concerto pour flautino a été écrit en une opération continue. Inversement, celle du concerto RV 250 (Foà 30, fol. 61–68), par exemple, écrite avec de l'encre rouge-brune aux fol. 61r–64r, puis avec de l'encre noire aux fol. 64r–68v, peut être une copie autographe dont les deux sections remontent à des époques que sépare un espace de temps plus ou moins long.

Que le manuscrit en question soit une partition de travail ressort de la présence d'une véritable correction de composition dans le mouvement initial. Le premier solo comporte en effet le texte rayé suivant:

Exemple 197

qui semble indiquer que Vivaldi, sans doute par erreur, a effectué une modulation de la mineur, ton du premier tutti, en sol majeur; les trois dernières mesures de la section annulées sont en effet les sections B et C d'un tutti. Mais ce ton n'étant pas approprié à celui de la composition, le compositeur a écrit un nouveau développement cadençant en ut majeur. Il est intéressant de noter, à ce propos, qu'il a repris la figuration des premières mesures de la section abandonnée; les mes. 27–29 de la partie de soliste se présentent effectivement de la sorte:

Exemple 198

et soulignent donc qu'il s'agit bien d'une correction de composition (cf. pp. 333ss).

Pour démontrer de quelle manière les qualités d'encre dissemblables sont susceptibles de nous informer du travail qu'a effectué Vivaldi, il suffira d'exposer de manière détaillée les inscriptions des six premières pages du manuscrit. La nuance I est logiquement celle avec laquelle il a commencé le travail d'écriture:

Nuance I

fol. 433r: indications initiales, indications de la mesure et de tempo, tutti initial intégral;
fol. 433v: partie de soliste;
fol. 434r: partie de soliste, accompagnement aux mes. 22–24 (violons I et II, basse à la mes. $24^{\text{III–IV}}$ et aux trois mesures de la section annulée);
fol. 434v: partie de soliste, violons I et II du tutti II;
fol. 435r: partie de soliste, accompagnement aux mes. 43–48 (basse continue et violons I et II), tutti III intégral;
fol. 435v: partie de soliste.

Nuance II

fol. 433r: rien
fol. 433v: parties de violons II, d'altos et de basse aux mes. $12^{\text{III–IV}}$ (fin du tutti initial), accompagnement aux mes. 13–21 (basse continue et violons I et II aux mes. 15–16;
fol. 433r: basse continue aux mes. $22–24^{\text{I–II}}$ (avant la rature) et mes. $25–28^{\text{II}}$ (après la rature);

fol. 434v: accompagnement (basse continue aux mes. 28^{III}–31, violons I [plus les clefs aux portées des violons II et des altos] aux mes. 36^{III}–40^{II}, parties d'altos et de basse continue dans le tutti II;

fol. 435r: accompagnement (violons I aux mes. 40^{III}–42);

fol. 435v: accompagnement (basse continue aux mes. 53–61^{II} et violons I, violons II et altos aux mes. 61^{III}–64^{II}).

De manière analogue se présentent les pages consécutives jusqu'au recto du fol. 441, première accolade: à la mes. 109 du finale, la nuance I a dû s'épuiser si bien que Vivaldi a continué à partir de la mes. 110 avec la nuance II.

Les deux couleurs d'encre démontrent donc que le compositeur a commencé la partition par l'écriture du tutti initial du premier mouvement, a continué par l'ensemble des solos et quelques tuttis et a écrit les parties essentielles des deux mouvements consécutifs avant d'ajouter l'accompagnement et les parties de remplissage dans les trois mouvements. Il est en effet absurde de penser qu'il ait écrit les diverses sections tantôt avec l'une, tantôt avec l'autre nuance. Il s'ensuit donc que, contrairement au concerto RV 370, l'œuvre a été conçue comme une unité, les trois mouvements étant écrits l'un après l'autre en une seule opération. De plus, la partition atteste que Vivaldi a orienté son attention en premier lieu vers la substance thématique et mélodique, les éléments harmoniques et orchestraux de l'accompagnement pouvant être ajoutés par la suite. Enfin, il est certain que le compositeur, en écrivant de la sorte son concerto, était en possession d'une expérience et d'une routine notables.

Arsilda Regina di Ponto RV 700

Parmi les nombreux manuscrits autographes de Vivaldi qui sont parvenus jusqu'à nous, il n'existe aucune partition qui soit aussi compliquée, aussi désordonnée et donc aussi difficile à rétablir que celle de l'opéra de Domenico Lalli *Arsilda Regina di Ponto* (Foà 35, fol. 2–172), représenté à Venise au Teatro di Sant'Angelo pendant la saison d'automne 1716. L'existence de feuilles déplacées a déjà été signalée, mais à cela s'ajoute une grande quantité d'insérations, de coutures, de récitatifs écrits deux fois ou apparemment incomplets, d'airs en plusieurs versions, de ratures, etc. Il aurait vraisemblablement été impossible de rétablir le texte authentique de cette partition si nous n'avions pas eu à la fois le livret et une copie intégrale de la musique (même volume, fol. 173–295). Cependant, comme on le verra plus bas, l'application des méthodes d'analyse décrites dans la Première Partie, particulièrement nécessaire en l'occurence, permet non seulement d'en dégager le texte authentique, mais encore – et surtout – d'étudier les opérations qu'a effectuées Vivaldi en préparant sa partition. Celle-ci a en effet été l'objet de nombreuses modifications qui, de toute évidence, ont occasionné l'état désordonné et compliqué dans lequel le manuscrit nous est parvenu.

Au sujet de cet opéra R. Giazotto a retrouvé, dans les archives à Venise, quelques documents fort intéressants de la censure de l'Inquisition, concernant la production en scène de l'œuvre. C'est ainsi que l'historien italien a pu déterminer que l'opéra avait déjà été composé en 1715, mais que, l'autorisation n'étant pas accordée, la première représentation n'eut lieu que l'année suivante; le «faccio fede» relatif à *Arsilda* est effectivement, selon R. Giazotto, daté du 18 octobre 1716[17]. Quelles que soient les motivations de ce refus – la question relève surtout de l'historie de la littérature et des mœurs de l'époque et ne sera donc pas développée ici – il est important de savoir que l'opéra a dû exister en une version primitive et que le texte de Lalli a dû être l'objet de plusieurs transformations afin de se présenter en une version acceptable, transformations qui, évidemment, ont obligé le compositeur à réviser sa partition. L'étude détaillée et critique du manuscrit autographe nous permet en effet de restituer en partie une version primitive, assez différente de celle que présentent le livret et le manuscrit non autographe. Bien qu'il soit impossible de déterminer si cette version primitive fut identique à celle qui fut rejetée par la censure, il ne sera pas inutile de l'étudier de près, car elle servira de base pour la détermination des travaux que Vivaldi a accomplis. Etant donné, de plus, que les modifications ont été effectuées avant la représentation de l'opéra elles font logiquement, par définition, partie des corrections de composition comprises dans le sens le plus large du mot. Quelle qu'en soit la motivation – en l'occurence vraisemblablement une influence externe – la composition a, comme le concerto RV 370, traversé plusieurs phases avant d'atteindre sa forme définitive.

Pour se faire une idée de la nature des opérations qu'a effectuées à ce propos Vivaldi, il suffira d'analyser le premier acte, inscrit aux fol. 6–79 du volume. Méthodologiquement, la restitution de la version originelle se fonde sur la numérotation des fascicules, indications qui à cet égard sont particulièrement utiles. De plus, le livret, quoique présentant un texte différent, s'avère d'une certaine utilité non seulement pour remettre en place les folios égarés, mais aussi pour l'établissement de l'ordre exact des textes.

Le manuscrit originel du premier acte se compose de 15 fascicules comprenant chacun, à deux exceptions près, quatre folios; seuls les fascicules n°s 5 et 7 ne comprennent que respectivement trois et deux feuilles. Vivaldi les a numérotés, en haut à droite, de 1 à 15. Le fascicule n° 12 ne comporte pas, toutefois, pour des raisons qui seront analysées plus bas, d'indication de ce genre.

fascicule nº 1	fol. 6–9
fascicule nº 2	fol. 10–13
fascicule nº 3	fol. 14–17
fascicule nº 4	fol. 20–23
fascicule nº 5	fol. 24–26
fascicule nº 6	fol. 27–30
fascicule nº 7	fol. 31–32
fascicule nº 8	fol. 33 et 42–44
fascicule nº 9	fol. 51–53 et 55
fascicule nº 10	fol. 34v–r, 56–57 et 54
fascicule nº 11	fol. 58–61
fascicule nº (12)	fol. 62–65 (ou 64–65; incomplet?)
fascicule nº 13	fol. 66–69
fascicule nº 14	fol. 72–75
fascicule nº 15	fol. 76–79

Il paraît utile de noter ici que les fol. 18–19, 35–41, 45–50, 70–71 et peut-être 62–63 appartiennent aux fascicules que Vivaldi a ajoutés par la suite, renfermant les textes de l'ultime version de l'opéra. D'autre part, il est évident que les fol. 34 et 54 (fascicule nº 10) ont constitué d'origine une double feuille dont les deux moitiés, séparées l'une de l'autre, ont sans doute par inadvertance été situées aux endroits où elles se trouvent actuellement (voir p. 97).

Ce manuscrit contient les 15 scènes du premier acte, soit les 36 mouvements suivants de la version originelle, auxquels s'ajoute, à la fin, la partie de basse d'un mouvement d'origine inconnue intitulé *Ballo Primo*.

Scena 1

1 Rec.	*Questo o Popoli è il giorno il cui*	fol. 6r–v
2 Coro	*Tutto il regno lieta in gara*	fol. 7r–8r
3 Rec.	*Figli non men che miei vassalli*	fol. 8v
4 Rec.	*Questo o fida mia sposa e perche*	fol. 9r–10r
5 Aria	*L'esperto nocchiero nel mare*	fol. 10v–13r

Scena 2

6 Rec.	*Sposa. A che tal mi chiami*	fol. 13r–15r
7 Aria	*Del goder la bella spene*	fol. 15r–17v

Scena 3

8 Rec.	*Sol di Bittinia il Prence non sen*	fol. 20r
9 Aria	*Col piacer della mia fede*	fol. 20v–23r

Scena 4		
10 Rec.	*Partano i servi, Odi Mirinda*	fol. 23r–25r
11 Aria	*Fingi d'aver un cor fra sdegno*	fol. 25r–26v
Scena 5		
12 Rec.	*Dunque questo ch'amor chiaman*	fol. 27r
13 Aria	*Io son quel gelsomino vicino*	fol. 27v–30r
14 Aria	*Non m'è caro amor penando*	fol. 30v–33r
Scena 6		
15 Rec.	*Del sotteraneo loco discoperto*	fol. 33r–v
16 Aria	*Sempre piace goder il tuo bene*	fol. 42r–44r
Scena 7		
17 Rec.	*D'alma la regia è questa*	fol. 44v, 51r
18 Aria	*Va per selve e sol pien d'ira*	fol. 51r–53v
Scena 8		
19 Aria	*So ben io qual pina sia viver* (1)	fol. 53v
20 Rec.	*Povera in mezzo all'oro*	fol. 55r
21 Aria	*So ben io qual pina sia viver* (2)	fol. 55r–v
Scena 9		
22 Rec.	*Ecco l'ingrata; al fianco assistetemi*	fol. 55v, 34v
Scena 10		
23 Rec.	*Scoperto il tradimento a tempo io giungo*	fol. 34r, 56r
24 Aria	*L'esser vinto non son le mie pene*	fol. 56r–57v, 54r
Scena 11		
25 Rec.	*Tutto al tuo braccio io deggio*	fol. 54v, 58r
26 Aria	*Perche veggo nel tuo volto*	fol. 58v–59v
Scena 12		
27 Rec.	*Dunque il cultor degl'orti*	fol. 60r
28 Coro	*Amoretti vezzosetti che le fiamme*	fol. 60v–61v
– –	[Partie de basse de la suite du chœur, mouvement inachevé et abandonné]	fol. 62r–63v
29 Rec.	*Prendi signor compisci il degno*	fol. 63v
30 Rec. acc.	*O' dell'adusta Lenno famoso*	fol. 64r–v
31 Rec.	*Cisardo, or già che il sacro vito*	fol. 65r
Scena 13		
32 Rec.	*Io se tu'l voi, Regina, dell'inimico*	fol. 65v

Scena 14		
33 Rec.	*Tu Mirinda quai voti per me*	fol. 66r–67v
34 Aria	*Porta amore una tal face*	fol. 67v–69v, 72r
Scena 15		
35 Rec.	*Benche d'amor le stravaganze intesi*	fol. 72r–v
36 Aria	*Io son quel gelsomin vicino*	fol. 72v–77v
	Pages inutilisées	fol. 78r–79v
	Partie de basse du *Ballo Primo*	feuillet collé sur le fol. 78 r

Le manuscrit et les partitions des mouvements qu'il renferme comportent plusieurs éléments qui permettent d'observer quelques aspects intéressants concernant la formation du document et du texte musical. Abstraction faite des ratures et des corrections assez nombreuses, certains fascicules et certaines scènes attirent à ce propos une attention particulière.

Il convient de noter pour commencer que les deux récitatifs n°s 3 et 4 de la première scène font bien partie du texte: le livret signale en effet qu'entre eux se situe un «giuramento», action dramatique apparemment assez spectaculaire pour interrompre le dialogue et donc pour motiver la présence de deux récitatifs consécutifs. Le «giuramento» n'est pas indiqué dans la partition.

Moins facilement compréhensible est la structure irrégulière du fascicule n° 4 qui se compose d'une feuille (fol. 20) avec une bande de papier située entre les fol. 17 et 18, et des trois dernières feuilles d'un fascicule de quatre folios (21–23); la bande qui subsiste après le retranchement de la première feuille se trouve entre les fol. 20 et 21. Cette structure, qui est présentée dans le tableau suivant, peut éventuellement être causée par quelques modifications ou retranchements remontant au travail de composition, mais la nature de ces opérations se perd dans l'obscurité.

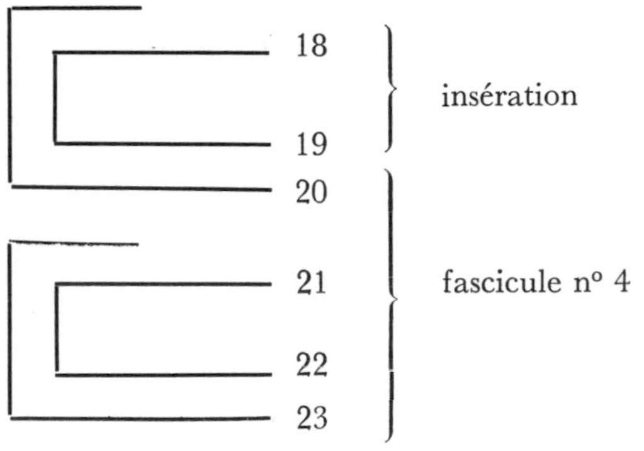

D'autre part, la scène 5 se compose d'un récitatif suivi non pas d'un, mais de deux airs, ce qui paraît assez extraordinaire. En réalité seul le second air, «Non m'è caro amor penando» (nº 14) fait partie de la présente version. Le premier, «Io son quel gelsomino vicino» a été supprimé par Vivaldi: à la marge des fol. 27–30 se trouvent les trous qu'a laissés la couture effectuée dans le but de retrancher la composition. La numérotation régulière des fascicules et notamment les faits que le début du second air soit écrit au verso du folio qui contient, au recto, la fin de l'air retranché et que les dernières mesures du second air soient inscrites à la première page du fascicule suivant (nº 8) montrent qu'il a dû être écrit avant l'écriture de la scène 6. Il s'ensuit donc que le remplacement remonte à l'époque de la formation du manuscrit primitif. Il est intéressant de noter que l'air retranché – en ut mineur – n'a pas été abandonné définitivement par le compositeur. Vivaldi l'a repris quelques mois après avoir achevé le manuscrit d'*Arsilda* pour l'air «Io son quell'augelletto puro» de *L'Incoronazione di Dario* II, 12. De plus, comme on le voit plus haut, le même texte a trouvé emploi dans la scène 15 du premier acte pour laquelle Vivaldi a composé un mouvement entièrement différent, en mi majeur. Ceci témoigne donc du fait que l'opéra a subi quelques modifications déjà pendant les premières phases du travail de composition.

Pour la formation de la version définitive du premier acte Vivaldi a pu laisser huit scènes sans modifications, à savoir les scènes 1, 3, 4, 8, 9, 11, 13 et 15. Les autres ont par contre été l'objet de transformations plus ou moins importantes. Il est vrai que plusieurs d'entre elles ne s'expliquent pas facilement comme des transformations causées par le refus de la censure, mais ainsi qu'il a été dit plus haut, les influences internes et externes qui ont incité Vivaldi à réviser ses propres œuvres sont aussi nombreuses que difficiles à déterminer. Les modifications d'*Arsilda* peuvent à la vérité remonter à des occasions différentes, comme par exemple à l'époque des répétitions, ou même être postérieures à la première représentation. Quoi qu'il en soit, il sera certainement très avantageux d'étudier de près les opérations que le compositeur a accomplies dans le but de former la nouvelle version parce que celle-ci, rappelons-le, répond à celle du livret et du manuscrit non autographe: tout porte donc à croire qu'il s'agit de la version définitive, représentée en 1716.

Dans la scène 2 l'air originel est supprimé et remplacé par une nouvelle composition qui contient un texte différent, «Io sento in questo seno». Le début de l'ancien air, inscrit au fol. 15r, est rayé et les fol. 15–17 sont rattachés avec du fil à la marge. La nouvelle composition est inscrite sur les trois dernières pages d'une double feuille, fol. 18–19, dont la première est inutilisée. Le fol. 18 est également rattaché aux feuilles précédentes.

La scène 5 a été sujet à des modifications semblables: les deux airs sont supprimés et remplacés par une nouvelle composition, mais celle-ci comporte le même texte que le second air retranché, «Non m'è caro amor penando». Encore une fois, le nouvel air est inscrit sur les pages d'un fascicule supplémentaire, fol. 35v–37v; en outre, les fol. 27–33 plus le premier folio du fascicule ajouté, fol. 35, sont réunis avec du fil. Par l'effet de cette opération, le début de la scène 6, inscrit au fol. 33r, a été retranché, si bien que Vivaldi a dû réinscrire le récitatif: la copie s'en trouve effectivement au fol. 38r–v, feuille isolée qui précède le fascicule de trois folios, 39–41, renfermant le nouvel air «Dove sei bel volto amato»; celui-ci remplace l'ancien air de la même scène, inscrit aux fol. 42r–44r; les fol. 41–44 ont donc été réunis suivant la technique habituelle.

A la scène 7, dont la fin du récitatif initial était inscrite au fol. 51r, Vivaldi a écrit deux nouveaux airs, si bien qu'il a ajouté plusieurs feuilles supplémentaires entre les fascicules n°s 8 et 9. La première, fol. 45, contient au recto la copie des dernières mesures du récitatif, identiques à celles du fol. 51r supprimées. Au verso se trouve le début du premier nouvel air, Largo en sol mineur, «La tiranna avversa sorte», qui continue au fol. 49 et s'achève au fol. 50r, dont le verso est inutilisé. Pour des raisons inconnues, cet air n'a pas été conservé, mais a été remplacé par une autre composition, Allegro en ré majeur, comprenant le même texte. Ce troisième air est inscrit sur les fol. 46v–48r, et pour maintenir en place cette seconde insération Vivaldi l'a cousue en marge, réunissant de la sorte les fol. 45–46 et 49–53. Au verso de cette dernière feuille se situe la fin rayée du premier air qu'il avait écrit pour cette scène.

La modification effectuée à la scène 10 comprend simplement le retranchement de l'air: le début, inscrit au fol. 56r, et la fin qui se trouve au folio égaré n° 54 (voir plus haut), sont rayés et les fol. 56, 57 et 54 sont rassemblés avec du fil. Selon le livret, cette scène ne comporte effectivement pas de texte en vers.

La scène 12, dont le récitatif initial inscrit au fol. 60r comporte une correction de composition, comprend, outre ce mouvement, un chœur suivi de trois récitatifs, dont le second – le récitatif accompagné – et le troisième se trouvent sur les pages d'une double feuille, fol. 64–65. Le chœur, en fa majeur, se composait vraisemblablement à l'origine de deux reprises: en effet, le mouvement s'achève en ut majeur et l'accord final, sans points d'orgue, est suivi de doubles barres auxquelles Vivaldi, dans plusieurs portées, a ajouté les points marquant la répétition. Tout porte à croire que le compositeur a retranché la seconde section, inscrite vraisemblablement sur le premier folio d'un fascicule désigné par le numéro 12; les fol. 64–65 proviennent probablement de ce fascicule. A la place de la feuille retranchée Vivaldi a inséré une double feuille, fol. 62–63, dont le texte est assez problématique. Il se compose des clefs et des armures destinées à la suite du chœur, de quatre mesures de la basse vocale (sans paroles) et de 43 mesures de la basse continue. Les barres de mesure sont tracées dans toutes les portées aux mes. 1–4, mais à partir de là les portées sont laissées sans inscriptions. Le compositeur a donc visiblement commencé l'écriture (d'une nouvelle version?) de la seconde section du chœur, mais l'a abandonnée pour des raisons inconnues, si bien que le mouvement en fin de compte ne comprend qu'une section en fa majeur cadençant en ut majeur. Le manuscrit non autographe comporte le même texte musical et confirme donc qu'il n'y a pas de lacune dans la partition de Vivaldi. Ce qui rend la section abandonnée particulièrement intéressante est le fait que, contrairement à ce dont témoignent les exemples analysés précédemment, Vivaldi en a commencé l'écriture par les parties de basse: normalement, en fait, les mouvements abandonnés et les corrections de composition comprennent tout au moins, lorsque les textes sont inachevés, la partie supérieure.

La dernière modification du premier acte, celle de la scène 14, ne pose de son côté aucun problème. La fin du récitatif qui s'achève au fol. 67v et qui est suivi immédiatement du début de l'air originel, est réinscrite au fol. 70v, ajouté avec le fol. 71 au manuscrit. Ces deux dernières feuilles renferment la nouvelle composition écrite sur les mêmes paroles que l'air retranché.

Comme il a déjà été dit, il n'est pas possible de déterminer si ces nombreuses modifications – auxquelles se joignent des transformations semblables dans le second et dans le troisième acte – étaient motivées par la nécessité de former une version qui soit acceptable pour la censure. Quoi qu'il en soit, l'étude détaillée du manuscrit explique le désordre dans lequel il se trouve et démontre l'ampleur du travail qu'a dû effectuer le compositeur avant de parvenir à la version définitive de son œuvre. De plus, l'exposé de R. Giazotto aurait été plus complet – et plus intéressant – si l'auteur avait mentionné ces aspects de la partition autographe.

Rosmira fedele RV 731

Un exemple essentiellement différent de la manière de travailler de Vivaldi s'offre à l'étude de la partition de l'opéra *Rosmira fedele* datant de 1738. Il a déjà été dit qu'il s'agit d'un *pasticcio,* œuvre compilée de mouvements empruntés à divers compositeurs, mais bien que Vivaldi n'en soit donc pas le seul auteur – ou inversement en raison de ce fait – il paraît avantageux d'en examiner de près la partition. Celle-ci comporte en effet plusieurs aspects fort intéressants de sa manière de travailler, aspects qui sont particulièrement utiles non seulement parce qu'ils concourent à illustrer et même à compléter certaines questions déjà analysées, mais encore et surtout parce qu'ils s'avèrent importants pour l'étude des questions que soulèvent les manuscrits modifiés. Encore une fois il suffira d'envisager le premier acte de l'œuvre, les deux autres n'étant sous ce rapport pas plus instructifs.

Le manuscrit se compose actuellement de 12 fascicules, mais en comprenait à l'époque de sa formation 13 ou 14: comme on le verra plus bas, un fascicule au moins a disparu. Pourtant, Vivaldi n'en a numéroté que six parmi eux, mais ce procédé est à la vérité fort logique, car les six fascicules, entièrement autographes, comportent (outre le chœur initial et le chœur final) les mouvements qui forment le squelette de la composition: les récitatifs. Les airs sont par contre, sans exception, inscrits sur les pages de fascicules ajoutés au manuscrit. La plupart de ceux-ci ont sans doute été transmis à Vivaldi en tant qu'airs isolés, ce dont témoignent les indications initiales que plusieurs d'entre eux contiennent. Quelques airs sont autographes, mais se trouvent également inscrits en fascicules individuels; les mouvements autographes ne comportent pas d'indications initiales. (Au sujet de l'ouverture de *Rosmira,* voir p. 54.)

fascicule nº 1	fol. 9–12	autographe (récitatifs et chœur)
(fascicule nº 2)	(disparu)	(sans doute autographe; récitatifs; voir plus bas)
fascicule sans numéro	fol. 13–15	autographe (air)
fascicule nº 3	fol. 16–19	autographe (récitatifs)
fascicule sans numéro	fol. 20–23	*Aria à Voce Sola con V.V. del Sig*^{r} *Antonio Mazzoni;* non autographe
fascicule nº 4	fol. 24–25, 29 et 34	autographe (récitatifs)
fascicule sans numéro	fol. 26–28	autographe (air)
fascicule sans numéro	fol. 30–33	*del Sig*^{r} *Gius*^{e} *Ant*^{o} *Paganelli;* non autographe (air)
fascicule nº 5	fol. 35, 44–45 et 50	autographe (récitatifs)
fascicule sans numéro	fol. 36–43	*Aria Del S*^{e} *Handel;* non autographe
fascicule sans numéro	fol. 46–49	sans titre, non autographe (air)
fascicule nº 6	fol. 51 et 56–58	autographe (récitatifs et chœur)
fascicule sans numéro	fol. 52–55	sans titre, non autographe (air)

En insérant de la sorte de nombreux fascicules dans ceux dont il a inscrit lui-même les textes, Vivaldi a formé un manuscrit d'une structure assez irrégulière, mais néanmoins facile à étudier. A titre d'exemple, le schéma suivant montre comment se compose le fascicule n° 4. Aux folios du fascicule de Vivaldi s'ajoutent deux insérations dont la première ne comporte que trois feuilles plus une bande de papier.

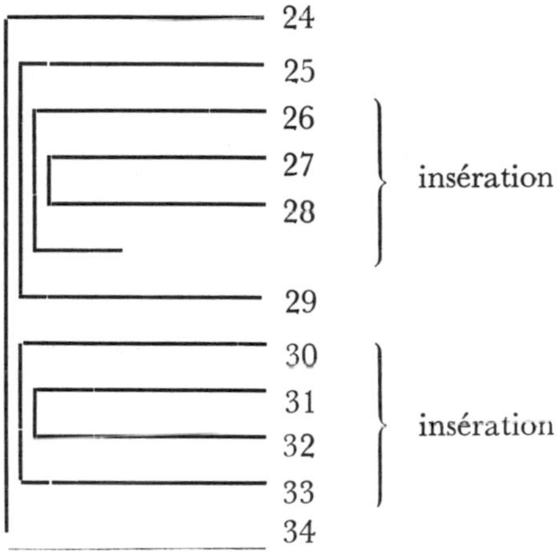

Le manuscrit n'est cependant pas seulement intéressant sous le rapport de la structure, mais il l'est d'autant plus en ce qui concerne les textes qu'il renferme et les indications que Vivaldi y a inscrites. Quelques-uns de ces aspects méritent d'être présentés de manière assez détaillée en raison des conclusions que l'on peut en tirer. Pourtant, avant d'aborder ces questions, il convient d'exposer l'ensemble des mouvements que comprend le premier acte. A ce propos le livret – qui, rappelons-le, est une source indispensable pour l'analyse critique de toute partition d'opéra, mais qui l'est surtout au sujet d'un manuscrit aussi hétérogène que celui de *Rosmira* – s'avère très utile: non seulement permet-il de déterminer l'ampleur des pertes causées par la disparition du fascicule n° 2, mais il sert à remettre en place un fascicule égaré. Dans la vue d'ensemble suivante la numérotation des scènes est celle du livret.

Scena 1

1	Coro	*Viva viva Partenope, viva*	fol. 6r (partie de basse)
2	Rec.	*Tu dell'eccelse Mura di questa ch'inalazi* suivi de l'indication: *Qui và aria di Ballo poi segue;* ce mouvement a disparu	fol. 9r
3	Coro	*Viva viva Partenope, viva*	fol. 9v

Scena 2			
4	Rec.	*Arsace. Arminio. Osserva. E qual volto*	fol. 10r–11r
Scena 3			
5	Rec.	*Regina, in folte schiere il popolo* suivi de l'indication rayée: *Aria di Arsace*	fol. 11v
Scena 4			
6	Rec.	*Cavalier, se gli Dei rendan pago* incomplet; la fin a disparu	fol. 12r–v
7	Aria	*Fra l'orror del grave affano* l'air a disparu	
Scena 5			
8	Rec.	*O che Arsace delira, o che d'esser* incomplet; le début a disparu et la fin est en outre rayée	fol. 16r
9	Aria	*Pensa che dei tacer rammenta il tuo dover*	fol. 13r–15r
Scena 6 (partition: *Settima)*			
10	Rec.	*Rosmira, o Dio, Rosmira sotto mentite* le récitatif comporte les paroles des scènes 6 et 7 du livret; il est suivi de l'indication: *Aria di Partenope*	fol. 16r–19v
11	Aria	*Sei caro all'or che serbi*	fol. 20r–23v
Scena 8 (partition: *9*^{a})			
12	Rec.	*I novelli amor tuoi io stessa udii* suivi de l'indication rayée: *Aria di Rosmira*	fol. 24r
Scena 9 (partition: *Dec*^{a})			
13	Rec.	*O Rosmira gradita bella cagio* le récitatif est suivi de l'indication: *Aria di Arsace,* mais la fin du mouvement est rayée avec cette indication; à la suite Vivaldi a écrit une nouvelle terminaison et a rajouté l'indication	fol. 25r
14	Aria	*La rondinella ch'à noi sen viene*	fol. 26r–28v
Scena 10 (partition: *Vnd*^{a})			
15	Rec.	*Segno dell'idol mio l'orme gradite* suivi de l'indication: *Aria di Ersilla*	fol. 29r–v
16	Aria	*Aver un anima ch'è tutta affetta*	fol. 30r–33v

Scena 11 (partition: *Vnd*^{a})			
17	Rec.	*Emilio venga. Ei qui non lunge* suivi de l'indication: *Aria di Emilio*	fol. 34r–35r
18	Aria	*Già risvelgiar à sdegno in seno*	fol. 36r–43v
Scena 12 (partition: *XII*)			
19	Rec.	*Arsace tu sarai dell'essercito* suivi de l'indication: *Aria di Ormonte*	fol. 44r–45r
20	Aria	*Sempre la fiamme è bella*	fol. 46r–49v
Scena 13 (partition: *Dec*^{a} *3*^{a})			
21	Rec.	*Eurimene al cimento venir tu vuoi?* suivi de l'indication rayée: *Aria di Arsace*	fol. 50r–v
Scena 14 (partition: *Dec*^{a} *Quarta*)			
22	Rec.	*Deggio di te lagnarmi. Ti fido mie pene*	fol. 51r–v
Scena 15 (partition: *XV*)			
23	Rec.	*Vò meditando sempre contro l'infido* suivi de l'indication: *Aria di Rosmira*	fol. 51v
24	Aria	*E follia se nascondete fidi amanti*	fol. 52r–55v
Scena 16 (partition: *Dec*^{a} *6*^{a})			
25	Rec.	*Soccorso. Armindo è teco. Armindo aita* suivi de l'indication: *Segue Coro*	fol. 56r–57r
26	Coro	*Ti corcondi la Gloria d'allori* suivi de l'indication: *Fine dell'Atto Primo*	fol. 57v–58v

Ce qui en premier lieu attire l'attention, est la présence, assez inhabituelle, des nombreuses indications inscrites à la fin des récitatifs marquant que le mouvement doit être suivi d'un air chanté par tel ou tel personnage (voir p. 97). Le fait que plusieurs de ces indications soient rayées et que le livret confirme que le récitatif ne doit pas, dans ces cas, être suivi d'un texte en vers, semble indiquer que Vivaldi a écrit l'opéra en collaboration avec le librettiste, S. Stampiglia. De plus, malgré le décalage de la numération des scènes, ces indices témoignent de la valeur que l'on peut attribuer au livret en qualité de source d'information: l'imprimeur a visiblement publié le texte définitif tel qu'il a été représenté en scène.

D'un autre côté, les indications en question semblent confirmer que Vivaldi a écrit les récitatifs en premier lieu et que les airs n'ont été insérés dans le manuscrit que par la suite. Il a visiblement, par exemple en laissant selon les besoins une page sans inscription, prévu l'emplacement des fascicules à ajouter et l'a marqué par ces repères. Ceux-ci ne paraissent effectivement pas avoir d'autre explication: si Vivaldi avait inséré un air immédiatement après avoir écrit le récitatif qui le précède, l'indication serait inutile. Même la supposition que les indications fussent inscrites dans le but d'assurer – à l'instar par exemple de la numérotation des fascicules – l'ordre exact des parties dont se compose le manuscrit, n'est pas soutenable: non seulement, semble-t-il, il aurait été plus facile et plus efficace de numéroter les fascicules ajoutés, mais ceux-ci ne comportent pas les noms des personnages qui chantent les airs en question, si bien qu'un fascicule éventuellement égaré ne put pas être remis à son emplacement exact par le seul concours de ces indications inscrites à la fin des récitatifs. On peut ajouter à ces observations que les indications ne sont pas non plus causées par une habitude que Vivaldi aurait prise vers la fin de sa carrière: le manuscrit autographe de *Farnace*, daté de 1738, ne les comporte pas; on les retrouve par contre – parfois rayées – dans le manuscrit de l'autre *pasticcio* qui est parvenu jusqu'à nous, *Bajazet* [*Tamerlano*] de 1735. Tout porte donc à croire que Vivaldi, en composant les opéras de cette catégorie, ait commencé par l'écriture des récitatifs et qu'il n'ait ajouté les airs qu'après avoir terminé ce travail.

Sous le rapport de la question de l'authenticité des œuvres, la partition de *Rosmira* est particulièrement intéressante. L'analyse critique des mouvements permet de tirer des conclusions qui seront utiles pour l'étude systématique de la question (voir la Quatrième Partie); ici, il suffira de soulever la question du travail matériel qu'a accompli Vivaldi.

Les mouvements dont se compose la partition de *Rosmira fedele* se divisent en trois groupes. Le premier comprend les mouvements (l'ouverture et les airs) en partition non autographe dont le nom d'auteur est communiqué dans les manuscrits individuels. Le second groupe se compose des airs anonymes, également écrits d'une autre main; il est logique de penser que ces mouvements sont empruntés, comme ceux du premier groupe, à d'autres compositeurs, mais il n'est naturellement pas exclu que Vivaldi ait pu reprendre, sous cette forme particulière, ses propres airs. Le troisième groupe comprend enfin les mouvements (récitatifs, airs, chœurs) qu'il a écrits lui-même, mais la nature graphique de ces partitions ne peut aucunement en garantir l'authenticité: rien n'empêche à la vérité qu'il ait été obligé, pour diverses raisons, de copier les mouvements d'autres compositeurs, ce qui semble effectivement être le cas pour certains airs de la partition en question (voir p. 184).

La question de l'authenticité est particulièrement compliquée et intéressante pour ce qui concerne les mouvements d'autres compositeurs que Vivaldi a transformés de manière plus ou moins radicale. Ainsi qu'il sera affirmé dans la Quatrième Partie, la paternité ne soulève aucun problème, mais la question de l'originalité de la version individuelle est par contre parfois sujet d'hésitation. Parmi les compositions modifiées par Vivaldi qui ne donnent lieu à aucun doute à ce propos, l'air de Hændel est pour plusieurs raisons de beaucoup le plus instructif.

L'air fut composé sur le texte de Metastasio, «Già risonar d'intorno», qui se trouve dans l'opéra *Ezio* (III, 13), représenté à Londres au King's Theatre le 15 janvier 1732. A en juger d'après la confrontation avec les œuvres complètes de Hændel, le texte musical dont Vivaldi est entré en possession était la version originelle: la partition écrite par un copiste inconnu répond dans tous les détails à celle de l'édition de Chrysander. Disposé en accolades à huit portées la partition comporte l'ensemble suivant: *Tromba* (clef de sol), *Oboe* (deux portées aux clefs de sol), *Violini* (même observation) plus trois parties notées en clefs d'ut$_3$ (altos), de fa (soliste vocal) et de fa (basse continue).

Les modifications que Vivaldi a entreprises en empruntant cette composition portent sur trois éléments différents. Avant tout il a remplacé les paroles chantées par celles qui font partie du nouvel opéra, «Già risvelgiar à sdegno in seno». L'ancien texte est rayé et les nouvelles paroles sont inscrites audessous de la partition. D'autre part, l'ensemble instrumental est modifié: le mot *Oboe* est rayé et remplacé par les indications autographes de Vivaldi *Oboè* et *Viol*^{o} *Pmo / Solo* inscrites respectivement à la hauteur de la seconde et de la troisième portée. On aurait pu croire que cette modification fût motivée par l'absence d'un second oboiste dans l'orchestre, mais déjà dans l'ouverture celui-ci comprend deux *Trombe da Caccia,* deux *Oboe* plus l'orchestre à cordes à quatre parties. Il y a donc lieu de supposer que Vivaldi ait effectué le remplacement de l'instrument à vent par le violon soit pour enrichir le timbre sonore de l'orchestre, soit pour s'assurer une partie à jouer lui-même durant l'exécution de l'opéra. Toutefois, la partie n'est aucunement virtuose à un tel degré qu'elle lui eût permis d'exhiber ses talents en qualité de violiniste.

La troisième modification, la plus intéressante, concerne la structure de l'air. Celui-ci comprenait, dans la version originelle composée par Hændel, les deux parties de l'air avec da capo, disposées de la manière suivante:

A	Tutti I	mes. 1 –12	ABCD
	Solo I	mes. 13–27	
	Tutti II	mes. 28–29	A.
	Solo II	mes. 30–47	
	Tutti III = Tutti I	mes. 48–59	ABCD
B	Solo III	mes. 60–67	
	Tutti IV	mes. 68–69	D
	Solo IV	mes. 70–77	

A	Tutti V = Tutti I	da capo	ABCD
	Solo V = Solo I		
	Tutti VI = Tutti II		A
	Solo VI = Solo II		
	Tutti VII = Tutti III = Tutti I		ABCD

En supprimant quelques sections, à savoir les mes. 49^{III}–55^{II} (section B du tutti III) et les mes. 68–77 (tutti IV et solo IV), lesquelles sont remplacées par deux mesures de cadence, et en marquant l'abréviation du tutti initial dans le da capo suivant les principes exposés plus haut, Vivaldi a créé une forme qui correspond stylistiquement à ses propres idées. La nouvelle version comporte effectivement les éléments structuraux qui caractérisent un très grand nombre de ses airs (voir par exemple p. 232). Dans le schéma suivant, la numérotation des mesures est la même que celle de la version originale; les apostrophes désignent les sections que Vivaldi a abrégées:

A	Tutti I	mes. 1 –12	ABCD
	Solo I	mes. 13–27	
	Tutti II	mes. 28–29	A
	Solo II	mes. 30–47	
	Tutti III	mes. 48–49 et 56–59	A'C'D
B	Solo III	mes. 60–67 plus 2 mes.	
A	Tutti IV	mes. 1–6 et 10–12	ABD
	Solo IV = Solo I	da capo	
	Tutti V = Tutti II		A
	Solo V = Solo II		
	Tutti VI = Tutti III		A'C'D

Il convient de noter, enfin, que le même genre de modifications de la structure, quoique moins radicales, se trouve dans quelques autres airs du même opéra que Vivaldi a empruntés. Il semble inutile de souligner que ces observations seront de la plus haute importance pour la description de son style personnel.

5. LES MANUSCRITS MODIFIES

Les textes musicaux vivaldiens les plus problématiques à tous égards sont ceux qui sont contenus dans les manuscrits modifiés. Ceux-ci soulèvent en vérité un très grand nombre de problèmes de nature différente dont l'exposé suivant ne pourra fournir que des solutions incomplètes et insuffisantes. Les résultats obtenus par l'application des quelques méthodes d'analyse développées et commentées plus loin démontrent que la musicologie devra indispensablement consacrer une grande partie de ses efforts à poursuivre les recherches dans ce domaine. Ceci est d'autant plus nécessaire que de telles études critiques ne concernent pas seulement l'établissement d'une édition scientifique des œuvres, mais se rapportent aussi à la description du style musical du compositeur. L'écriture de Vivaldi et notamment l'évolution stylistique qu'il a traversée ne peuvent effectivement pas être étudiées et exposées de manière exhaustive si les divers aspects des manuscrits modifiés sont laissés hors de considération. En raison de l'importance de ces problèmes et à cause de la négligence à l'égard de ces manuscrits dont témoignent la littérature vivaldienne et les diverses éditions de ses œuvres, il convient d'exposer sommairement pour commencer les questions fondamentales auxquelles il sera par principe nécessaire d'accorder la plus grande attention.

Les nombreuses difficultés que soulèvent les manuscrits modifiés se divisent en trois groupes, mais elles sont pourtant étroitement liées les unes aux autres non seulement pour ce qui concerne les considérations théoriques mais encore, et surtout, au sujet des méthodes de recherches qui peuvent être mises en œuvre. La solution d'un problème comporte effectivement assez fréquemment les réponses à d'autres questions de nature différente.

1. Comme on a pu le voir en examinant les copies autographes et notamment les partitions de composition, Vivaldi a très souvent corrigé et modifié ses textes. Les corrections qui apparaissent dans les manuscrits originaux ont normalement pour but de rectifier des fautes d'écriture et de composition, et elles ont donc ceci de caractéristique qu'elles remontent au moment même de l'écriture des partitions. Les corrections et les modifications qui apparaissent dans les manuscrits modifiés sont inversement, par définition, effectuées quelque temps après l'achèvement des œuvres. Ceci pose automatiquement la

question de savoir quels sont les critères qui permettent d'établir qu'un texte quelconque a existé pendant une certaine période avant d'être révisé et modifié. Les transformations accomplies à l'instant même de la création du texte musical peuvent évidemment dans certains cas avoir pour effet la formation de plusieurs versions consécutives de la composition, mais étant annulées instantanément pour céder la place à la version achevée, les anciennes étapes doivent logiquement être considérées comme les éléments du travail de composition.

On semble pouvoir affirmer que la version antérieure d'une œuvre qui a été modifiée par la suite a existé en tant que composition individuelle lorsqu'elle a été exécutée: du fait même que la version a été jouée – et donc regardée comme achevée par le compositeur – suit qu'elle se distingue naturellement de celles qui marquent les phases qu'ont traversées les œuvres pendant le travail de composition. De plus, l'espace de temps qui sépare deux versions d'une œuvre contenues dans un seul manuscrit peut être si long qu'il est juste de regarder la première comme une version individuelle, même si elle n'a pas été exécutée; dans ces circonstances les modifications du texte musical, motivées éventuellement par des influences externes, ne font pas partie du travail original de composition. Etant donné cependant que la musicologie se voit dépourvue d'informations concernant les exécutions de la très grande majorité des œuvres de Vivaldi et qu'elle ne possède pas à plus forte raison les moyens d'identifier les versions qui ont servi à telle ou telle occasion, les critères de ce genre n'ont en l'occurence qu'une valeur théorique. Il s'ensuit d'une part que les études relatives à la chronologie des œuvres et à la vie musicale autour de Vivaldi doivent être poursuivies et intensifiées, même si les résultats obtenus jusqu'à présent ne paraissent pas très promettants; d'autre part, la question des versions individuelles doit être analysée par le concours d'autres indices, notamment par l'examen critique des documents musicaux mêmes.

Bien qu'une telle analyse s'avère avantageuse et permette effectivement de tirer des conclusions parfois très intéressantes, il faut reconnaître qu'elle a des limites. On a déjà vu que Vivaldi a pu dicter à ses copistes les opérations qu'ils avaient à accomplir, et rien ne s'oppose à la supposition qu'il ait agi de la sorte en formant la nouvelle mouture d'une œuvre dont la version originelle seulement soit parvenue jusqu'à nous. Un concerto pour violoncelle, par exemple, peut ainsi aisément avoir été exécuté par un basson sans que cet instrument ne soit signalé dans le manuscrit de la composition originelle. L'occasion se présentera plus loin d'examiner plusieurs exemples de manuscrits qui suscitent ainsi des problèmes assez compliqués concernant l'existence des versions consécutives.

2. Etroitement liés à ces questions sont les problèmes qui se rapportent à la détermination des opérations graphiques et matérielles par le moyen desquelles Vivaldi a modifié ses anciennes compositions. C'est notamment au sujet de cette question que les manuscrits posent les plus grandes difficultés: alors que certains procédés sont parfaitement clairs et facilement repérables, d'autres paraissent ambigus, voire obscurs, et occasionnent souvent une hésitation inévitable. Quelques aspects de sa technique ont déjà pu être signalés sous des rapports divers, mais il sera utile de présenter systématiquement l'ensemble des procédés que l'on a pu observer et de les illustrer par l'analyse d'exemples particulièrement instructifs. Méthodologiquement, les résultats obtenus par la confrontation de deux manuscrits autographes d'une et même œuvre en versions dissemblables s'avèrent particulièrement utiles, car il est logique de penser que les mêmes genres de modifications apparaissent dans les manuscrits modifiés. Comme on le verra, les diverses transformations que Vivaldi a accomplies en copiant une composition se retrouvent toutes dans les manuscrits de l'autre catégorie. Pour des raisons pratiques il semble toutefois opportun d'étudier la question sous le rapport des techniques graphiques, les aspects musicaux de la question étant déjà signalés plus haut (voir pp. 309 à 327).

3. Les manuscrits modifiés donnent en outre lieu à l'étude du problème concernant le rétablissement des versions individuelles, problème qui n'occasionne naturellement aucune hésitation que ce soit au sujet des manuscrits copiés ou des manuscrits modifiants. Pour les manuscrits modifiés, cette question est par contre de grande importance et parfois assez compliquée. Dans les cas où l'existence d'une version individuelle peut être déterminée avec certitude et que les techniques appliquées par Vivaldi sont facilement repérables, il est normalement aisé d'établir à quelle version appartient telle ou telle section du texte musical. Il existe cependant un certain nombre de cas incertains, notamment et de toute évidence, parmi les manuscrits qui ne proposent pas une solution claire aux questions exposées plus haut. Aussi sera-t-il utile de voir, en examinant les exemples individuels, par quels moyens la musicologie vivaldienne pourra trouver la solution à ces problèmes qui, fort naturellement, se rapportent surtout aux principes éditoriaux suivant lesquels les œuvres doivent être publiées en éditions modernes. Ainsi qu'il a été souligné plus haut (voir p. 263), la nécessité d'étudier le travail qu'a effectué le compositeur en créant ses œuvres et en écrivant ses manuscrits se fonde notamment sur l'opinion que les versions consécutives d'une œuvre doivent être regardées comme équivalentes et être mises à la portée des musicologues et des musiciens. Dans cette perspective la question du rétablissement des moutures individuelles est particulièrement importante.

a. Identification des manuscrits modifiés

Que l'existence des versions consécutives contenues dans un manuscrit puisse réellement être cause d'incertitude peut être démontré par l'examen du manuscrit autographe Giordano 32, fol. 159–166. Le document contient une double feuille supplémentaire (fol. 163–164) où est inscrit un air «Pratæ vivete Sylvæ», composition dont l'aspect graphique diffère de celui des autres mouvements du manuscrit. Celui-ci ne comporte aucune indication initiale permettant de déterminer le genre de la composition, mais à en juger d'après le nombre et l'ordre des mouvements – excepté l'air en question – il s'agit vraisemblablement d'un *motetto,* car la construction de l'œuvre est identique à celle des compositions que Vivaldi a désignées par ce terme. (Elle comprend en effet un air, «Vestro Principi divino», un récitatif, un second air, «Quid loqueris ad cor» et un mouvement final dont le texte ne comprend que le mot «Alleluia». La composition a d'ailleurs sans doute été écrite pour être exécutée à la messe du Samedi Saint dans la nuit de Pâques, car le texte du récitatif, *O felix culpa, o culpa fortunata, quœ talem meruit, ac tantum habere Redemptorem ...*, est tiré de la préface à la bénédiction du cierge pascal. Les textes des airs confirment d'un autre côté qu'il ne s'agit pas d'une œuvre liturgique.) Aucun autre document renfermant la composition ou les paroles chantées n'a été retrouvé, si bien que nous n'avons pas les moyens de savoir si l'air inscrit dans la double feuille supplémentaire fait partie de la composition. Il est donc impossible de déterminer si Vivaldi a remplacé le second air du motet par la composition ajoutée au manuscrit ou si elle appartient à une autre œuvre et par accident a été située à son emplacement actuel. Dans ces circonstances il est d'autant plus difficile d'établir à quelle époque le nouvel air a été écrit et éventuellement ajouté à l'œuvre: en effet, malgré les différences d'aspects graphiques, il n'est pas exclu que ce mouvement fût écrit immédiatement après l'achèvement du motet et fasse de la sorte partie du travail de composition. En raison de l'incertitude qu'occasionne ainsi l'existence d'une seconde version, il a paru opportun de ne pas dédoubler le numéro d'identification de l'œuvre, RV 633.

Le manuscrit cité n'est aucunement le seul exemple de documents problématiques, mais il existe un certain nombre de critères qui permettent d'identifier de manière plus ou moins certaine les manuscrits modifiés. Assez souvent ces critères s'étaient mutuellement, mais il convient de les présenter individuellement et de voir quelques exemples d'œuvres en plusieurs versions.

Ainsi qu'il a été démontré plus haut sujet des modifications effectuées dans la partition du concerto pour violon RV 379, les deux copies à Dresde renfermant le texte originel et l'édition gravée qui comporte la nouvelle version attestent que la transformation citée dans l'exemple 176 a été accomplie quelque temps après l'achèvement de la composition. Autrement dit, la partition répond exactement à la définition des manuscrits modifiés. L'exemple est très simple et en même temps fort instructif, car il démontre la nature du critère le plus important pour l'identification de ces documents. Il sera pourtant utile d'analyser de près une œuvre dont les modifications sont plus compliquées, mais dont les diverses sources affirment de manière analogue l'existence irréfutable des versions consécutives.

Le concerto pour violon RV 229 est en effet à ce propos une œuvre particulièrement intéressante et instructive. Il est transmis en trois manuscrits, à savoir la partition autographe à Turin, Giordano 30, fol. 12–21, la partition non autographe à Dresde, 2389/0/106, et le manuscrit incomplet à la Biblioteca del Conservatorio à Venise, Busta 55, vol. 133, qui ne comporte que la partie de violon principal. Les trois sources ne sont pas identiques: alors que le manuscrit à Turin comporte deux versions du finale, celui de Dresde ne contient que la version primitive et le document à Venise l'ultime version légèrement modifiée. De plus, la substance musicale du second et du troisième mouvements se retrouve dans la sonate pour violon RV 755.

La première version du concerto est inscrite aux fol. 12r–19r du manuscrit à Turin. Ce document a ceci de remarquable que les 16 pages en ont été préparées à l'écriture d'une partition à cinq portées, car les clefs sont inscrites d'avance par une autre main, au début de chaque accolade; Vivaldi a ajouté les armures, mais a d'autre part été obligé de corriger les clefs du mouvement lent, celui-ci n'étant qu'à deux portées.

Dans cette première version, le finale se compose de deux reprises de respectivement 38 et 34 mesures:

1ère reprise	Tutti I	mes. 1– 8	fol. 17v
	Solo I	mes. 9–16	
	Tutti II	mes. 17–20	
	Solo II	mes. 21–38	fol. 17v et 18r
2ème reprise	Tutti III	mes. 39–46	fol. 18r
	Solo III	mes. 47–53	fol. 18v
	Tutti IV	mes. 54–57	
	Solo IV	mes. 58–68	
	Tutti V	mes. 69–72	fol. 19r

La partition s'achève par le prolongement sinueux des doubles barres et par l'indication *Fi.* Le texte musical de cette première version, qui se retrouve donc dans la copie à Dresde, n'est pas facilement lisible dans le manuscrit autographe, car à une certaine époque Vivaldi l'a transformé en effectuant deux opérations différentes. D'une part il a modifié le texte à la fin de la première section et au début de la seconde: au fol. 18r il a en effet rayé la mes. 38 et la double barre de répétition, mais a en fin de compte préféré la version originelle et a donc réinscrit la mesure devant la rature. En même temps il a gratté deux notes du violon principal à la première mesure après la double barre (mes. 39) et y a inscrit un *la*; le reste de cette partie est rayé. De même, il a gratté les signes inscrits aux portées des violons I et II de l'orchestre indiquant l'unisson avec le soliste; à la place il a écrit les notes du nouveau Tutti III, désignées par respectivement *Primi* et *Secondi*. Enfin, les parties d'altos et de basse continue, omises dans les exemples suivants, ont été corrigées de manière analogue.

RV 229, 3e mouvement, 1ère version, mes. 36–40

Exemple 199

RV 229, 3e mouvement, 2ème version, mes. 36–40

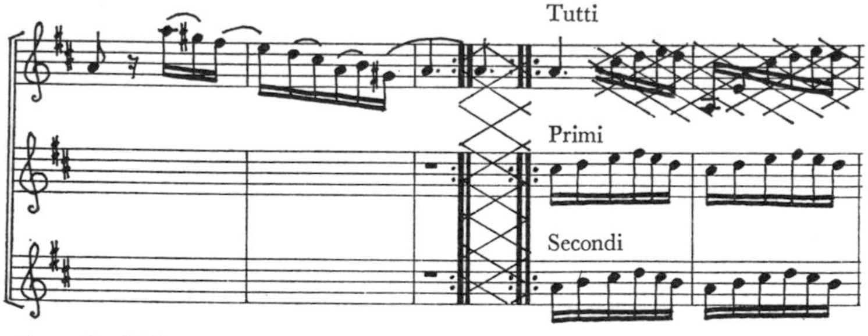

Exemple 200

D'autre part, Vivaldi a inscrit un nouveau développement de solos et de tuttis faisant suite au Tutti III remanié. Pour l'écriture de ces sections il a d'abord employé le fol. 19v qui avait été laissé inutilisé, mais celui-ci n'étant pas suffisant, il a ajouté une double feuille (fol. 20–21) au manuscrit. Celle-ci n'était pas préparée d'avance, si bien qu'il a dû y inscrire lui-même les clefs au début de chaque accolade. La structure de la nouvelle version du mouvement se présente de la sorte:

1ère section	Tutti I	mes.	1– 8	fol. 17v
	Solo I	mes.	9– 16	
	Tutti II	mes.	17– 20	
	Solo II	mes.	21– 38	fol. 17v et 18r
2ème section	Tutti III	mes.	39– 46	fol. 18r
	Solo III	mes.	47– 58	fol. 19v
	Tutti IV	mes.	59– 62	
	Solo IV	mes.	63– 74	fol. 19v et 20r
	Tutti V	mes.	75– 78	fol. 20r
	Solo V	mes.	79–130	fol. 20r, 20v, 21r et 21v
	Tutti VI	mes.	131–140	

La partition de la nouvelle version, qui contrairement à la première ne comporte pas la répétition de la seconde section, s'achève par le prolongement sinueux des doubles barres et par l'indication *Fi.* Pour retrancher les mes. 47–72 de la première version, inscrites aux fol. 18v et 19r, Vivaldi a rattaché suivant son procédé habituel les deux feuilles avec du fil (le manuscrit a plus tard été rogné sur le côté droit, voir p. 41; mais les trous sont toujours visibles à la marge).

Il est intéressant de noter que la copie à Venise confirme l'existence de la nouvelle version quoique le texte diffère légèrement de celui du manuscrit autographe: à partir de la mes. 86 (= mes. 49 de la seconde section) le développement musical est différent, si bien que le mouvement comprend 143 mesures dans cette source. Ce qui rend le manuscrit vénitien particulièrement remarquable est le fait qu'il ne contient ni la mes. 38 ajoutée du manuscrit à Turin, ni l'indication de la reprise dans cette même mesure. On ne peut pas exclure que le copiste, en raison des ratures et des corrections du manuscrit autographe, n'ait pu déchiffrer le texte de Vivaldi, mais la supposition que le compositeur ait remanié lui-même une troisième fois son œuvre en supprimant la mes. 38 et en écrivant une nouvelle terminaison, ne peut pas non plus être éliminée.

Quoi qu'il en soit, en raison de la singularité du style musical de ce mouvement, il y a lieu de supposer que Vivaldi ait composé la première version du finale en se basant sur le dernier Allegro de la sonate RV 755. Les tuttis exceptionnellement brefs et de structure très simple ne se distinguent des solos que par le dédoublement à l'unisson de la partie de soliste et par l'addition d'une partie d'altos jouant la tierce des accords; comme dans la sonate, les solos ne sont accompagnés que par la basse continue. Dans la seconde version Vivaldi a enrichi le Tutti III mais a d'autre part conservé le style de musique de chambre pour les sections qu'il a ajoutées par la suite.

Le concerto RV 229 est donc pour plusieurs raisons un exemple intéressant des procédés de composition et des techniques graphiques de son auteur et il est d'autant plus regrettable que les musicologues n'aient pas les moyens d'en étudier les détails dans les éditions modernes. En publiant le concerto pour Ricordi, tome 117, G. F. Malipiero, négligeant de tenir compte du manuscrit à Dresde, a communiqué le finale en une version qui n'est ni la première, ni la seconde, mais un curieux mélange qui ne remonte certainement pas à Vivaldi: la mes. 38 ajoutée devant la rature est supprimée avec la double barre de répétition, et les mes. 47–68 de la première version sont par contre reproduites intégralement (mes. 171–192 de l'édition), suivies des mes. 47–140 de la seconde. (La juxtaposition des mesures 192–193 de l'édition ne constitue donc pas un exemple de la richesse harmonique chez Vivaldi.) Dans l'édition le nombre de mesures s'élève à 161. Le tome 117 n'a pas, jusqu'à plus ample informé, servi à l'enregistrement du concerto, mais K. Heller, qui n'a pas été à même d'étudier le manuscrit à Turin, a d'autre part fondé ses conclusions sur l'étude du texte publié par G. F. Malipiero, conclusions dont il sera inutile de démontrer l'inexactitude[18].

La méthode la plus sûre pour identifier une partition comme un manuscrit modifié consiste donc à confronter le texte avec celui qui est contenu dans d'autres sources, mais il est évident que celles-ci, pour être d'utilité à ce propos, doivent renfermer la version primitive de l'œuvre; si elles comportent les versions modifiées, l'identification des manuscrits de cette catégorie doit se fonder sur d'autres critères. L'occasion se présentera plus loin de voir quelques autres exemples de compositions qui, à l'instar des deux œuvres signalées précédemment, ne laissent aucun doute au sujet de l'existence individuelle des versions antérieures, celles-ci étant contenues dans d'autres manuscrits.

La même certitude s'offre à l'étude des livrets imprimés à l'occasion des diverses représentations des œuvres dramatiques. Ainsi qu'il a été affirmé à plusieurs reprises, Vivaldi a très souvent remanié les opéras en vue des reprises, et à en juger d'après les quelques partitions qui sont parvenues jusqu'à nous il a fréquemment accompli les modifications dans les manuscrits originaux. Les livrets, qui contiennent comme on a pu le voir plus haut les paroles chantées en scène à chaque représentation individuelle, reflètent ainsi les transformations et la confrontation des textes permet donc non seulement d'identifier telle ou telle partition d'opéra comme un manuscrit modifié mais encore d'établir de manière relativement sûre les versions individuelles. Il suffira, pour démontrer l'utilité d'appliquer cette méthode d'analyse, de voir quelques scènes d'*Armida al Campo d'Egitto*.

D'après la documentation actuellement connue cet opéra fut représenté cinq fois:

Venezia, Teatro S. Moisè, carneval 1718

Mantova, Teatro Arciducale, avril et mai 1718

Vicenza, Nuovo Teatro delle Gratie, 1720 sous le titre *Gl'Inganni per vendetta*

Venezia, Teatro S. Malgarita, carneval 1731

Venezia, Teatro S. Angelo, carneval 1738

De la confrontation des cinq livrets se dégage une assez grande quantité de modifications dont il sera inutile de développer ici les détails. Ce qu'il importe de noter est le fait que la partition à Turin de l'opéra, Foà 38, renferme la première version, écrite pour la représentation à Venise en 1718, et qu'elle comporte les modifications effectuées à l'occasion de la reprise en 1738. Par contre, le manuscrit ne semble contenir aucune trace des remaniements accomplis à l'occasion des autres mises en scène. Il y a lieu de supposer que le compositeur ait écrit – ou ait fait écrire par des copistes – un nouveau manuscrit comportant les nouvelles versions de l'œuvre (la représentation de 1731 a probablement été montée en l'absence de Vivaldi et cette version est vraisemblablement due à un autre compositeur).

Suivant le livret de Venise 1718, la scène 2 du troisième acte comporte un récitatif dont voici les premières paroles:

Giovi ad Erminia, e giovi

Delle mie frodi alla salvezza questa . . .

Alors que ce texte reparaît dans les trois versions consécutives, le livret de l'ultime représentation contient un texte apparemment différent:

Eccoti avanti ancora il più infelice

Ma il più fedele amante . . .

mais il s'agit à la vérité de la seconde réplique du même dialogue. Pour cette version, Vivaldi a donc simplement retranché la réplique initiale citée plus haut. Dans la partition les sept premières mesures sont effectivement rayées, opération qui a donc été accomplie vingt ans après l'écriture du texte originel.

La scène 3 du premier acte comporte d'autre part dans la première version le récitatif «Ben al mio sdegno arride amica» suivi de l'air «A detti amabili misti sospiri» dont les partitions se trouvent respectivement aux fol. 13r–v et aux fol. 17r–19v. Le livret de 1731 comporte les mêmes textes, mais les trois autres en diffèrent: celui de Mantoue 1718 situe le récitatif en scène 4 et contient un autre air, «Per piacer hò un cor che sà», et celui de 1720 renferme également un air différent, «Molli affetti dolci detti», airs dont la partition ne comporte aucune trace. Par contre, les fol. 14r–16v renferment l'air «Imparate alle mie pene» qui selon le livret de 1738 fut exécuté pendant l'ultime reprise de l'opéra et qui visiblement fut ajouté au manuscrit.

La partition du nouvel air comporte une sensible différence graphique par rapport aux textes écrits en 1718, observation qui pour plusieurs raisons évidentes est de la plus haute importance pour la musicologie vivaldienne. Non seulement elle atteste de manière à ne laisser aucun doute que l'écriture de Vivaldi, à l'instar par exemple de celle de Bach, comporte des éléments qui permettront de dater approximativement les manuscrits autographes; mais les différences graphiques sont encore des critères sur lesquels on peut fonder assez sûrement l'identification des manuscrits modifiés. Les divers degrés de l'évolution de l'écriture vivaldienne permettent en effet parfois d'établir que les diverses sections d'un manuscrit qui comporte des modifications du texte musical ont dû être écrites à des époques différentes, si bien que les plus jeunes peuvent logiquement être regardées comme ajoutées par la suite, après l'achèvement du travail de composition proprement dit. Il est à ce propos naturellement indispensable de tenir compte des divers facteurs qui concourent également à varier l'aspect graphique des partitions; comme on l'a vu plus haut (pp. 127–129), la précipitation plus ou moins accentuée avec laquelle il a travaillé et la qualité des ustensiles ont influencé son écriture. Il faut donc, autrement dit, s'assurer que les différences graphiques soient causées réellement par un espace de temps, mais que ces critères puissent être mis en valeur peut être démontré par l'analyse de la formation des trois versions consécutives du *Laudate Pueri* en la majeur, RV 602, 602a et 603.

Le manuscrit, Foà 40, fol. 208–250, se présente actuellement de manière incorrecte, malgré l'apparence fort régulière: il a déjà été signalé que l'ordre des fascicules a été modifié à l'occasion de la restauration de la reliure, ce qui a nécessité la correction du foliotage (voir p. 44). Pour des raisons pratiques les feuilles sont désignées ci-après par les nouveaux numéros, les anciens étant communiqués entre crochets. Il ne sera pas inutile de noter que les observations suivantes se fondent à la fois sur l'étude du manuscrit même et sur l'examen du microfilm du document; la reproduction photographique qui a été mise à ma disposition remonte à une époque d'avant la restauration du volume Foà 40 et communique donc les fascicules dans l'ordre primitif.

La version originelle de la composition, RV 602, porte le titre suivant inscrit par Vivaldi sur la première page du manuscrit, fol. 208: *Laudate Pueri / à 2 Canti in due cori diuersi / con Ripieni et Istrom*^{ti} */ Del Viualdi.* Il s'agit du psaume 112 auquel Vivaldi a ajouté non seulement la doxologie obligatoire, *Gloria Patri et Filio et Spiritu Sancto,* mais encore l'antienne qui le suit dans les vêpres, *Sit nomen Domini benedictum in sæcula.* L'ensemble des parties instrumentales et vocales est divisé en deux chœurs: *Primo Coro* auquel appartient le premier soprano solo, un chœur à quatre parties et un orchestre à cordes, et *Secondo Coro* qui comprend le second solo, un hautbois solo et un deuxième orchestre à cordes; le second chœur vocal est désigné par l'indication *Tutti li ripieni del 2do Coro si cauano dal Pmo Coro*, inscrite à la première page de la partition, fol. 208v.

Le manuscrit se compose de cinq fascicules de chacun quatre folios, numérotés de 1 à 5, et il comprend de la sorte 40 pages au total; la partition commence au fol. 208v et s'achève au fol. 226r [249r]:

fascicule n° 1 fol. 208–211 [208–209, 213–214]
fascicule n° 2 fol. 212–215 [215–218]
fascicule n° 3 fol. 216–219 [223–224, 231–232]
fascicule n° 4 fol. 220–223 [237–239, 246]
fascicule n° 5 fol. 224–227 [247–250]

La composition comprend en tout 10 mouvements dont le huitième n'est cependant pas écrit; à la place Vivaldi a indiqué la reprise du cinquième mouvement, procédé que l'on retrouve par exemple dans la partition du *Betus Vir* en double chœur, RV 597. Dans le tableau suivant sont indiqués les folios où commencent et où s'achèvent les mouvements individuels:

1) *Laudate Pueri,* deux sopranos, double chœur et deux orchestres à cordes; la majeur. – Fol. 208v–213r [208v–209v, 213r–216r].
2) *A solis ortu,* premier chœur: soprano solo et orchestre à cordes; ré majeur. – Fol. 213v–215r [216v–218r].
3) *Excelsus super omnes,* deuxième chœur: soprano solo et orchestre à cordes; fa dièse mineur. – Fol. 214v–215v [217v–218v].
4) *Quis sicut Dominus Deus,* premier chœur: soprano et orchestre à cordes; musique à peu près identique au mouvement précédent. – Fol. 215v–216r [218v, 223r].
5) *Sit nomen Domini,* double chœur et deux orchestres; la majeur. – Fol. 216v–217r [223v–224r].
6) *Suscitans a terra,* deux sopranos et deux orchestres; si mineur. – Fol. 217v–220r [224v, 231r–232v, 237r].
7) *Ut collocet eum,* premier chœur: soprano solo et orchestre à cordes; la majeur. – Fol. 219v–220v (plus 221r) [232v, 237r (plus 238r)].
8) reprise du mouvement n° 5: *Statim repetitur à Coro: Sit nomen Dni benedictum / Vt Infra,* indication inscrite au fol. 221r [238r].
9) *Gloria Patri et Filio,* deuxième chœur: soprano solo, hautbois solo et basse continue; ré majeur. – Fol. 220v–221v (plus 222r) [237v–238v (plus 239r)].

10) *Sicut erat in principio,* deux sopranos, double chœur et deux orchestres à cordes; la majeur. – Fol. 222v–226r [239v, 246r–249r].

Les indications terminales sont le prolongement sinueux des doubles barres et le mot *Finis;* les trois dernières pages du manuscrit, fol. 226v et 227r–v [247v et 248r–v], sont inutilisées.

A en juger d'après l'aspect graphique de la partition, très semblable à celui des manuscrits qui comportent les opéras *Arsilda Regina di Ponto, L'Incoronazione di Dario* et l'oratorio *Juditha Triumphans,* la première version du *Laudate Pueri* RV 602 a sans doute été composée vers 1715–1716. Deux détails semblent corroborer cette supposition: les signatures des fascicules sont inscrites en haut à droite (voir p. 74) et l'indication de la mesure du 6e mouvement est $\frac{3}{8}$ (voir p. 246). Cependant, Vivaldi a plus tard transformé la composition, vraisemblablement à l'occasion d'une nouvelle exécution, de telle sorte qu'un seul soliste vocal remplace les deux sopranos de la version primitive. Ceci a principalement nécessité la modification des trois mouvements où les deux solistes apparaissaient simultanément, les autres mouvements pouvant être repris sans changements. Néanmoins, Vivaldi a préféré réunir en un seul morceau les anciens mouvements nos 3 et 4, si bien que la nouvelle version n'en compte que neuf. Par contre, ni le chœur, ni la division de l'orchestre en deux groupes sonores n'ont été modifiés. Musicalement, les deux versions ne diffèrent pas considérablement, car pour la composition des nouvelles sections, Vivaldi a en général simplement transféré les passages chantés originellement par le soprano II à la partie du seul soliste de la nouvelle version, et il a dans la mesure nécessaire adapté les parties orchestrales; même dans le nouveau *Excelsus super omnes,* dont le texte inclut désormais le verset suivant *Quis sicut Dominus Deus,* le compositeur a pu reprendre la musique déjà écrite pour en faire un mouvement pour soprano et deux orchestres. En effectuant ces diverses transformations, il a visiblement appliqué la technique qui a été décrite dans la Première Partie: les nouveaux passages sont inscrits sur les pages de fascicules supplémentaires qu'il a insérés à divers endroits dans son ancien manuscrit, et les feuilles de celui-ci qui renferment les sections retranchées ont été assemblées avec du fil:

1) fol. 228–230 [210–212]: fascicule de quatre folios dont le dernier est retranché, laissant une bande de papier située originellement entre les fol. 212 et 213, actuellement entre les fol. 230 et 231. Il comporte la nouvelle version de la partie chantée du mouvement initial. Les fol. 213 et 214 originaux [210 et 211 actuels] qui ont suivi cette intercalation ont été rognés sur le côté, pliés en deux vers le milieu du fascicule et attachés avec du fil.

2) fol. 231–234 [219–222]: fascicule de quatre folios, renfermant la nouvelle version pour un soprano et deux orchestres des anciens mouvements n°s 3 et 4. Le premier folio du fascicule et le recto du second sont inutilisés. La notation musicale commence ainsi au verso de ce second folio.
3) fol. 235–240 [225–230]: fascicule de six folios qui contient la nouvelle version pour soprano solo et deux orchestres de l'ancien duo n° 6.
4) fol. 245–250 [240–245]: fascicule de six folios dans lequel Vivaldi a inscrit le dernier mouvement refait à partir de la mes. 7. Le dernier folio est laissé en blanc. Cette nouvelle version s'achève par le prolongement sinueux des doubles barres.

L'écriture de Vivaldi des nouveaux textes semble permettre une datation dans les années 1720 de la seconde version de la composition. Il est assez intéressant de noter qu'il a inscrit, à la fin des mouvements individuels faisant partie de cette version, les nombres des mesures. En raison des différences relativement importantes de l'ensemble vocal, il a paru juste de désigner cette mouture de l'œuvre par un numéro d'identification individuel, RV 603.

Ce qui rend le manuscrit en question particulièrement intéressant est le fait qu'il comporte encore une intercalation qui ne peut avoir d'autre explication qu'un deuxième remaniement de la composition. Cette fois-ci il est revenu à la version primitive – pour un soprano dans chaque chœur – mais il a de plus retranché deux anciens mouvements de cette version. Le premier, *Ut collocet eum,* a été remplacé par une composition entièrement différente, en sol majeur, et confiée au deuxième chœur; ceci exclut effectivement que le mouvement eût fait partie des premières transformations. A la fin du mouvement Vivaldi a réinscrit le renvoi au cinquième mouvement, mais cette fois-ci en italien: *Qui si replica dà tutti Sit nomen Dni.* L'air qui suit, *Gloria Patri et Filio,* est refait sur la même substance musicale que celle de la première version, mais le hautbois est substitué à une flûte traversière. Ces nouvelles sections sont inscrites dans un fascicule de quatre folios: 241–244 [233–236], inséré originellement entre les fascicules n°s 3 et 4 du manuscrit primitif. En supprimant par application de sa technique habituelle le 7e mouvement de la version primitive, Vivaldi a retranché les 12 dernières mesures du mouvement précédent, si bien qu'il a été obligé de les réinscrire au verso du premier folio (220 [233]) du fascicule ajouté. L'écriture de la troisième version de l'œuvre, désignée par le numéro d'identification RV 602a puisqu'elle comporte le même ensemble instrumental et vocal que RV 602, semble indiquer qu'elle a été faite dans la décade de *La Fida Ninfa* de 1732 et de *Farnace* de 1738. Encore une fois, Vivaldi a inscrit le nombre des mesures à la fin des mouvements.

Il convient pour terminer d'exposer sous forme de tableau la disposition primitive du manuscrit tel qu'il s'est présenté avant la restauration du volume; les folios sont désignés par leurs anciens numéros:

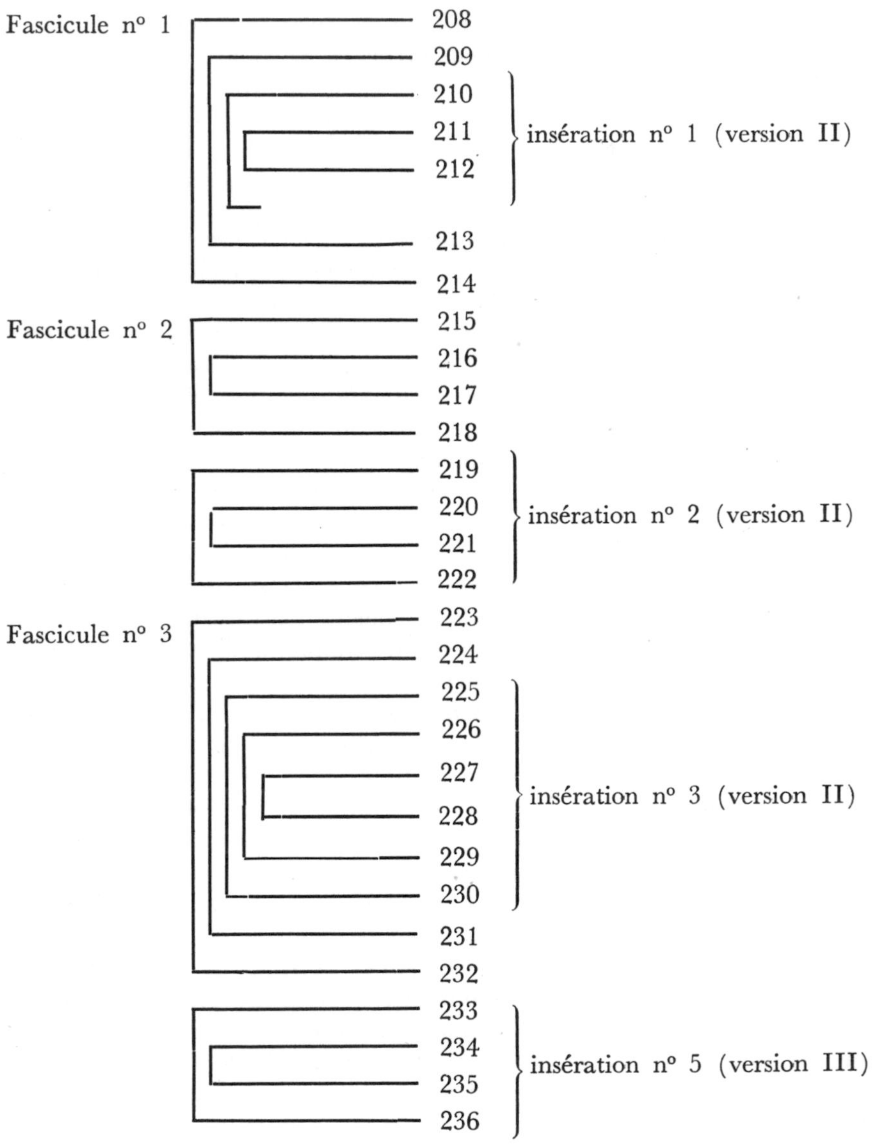

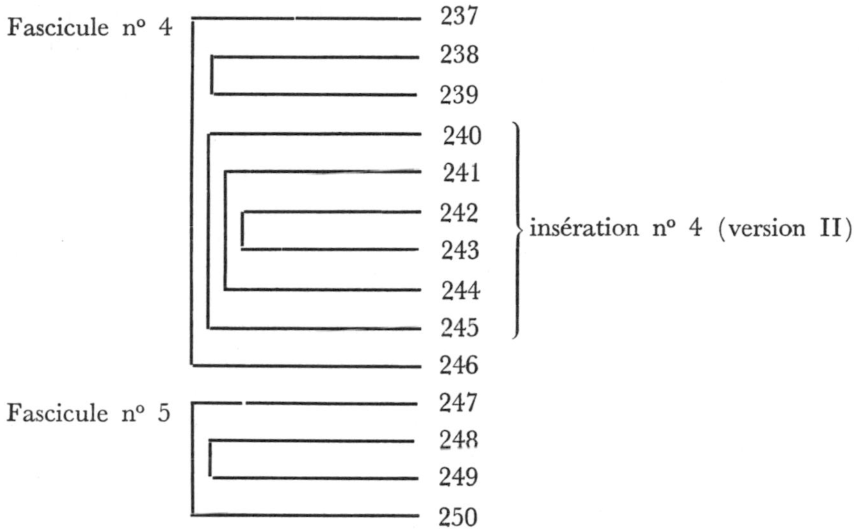

A l'occasion de la restauration du volume Foà 40, les diverses insérations ont été retirées de leur emplacement primitif et situées à la suite du manuscrit qui contient la première version de la composition. Ceci explique que l'inventaire de P. Damilano signale l'existence, aux fol. 228–250, d'une œuvre qui ne semble avoir ni titre, ni nom d'auteur, et qui de plus ne se compose que d'«alcuni versetti» du psaume 112.

Les différences d'aspects graphiques d'un manuscrit sont de toute évidence encore plus prononcées et faciles à repérer lorsque Vivaldi a ajouté quelque inscription de sa propre main dans la partition écrite par un copiste. Le plus souvent, les inscriptions de ce genre sont de simples corrections du texte musical et ne peuvent naturellement pas être datées par rapport à la copie; on ne peut donc pas exlure que le compositeur ait révisé la partition dès que le travail de copie fut achevé, mais dans quelques cas ses inscriptions sont telles qu'elles ont dû être ajoutées dans le manuscrit dans le but spécifique de transformer l'œuvre originelle. Etant donné qu'il ne s'agit visiblement pas, dans ces circonstances, d'erreurs de copie corrigées, la version primitive a logiquement dû exister en tant que composition individuelle: les indications ajoutées par Vivaldi impliquent donc automatiquement que la partition est un manuscrit modifié. Ceci est particulièrement évident lorsqu'il est question d'une œuvre composée par un autre auteur (voir par exemple plus haut l'air de Hændel transformé par Vivaldi, pp. 383s), mais on trouve parfois des compositions vivaldiennes qui ont été l'objet de telles modifications particulièrement faciles à repérer.

Aussi est-il assez surprenant qu'aucun auteur n'ait remarqué que le manuscrit Giordano 31, fol. 353–356, renferme deux versions dissemblables de l'œuvre intitulée *Tempesta di Mare.* La première est un concerto appartenant au genre assez amplement cultivé par Vivaldi; il est composé pour plusieurs instruments solistes et basse continue sans orchestre à cordes. Les désignations inscrites par le copiste comprennent en effet l'ensemble qui se retrouve dans plusieurs autres compositions vivaldiennes (RV 88, 90, 95, 101, 105 et 107): *Flauto trauersier* (ou simplement *Flauto* dans certains concertos), *Aubois, Violino, Fagotto* et *Basso.* De ce fait on peut donc exclure que les inscriptions soient erronées et que Vivaldi ait ajouté ses indications dans le but de corriger les fautes: le concerto a sans aucun doute possible été composé – et copié – pour l'ensemble cité. Cette version, passée inaperçue aux divers auteurs et éditeurs, est désignée par le numéro d'identification RV 98: même si Vivaldi a formé une nouvelle mouture du concerto, rien ne semble indiquer qu'il ait rejeté l'ancienne version, si bien qu'il paraît juste de la considérer comme une œuvre individuelle. A une certaine époque, le compositeur a ajouté, à la hauteur de la première portée, l'indication *ò Violino,* cet instrument devant donc remplacer la flûte, mais l'indication est rayée. C'est peut-être à la même occasion qu'il a ajouté un certain nombre d'indications destinées à modifier radicalement l'ensemble instrumental, celui-ci devant effectivement comprendre l'orchestre à cordes. Devant la première accolade il a inscrit les désignations suivantes: *e Viol^{o} / di Ripieno* à la suite de l'indication *Aubois, Prin- / cipale e Violini di Ripieno* après le mot *Violino* et *e / Violette* à la partie de *Basso.* De plus, il a ajouté quelques notes dans la partition et quelques indications telles que *Solo, Oboè solo, Viol^{o} Solo, Tutti,* etc. Le résultat de ces opérations est la formation d'une nouvelle version désignée par le numéro d'identification RV 570. Il est intéressant de noter que cette version, qui à en juger d'après les aspects de la graphie date d'avant 1720, n'est pas restée définitive: en 1728, environ, Michel Charles Le Cene publia une troisième mouture pour flûte traversière et orchestre à cordes RV 433 (op. 10 n° 1).

En tant qu'indices de modifications accomplies par la suite, les différences des couleurs d'encre sont apparentées aux aspects divergents de la graphie. Ces différences peuvent effectivement être dues à un certain espace de temps séparant l'écriture de la partition et l'inscription des indications ou des textes ajoutés plus tard. Comme on l'a vu plus haut, Vivaldi a pu se servir de deux qualités d'encre pour écrire en une opération une partition originale (voir pp.

369s), mais dans certains cas les nuances dissemblables paraissent indiquer qu'il est question de véritables manuscrits modifiés.

Qu'il en soit réellement ainsi peut être démontré par un exemple très simple. La partition du mouvement lent de la composition pour orchestre à cordes RV 140 comprend trois portées par accolade, désignées respectivement par les clefs de sol, d'ut_3 et de fa. Ceci correspond à la variante a3 de l'orchestre (voir p. 144), ce que confirme la copie en parties séparées à Dresde. Il est vrai que ce document ne contient pas exactement la même version que celle du manuscrit autographe à Turin, plusieurs parties d'instruments à vent étant ajoutées par Pisendel, mais les parties de violon comportent toutes le second mouvement. C'est donc par la suite que Vivaldi a dû ajouter l'indication *Solo* au début du mouvement, transformant de la sorte l'ensemble instrumental. Que l'indication fût ajoutée plus tard est en outre confirmé par les couleurs d'encre: l'indication est en effet écrite avec de l'encre d'une nuance sensiblement plus pâle que celle qui a servi à l'écriture de la partition. Il s'ensuit que le mouvement – à l'instar du finale du concerto pour violon RV 229 analysé plus haut – existe en deux versions. Du point de vue des principes éditoriaux la composition ne soulève aucun problème: le texte musical étant le même pour les deux versions, il suffit d'ajouter une note à la partition signalant les deux exécutions possibles de la partie supérieure. Il convient de noter que les éditeurs de Ricordi, négligeant de tenir compte du manuscrit à Dresde, ont communiqué la version définitive, avec violon *Solo*.

Sous le même rapport de principes éditoriaux, le concerto pour violon RV 190 est manifestement plus compliqué. Les deux mouvements vifs contiennent, dans la partition autographe, de nombreuses retouches de la partie de soliste. Celles-ci sont effectuées de telle manière qu'elles ne peuvent pas être considérées comme des corrections de composition (voir l'exemple 175, p. 342), et le fait que les nouvelles sections soient écrites avec de l'encre d'une autre couleur semble indiquer que Vivaldi a effectué les transformations quelque temps après avoir achevé la partition. Il en est de même pour ce qui concerne les deux mesures de l'exemple suivant que Vivaldi a rayées avec la nouvelle encre et qui font donc indiscutablement partie de la version primitive du concerto.

Il est bien évident qu'une édition moderne de cette œuvre doit contenir la nouvelle version, mais comme on a déjà pu en voir plusieurs exemples, la rature de l'ancien texte n'implique pas nécessairement qu'il fût définitivement rejeté par son auteur. On ne peut pas exclure, en effet, que la nouvelle version fût spécialement écrite en faveur d'un violiniste particulier et que Vivaldi ait repris, à une autre occasion, le texte primitif. Cette supposition se voit en quelque manière étayée par le fait que Vivaldi à plusieurs endroits a négligé de rayer la version originelle de la partie de soliste; aux mes. 85–98 du finale, par exemple, le nouveau texte, inscrit à la portée de basse continue d'origine inutilisée, est désigné par *Viol° Princip^e^* et paraît être une alternative provisoire; en conséquence, les deux mesures rayées le sont probablement aussi:

RV 190, 3e mouvement, mes. 83–99 (101)

Exemple 201

Dans ces circonstances il paraît juste de publier les deux versions et de laisser le choix aux musiciens individuels. Dans l'édition de Ricordi la partition communique exclusivement la version «définitive», les retouches et les ratures étant passées sous silence.

C'est avec la même négligence à l'égard des modifications effectuées par Vivaldi qu'a été publié le concerto pour violon RV 211, dont le finale, par application de la technique habituelle, a été formé en deux versions dissemblables. La première s'achève au fol. 199v (Foà 30) qui contient 19 mesures, mais à une certaine époque le compositeur a supprimé les 24 dernières mesures du mouvement et les a remplacées par une nouvelle version de 22 mesures dont 21 sont inscrites sur les deux pages intérieures d'une double feuille ajoutée à la fin du manuscrit, fol. 200–201. Le fol. 200 a été cousu à la marge au folio précédent, recouvrant de la sorte les 19 mesures de son verso, et Vivaldi a enfin rayé les 5 dernières mesures du recto de ce folio 199 et a ajouté une mesure à la suite de la rature. L'inscription de la nouvelle version et la rature des cinq mesures ont été faites avec une encre de couleur différente, observation qui permet de tirer deux conclusions: d'une part elle semble indiquer que les deux opérations ont été accomplies simultanément et que la transformation a été faite quelque temps après l'écriture de la composition; d'autre part elle permet de distinguer nettement les deux versions l'une de l'autre. La première comprend 205 mesures, y compris les mesures annulées au fol. 199r, la seconde n'en a que 203. Il est assez significatif que les catalogues d'A. Fanna et de P. Damilano ne sont pas d'accord au sujet des références du manuscrit: alors que le dernier signale que le concerto se trouve aux fol. 188r–201r, ce qui n'est pas rigoureusement exact, le catalogue des œuvres publiées par Ricordi indique les fol. 188r–199r. Etant donné que l'édition du concerto, tome 261, communique la première version du mouvement, l'indication d'A. Fanna est la plus conforme à la vérité; malheureusement, les éditeurs ne semblent cependant pas avoir fait attention aux différences de couleurs d'encre, si bien que les cinq mesures rayées qui appartiennent à la version publiée n'y sont pas reproduites; le mouvement n'a en effet que 201 mesures dans l'édition. En vérite, il aurait été relativement facile – et nettement plus utile – de publier les deux versions du mouvement.

Parmi les innombrables œuvres qui occasionnent des observations analogues il suffira de citer le concerto pour orchestre RV 127 dont les trois mouvements comprenaient à l'origine respectivement 52, 29 et 122 mesures, mais qui par l'effet de nombreuses ratures sont réduits à 44, 17 et 81 mesures. Ce manuscrit est particulièrement intéressant parce qu'il comporte, outre les ratures effectuées avec de l'encre d'une couleur différente, une correction de composition dans le finale. Il est donc bien évident que les ratures peuvent avoir été accomplies à des époques différentes, raison pour laquelle chaque correction et chaque rature doit être soumise à l'examen le plus détaillé et critique.

Dans certains manuscrits il est possible d'établir par le concours des nombres de mesures inscrits à la fin des mouvements que les ratures remontent à une autre époque (voir pp. 74–79). En vérité, il n'est pas logique de croire que Vivaldi ait compté les mesures qu'il a supprimées pendant l'écriture de la partition: celles-ci sont définitivement annulées, étant normalement remplacées par un autre texte (voir pp. 335ss). Lorsque les nombres indiqués correspondent à la partition complète, y compris les mesures rayées, il y a lieu de supposer que le retranchement de celles-ci a été effectué par la suite. Un exemple instructif s'offre à l'étude des deux Allegros du concerto pour orchestre à cordes RV 119. Ils ont originellement compris respectivement 88 et 54 mesures ce que confirment les chiffres inscrits à la fin des mouvements, mais plus tard Vivaldi a rayé plusieurs sections de telle sorte que les mouvements sont raccourcis de 11 et de 10 mesures. La nouvelle version qui comprend donc 77 mesures dans le premier mouvement et 44 dans le finale, se retrouve dans la copie de douze concertos pour orchestre à Paris; mais les chiffres inscrits confirment que la version primitive a dû exister pendant un certain temps comme œuvre individuelle (voir planche 5).

Le manuscrit Foà 31, fol. 79–90 qui contient le concerto pour violon RV 273 entraîne les mêmes considérations. Etant donné qu'il présente en outre quelques aspects intéressants, il mérite d'être analysé de près. Le premier mouvement, *All° non molto,* $\frac{4}{4}$, comprend dans la version originelle 82 mesures plus la reprise de trois mesures du tutti initial. A la fin du mouvement Vivaldi a inscrit le chiffre 82 puis il a ajouté le nombre réel: 85. Cependant, quelques mesures (fol. 82r, 83r–v) ont été rayées, réduisant le nombre de mesures à 78 plus les trois mesures du da capo, mais il n'a pas corrigé le nombre à la fin du mouvement. Alors que le *Largo* est demeuré inaltéré avec 28 mesures, le finale, *All°*, $\frac{2}{4}$, a été considérablement modifié. La première conception comprend 241 mesures inscrites auxquelles se joignent les sept dernières mesures du tutti initial, soit 248 mesures au total; ici Vivaldi n'a écrit que le nombre de mesures écrites, 241. (Au demeurant, ce chiffre confirme que l'ultime note de la partition est une note de raccord, voir pp. 204–214). Au fol. 87v il a, tout en écrivant le texte musical, rayé une mesure qui n'est naturellement pas comptée. Plus tard il a supprimé neuf sections du mouvement, créant de la sorte une version considérablement abrégée. La première mesure de la reprise dans le tutti initial se trouvant retranchée par l'effet de l'une de ces ratures, Vivaldi a d'autre part amplifié la reprise en lui ajoutant cinq mesures antérieures. Etant donné que les nombres de mesures communiqués dans le *Répertoire* pour des raisons pratiques ne comprennent pas les mesures rayées des mouvements, même lorsqu'ils ont existé en plusieurs versions, il convient de présenter le finale du concerto en question en comptant deux fois les mesures; le tableau suivant explique ainsi le chiffre 241 inscrit par Vivaldi et le nombre 191 communiqué dans le *Répertoire:*

	1ère version	2ème version
Tutti I	1– 23	1– 23
	24– 27 rayées	
	28– 33	24– 29
	34– 39 rayées	
	40– 45	30– 35
Solo I	46– 79	36– 69
Tutti II	80– 87	70– 77
Solo II	88–128	78–118
	128^{II}–135^{I} rayées	
	136–144	118–127
Tutti III	145–153	128–136
	154–162 rayées	
	163–166	137–140
Solo III	167–174	141–148
	175–178 rayées	
	179–199	149–169
	200–207 rayées	
	208–219	170–181
	220–224 rayées	
	225–229	182–186
	229^{II}–233^{I} rayées	
	233–238	186–191
	239–241 rayées	
Tutti IV (da capo)	39– 45	
		24– 29 (28–33 de la première version)
		30– 35 (40–45 de la première version)

Il n'est pas surprenant que l'édition de Ricordi reproduise l'ultime version des deux Allegros de ce concerto, les éditeurs ayant respecté scrupuleusement les ratures; mais encore une fois il faut noter qu'ils auraient pu rendre service aux musicologues – et éventuellement aux musiciens – en communiquant tout au moins quelques informations concernant les multiples sections retranchées par le compositeur. A la vérité, une édition critique de cette œuvre intéressante doit comprendre les deux versions, gravées éventuellement séparément.

Les quelques manuscrits de Vivaldi qui comportent un ou plusieurs mouvements inscrits à la suite des indications terminales habituelles (voir pp. 67–70), soulèvent deux problèmes fondamentaux. D'une part, il faut chercher à déterminer si le ou les derniers mouvements de la partition ont été ajoutés par la suite ou, autrement dit, si la composition a pu exister en tant qu'œuvre individuelle sans eux. Comme on en a déjà vu quelques exemples, Vivaldi a parfois, sans aucun doute par simple distraction, achevé la partition du mouvement initial par de telles indications terminales, ce qui ne peut être qu'une erreur. De même, cependant, il peut avoir terminé de la même manière par exemple le troisième mouvement d'une œuvre qui à l'origine devait en compter quatre ou cinq; dans ce cas il aura aussitôt ajouté les mouvements consécutifs. D'autre part, lorsque la documentation permet d'établir sûrement que les mouvements sont inscrits dans le manuscrit à une autre époque, la question est d'en déterminer la fonction: en effet, un nouveau mouvement peut être composé pour remplacer l'un des mouvements antérieurs de telle sorte qu'une version alternative de l'œuvre soit formée, ou bien il peut avoir été écrit dans le but de modifier la construction de l'œuvre par l'adjonction d'un mouvement supplémentaire. Comme on le verra par le concours de quelques exemples, les deux suppositions sont possibles en raison de quoi quelques documents sont particulièrement problématiques à cet égard.

Dans le manuscrit de la sonate en sol majeur pour violon RV 25, dédiée à Pisendel, Vivaldi a visiblement ajouté plus tard un mouvement à la composition. Inscrit avec de l'encre d'une couleur différente sur une feuille supplémentaire, le mouvement a pour but de modifier, semble-t-il, la structure de la sonate. L'existence d'une correction de composition dans le troisième mouvement paraît exclure qu'il s'agisse d'un manuscrit copié et que Vivaldi ait oublié d'inscrire le mouvement ajouté à la fin du document. A la suite du troisième mouvement il a en effet, avec la nouvelle encre, inscrit le mot *Graue* désignant à la fois l'emplacement et le tempo du mouvement ajouté. Par l'effet de cette amplification la sonate obtient une forme symétrique intéressante (l'exactitude de l'indication de tempo du premier mouvement, *All^{o}*, a été mise en doute par H. Grüss, mais Vivaldi peut l'avoir inscrite afin de préciser que le mouvement, malgré son caractère musical, est vif):

1) mouvement vif *(All°)* $\frac{12}{8}$, sol majeur (Prélude)
2) mouvement vif $\frac{2}{4}$, sol mineur (Gavotte)
3) mouvement vif $\frac{3}{8}$, sol majeur (Courante)
4) mouvement lent *(Graue)* $\frac{12}{8}$, sol mineur (Sicilienne)
5) mouvement vif $\frac{12}{8}$, sol majeur (Gigue)
6) mouvement vif $\frac{2}{4}$, sol mineur (Gavotte)
7) mouvements vifs $\frac{3}{8}$, sol majeur (Menuet I et II)

Bien qu'il paraisse étrange que Vivaldi ait composé à l'origine une sonate qui ne se compose que de mouvements vifs, tout porte à croire que le mouvement lent fut ajouté par la suite, et l'emplacement et la fonction en sont donc d'autant plus logiques. Pourtant, dans l'édition de Ricordi, l'ordre des mouvements est identiques à celui du manuscrit, si bien que la composition s'y achève par un mouvement lent – désigné par Adagio – en sol mineur.

Le manuscrit Foà 29, fol. 301–309, qui renferme le concerto pour viole d'amour RV 395 contient également un mouvement lent inscrit à la suite du finale. D'origine ce dernier mouvement, dont la partition s'achève par le prolongement sinueux des doubles barres et par le mot *Finis,* était suivi de trois pages inutilisées, mais à une certaine époque Vivaldi a utilisé une partie de cet espace disponible pour inscrire, avec de l'encre d'une couleur différente, un *And*[e] (Andante) dont la fonction est très claire: le début du *Largo* originel, inscrit entre les deux mouvements vifs, est rayé avec la nouvelle encre, lequel mouvement doit donc être remplacé par la nouvelle composition. Il est fort évident que la version originelle du concerto a existé pendant une certaine période avant d'être modifiée, ce qui a motivé le dédoublement du numéro d'identification en RV 395 et 395a. Les éditions de Ricordi ont publié la nouvelle version, passant sous silence l'existence du Largo originel, mais comme on le verra plus loin, Vivaldi ne semble pas avoir rejeté la mouture primitive de la composition: en effet tout porte à croire que la version de l'édition de Ricordi soit publiée sous un titre inexact et que le numéro RV 395a soit une erreur (dans la seconde édition du *Verzeichnis* et dans le *Répertoire* la nouvelle version est désignée par le numéro RV 770, voir pp. 424s).

Les deux manuscrits cités précédemment démontrent donc que l'addition d'un mouvement inscrit à la suite des indications terminales peut avoir deux fonctions différentes, observation qui implique inévitablement quelques hésitations au sujet par exemple du manuscrit qui comporte la sonate en fa pour violon RV 19, dédiée également à Pisendel. Le quatrième mouvement se termine par le prolongement sinueux des doubles barres et par un paraphe, mais le manuscrit comprend en outre une double feuille qui a visiblement été ajoutée au document. Au recto de la première feuille Vivaldi a commencé l'écriture d'un mouvement qu'il a abandonné:

Exemple 202

Les trois autres pages contiennent un mouvement qui se compose d'un «thème» suivi de six «variations», lesquelles s'achèvent par de nouvelles indications terminales (voir p. 244, exemple 104):

Exemple 203

La question que soulève le manuscrit est double: à quelle époque le dernier mouvement a-t-il été écrit et quelle en est la fonction? Il se peut que l'ensemble des mouvements de la sonate fussent écrits à une et même époque, mais on ne peut pas exclure d'un autre côté que la composition ait existé pendant une certaine période sans l'ultime mouvement. S'il en est ainsi, il peut avoir été composé pour remplacer le finale originel, mais Vivaldi peut aussi bien l'avoir écrit dans le but d'augmenter le nombre des mouvements de l'œuvre de telle sorte qu'elle en comprenne cinq. Dans ces circonstances la double feuille doit être regardée soit comme part intégrale d'une *partition de composition,* soit comme un *manuscrit modifiant*, soit comme un supplément appartenant à un *manuscrit modifié.* En raison de cette incertitude il a paru juste de ne pas dédoubler le numéro d'identification de la sonate.

Il convient de signaler sous ce même rapport que la partition non autographe de la sinfonia RV 192, qui se trouve parmi les manuscrits vivaldiens à Turin, soulève un problème analogue. Un manuscrit anonyme et incomplet, récemment découvert à Dresde[19], confirme toutefois que la composition a dû exister en tant qu'œuvre individuelle avec trois mouvements, mais la fonction du dernier mouvement du document à Turin, inscrit à la suite des indications terminales par lesquelles s'achève le troisième mouvement, n'est aucunement claire. Bien qu'il soit certain que la composition soit transmise en deux versions, le nombre de mouvements de l'ultime mouture ne peut pas être déterminé avec certitude. Pourtant, en raison du fait qu'une troisième version anonyme – qui ne remonte vraisemblablement pas à Vivaldi – comporte trois mouvements, avec un finale différent, il a paru juste d'effectuer le dédoublement du numéro d'identification de telle sorte que RV 192a désigne la version qui se compose des deux premiers mouvements plus le finale ajouté par la suite dans le manuscrit à Turin.

—

Il a été dit plus haut que la littérature vivaldienne et les éditions modernes de ses œuvres témoignent de manière générale d'une négligence à l'égard des manuscrits modifiés, les auteurs et les éditeurs n'ayant pas su tirer les conclusions auxquelles donnent lieu les divers aspects de ces documents. Bien que plusieurs exemples aient déjà été présentés précédemment il sera utile d'analyser quelques cas particulièrement compliqués et intéressants, démontrant combien il est indispensable d'accorder la plus vive attention à l'étude critique des manuscrits que Vivaldi a remaniés. De toute évidence une telle étude ne doit pas seulement être regardée sous le rapport de la publication des œuvres, mais elle doit l'être encore à l'égard de la description de son style, de son travail créateur, etc. Les exemples choisis ont de plus l'avantage de signaler encore quelques méthodes d'identification des manuscrits modifiés.

Le premier catalogue des manuscrits vivaldiens à Turin, dressé par O. Rudge[20], communique pour le troisième concerto du volume VI des *Concerti* (Giordano 30, RV 126) – composition intitulée *Con^{to} ripieno* selon O. Rudge – les incipit de cinq mouvements: *All^{o}* en ré majeur, *And^{e}* en sol mineur, *All^{o} molto (a)* en ré majeur, *All^{o} (b)* en sol mineur et *All^{o} (c)* en si bémol majeur. Ayant basé en large mesure son *Catalogo Numerico Tematico* sur les tables thématiques d'O. Rudge, M. Rinaldi présente exactement les mêmes indications et signale, dans la table des *Particolarità* que «il terzo tempo è suddiviso in tre *Allegri*»[21]. Par contre, M. Pincherle, dans l'*Inventaire Thématique,* divise l'œuvre en deux: l'une, P 197, est un concerto «à 4 (style symphonique)» en ré majeur à deux finales dont le second est en sol mineur, et l'autre est le concerto en si bémol majeur pour violon et orchestre dont ne subsiste qu'un seul mouvement, même composition que le dernier Allegro des catalogues antérieurs, P 397. Cette subdivision dans l'Inventaire Thématique implique évidemment un décalage de la numérotation entre ce catalogue et l'inventaire d'O. Rudge au sujet des compositions contenues dans le volume: ainsi, le concerto qui suit les œuvres en question, RV 164, est la cinquième suivant le catalogue de M. Pincherle (P 363), mais la quatrième selon l'inventaire d'O. Rudge. Le *Catalogo Numerico-Tematico* d'A. Fanna ne signale pas l'existence du concerto en si bémol majeur, étant une composition incomplète, et réduit de plus le nombre des mouvements du concerto ripieno à trois (F. XI n. 15): le second finale en sol mineur n'est pas publié dans l'édition de Ricordi, tome 113, et il n'est pas par conséquent mentionné dans le catalogue. Enfin, l'inventaire des manuscrits de Turin par P. Damilano signale l'existence de trois œuvres différentes: le concerto ripieno en ré majeur, intitulé *Concerto. Del Vivaldi* et inscrit aux fol. 22r–26v, un fragment en sol mineur non identifié, fol. 27r–29v (30 vuota), et un deuxième fragment en si bémol majeur également d'origine inconnue, fol. 31r–34v. Pour ces deux fragments P. Damilano communique les incipit.

Le concerto ripieno en ré majeur, RV 126, est cité à plusieurs reprises dans les monographies sur Vivaldi où il sert à illustrer quelques aspects de la technique de travail du compositeur. C'est ainsi que, dans l'ouvrage de M. Pincherle, il est cité à côté du concerto pour violon RV 370 à Dresde (voir plus haut, pp. 353ss), pour attester que Vivaldi a écrit «deux mouvements pour un, laissant probablement la liberté de choix à l'interprète»; l'auteur ajoute:

> Mieux: ayant terminé un finale en ré majeur pour un concerto qui débute dans ce ton, il n'en est pas satisfait et en compose un autre. Mais il écrit ce dernier en *sol* mineur, contrairement à toutes les règles et à ses propres habitudes, puisque le ton principal était *ré*: c'est que l'andante médian est en *sol* mineur et que, vraisemblablement, il a négligé de se reporter plus haut avant d'entreprendre le nouveau finale[22].

En décrivant en ces termes le document, M. Pincherle signale indirectement qu'il s'agit d'un manuscrit autographe, mais cela n'est pas rigoureusement exact. Comme on l'a déjà vu (voir p. 81), une partie du mouvement lent, à savoir les mes. 12 à 36, est écrite par quelque copiste. Ceci implique nécessairement que la partition est écrite d'après un autre document: Vivaldi en a commencé l'écriture, mais arrivé à la mes. 11 il a laissé au copiste le soin d'achever le travail. A cela s'ajoutent quelques aspects qui ont échappés à M. Pincherle. Premièrement, le mouvement lent est à quelques détails près identique à l'Andante du concerto RV 153. Un certain nombre de corrections du texte musical dans la copie (quelques notes sont grattées afin de modifier le rythme du motif inital) semblent indiquer que le modèle a renfermé le même texte musical que l'on trouve dans l'Andante du concerto RV 153; tout porte donc à croire que ce modèle fut le manuscrit qui contient cette dernière composition. Deuxièmement, le mouvement lent du concerto RV 126 est inscrit sur les pages d'une feuille dont la qualité de papier diffère de celle des fascicules qui contiennent les deux mouvements vifs en ré majeur: elle a manifestement été ajoutée au manuscrit.

Les diverses observations qui résultent ainsi de l'examen critique du manuscrit doivent à la vérité susciter un certain doute au sujet de la cohérence des trois mouvements; s'il est certain que le mouvement lent en sol mineur n'a pas été composé originellement pour faire partie du concerto en ré majeur, il est moins aisé de déterminer à quelle époque la partition a été insérée dans le manuscrit. Ainsi qu'il a été signalé plus haut (voir p. 81) les divers aspects du document obligent effectivement à envisager deux hypothèses différentes. Si, d'un côté, la double feuille supplémentaire a été ajoutée au manuscrit après la mort de Vivaldi, le concerto serait incomplet, n'ayant pas de mouvement lent, et il serait donc injuste d'en noter le ton pour expliquer celui du second finale. En admettant, d'un autre côté, que la double feuille supplémentaire ait été ajoutée au manuscrit du concerto en ré majeur par Vivaldi lui-même, il y aura lieu de supposer qu'il ait composé, initialement, un autre mouvement lent dont le ton correspondrait à celui des deux mouvements vifs, mais qu'il ait été retranché du manuscrit par la suite, probablement pour céder la place au mouvement médian du concerto RV 153. Cependant, même si cette dernière supposition est inexacte, il n'est pas logique de penser que Vivaldi, en ajoutant le mouvement copié d'après un autre mouvement, n'en ait pas été conscient, et il est donc fort peu probable qu'il ait composé le second finale en négligeant «de se reporter plus haut».

Le manuscrit qui renferme ce second finale en sol mineur présente enfin quelques aspects qui démontrent qu'il ne fait pas partie du manuscrit précédent: le seul format du document, lequel a été rogné sur le côté droit, et qui mesure ca. 22,0×30,0 cm, diffère sensiblement des dimensions du manuscrit qui renferme les trois mouvements du concerto RV 126, ca. 23,5×30,5 cm. De même, le mouvement en si bémol majeur se trouve dans un fascicule dont le format diffère de celui du manuscrit qui contient le mouvement vif en sol mineur. Il s'ensuit donc que la description communiquée par P. Damilano est la plus exacte.

Le concerto RV 126 est d'autre part cité dans la littérature pour démontrer un aspect particulier de la technique de Vivaldi. W. Kolneder le cite en qualité de concerto dont l'ensemble instrumental a été modifié par le compositeur:

> Im Concerto Ripieno D-Dur, PV 197 [= RV 126], sind [. . .] Soli und Tutti eingezeichnet, dann allerdings wieder durchgestrichen[23].

Il est vrai que Vivaldi a appliqué cette technique de transformation dans une ou deux œuvres, mais le concerto cité ne fait pas partie de ceux-ci. En effet, les indications *Soli* et *Tutti* rayées n'apparaissent que dans le mouvement vif en sol mineur, lequel W. Kolneder – tout comme M. Pincherle – considère comme un «second finale», mais comme il a été démontré plus haut, ce mouvement ne fait pas partie du concerto cité. Pour présenter un exemple plus instructif – et plus juste – de cette technique de transformation, W. Kolneder aurait pu citer le concerto RV 153 au sujet duquel le musicologue français communique par surcroît une description assez détaillée:

> Le manuscrit, autographe, est intitulé *Con^to originale del Vivaldi,* et c'est bien, dans son premier jet, un concerto pour deux violons soli et quatuor, les parties solistes écrites sur les mêmes portées que les premiers et seconds violons ripieni. [. . .] Mais l'auteur s'est ravisé, et il a procédé, après coup, à un nivellement général. Partout où se trouvait indiqué *tutti,* il l'a raturé et remplacé par un *F* (forte) ; de même *solo* est biffé, et remplacé par *P* (piano). Le résultat est une sinfonia [. . .][24].

Cette transformation radicale de l'ensemble instrumental n'a pas affecté le finale où les mots *Solo* et *Tutti* sont absents, détail qui semble avoir échappé à M. Pincherle. Il y a donc lieu de mettre en doute que le concerto soit «dans son premier jet» un concerto pour deux violons soli et orchestre à cordes, le finale étant visiblement celui d'un concerto ripieno à quatre parties sans solistes.

Le même concerto, RV 153, est de plus mentionné comme exemple caractéristique d'un autre aspect du travail créateur de Vivaldi. M. Pincherle affirme en effet que

> l'agilité de conception et d'exécution de notre Maître est telle que, non moins fréquemment, il annule d'un trait de plume plusieurs pages déjà orchestrées, pour repartir sur de nouveaux frais, réinventant des thèmes, sans essayer de tirer parti de ceux qu'il avait commencé d'exploiter[25].

et l'auteur communique, en note, nombre d'exemples différents. Au sujet du concerto RV 153, il est signalé, ainsi, que

> le finale [. . .] est abandonné au bout de quinze mesures, et recommencé sur un thème nouveau.

On a déjà vu que les manuscrits de Vivaldi renferment un assez grand nombre de mouvements abandonnés (voir pp. 346ss), mais il est significatif que les divers catalogues et inventaires des œuvres de ce compositeur ne communiquent aucune information à leur sujet. Dans le cas du concerto RV 153, on est même surpris de trouver dans les catalogues d'O. Rudge et de M. Rinaldi d'une part, et dans celui d'A. Fanna d'autre part, deux incipit différents pour le finale; l'Inventaire Thématique de M. Pincherle ne peut pas servir d'arbitre puisqu'il ne cite en général que les thèmes initiaux des premiers mouvements, et le catalogue de P. Damilano, enfin, n'annonce rien à son sujet. Encore une fois est-il donc nécessaire, à cause des informations contradictoires et insuffisantes de la littérature, de soumettre le manuscrit même à une analyse.

Celui-ci révèle une quantité d'indications diverses qui permettent d'établir avec certitude que le concerto a été soumis à plusieurs modifications successives de la part du compositeur. Quoiqu'il ne soit pas possible de reconstituer toutes les phases de son évolution, notamment parce que la partition renferme plusieurs ratures difficiles à situer dans un ordre chronologique relatif, certaines étapes se dégagent d'un autre côté avec netteté, et il sera par conséquent nécessaire de réviser les descriptions et les conclusions présentées par les divers auteurs cités plus haut.

Les étapes initiales de sa formation se perdent dans l'obscurité. La première version qui puisse être identifiée se trouve dans le manuscrit Giordano vol. 29, fol. 98–107, composé de deux fascicules de chacun quatre folios (98–101 et 102–105) et d'une double feuille (106–107). Le premier fascicule renferme le mouvement initial, au début duquel le compositeur a écrit le titre *Con^{to}* et à droite *Del Viualdi.* Dans le fascicule suivant il a écrit avec une encre de la même couleur brune, mais d'une nuance plus foncée, le second mouvement, *And^{te},* qui s'achève à l'accolade supérieure du verso du folio 103, et le début du troisième mouvement, *All^{o} assai,* commençant à l'accolade inférieure de la même page; la fin de ce mouvement est inscrite sur la double feuille, jusqu'au recto du dernier folio du manuscrit, le verso étant inutilisé. La partition s'achève par le prolongement sinueux des doubles barres et par l'indication *Finis.*

Les deux nuances de la couleur d'encre pourraient indiquer que le premier mouvement d'une part et les deux autres mouvements d'autre part ne furent pas composés simultanément: ainsi, il est probable que l'une des deux sections remonte à quelque version antérieure dont le reste aura disparu. Quoi qu'il en soit, il faut souligner que ces observations demeurent sur le plan des conjectures, car les nuances dissemblables de l'encre peuvent avoir d'autres explications, ainsi que l'a démontré le manuscrit du concerto RV 445 (voir pp. 365ss).

La première version du concerto dont l'existence est certaine et qui correspond aux incipit du catalogue d'A. Fanna, est composée pour orchestre à cordes sans solistes instrumentaux, ce qui est confirmé à la fois par le libellé du titre et par la disposition de la partition. Si Vivaldi l'avait composé «dans son premier jet» pour deux violons, il aurait suivant ses habitudes intitulé le manuscrit *Con^{to} p* [ou *con*] *2 Violini* [*obligati*], et la partition aurait compris au moins cinq portées (voir p. 154). Il s'ensuit que l'affirmation de M. Pincherle est inexacte.

Pour des raisons dont la nature ne se dégage pas du document, Vivaldi n'a pas été satisfait du troisième mouvement, et en appliquant sa technique habituelle pour les transformations de quelque importance, il a composé une nouvelle version du finale, non seulement en partant sur le *même thème,* mais en basant le nouveau mouvement entièrement sur l'ancien. Les 17 premières mesures sont identiques dans les deux versions, mais à partir de là les deux mouvements diffèrent légèrement l'un de l'autre: les anacrouses du premier des deux exemples suivants sont régulièrement transformées en figurations de doubles croches dans les quatre parties (violons I à partir de la mes. 18, violons II dès la mes. 30, basse à la mes. 82 et altos à la mes. 107):

RV 153, 3e mouvement, 1ère version, mes. 14–21

Exemple 204

RV 153, 3e mouvement, 2ème version, mes. 14–21

Exemple 205

La confrontation des deux versions est intéressante non seulement parce qu'elle démontre comment Vivaldi a enrichi musicalement son texte, mais encore parce qu'elle permet de déterminer que la rature des mesures inscrites à l'accolade inférieure du verso du folio 104 fait partie du travail de composition; il s'agit d'une correction effectuée au moment même de l'écriture de la toute première conception du mouvement. Le tempo de la nouvelle version du finale est Allegro, contraste minime par rapport à l'Allegro assai originel.

Il est très facile de reconstituer les diverses opérations que Vivaldi a accomplies pour la transformation du finale. La nouvelle version est inscrite sur les pages d'un fascicule supplémentaire de quatre folios, dont les deux dernières sont laissées inutilisées. Le fascicule a ensuite été inséré au milieu du second fascicule du manuscrit original, entre les fol. 103 et 104. De ce fait, les premières mesures de l'ancien finale, inscrites à l'accolade inférieure du fol. 103v, furent séparées de leur contexte, fol. 104r et suivants, mais étant donné que ce début de mouvement n'avait plus de raison d'être Vivaldi l'a rayé par deux traits de plume obliques et a aussitôt refermé le manuscrit, si bien que l'encre encore humide de la rature a laissé des taches encore visibles sur la première page du fascicule ajouté. Les deux pages en question sont reproduites aux planches 8 et 9.

La seconde version de l'œuvre a plus tard servi à la formation d'un concerto pour deux violons soli, orchestre à cordes et basse continue. Cette transformation a été effectuée d'une manière fort simple: Vivaldi a inscrit régulièrement, avec de l'encre d'une couleur grise et donc très différente de celles qui ont servi à l'écriture du texte original, les mots *Soli* et *Tutti* dans les trois mouvements, y compris la nouvelle version du finale. Par contre, la version primitive de ce mouvement, qui d'une certaine manière ne fait plus partie de la composition, n'a naturellement pas été modifiée. A l'occasion de cette transformation radicale de l'ensemble instrumental, qui a fait du concerto une œuvre dans le style de l'ancien *concerto grosso* où alternent de brèves sections de tuttis et de solis, Vivaldi a ajouté, toujours avec l'encre grise, le mot *Originale* au titre du manuscrit. La motivation de joindre ce qualificatif n'est pas très claire puisque la nouvelle version, la troisième, est loin d'être originale (voir planche 6 et pp. 329ss).

La troisième version du concerto n'est cependant pas restée définitive, car encore plus tard Vivaldi a remis l'ensemble instrumental à son état primitif: avec de l'encre d'une nouvelle qualité il a simplement rayé les mots *Soli* et *Tutti*. Cependant, il a en même temps révisé le texte musical et en a annulé de nombreuses sections dans les trois mouvements. Dans certains cas, comme par exemple au fol. 100r et v, au premier mouvement, les ratures sont faites dans les anciens passages solistes, si bien qu'il a pu négliger de rayer les mots *Soli*, ceux-ci étant automatiquement annulés par l'effet du retranchement des sections. De même, le mot *Tutti* au recto du fol. 103, dans le mouvement lent, est laissé, et le mot *Soli* est également conservé à la mes. 141 du finale, dont les mes. 141–149 sont retranchées.

Il est possible d'attester par le concours d'un document passé inaperçu jusqu'à présent que ces ratures ont été faites par la suite et qu'elles n'appartiennent donc qu'à l'ultime version du concerto. Dans le volume Foà 29 se trouve, insérée dans le manuscrit du concerto pour violoncelle RV 409 (fol. 126–133), une feuille supplémentaire (fol. 131) que Vivaldi a ajoutée à ce document dans le but de corriger une section du finale; comme on l'a vu plus haut le verso du folio supplémentaire contient une version modifiée du texte inscrit au fol. 130 (voir pp. 51s). Le recto de la même feuille contient par contre le début d'une copie non autographe du concerto RV 153, mais à cause d'une erreur d'écriture le copiste a abandonné la copie: il a dû écrire la partie de violons II, mais arrivé à la seconde accolade du manuscrit autographe, il s'est trompé de portée et a copié la partie de violons I (voir planche 7). Ce qui rend ce document particulièrement utile est cependant le fait que la copie, aussi incomplète qu'elle soit, comprend les mes. 6 et 7 des trois premières versions du concerto. Il s'ensuit que ces mesures n'ont pu avoir été rayées que par la suite et que l'une des trois versions au moins a dû exister pendant un certain temps comme une composition individuelle avant d'être modifiée.

Le résultat définitif de ces nombreuses péripéties est donc une quatrième version du concerto, la troisième pour orchestre à cordes sans solistes. A une certaine époque, le manuscrit, amplifié par l'addition du fascicule supplémentaire contenant la nouvelle version du finale, a été ajouté à d'autres documents pour former un ensemble. Ceux-ci ont probablement été reliés: ils ont tous été rognés en bloc sur le côté et sur le bord inférieur. Le format réduit du fascicule ajouté correspond exactement à celui du manuscrit originel, ce qui prouve qu'ils ont consitué une unité (voir p. 41).

C'est probablement après la mort de Vivaldi que ce fascicule est tombé du manuscrit. La personne qui a classé les documents vivaldiens afin de les faire relier n'a sans doute pas réussi à déterminer d'où il provenait, si tant est qu'elle se soit aperçue de l'accident, et elle l'a situé à la suite d'un autre concerto ayant apparemment le même ensemble instrumental. Cette œuvre n'est autre que le concerto contenu dans le manuscrit cité plus haut, Giordano 30, fol. 22–26: RV 126. Cette œuvre est donc suivie du finale du concerto RV 153 (fol. 27–30), partition qui à son tour est suivi d'un autre mouvement, lui aussi fragment d'une composition quelconque, RV 745 (voir pp. 64s). Le retranchement du fascicule ajouté implique d'autre part que le manuscrit originel, dont les deux premiers mouvements ont été transformés à plusieurs reprises, est incomplet: toujours est-il qu'il renferme un curieux mélange de versions différentes.

Pour des raisons de clarté il n'est pas inutile, semble-t-il, de communiquer, sous forme de tableau, la structure du manuscrit modifié du concerto RV 153, tel que Vivaldi a dû le laisser:

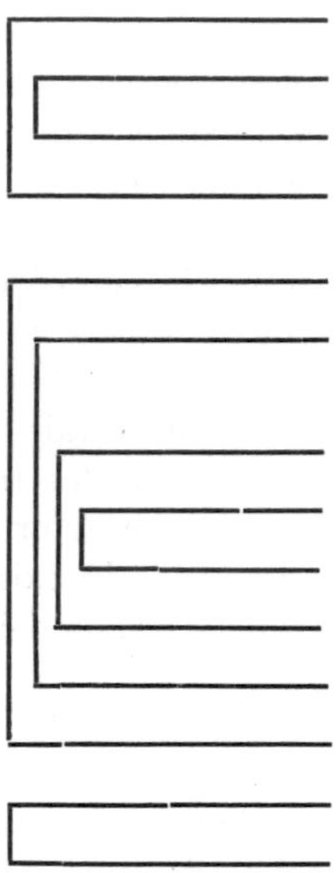

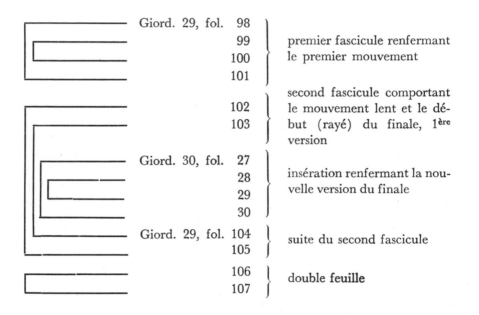

Giord. 29, fol.	98 99 100 101	premier fascicule renfermant le premier mouvement
	102 103	second fascicule comportant le mouvement lent et le début (rayé) du finale, 1ère version
Giord. 30, fol.	27 28 29 30	insération renfermant la nouvelle version du finale
Giord. 29, fol.	104 105	suite du second fascicule
	106 107	double feuille

L'origine des interprétations erronées de la littérature vivaldienne est aussi évidente qu'en sont les conséquences. Alors qu'O. Rudge a pris littéralement la rature du début du troisième mouvement et donc communiqué les mes. 17 et 18 en qualité de thème initial, lesquelles sont reprises textuellement par M. Rinaldi, les éditeurs du tome 287 de l'édition de Ricordi ont compris que le mouvement ne pouvait pas commencer d'une manière aussi singulière; la rature a donc été négligée, ce qui explique que l'incipit du catalogue d'A. Fanna soit différent – et correct. Par contre, toutes les ratures des deux premiers mouvements ont été respectées scrupuleusement, mais comme on l'a vu, plusieurs d'entre elles proviennent de la quatrième et ultime version du concerto. Le tome 287 renferme donc cette dernière version pour les deux premiers mouvements mais la toute première pour le finale, version que Vivaldi a abandonnée en composant la nouvelle mouture du mouvement. Il faut regretter que le texte corrompu de l'édition de Ricordi ait servi à l'enregistrement du concerto par *I Musici;* celui-ci ne répond effectivement pas aux intentions de Vivaldi.

En analysant les manuscrits des concertos RV 126 et RV 153, mais sans tenir compte des diverses couleurs d'encre, des formats inégaux, du libellé du titre, de la disposition de la partition, M. Pincherle est arrivé aux conclusions citées plus haut. Il sera juste de rappeler que K. Heller a pu déterminer que l'addition du second mouvement lent dans le manuscrit du concerto RV 370 à Dresde (voir pp. 364s), signalé par le musicologue français pour attester que Vivaldi a écrit deux mouvements pour un, n'est pas due au compositeur mais remonte à son élève J. G. Pisendel. De ce fait il convient de mettre en doute la supposition avancée par M. Pincherle: les deux exemples sur lesquels s'est fondé l'auteur ne sont pas susceptibles de confirmer que Vivaldi ait effectué un travail «bâclé» et qu'il ait écrit deux mouvements en laissant la liberté du choix aux exécutants. Si les musicologues s'étaient donné la peine d'examiner les œuvres vocales du compositeur, ils auraient sans doute trouvé le seul exemple de ce procédé qui soit parvenu jusqu'à nous en manuscrit autographe, à savoir la cantate RV 683. La partition de cette composition comporte en effet entre les deux airs un *recitativo secco*, et, sur les mêmes paroles, un *recitativo accompagnato*.

b. Les méthodes graphiques de modification

Bien que l'occasion jusqu'ici se soit présentée maintes fois d'analyser la majeure partie des techniques graphiques que Vivaldi a appliquées en modifiant, dans l'ancien manuscrit même, une composition quelconque, il ne paraît pas inutile de soulever ci-après la question de manière systématique. Cela permettra en effet non seulement de rappeler et de résumer les observations auxquelles les études précédentes ont donné lieu, mais aussi de présenter un certain nombre d'exemples de compositions modifiées qui n'ont pas encore été signalées et d'étudier quelques cas particulièrement compliqués et douteux. Ces derniers concourront notamment à souligner l'importance d'analyser très attentivement chaque détail des documents autographes dans le but de déterminer avec la plus grande précision possible les intentions du compositeur. Il conviendra en outre, au passage, de soulever selon les besoins les questions qui s'imposent sous le rapport d'une édition moderne critique des œuvres de Vivaldi.

Ainsi qu'il a été dit plus haut il est logique de penser que les diverses modifications que le compositeur a accomplies en recopiant les œuvres sont les mêmes que celles qu'il a effectuées en modifiant un ancien texte. L'expérience montre en effet que cette supposition, à quelques détails près, est parfaitement soutenable, si bien que l'exposé suivant pourra présenter les divers aspects de son travail dans le même ordre que celui qui a été adopté pour la description des transformations musicales (voir pp. 309 à 327).

1. MODIFICATIONS DE L'ENSEMBLE INSTRUMENTAL ET VOCAL

Les opérations que Vivaldi, dans les manuscrits modifiés, a accomplies en vue de transformer l'ensemble instrumental ou vocal d'une œuvre, qu'il soit question du soliste, de l'accompagnement ou de l'ensemble intégral, s'identifient à l'inscription de certains textes ajoutés par la suite aux manuscrits. Ces textes sont d'un côté les inscriptions *alphabétiques* situées dans le titre du document, au début de la première accolade d'une œuvre ou d'un mouvement, ou dans la partition même, et d'un autre côté les inscriptions *musicales* qui n'apparaissent logiquement que dans les partitions; parfois le compositeur a en outre annulé certaines sections de ses textes. Ces diverses méthodes sont assez fréquemment appliquées simultanément, ce dont on verra plus loin quelques exemples instructifs.

A. Substitution du soliste

a. Soliste instrumental

Il existe parmi les documents autographes à Turin un certain nombre de partitions dans lesquelles Vivaldi a indubitablement inscrit par la suite des désignations destinées à remplacer le ou les solistes originellement prévus par d'autres instruments. La portée supérieure de la partition de l'œuvre qui comporte le titre de *Con^{to} Intitolato La Notte* et à droite *Del Viualdi,* RV 104, est désignée par les mots *Flauto Tra:,* mais avec de l'encre d'une couleur différente – et donc sans doute par la suite – il a ajouté l'indication *ò Violino.* L'œuvre existe de ce fait en deux versions, pouvant effectivement être exécutée avec l'un ou l'autre des instruments signalés. Il en est de même pour ce qui concerne la partition autographe du concerto pour plusieurs instruments solistes RV 95, *La Pastorella,* composé originellement, ainsi qu'en témoignent les désignations inscrites devant les cinq portées de la partition, pour *Flauto, Aubois, Viol^{o}, Fagotto* et *Basso;* avec de l'encre d'une nuance différente Vivaldi a cependant ajouté, aux deux premières indications, les mots *ò Viol^{o},* transformant de la sorte l'ensemble de l'œuvre. Il est intéressant de noter, à propos de cette composition, que les cinq parties séparées non autographes, retrouvées à Manchester, comportent les désignations suivantes ajoutées par Vivaldi personnellement: *Flauto ò Viol^{o} Pmo, Viol^{o} 2do ò Hautbois, Violino, Viol^{lo} obligato, ò Basso, ò Fagotto* et *Basso* (voir à ce propos les observations avancées au sujet du concerto RV 90, p. 314). L'édition de Ricordi, tomes 33 (RV 104) et 154 (RV 95) communique les désignations facultatives – sauf le remplacement du basson par un violoncelle dans le RV 95 – mais sans signaler qu'il s'agit de parties de violon ajoutées par la suite et faisant partie d'un ensemble instrumental bien défini.

La partition du concerto RV 554 comporte de manière analogue nombre d'indications ajoutées par la suite dans le but de modifier les solistes instrumentaux. A l'origine, semble-t-il, l'œuvre fut composée pour les instruments que Vivaldi a signalés dans le titre du manuscrit, *Con^to p Viol^o Organo et Hautbois* plus l'orchestre à cordes. La disposition de la partition est d'ailleurs exceptionnelle en ce sens que la partie de *Hautbois,* désignée par ce mot devant la première accolade, est située à la quatrième portée, c'est-à-dire entre les violons II et les altos; conformément aux habitudes vivaldiennes la partie d'orgue est inscrite aux deux portées inférieures et est désignée, outre l'indication *Organo,* par les clefs de sol et de fa (voir pp. 158ss et notamment p. 162). Par la suite, Vivaldi a transformé cet ensemble à deux reprises, dont l'ordre chronologique ne paraît pas pouvoir être déterminé. Avec de l'encre d'une autre couleur il a ajouté, au-dessous du titre originel, l'indication *ò pure 2 Violini, et Hautbois* et, à la portée qui comporte la «main droite» de l'orgue, le mot *Violino.* De plus, avec de l'encre d'une troisième nuance, il a ajouté, à la portée inférieure de la page, à l'origine inutilisée, le mot *Viol^lo,* une clef de fa, l'indication de la mesure suivie de *Questo Volendo cambiare l'Oboè in Violoncello;* plus loin, dans la partition des trois mouvements, il a inscrit la nouvelle partie de violoncelle, toujours à la portée inférieure, désignée parfois par *Viol^lo (Solo).*

L'ordre chronologique des deux nouveaux ensembles solistes ne pouvant pas être établi, la partition en question soulève la question du rétablissement des versions individuelles: à ce propos il importe de savoir si le violoncelle peut remplacer le hautbois en même temps que le second violon prend la place de l'orgue. La réponse à cette question est peut-être négative, car au début de mouvement lent, noté d'origine à quatre portées désignées par *Viol^o* (clef de sol), *Haubois* (même clef) et *Organo* (clefs de sol et de fa), la désignation de l'instrument à clavier cité n'est pas complétée, comme au début du manuscrit, par le mot «Violino». Toutefois, ce défaut ne permet pas d'établir sûrement si le concerto, outre les trois versions évidentes, existe en une quatrième comprenant deux violons et un violoncelle comme instruments solistes[26].

Alors que les trois œuvres signalées précédemment n'occasionnent aucun doute au sujet de l'identité des nouveaux instruments et des parties qu'ils doivent exécuter, les indications de Vivaldi étant suffisamment claires pour écarter toute hésitation, d'autres compositions sont parvenues jusqu'à nous en manuscrits qui comportent des indications sensiblement moins faciles à interpréter exactement.

Ceci est notamment le cas pour ce qui concerne la partition autographe du *Con*[to] *con 1 Viol*[o] *et 1 Viol*[lo] *obligato* RV 546 qui, notée en cinq portées, comporte l'indication explicative *Il Pmo di Ripieno ci caua del Principale* et au titre de laquelle le compositeur, en deux étapes, a ajouté quelques indications assez énigmatiques. D'une part, avec de l'encre d'une autre nuance, il a ajouté, entre les mots *obligato* et *Del Viualdi,* l'incication *all'Inglese* dont la signification se perd dans l'obscurité; peut-être est-il question d'un moyen d'exécution particulier que le compositeur a désigné en ces termes. D'autre part sont inscrits, avec une troisième nuance d'encre, les mots *ò Cembalo,* situés au-dessous du mot *obligato* du titre originel et à la suite du mot *Principale* de l'indication citée plus haut. Il n'est pas douteux, semble-t-il, que la dernière inscription ajoutée se rapporte d'une manière ou d'une autre au titre de la composition et non pas à l'indication explicative («Il Primo di Ripieno si cava dal Principale ò Cembalo» ne donne en effet aucun sens[27]). S'il en est ainsi, la désignation du clavecin a donc dû être inscrite pour marquer une substitution quelconque, mais la question est de savoir s'il s'agit de celle du violon, de celle du violoncelle ou de celle des deux instruments à la fois. Etant donné que Vivaldi, comme on a pu le voir sous le rapport de la notation des instruments à clavier (voir pp. 158ss), a substitué des parties de violon à la main droite d'une partie d'orgue (RV 766 et RV 767), il est théoriquement possible que le compositeur ait agi de manière analogue en l'occurence (par contre, la substitution du violoncelle par un clavecin ne paraît pas vraisemblable). D'un autre côté, on ne peut pas exclure que Vivaldi ait créé un véritable concerto pour clavecin et orchestre, remplaçant les deux solistes originaux à la fois par l'instrument à clavier. Bien que le registre du violon principal à certains endroits soit si élevé que la partie ne peut être exécutée sur le nouvel instrument qu'en supposant l'emploi d'un jeu de 4 pieds, et bien que Vivaldi n'ait rien inscrit dans la partition même qui puisse étayer la supposition citée, il serait injuste de ne pas l'envisager. Aussi m'a-t-il semblé opportun de désigner cette version pour clavecin et orchestre par un numéro d'identification individuel dans la seconde édition du *Verzeichnis* et dans le *Répertoire,* RV 780, mais il a de toute évidence été nécessaire de préciser, dans ces deux ouvrages, que son existence en tant que composition individuelle et authentique est incertaine. Si, d'autre part, Vivaldi a réellement formé de la sorte un concerto pour clavecin et orchestre, rien ne permet de supposer qu'il ait rejeté définitivement la version primitive pour violon et violoncelle.

Les deux manuscrits qui renferment les concertos en ut majeur et la mineur pour flautino RV 443 et RV 445 comportent, à la première page, des inscriptions qui ont fort probablement la fonction d'indiquer, de façon analogue, la substitution de l'instrument soliste par un autre: *Gl'Istrom*[ti] *trasportati alla*

4ª et *L'Istromti alla 4ª Bassa,* indications qui ont sans doute été inscrites par la suite. Dans le manuscrit du concerto RV 445, le compositeur l'a visiblement insérée entre l'indication de tempo, *Allº,* et le titre du manuscrit, *Conto P Flautino.* Par le terme d'«istromenti», ainsi qu'en témoignent plusieurs titres d'œuvres vocales, Vivaldi comprenait normalement l'orchestre à cordes, lequel, dans les deux concertos en question, doit donc être transposé respectivement en sol majeur et en mi mineur. Etant donné que le soliste n'est pas compris dans cette transposition, il paraît logique de supposer que celle-ci doit être effectuée dans le but de répondre au registre et à l'ambitus d'un nouvel instrument. Cependant, les recherches effectuées notamment par I. Farup[28] en vue d'en déterminer la nature sont demeurées sans résultat. (Il convient à ce propos d'attirer l'attention sur les difficultés que soulève, de manière générale, l'identification de l'instrument désigné comme *Flautino,* difficultés qu'accentuent les deux partitions de l'air «Sempre copra notte oscura» de *Tito Manlio* III, 10, qui se retrouve, avec les paroles «Cara sorte di chi nata» dans *La Verità in Cimento* III, 5 (scène 3 du livret). Dans la première partition se trouvent les indications *Flautino Solo* et – peut-être ajouté par la suite – *come stà* suivi de *Mez*[*z*]*o Tuono più basso* à la portée supérieure, tandis que celle de la basse est désigné par les mots *Viollo Solo Sempre;* dans l'autre partition, copiée sans doute d'après la première, la partie de soliste instrumental est désignée par *Flautino Solo* alors que la portée inférieure comporte l'indication vraisemblablement originelle, c'est-à-dire inscrite en même temps que la partition: *Viollo Solo sempre, e mezzo tuono più alto il Soprano, mà il Flauto* [sic] *come stà.*) Il ne sera donc aucunement inutile de poursuivre les recherches dans le domaine de l'organographie afin d'identifier exactement la nature des divers instruments pour lesquels Vivaldi a écrit les œuvres citées.

Comme on a pu le voir sous le rapport des manuscrits modifiants, Vivaldi a transformé un concerto pour viole d'amour et orchestre en œuvre pour violon principal et cordes (RV 396 et RV 768, voir pp. 287ss), fait qui semble permettre d'interpréter de manière analogue les indications qu'il a inscrites, visiblement avec de l'encre d'une couleur différente, dans la partition des trois mouvements du concerto pour viole d'amour RV 393. Au-dessus de plusieurs sections solistes, écrites pour doubles cordes, se trouvent des indications ajoutées par la suite, telles que *Qui in uece di scriuere à 2 Corde scriuete solamte le notte di Sopra* ou *Solamte le notte di Sopra.* Bien que plusieurs passages soient laissés à l'état primitif, ne comportant pas de telles indications, il est très vraisemblable que les inscriptions fussent ajoutées à la partition dans le but d'indiquer ce que devait écrire le copiste à l'occasion d'une exécution pour violon principal et orchestre de l'œuvre. Ainsi que le démontre l'exemple suivant, la partie originelle est certainement appropriée à la viole d'amour, exploitant les moyens d'exécution de cet instrument, tandis que la nouvelle version – laquelle est reproduite dans l'édition de Ricordi, tome 198 (concerto pour viole d'amour) – n'est pas spécifiquement idiomatique.

RV 393, 2e mouvement, mes. 1–3 (1ère version et version modifiée par l'indication *Solamte le notte di Sopra)*

Viole d'amour

Violon (?)

Basse continue

Exemple 206

Tenant compte de la transformation certaine du concerto RV 396, je n'ai pas hésité, au sujet de la dernière œuvre, à en dédoubler le numéro d'identification, la version pour violon étant désormais désignée par RV 769. Ce sont, de plus, les mêmes considérations qui m'ont incité à regarder les modifications que Vivaldi a accomplies dans le manuscrit du concerto pour viole d'amour RV 395 (voir p. 408) comme des opérations ayant le même but, à savoir la substitution de l'instrument soliste originel par un violon. Lorsqu'on compare le mouvement lent de la version primitive avec celui qu'il a inscrit, plus tard, à la suite du dernier mouvement vif, il devient évident que cette opération était nécessaire, la partie de soliste du *Largo* étant effectivement injouable au violon. Désignée d'origine par le numéro d'identification RV 395a, la nouvelle version a conséquemment été retranchée et située parmi les concertos en ré mineur pour violon et orchestre, RV 770.

RV 395, 2e mouvement (la partie de basse doit être exécutée par les violons [*Violini suonano il B. senza basso*]*)*

Exemple 207

RV 770, 2e mouvement (la basse est confiée à l'orchestre jouant à l'unisson [*Tutti suonano il Basso*])

Exemple 208

Dans le premier mouvement, avec l'encre qui a servi à l'écriture de l'Andante, Vivaldi a supprimé, à l'instar du concerto RV 393, les doubles cordes: les notes inférieures sont à certains endroits simplement barrées, mais font naturellement partie du texte appartenant à la version originelle pour viole d'amour (par contre, il semble avoir oublié l'accord composé de cinq notes à la mesure 98).

Il paraît en effet évident que le compositeur, en formant d'une manière ou d'une autre les trois concertos pour violon cités, n'a pas rejeté les moutures originelles pour viole d'amour. Les deux versions de chaque concerto existent donc côte à côte et méritent d'être publiées (et exécutées) individuellement. Bien que l'on doive reconnaître que la substitution du soliste des concertos RV 393 et surtout RV 395 n'est pas accomplie d'une manière telle que les intentions de Vivaldi soient claires et évidentes, il faut regretter que l'édition de Ricordi, pour le concerto RV 395 (tome 197), ne comporte que l'Andante, le Largo originel, lequel mouvement aurait facilement pu être reproduit en appendice, étant passé sous silence; de même, la partie de soliste du mouvement initial ne comporte pas, dans l'édition, les passages à doubles cordes.

b. Soliste vocal

La diversité de la composition des troupes chargées des représentations des œuvres dramatiques ont souvent obligé les compositeurs à remanier leurs partitions à l'occasion des reprises, et on aurait donc pu penser que la substitution du soliste vocal se produise avec une certaine fréquence dans les manuscrits des opéras de Vivaldi; mais les modifications de ce genre ne sont en vérité qu'exceptionnelles. Il est vrai que l'on y trouve parfois des indications de transposition d'un air – tel que par exemple «Imparate alle mie pene» en sol majeur d'*Armida al Campo d'Egitto* I, 3, lequel doit être exécuté *Vn tuono più basso* – mais ces indications ne sont pas ajoutées, selon toutes les apparences, dans le but de remplacer le soliste vocal par un autre. L'air cité a justement été composé pour la version représentée en 1738 (voir pp. 393s) et a donc très vraisemblablement été transposé en fa majeur afin de mieux répondre à la voix de la protagoniste, Anna Girò.

Ceci n'implique pas, toutefois, que Vivaldi n'ait pas, comme pour certaines œuvres instrumentales, substitué parfois le soliste en modifiant un manuscrit préexistant. C'est peut-être dans ce sens que l'on doit interpréter quelques-unes des indications de transposition qui sont inscrites au début de plusieurs cantates. Ainsi, le manuscrit autographe de la cantate pour contralto RV 671 comporte l'indication ajoutée par une autre main *alla 5ª alta;* la transposition à la quinte supérieure peut en effet être motivée par le remplacement du contralto par un soprano. Cette hypothèse se voit en quelque sorte confirmée par une indication analogue, ajoutée vraisemblablement par Vivaldi lui-même, qui se trouve au début de la partition non autographe de la cantate en ut mineur pour soprano RV 658: *Alla 5ª alta in Alto;* les deux derniers mots peuvent désigner la voix de contralto. Cependant, il paraît fort singulier que la transposition, dans ce cas particulier, doit être effectuée à la quinte supérieure et non pas – ce qui serait plus logique – à la quarte inférieure. Il se peut, naturellement, que l'indication désigne simplement le ton de sol mineur, mais en raison de l'incertitude que présente l'interprétation exacte des indications en question il a paru juste de n'inventorier les compositions qui comportent de telles inscriptions que sous la voix pour laquelle elles furent écrites à l'origine. Un dédoublement du numéro d'identification reposerait en effet sur une base trop faible.

La modification que Vivaldi a effectuée dans sa partition de l'air «Sta piagendo la tortorella» n'occasionne d'un autre côté aucune hésitation, étant parfaitement claire. Comme on l'a vu plus haut (p. 331), la composition avait à l'origine été écrite pour soprano et faisait partie du manuscrit du *Lucio Vero* abandonné. Dans le nouveau contexte, à savoir *L'Olimpiade* II, 3, l'air devait être chanté par un contralto, si bien que le compositeur a réinscrit la partie de soliste sur des portées originellement inutilisées. Ce procédé est donc identique à celui qu'il a appliqué en transformant la partie de hautbois en violoncelle du concerto RV 554 (voir plus haut, p. 421).

B. Modification de l'accompagnement

Que Vivaldi ait modifié par la suite l'ensemble instrumental accompagnant un soliste ne peut guère être démontré plus clairement que par l'analyse de la documentation relative au concerto pour flûte traversière RV 436, dont le mouvement médian existe en deux versions dissemblables. La partition autographe à Turin comporte, au début du mouvement qui est noté en partition à deux portées, les indications *Solo* et *Tutti li Violini,* ce qui répond à la variante d1 de l'orchestre (voir p. 147). Dans les deux manuscrits non autographes en parties séparées du concerto, le soliste est effectivement accompagné par les seuls violons: les parties d'altos et de basse continue indiquent *Largo Tacet* pour ce mouvement. C'est donc indiscutablement par la suite que Vivaldi a rayé l'indication de l'instrumentation de la portée inférieure dans sa partition, remplaçant par ces quelques traits de plume l'accompagnement originel par celui de la basse continue. Celle-ci est justement, comme il a été signalé dans la Deuxième Partie (voir pp. 158 et suivantes), désignée normalement par la seule clef de fa sans indications complémentaires ou explicatives. Bien que l'édition de Ricordi, tome 151, basée sur la partition autographe, ne communique que l'ultime version, il semble parfaitement authentique et légitime d'exécuter le mouvement suivant les indications originelles du compositeur. Aussi sera-t-il juste – et très facile – de communiquer les deux versions dans une édition critique du concerto. Il suffit effectivement de reproduire les deux alternatives et d'informer les exécutants des possibilités qu'offrent les sources:

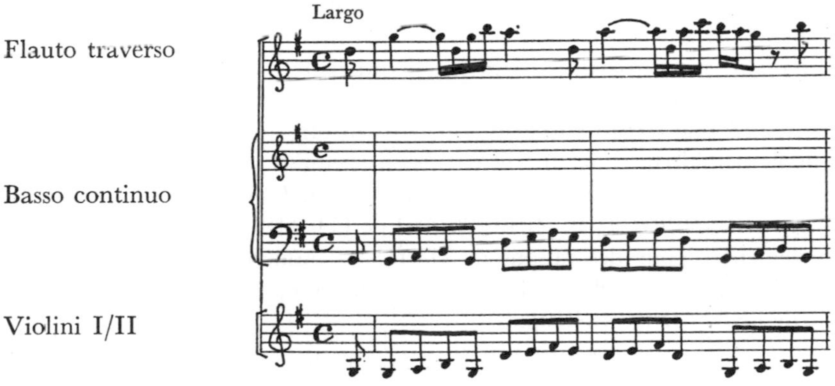

Exemple 209

Il en est de même pour ce qui concerne le mouvement médian du concerto pour violon RV 207 dont la reproduction des deux versions est encore plus aisée et simple malgré la sonorité très différente qui résulte de la modification que Vivaldi a effectuée. Dans la partition autographe, le soliste était à l'origine accompagné par l'orchestre à cordes normal, mais par la suite le compositeur a ajouté, avec de l'encre d'une couleur visiblement dissemblable, les indications *Tutti piz[z]icati* au début du mouvement et *con arco* à la suite de l'indication de *Solo* à la mes. 11. Que ces inscriptions ne soient pas originelles est confirmé par les deux copies non autographes qui existent de l'œuvre: ni la partition à Dresde, ni le manuscrit incomplet à la bibliothèque du conservatoire de Venise ne les comportent[29]; par contre, la nouvelle exécution est signalée dans la source gravée du concerto, opus 11 n° 1. Encore une fois la documentation atteste qu'il est absolument authentique d'exécuter le mouvement de l'une ou de l'autre manière, alternative dont une édition critique doit naturellement tenir compte. Pourtant, l'édition de Ricordi, tome 188, n'offre pas ce choix aux exécutants, puisqu'elle comporte exclusivement le texte définitif reproduit d'après la seule partition à Turin.

C. Modification de l'ensemble

Les diverses inscriptions que Vivaldi a par la suite ajoutées soit au début des partitions, soit à l'intérieur de celles-ci, peuvent enfin avoir la fonction de transformer de manière plus ou moins radicale l'ensemble d'un mouvement ou d'une composition. Il n'est pas surprenant que les modifications de ce genre se voient appliquées surtout pour les parties instrumentales, les ensembles vocaux n'étant naturellement pas susceptibles de modifications foncières (voir p. 315).

Le manuscrit en partition autographe qui renferme trois versions différentes du *Magnificat* en sol mineur (Giordano 35) est particulièrement apte à démontrer qu'une œuvre vocale a pourtant pu être remaniée pour ce qui concerne l'ensemble instrumental et vocal. La première version de la composition, RV 610, comporte le titre de *Magnificat / Con Istrom^{ti} / Del Viualdi* et est inscrite aux fol. 89–90, 97–101, 106–108 et 111–112. Elle se compose de neuf mouvements (pour des raisons de clarté, les numéros des trois mouvements que Vivaldi a retranchés à l'occasion de la composition de l'ultime version sont désignés par un astérisque):

1) *Adagio (Magnificat anima mea)* pour chœur et orchestre;
2*) *Allegro* pour soprano *(Et exultavit,* mes. 8–17), contralto *(Quia respexit,* mes. 21–34), ténor *(Quia fecit mihi,* mes. 39–51), chœur (mes. 27 et 34–36) et orchestre;
3) *Andante molto (Et misericordia ejus)* pour chœur et orchestre;
4) *Presto (Fecit potentiam)* pour chœur et orchestre;
5*) *Allegro (Esurientes implevit)* duo pour deux sopranos et basse continue;
6) *Largo (Suscepit Israel puerum)* pour chœur et orchestre;
7*) *Allegro ma poco (Sicut locutus est)* pour soprano, contralto et basse (solistes?), deux hautbois et orchestre;

8) *Largo* et *Andante (Gloria Patri* et *Sicut erat in principio)* pour chœur et orchestre;

9) *Allegro (Et in sæcula)* pour chœur et orchestre.

La seconde version du *Magnificat,* désignée par le numéro d'identification RV 610a, se compose des mêmes mouvements, mais Vivaldi en a confié l'exécution à un ensemble comprenant deux chœurs et deux orchestres; par l'effet de cette modification le nombre des solistes est en outre augmenté, ceux-ci appartenant désormais tantôt au premier, tantôt au second groupe d'exécutants. Graphiquement, la transformation s'est effectuée d'une manière fort simple: à certains endroits le compositeur a ajouté les indications *P. C., 2. C.* et *Tutti* qui désignent respectivement «Primo Coro», «Secondo Coro» et les deux chœurs à l'unisson. Rappelons, pour éviter toute incertitude, que les abréviations citées apparaissent dans plusieurs manuscrits d'œuvres en double chœur – telles que RV 597, 616 et 618 – où elles ne peuvent avoir d'autre fonction que celle de désigner les deux groupes; voir en outre p. 85. Ainsi, les sept premiers mouvements comportent les indications suivantes:

1) *P. C. e 2. C.* au début du mouvement;

2) *P. C.* (mes. 1), *2. C.* (mes. 17), *Tutti* (mes. 27), *2. C.* (mes 28), *P. C.* (mes. 36), *Tutti* (mes. 51);

3) *P. C. e 2. C.* au début du mouvement;

4) *P. C. e 2. C.* (mes. 1) et *P. e 2. C.* (mes. 23);

5) *2. C.* au début du mouvement;

6) *P. e 2. C.* au début du mouvement;

7) *P. C.* au début du mouvement.

Le fait que les deux derniers mouvements ne comportent pas d'indications analogues s'explique assez aisément: le huitième mouvement est composé, suivant les règles générales chez Vivaldi, sur la même substance musicale que le mouvement initial et doit donc, comme l'ultime chœur, être exécuté par le même ensemble, à savoir les deux chœurs à l'unisson.

Il est vrai que l'encre dont le compositeur s'est servi pour l'écriture de ces indications ne diffère pas sensiblement de celle de la partition, mais cela n'implique pas qu'elles soient contemporaines à celle-ci. Au contraire, il y a trois raisons pour lesquelles on peut affirmer que Vivaldi les a ajoutées au manuscrit quelque temps après l'achèvement de la partition primitive, que le document, autrement dit, est un véritable manuscrit modifié.

Premièrement, les deux manuscrits non autographes en parties séparées qui se trouvent à Prague ne comportent aucune inscription suivant laquelle l'effectif instrumental et vocal serait dédoublé. Bien que les textes de ces sources ne soient pas absolument identiques à celui de la partition autographe, ces documents paraissent attester que la version en un chœur a existé pendant un certain temps comme œuvre individuelle. Deuxièmement, il n'est pas sans importance de noter que le titre des manuscrits qui contiennent des œuvres à double chœur comporte normalement une indication précisant cette qualité des ensembles; les trois compositions citées plus haut sont ainsi intitulées respectivement *Beatus uir in due Cori à 8 Con Istrom*^{ti} *Del Viualdi* (RV 597), *Salue Regina Ad Alto Solo Con Violini e Flauti e Trauersier in due Cori Del Viualdi* (RV 616) et *Salue ad Alto Solo in 2 Cori Del Viualdi* (RV 618). On semble en vérité pouvoir affirmer que le compositeur n'a jamais manqué de signaler le dédoublement du chœur et de l'orchestre dans ses titres (voir en outre les compositions instrumentales RV 581 à 585). Il est donc logique de penser qu'il eût désigné de manière analogue son *Magnificat* si l'œuvre avait été conçue, dès l'origine, pour double chœur.

Le troisième indice qui ne peut que corroborer les observations précédentes se dégage de l'étude de la troisième version de la composition. En appliquant sa technique habituelle, Vivaldi a retranché les trois mouvements signalés plus haut dans le but de les remplacer par cinq nouveaux mouvements qu'il a inscrits dans trois fascicules supplémentaires ajoutés au manuscrit (fol. 91–96, 102–105 et 109–110). L'addition de ces cinq airs, écrits chacun pour une cantatrice dont le nom est signalé au début des partitions individuelles (voir p. 34), a pour effet la formation d'une version assez différente des précédentes, désignée par le numéro d'identification RV 611:

1) repris de la version RV 610, mouvement n° 1;
2) *Allegro (Et exultavit)* pour soprano et orchestre, chanté par *Apollonia;*
3) *Andante molto (Quia respexit)* pour soprano et orchestre, chanté par *Bolognese;*
4) *Andante (Qui fecit mihi)* pour soprano et orchestre, chanté par *Chiaretta;*
5) repris de la version RV 610, mouvement n° 3
6) repris de la version RV 610, mouvement n° 4
7) *Allegro (Esurientes implevit)* pour contralto (exceptionnellement, la partie est notée en clef d'ut$_4$) et orchestre, chanté par *Ambrosina;*
8) repris de la version RV 610, mouvement n° 6
9) *Andante (Sicut locutus est)* pour contralto et orchestre, chanté par *Albetta;*
10) repris de la version RV 610, mouvement n° 8
11) repris de la version RV 610, mouvement n° 9.

Du fait qu'aucune des cinq partitions ajoutées ne comporte une indication destinée à préciser par quel groupe les airs individuels doivent être exécutés, on peut conclure que Vivaldi, pour la troisième version de l'œuvre, a supprimé le dédoublement des parties chorales et instrumentales ou, autrement dit, qu'il est revenu à l'ensemble primitif composé d'un seul chœur et d'un seul orchestre.

Il sera utile, à propos du *Magnificat,* d'avancer quelques observations critiques à l'égard des éditions qu'en a publiées Ricordi. La première (numéro d'édition 130037, *copyright 1959*), communique la version primitive, RV 610, et renferme en appendice les cinq airs ajoutés par la suite au manuscrit. Dans la préface, G. F. Malipiero explique la fonction de ces cinq mouvements, mais annonce en outre que

> Nei due originali sono prescritti 2 oboi, violini I e II, viole, violoncelli [sic] e accanto al basso numerato vi sono le indicazioni «B. C.» [sic] e «2. C». Due clavicembali? Nei brani per i solisti l'organo è da escludere, mentre sarebbe tollerabile nelle parti corali, come indicato. Un clavicembalo è più che sufficiente.

Les éditeurs ont dû reconnaître qu'il s'agit là d'une interprétation inexacte des indications en question et ont publié une seconde édition de l'œuvre (même numéro, *Ristampa 1970*). Celle-ci comporte cependant la version en double chœur RV 610a plus, comme dans l'autre, les cinq airs supplémentaires. Le texte de la nouvelle préface signale que l'œuvre est parvenue «in duplice versione», mais passe sous silence l'interprétation des indications *P. C.*, *2. C.* et *Tutti;* par contre, on apprend que

> Dalla parte del basso numerato per il continuo vengono ricavate nei ripieni le parti dei violoncelli e dei contrabbassi - inesistenti nel manoscritto - secondo criteri tecnici e di colore.
> La realizzazione del basso continuo - nel presente caso dell'organo, strumento su cui è caduta la scelta nonostante la mancata specificazione dell'autore che forse lo riteneva implicito in un lavoro sacro - è segnata in note più piccole.

En dépit des corrections effectuées à l'occasion de cette réimpression celle-ci ne peut pas être regardée comme correcte; abstraction faite du dédoublement cité de la partie de basse, effectué suivant les principes adoptés pour les œuvres instrumentales, l'éditeur a cru nécessaire de compléter le texte de Vivaldi en ajoutant au début des cinq airs qui appartiennent à la version RV 611 pour un chœur et un orchestre les indications *Coro I* et *Coro II* de telle sorte que ces mouvements soient exécutés alternativement par le premier et par le second groupe.

C'est le même manque d'exactitude rigoureuse qui caractérise la partition du concerto RV 106, publiée dans le tome 41 de l'édition de Ricordi. Le manuscrit autographe de Vivaldi comporte des indications modifiantes analogues à celles du concerto RV 95 (voir plus haut, p. 420), mais elles se présentent toutefois graphiquement d'une manière différente de celles de la dernière œuvre. La partition, intitulée *Con*^{to} et à droite *Del Viualdi,* comporte à la hauteur des quatre portées, devant le première accolade, les désignations *Flauto Trauersier, Violino, Fagotto* et *Basso,* désignations qui sont laissées sans indications supplémentaires. Par contre, avec de l'encre d'une couleur dissemblable, Vivaldi a ajouté au-dessous de son nom, les mots *Con 2 Violini, e Violon*^{lo} *obligato;* de plus, avec la nouvelle encre, il a modifié certaines parties dans le texte musical même, les nouvelles sections devant donc de toute évidence être exécutées par les instruments à cordes. En publiant la composition, G. F. Malipiero a eu le soin de noter l'indication ajoutée au titre et de reproduire les textes musicaux alternatifs, mais il paraît faux de signaler que «questa variante» de la partie supérieure est pour «il flauto». La différence des couleurs d'encre permet en vérité de distinguer nettement la version primitive de celle qui fut créée après coup.

La formation du concerto pour hautbois, violon et orchestre RV 543 mérite enfin d'être signalée, étant en effet assez instructive et intéressante. L'œuvre est fondée sur un concerto en trois mouvements pour orchestre à cordes sans solistes, désigné par le numéro d'identification RV 139, mais par l'effet d'inscriptions visiblement ajoutées par la suite, Vivaldi en a transformé l'ensemble et le plan structural. Que l'œuvre originelle ne comprît que l'orchestre à cordes se dégage à la fois du titre, *Con*^{to} *Del Viualdi* (auquel il aurait sans doute ajouté la désignation des deux instruments solistes si ceux-ci avaient été prévus dès l'origine) et de la disposition de la partition; celle-ci comprend quatre portées désignées par deux clefs de sol, une clef d'ut$_4$ et une clef de fa (voir pp. 133 et 144s, variante a4). Avec de l'encre grise, dont la couleur diffère considérablement de celle qui a servi à l'écriture de la partition, le compositeur a ajouté, à la hauteur de la portée supérieure devant la première accolade, les mots *Viol: e / Oboè,* l'instrument à vent devant donc doubler les violons I. De plus, à certains endroits dans la partition, il a inscrit des indications au-dessus de la portée supérieure destinées à marquer la substitution des premiers violons par *1 solo Viol*^{o}*, e l'Oboè, mà tutti pianis*^{mo} (voir exemple 125, p. 267):

RV 139/543, 1er *mouvement, mes. 7–9*

Exemple 210

A la fin du troisième mouvement, Vivaldi a inscrit le mot *Segue* et, toujours avec la nouvelle encre, il a écrit la partition d'un quatrième mouvement, *Minuet* sans indication de tempo et disposé, comme les mouvements précédents, en partition à quatre portées. Celui-ci fait donc, semble-t-il, exclusivement partie de la nouvelle version, mais il est assez singulier que les deux solistes, jouant toujours à l'unisson, n'apparaissent que dans les premier et troisième mouvements. Dans l'édition de Ricordi, tome 265, – qui ne comporte que l'ultime version bien que rien ne permette de croire que Vivaldi ait rejeté le concerto pour orchestre sans solistes – l'éditeur émet une hypothèse intéressante au sujet de la formation du concerto:

> Chissà in che occasione è stato composto questo concerto nel quale oboe et violino suonano all'unissono; probabilmente per aiutare un suonatore (o suonatrice) di oboe alle prime armi.

Par contre on est assez surpris, en lisant l'ouvrage de W. Kolneder, d'apprendre au sujet de la même œuvre que

> In einem dreisätzigen [sic] Konzert PV 301 (mit Oboen) [sic] ist aber auch schon der erste Satz ein Solokonzertsatz. Das Werk trägt zwar den Titel «Concerto ripieno» [sic], ist aber als Zyklus ein Solokonzert[30].

2. MODIFICATIONS HARMONIQUES

Il semble absolument inutile d'exposer longuement ici les techniques que Vivaldi a appliquées en transposant un mouvement, la nature des inscriptions ajoutées aux partitions ayant déjà été décrite à plusieurs occasions. Il suffira donc de compléter les observations avancées au sujet de l'air «Se lascio d'adorare, il bel che mi piago» de *La Virtù trionfante* II, 4, air dont la substance musicale du tutti initial se retrouve dans les mouvements lents des concertos pour flûte à bec RV 442 et pour flûte traversière RV 434 (opus 10 n° 5). Ainsi qu'on a pu le voir plus haut (p. 90), le manuscrit du concerto RV 442 comporte l'indication *Scriuete Vn tuono più alto* [...] marquant la transposition de fa mineur en sol mineur – ton du mouvement dans l'autre concerto – et effectuée afin que le texte réponde aux possibilités d'exécution de la flûte traversière. On a vu de même (pp. 349s) que l'air en question est écrit en sol mineur (voir exemple 184), mais ce qu'il importe de signaler ici, est le fait intéressant que la partition du mouvement vocal contient elle aussi une indication analogue: *Vn tuono più alto*. Le soliste étant un soprano, il n'est guère probable que la transposition de l'air soit motivée par la substitution de la partie vocale; elle a donc dû être accomplie soit pour des raisons musicales, soit pour répondre aux désirs du chanteur qui l'a exécuté, Girolamo Bartoluzzi, musicien qui est désigné dans le livret comme *Allievo del Signor Francesco Gasparini*.

3. MODIFICATIONS RYTHMIQUES

Malgré les recherches effectuées dans l'ensemble de la documentation autographe des œuvres de Vivaldi, il n'a pas été possible de trouver une seule partition dans laquelle le compositeur à coup sûr a modifié par la suite la mesure d'un mouvement. Il est vrai que, par exemple, le neuvième mouvement du *Gloria* RV 588, «Qui sedes ad dexteram Patris», est écrit à la mesure de $\frac{12}{8}$ et que Vivaldi l'a transformée en $\frac{3}{8}$, mais jusqu'à plus ample informé la partition ne comporte aucun indice permettant de déterminer s'il est question d'une opération faisant partie du travail d'écriture primitif ou si la modification a été faite après un certain temps. Toujours est-il que le chiffre 12 est rayé et remplacé par un 3 aux six portées de la partition et que Vivaldi a commencé à ajouter les barres de mesures à toutes les parties, mais n'a accompli ce travail que jusqu'à la fin de la partie de basse; aussi les autres portées comportent-elles de nombreuses mesures laissées à l'état primitif. Il en est exactement de même pour ce qui concerne l'ultime chœur de la même œuvre, «Cum Sancto Spiritu». Ce mouvement, très vraisemblablement emprunté au *Gloria* de G. M. Ruggieri (voir p. 35), est écrit – conformément à celui qui achève le *Gloria* RV 589 – à la mesure d'*alla breve,* chaque mesure devant comprendre deux rondes, mais en ajoutant quelques barres de mesure supplémentaires au début du mouvement Vivaldi l'a transformée en $\frac{4}{4}$, sans toutefois corriger les indications de mesure.

Pour ce qui concerne les indications de tempo qui sont modifiées par la suite, selon toutes les apparences moins rares que les transformations de la mesure, il suffira de signaler que l'introduction lente du concerto pour violon RV 286, par exemple, est désignée par *Largo* dans la version primitive, alors qu'elle fut transformée en *Largo molto e spiccato* à l'occasion des modifications dont l'œuvre a été l'objet (voir p. 161). On ne peut pas exclure, d'autre part, qu'une modification analogue se présente dans par exemple le finale du concerto pour violon RV 312: à l'origine, le mouvement était désigné par *All^o molto,* mais en rayant le dernier mot le compositeur a prescrit un tempo quelque peu moins vif. Il n'est cependant pas possible, en l'occurence, d'établir à quelle époque se situe la correction par rapport à l'écriture de la partition.

4. MODIFICATIONS DE LA SUBSTANCE MUSICALE

Les études des questions relatives notamment à l'identification des manuscrits modifiés ont déjà occasionné la présentation des diverses techniques que Vivaldi a mises en œuvre lorsqu'il a remanié d'une manière ou d'une autre le texte même de ses compositions. Les exemples analysés ont démontré ainsi que les transformations comprennent des retouches de la partie de soliste, des retranchements de passages plus ou moins importants, des recompositions de sections complémentaires ou alternatives, etc. On a pu constater, en d'autres termes, que les modifications accomplies dans les manuscrits modifiés concernent les mêmes éléments de la musique que ceux qui apparaissent à la confrontation de deux manuscrits autographes de la même œuvre (voir pp. 319ss). Afin de ne pas soulever inutilement des questions qui peuvent donc désormais être regardées comme connues, l'exposé suivant est consacré à l'étude de quelques compositions qu'il est particulièrement important d'analyser avec une attention critique, celles-ci étant, pour diverses raisons, problématiques.

En raison de la popularité notoire dont le *Gloria* RV 589 a été l'objet depuis au moins une douzaine d'années il peut paraître quelque peu étrange que les éditeurs, les musiciens et les auteurs vivaldiens n'aient manifesté qu'un intérêt limité à l'autre œuvre composée sur le même texte, le *Gloria* RV 588. Cette retenue à l'égard d'une composition dont les qualités musicales ne peuvent certainement pas être regardées comme inférieures à celles de l'autre œuvre s'explique très vraisemblablement par la façon assez particulière dont Vivaldi en a composé le mouvement initial. Celui-ci assume effectivement une double fonction, ce qui à première vue rend problématique la publication et l'exécution de la composition: en interpolant les paroles qui appartiennent à l'*Introd^{ne} al Gloria ad Alto Solo* RV 639 et celles du premier verset du *Gloria,* Vivaldi a formé un mouvement qui est à la fois le finale de l'introduction et le mouvement initial de l'œuvre liturgique. Même en supposant le retranchement du premier air et du récitatif de la composition qui précède cette œuvre, on semble devoir la considérer comme inexécutable en qualité de composition liturgique à cause de la présence des paroles interpolées. Le mouvement, écrit pour contralto solo, quatuor et chœur à quatre parties, trompette, deux hautbois plus l'orchestre à cordes, se compose des sections suivantes:

1) Ritournelle instrumentale, mes. 1–37 (ré majeur)
2) Solo pour contralto, mes. 37–56:
   Sonoro modulamine voce simul unanimi
   nunc proferamus iubilo, nunc proferamus iubilo
   Gloria in excelsis Deo
3) Chœur, mes. 57–63:
   Gloria in excelsis Deo
4) Ritournelle instrumentale, mes. 63–64 (la majeur)
5) Solo pour contralto, mes. 65–74:
   Nunc proferamus iubilo
6) Chœur, mes. 75–82:
   Gloria in excelsis Deo

7) Ritournelle instrumentale, mes. 82–89 (si mineur)
8) Chœur, mes. 90–97:
Gloria in excelsis Deo, Gloria in excelsis Deo
9) Solo pour contralto, mes. 97–104:
Concentu gravi, et tenero repetant etiam
Cytharæ, Fistulæ, Liræ et Organo
10) Chœur, mes. 105–111:
Gloria
11) Solo pour contralto, mes. 112–117:
repetant etiam Cytharæ, Fistulæ, Liræ et Organo
12) Solo pour orgue avec deux hautbois, mes. 117–121
13) Chœur, mes. 122–133:
Gloria in excelsis Deo, Gloria, Gloria, Gloria
14) Quatuor pour soprano, contralto, ténor et basse, mes. 134–140:
Gloria
15) Chœur, mes. 141–147:
Gloria in excelsis Deo
16) Ritournelle instrumentale, mes. 147–155 (ré majeur).

La partition comporte toutefois quelques inscriptions qui sont situées au début et à la fin des quatre sections avec le texte non ligurgique et qui ont très vraisemblablement la fonction de marquer les omissions à effectuer à l'occasion d'une exécution isolée du *Gloria:* aux mesures 37, 56, 63, 74, 97, 105, 113 [sic] et 122 se trouvent effectivement des croix, inscrites à quelques exceptions près au-dessus de la partition; celle de la mes. 97, écrite au-dessous de la partie de basse, est en outre accompagnée du sigle *NB,* attirant sans doute l'attention sur le fait que la mesure en question doit être modifiée afin de répondre musicalement au texte qui suit huit mesures plus loin.

S'il a été facile, par l'intermédiaire d'une analyse formelle du mouvement, de déterminer le rôle que jouent les croix ajoutées à la partition, il est sensiblement plus malaisé d'en identifier l'auteur et d'en établir l'authenticité. Les signes en question ne comportent en effet aucun indice qui permette de savoir si Vivaldi lui-même a marqué de quelle manière le chœur pouvait – ou devait – être abrégé ou si un autre musicien, éventuellement sans le consentement du compositeur, a proposé une solution pour le retranchement de l'introduction. Quoi qu'il en soit, l'exemple du *Gloria* RV 588 démontre que les indications modifiantes peuvent quelquefois être difficilement repérables, ce qui doit inciter la musicologie à la plus vive attention à l'égard des nombreuses inscriptions différentes que renferment les manuscrits, et qu'elles soulèvent parfois, dès qu'on les a repérées, des problèmes fondamentaux qui concernent tant la publication des œuvres que leur exécution authentique.

De nature différente mais non moins faciles à résoudre sont les problèmes que posent les transformations effectuées par Vivaldi lui-même dans les indications de reprise inscrites à la fin des mouvements vifs de certains concertos. Le finale du concerto pour violon RV 271, *L'Amoroso,* par exemple – mouvement qui ne comporte aucune indication de tempo dans le manuscrit en partition – se compose de quatre tuttis et de quatre solos, sections auxquelles s'ajoute, comme on en a vu plus haut de nombreux exemples (voir pp. 188–214), la reprise du tutti initial:

Tutti I	mi majeur	mes. 1– 25	$A_1A_2BA_3$
Solo I		mes. 25– 47	
Tutti II	si majeur	mes. 48– 58	A_1A_2B'
Solo II		mes. 59– 78	
Tutti III	do dièse mineur	mes. 79– 87	A_1A_2
Solo III		mes. 87–102	
Tutti IV	fa dièse mineur	mes. 103–110	A_1A_2
Solo IV		mes. 111–148	

A l'origine, la fin du mouvement était désignée par l'indication de reprise habituelle, *D. C. al Segno* ※ *Sino al Segno* 𝄐 , le premier signe étant inscrit entre les mesures 8 et 9 du tutti initial, si bien que le mouvement devait s'achever par:

Tutti V	mi majeur	mes. 9– 25	BA_3

mais Vivaldi a rayé les mots *al Segno* ※ *Sino* et inscrit l'indication *Sino al Secondo.* Par l'effet de cette modification, la reprise comporte le tutti initial intégralement:

Tutti V	mi majeur	mes. 1– 25	$A_1A_2BA_3$

De plus, étant donné que la section B s'achève par un accord désigné par un point d'orgue, il a ajouté – sans doute pour éviter toute confusion – le signe ※ à la fin du tutti, celle-ci étant donc marquée à la fois par le point d'orgue et par la double croix.

L'étude du manuscrit en question n'a pas permis d'établir si la transformation citée a été effectuée au moment même de l'écriture de la partition, mais le fait qu'une correction analogue apparaît dans le premier mouvement du même concerto semble indiquer qu'elle date d'une autre époque. Cette supposition se voit d'une certaine manière corroborée par le fait que le même genre de modifications du *da capo* se trouve dans la partition des deux mouvements vifs du concerto RV 183 et que les deux œuvres se retrouvent dans la collection de douze concertos intitulée *La Cetra;* dans cette dernière source les mouvements en question comportent tous la reprise intégrale du tutti initial[31]. Aussi ne peut-on pas exclure que Vivaldi ait révisé ses compositions avant de les copier en hommage à une illustre personne. Il est vrai, certes, que les différences formelles, aussi intéressantes qu'elles soient d'un point de vue stylistique, ne sont pas considérables, mais cela n'empêche pas qu'une édition critique des deux concertos doit sinon communiquer les deux variantes, tout au moins en signaler l'existence éventuelle.

Parmi les nombreuses indications diverses que Vivaldi a inscrites dans ses partitions dans le but de modifier la substance musicale des œuvres, celles qui ont la fonction de révoquer une annulation quelconque méritent enfin d'être signalées. Un exemple suffira pour montrer la nature de ces indications.

Le premier acte d'*Orlando furioso* comporte à la scène 11 un air remarquable pour contralto accompagné par une partie de *Flauto Trauersier,* deux parties de *Violini Sordini* et une partie de basse que doivent exécuter *1 Violone con Arco, Violette e Bassi pizzicati Senza Cembali,* «Sol da te mio dolce amore». Abstraction faite des difficultés techniques que soulève l'exécution de la partie de flûte traversière, l'air est remarquable en raison du fait que Vivaldi en a supprimé la fin: les quatre dernières mesures sont rayées et un accord de rondes avec point d'orgue est ajouté devant la section annulée. Cependant, au début de la rature, il a inscrit les mots *Si suona,* marquant ainsi que la rature ne doit pas être prise en considération; l'air a obtenu sa forme primitive.

Ce qui rend cette opération à la fois intéressante et problématique, est la présence, dans la partition du même opéra, d'au moins trois airs dont la seconde partie est également annulée, si bien que la forme en air avec *da capo* est remplacée par celle de la cavatine. En confrontant les paroles chantées du manuscrit avec celles du livret on constate toutefois que les ratures dans deux de ces airs doivent être négligées, même si Vivaldi n'y a pas ajouté une indication analogue à celle de l'air cité plus haut: la source imprimée comporte le texte intégral et ne signale que pour un air, «Taci non ti lagnar», que la seconde section en doit être supprimée. Il faut rappeler qu'il y a de considérables différences entre le texte imprimé et celui du manuscrit, observation qui oblige à mettre en doute la supposition que la partition remonte à l'année signalée dans le livret; il se peut, ainsi, que le manuscrit renferme en quelque sorte une version primitive de l'opéra, remaniée à l'occasion de la représentation en 1727, mais on ne peut pas exclure que les modifications aient été accomplies plus tard. Le fait que l'air «Anderò, chiamerò dal profundo» du troisième acte, scène 14, sans aucun doute possible a été modifié pour ce qui concerne la construction formelle (voir plus haut pp. 325ss) ne contribue certainement pas à faciliter la tâche de connaître exactement les intentions de Vivaldi à l'égard des ratures inscrites dans les autres airs.

QUATRIEME PARTIE

L'AUTHENTICITE DES TEXTES MUSICAUX

Le but principal des études exposées dans les trois premières parties du présent ouvrage a été d'analyser de manière critique les textes musicaux qui sont contenus dans les manuscrits autographes de Vivaldi et de voir comment ces textes peuvent être rétablis suivant les intentions de leur auteur. Les résultats de ces études offrent, semble-t-il, les moyens de soumettre la question fondamentale de l'authenticité des œuvres mêmes à une analyse générale. Il paraît inutile de démontrer l'importance de soulever cette question: quelles que soient les qualités musicales d'une composition, elle ne doit ni être publiée sous son nom, ni être avancée comme exemple de son style, si elle n'est pas composée par l'auteur dont il est question. La littérature musicologique contient d'innombrables articles, études, exposés, etc., qui traitent des questions relatives à la véracité d'une attribution quelconque. Il n'existe pour ainsi dire aucun compositeur au sujet duquel cette question n'a pas été – ou ne sera pas – soulevée. Naturellement, le nombre d'attributions douteuses ou incorrectes dépend en large mesure de l'époque historique où se situe l'auteur en question; en règle générale, on semble pouvoir affirmer, pour des raisons évidentes, que les attributions incertaines sont plus nombreuses au sujet des anciens compositeurs qu'à l'égard de ceux qui ont vécu à une époque plus récente.

Cependant, les compositeurs du XVIIIe siècle paraissent être particulièrement exposés. La Passion selon St. Luc inventoriée par W. Schmieder parmi les œuvres de J. S. Bach, les 78 symphonies attribuées par A. Sandberger à J. Haydn, la symphonie dite «de Jena» de Friedrich Witt mais attribuée au jeune Beethoven et publiée sous son nom par F. Stein ne sont que les exemples les plus célèbres, exemples qu'il serait aisé, mais assez inutile, de multiplier. Il suffit de citer les six *Concertini* pour quatre violons, altos, violoncelle et basse continue, attribués tantôt à Pergolesi, tantôt à Hændel, tantôt à Ricciotti, ou les sonates de J. Ravenscroft, publiées à tort par M. C. le Cene comme l'opus 7 de Corelli, pour rappeler que le problème se pose aussi au sujet des compositeurs italiens de l'époque.

Les questions que suscite l'authenticité des attributions ont occasionné, abstraction faite des recherches effectuées et des résultats obtenus individuellement, la publication d'exposés spécialement consacrés à l'étude générale de la question, traitant notamment des méthodes qui peuvent être mises en œuvre et de la valeur des informations acquises. Comme on le verra, les problèmes que soulèvent par principe les œuvres attribuées à Vivaldi ne diffèrent aucunement de ceux qu'ont occasionné les études relatives à d'autres compositeurs de son époque; bien au contraire, les questions sont exactement les mêmes et elles sont aussi compliquées que celles qui concernent ses contemporains. Ceci n'implique naturellement pas que les méthodes appliquées dans d'autres domaines peuvent être transplantées directement et sans réserve à la production vivaldienne. Les critères qui assurent, par exemple, l'authenticité d'une œuvre de Haydn ou de Mozart peuvent aisément se montrer discutables à l'égard d'une composition attribuée à Vivaldi – ou ils peuvent ne pas exister[1]. Malgré la similitude et le parallélisme des problèmes, la musicologie relative à un auteur doit développer ses propres méthodes empiriques pour trouver la solution aux questions qui sont communes à tous les compositeurs.

Dans ces circonstances il paraît assez singulier que la musicologie vivaldienne n'ait manifesté qu'un intérêt sporadique à la question. M. Pincherle est ainsi le seul auteur qui jusqu'à présent, dans l'un de ses ouvrages sur Vivaldi[2], ait communiqué des informations concernant des œuvres qui doivent être regardées comme douteuses, mais il a pourtant commis l'erreur de décrire des compositions comme des exemples du style vivaldien sans toutefois vérifier l'authenticité des versions contenues dans les sources individuelles. Le concerto RV 370 dont il a été question plus haut (voir p. 419) est un exemple typique de ce défaut; de même, l'auteur français a décrit l'emploi des cors chez Vivaldi en citant les *sinfonie* qui comportent ces instruments dans les manuscrits à Dresde, mais qui sont des arrangements dus à J. G. Pisendel[3]. Il est vrai, d'un autre côté, qu'A. Fanna[4], par exemple, a attiré l'attention sur l'existence du problème de l'authenticité en signalant que son catalogue ne comporte pas les œuvres dont l'attribution à Vivaldi est inexacte, mais cela n'empêche pas que plusieurs compositions – telles que les *sinfonie* citées plus haut – soient publiées par Ricordi comme des œuvres authentiques et par conséquent inventoriées par l'auteur italien. De même, les inventaires des fonds de Turin, dressés par O. Rudge et par P. Damilano, ne comportent, ainsi qu'il a déjà été dit (voir p. 17), aucune information concernant la nature des manuscrits et permettant de se faire une idée de l'authenticité des compositions. Il ne sera pas nécessaire de développer ces observations critiques à l'égard de la

1. Les notes se trouvent aux pp. 492s.

musicologie vivaldienne; elles suffiront pour affirmer que la question n'a pas été l'objet de l'attention qu'elle mérite d'un point de vue méthodologique.

Que la question soit étudiée ici n'est cependant pas exclusivement motivé par la nécessité – et le désir – de suppléer à ce défaut; l'exposé suivant doit constituer avant tout un supplément explicatif au *Répertoire des Œuvres d'Antonio Vivaldi* dont la nature des informations relatives à la documentation se rapporte principalement, quoique parfois indirectement, à l'authenticité des œuvres et des textes. Les trois tomes de cet ouvrage comporteront, ainsi qu'il a déjà été dit, le catalogue intégral des compositions qui, d'une manière ou d'une autre, sont attribuées à Vivaldi. Autrement dit, les observations et les conclusions qui seront avancées ci-après sont envisagées surtout sous le rapport du catalogage. Au sujet des études *stylistiques* il sera naturellement indispensable, dans ces conditions, de soumettre la question à une analyse renouvelée et plus détaillée, étant donné que de telles études, pour être d'une certaine valeur, par principe doivent exclure toutes les œuvres qui soulèvent le moindre doute (cf. pp. 454s).

Il ne semble pas inutile, pour commencer, de se poser aussi clairement que possible la question qui forme la base des études et des recherches accomplies: que faut-il entendre par le terme d'authenticité?

Comme on a pu s'en faire une idée au sujet de Vivaldi, la question comporte plusieurs aspects. On a vu qu'il a parfois emprunté des compositions à d'autres musiciens et les a modifiées plus ou moins considérablement afin de les adapter à ses propres principes ou idées stylistiques. Attribuer ces œuvres à Vivaldi serait naturellement une erreur notoire, mais les attribuer au véritable auteur ne serait pas non plus strictement juste: les compositions ne se présentent plus sous la forme originale, telle qu'il les a conçues. Inversement, on sait que plusieurs œuvres de Vivaldi ont été transformées plus ou moins radicalement par d'autres musiciens (J. S. Bach, J. G. Pisendel, M. Corrette, J.-J. Rousseau, etc.), œuvres qui occasionnent exactement les mêmes observations: elles sont de Vivaldi mais ne sont pourtant pas authentiques. On a vu de plus que certaines compositions, par défaut de compréhension ou pour d'autres raisons, ont été reproduites par les copistes ou par les éditeurs de son époque de telle manière que les textes ne répondent pas rigoureusement et dans tous les détails aux intentions de leur auteur; même si la paternité des œuvres ne donne lieu à aucun doute, le texte corrompu ne peut pas être regardé comme authentique.

On semble donc pouvoir conclure que la question de l'authenticité se pose sur trois niveaux différents ou se divise, autrement dit, en trois questions dissemblables; celles-ci ne posent pas les mêmes problèmes concernant les méthodes d'analyse:

1) en premier lieu se situe la question de la *paternité* de l'œuvre individuelle; la réponse à cette question consiste à déterminer si le compositeur à qui elle est attribuée réellement en est l'auteur;
2) la seconde question concerne l'*originalité* de la version individuelle d'une composition; sous ce rapport, les recherches ont pour but d'établir si les divers éléments de la substance musicale répondent à ce que l'auteur a inventé ou si, inversement, ils ont été sujet à des modifications auxquelles il n'a pas donné son consentement ou qui ne sont pas issues de sa propre volonté;
3) enfin, la question de l'*exactitude* des textes doit être envisagée en vue d'établir les intentions de l'auteur; cette opération, quoiqu'elle soit l'objet des études précédentes de cet ouvrage, ne devra pas être laissée hors de considération au sujet de l'évaluation des diverses sources.

(Pour compléter cette liste il convient peut-être de rappeler que la question de l'authenticité se pose également au sujet des exécutions des œuvres. Le matériel le plus soigneusement et correctement rétabli d'après les sources ne garantit nullement que la musique se présente de manière authentique à l'audition. La question relève cependant de la pratique musicale, de l'organographie et – en fin de compte – du style du compositeur et de son époque; elle ne sera donc pas développée ici.)

De ce qui précède se dégage nettement la nécessité d'envisager les problèmes de l'authenticité sous deux angles différents. D'un côté, il faut déterminer par quels moyens une composition quelconque peut être *attribuée* à Vivaldi; il serait effectivement absurde de chercher à en déterminer l'authenticité en tant que composition vivaldienne si elle ne peut pas, d'une manière ou d'une autre, être mise en rapport avec lui. D'un autre côté, il est indispensable de chercher à classer les documents en groupes suivant la valeur que l'on peut leur assigner en qualité de sources d'information relatives aux trois questions de l'authenticité. Il ne sera naturellement pas possible de citer ci-après l'ensemble des documents actuellement connus; il est vrai que leur nombre est considérablement inférieur à ceux que l'on a retrouvés des œuvres de par exemple Bach ou Haydn, mais il suffira pour le présent exposé de signaler quelques exemples typiques servant à illustrer les divers aspects des deux questions.

A. L'ATTRIBUTION A VIVALDI

Une partie essentielle du recensement des documents consiste à reproduire aussi exactement que possible les indications inscrites ou gravées, destinées à nommer l'auteur du texte qu'ils contiennent. Il faut à ce propos porter une attention particulière à la fois au libellé de ces indications et à leur emplacement dans le document.

Pour ce qui concerne les manuscrits autographes, ces deux aspects ont déjà été l'objet d'une description sous le rapport de l'étude des indications initiales (voir notamment pp. 60–67). Il suffira de rappeler ici que le titre d'un manuscrit de Vivaldi comporte normalement la désignation de genre de la composition qu'il contient et les mots *Del Viualdi* inscrits à la suite immédiate du titre ou en haut à droite. Le plus souvent, le nom est écrit en tête du document, mais plusieurs manuscrits le comportent aux pages de titre réservées aux indications initiales. Pour ces derniers il importe de s'assurer que le premier folio fasse partie du manuscrit et n'y ait pas été ajouté par accident.

Il existe à Turin et ailleurs quelques dizaines de manuscrits autographes, dans lesquels Vivaldi n'a pas inscrit son nom et qui soulèvent par principe la question de l'attribution. Théoriquement, il est en effet possible qu'il ait copié de sa propre main les œuvres d'autres compositeurs et par ignorance du nom ou pour d'autres raisons ait négligé d'en signaler l'auteur. Ces manuscrits se divisent cependant en plusieurs groupes dont certains se soustraient naturellement à une telle supposition. En premier lieu se situent les compositions anonymes dont l'attribution à Vivaldi se dégage d'autres sources; à ce groupe appartiennent notamment les partitions des grandes œuvres vocales (l'oratorio et les opéras) qui peuvent lui être attribuées par le concours des indications communiquées dans les livrets. La question de l'attribution n'occasionne de même aucun doute au sujet des manuscrits modifiants (voir pp. 284ss) qui, comme on l'a vu, entre autres similitudes ont ceci de commun qu'ils ne comportent pas de nom d'auteur; mais en raison de la fonction spéciale de ces manuscrits on semble pouvoir en attribuer les textes à Vivaldi sans hésitation. Il en est de même au sujet des compositions qui contiennent des thèmes, des mouvements, etc., qui se retrouvent dans des œuvres certainement attribuées à lui. La *serenata* RV 687 («Gloria e Himeneo»), dont le manuscrit nous est parvenu sans les indications initiales habituelles (voir p. 65), peut de la sorte lui être attribuée à cause de l'existence de quelques mouvements dont la substance musicale reparaît dans d'autres œuvres qui portent son nom (RV 248, RV 693, etc.). On semble en outre pouvoir lui attribuer les compositions qui appartiennent à des genres plus ou moins amplement représentés dans sa production: la sinfonia RV 149, le concerto pour orchestre RV 166, le concerto pour «*Violino in Tromba*» RV 221, le concerto pour flautino RV 443, le motet RV 633, les cantates pour soprano RV 649 et 661 sont ainsi des œuvres qui, malgré l'anonymat des manuscrits, peuvent lui être attribuées parce qu'elles se joignent naturellement à d'autres compositions apparentées, écrites également de la main de Vivaldi. C'est en effet ce dernier critère, à savoir que les manuscrits sont autographes, qui justifie de manière générale l'attribution des œuvres anonymes à ce compositeur, même dans les cas où celles-ci occupent une place isolée dans sa production. Parmi les exemples d'œuvres inhabituelles, on peut citer la sonate récemment retrouvée RV 779 qui est composée pour un ensemble unique: violon, hautbois et orgue. (Du fait que la page de titre, qui d'ailleurs a été ajoutée au manuscrit par la suite, ne comporte que l'indication *Di D. A. V.* pour désigner l'auteur, le document a été rangé parmi les œuvres anonymes de la Sächsische Landesbibliothek.) C'est de même exclusivement la nature de la graphie qui a motivé l'attribution à Vivaldi des œuvres vocales RV 598 (Beatus Vir en si bémol majeur) ou RV 613 (l'hymne «Gaude Mater Ecclesia»), du finale de concerto pour violon RV 745, etc.

Les manuscrits partiellement autographes et les copies qui contiennent des inscriptions ajoutées par Vivaldi ne diffèrent point, sous ce rapport, des documents qu'il a écrits intégralement lui-même. Le nom de l'auteur y est normalement inscrit, comme dans ces derniers, soit en tête de la partition, soit sur la page de titre. Jusqu'à plus ample informé, la question de l'attribution des manuscrits anonymes appartenant à ces deux catégories ne s'impose pas: le seul document connu qui soit à la fois partiellement autographe et anonyme est celui de la nouvelle version de l'introduction au Gloria RV 639a, mais étant donné qu'il s'agit d'un manuscrit modifiant on semble pouvoir lui en attribuer la composition sans hésitation.

Manifestement plus compliqués sont d'un autre côté les manuscrits non autographes, notamment lorsqu'ils sont en parties séparées. Les partitions non autographes sont en effet semblables aux manuscrits de Vivaldi quant à l'emplacement du nom d'auteur et n'occasionnent de la sorte aucun problème. Les difficultés que suscitent certains documents en parties séparées sont motivées par le fait que l'emplacement du nom d'auteur est parfois tel que son rapport au texte musical même n'est pas assuré. Lorsque la première page de l'une des parties dont se compose le manuscrit est une page de titre (il s'agit normalement de la partie de basse continue), l'attribution ne soulève aucun doute. Il en est de même pour ce qui concerne les parties séparées qui comportent individuellement, en tête, le nom du compositeur, même si celui-ci ne figure pas sur toutes les parties. C'est ainsi que des œuvres telles que le concerto RV 355 ou le grand *Credo* RV 592 sont attribuées à Vivaldi dont le nom n'est toutefois inscrit, dans chacun des deux manuscrits, qu'en tête d'une seule partie.

Moins certaines sont les indications inscrites sur des feuilles individuelles qui ne contiennent pas d'inscriptions musicales (désignées comme des *couvertures* dans le *Répertoire).* A moins que la cohérence des feuilles ne puisse être attestée par le concours de par exemple un incipit, de la graphie, de la couleur d'encre, des filigranes, etc., on ne peut pas exclure que le manuscrit ait été situé dans une couverture appartenant à un autre document. Particulièrement problématiques sont à ce propos les couvertures qui datent d'une époque plus ou moins récente, ajoutées pour des raisons de protection aux manuscrits par les bibliothécaires et comportant leurs indications. C'est ainsi qu'un nombre de manuscrits à la Sächsische Landesbibliothek à Dresde, ne comportant ni une page de titre faisant structurellement partie des documents, ni le nom de l'auteur inscrit en tête des parties, doivent être regardés comme anonymes et donc d'attribution incertaine. Le nom de Vivaldi est toutefois fréquemment inscrit, avec les incipit des œuvres, sur les étiquettes qui comportent le numéro de la tablette dans la «seconde armoire» *(Schrank No: II, 26. Fach, 11. Lage,* etc.) où étaient conservés autrefois les manuscrits, mais quelques documents ont perdu ces étiquettes[5]. Il y a lieu de noter que la même collection comporte un certain nombre de manuscrits qui déjà au XVIIIe siècle, époque à laquelle remontent les étiquettes des couvertures, étaient anonymes et dont l'attribution à Vivaldi n'a été faite, en temps moderne, que par recoupement.

Les manuscrits non autographes qui ne comportent aucun nom d'auteur et dont le texte musical n'est contenu dans aucune autre source connue soulèvent d'assez nombreux problèmes au sujet de l'attribution. Il semble peut-être singulier, après tout, que de tels documents puissent entrer en considération, mais il y a pourtant des circonstances dans lesquelles il serait faux de ne pas mettre le nom de Vivaldi en rapport avec ces textes. Il est vrai que les attributions reposent parfois sur un fondement assez faible, si bien que plusieurs indices normalement doivent s'étayer mutuellement.

En premier lieu se situe à cet égard la question de la provenance des manuscrits anonymes. On a déjà pu voir que l'ensemble des documents contenus dans les 27 volumes des collections Foà et Giordano remontent très vraisemblablement à Vivaldi personnellement et que le compositeur est probablement entré en possession d'œuvres composées par d'autres musiciens (voir p. 35). Etant le plus souvent anonymes et non autographes, ces compositions ne peuvent pas, par principe, être attribuées à Vivaldi, observation que la graphie des partitions concourt à corroborer: plusieurs manuscrits comportent des traits qui paraissent les situer au XVIIe siècle (deux œuvres, RV Anh. 29 et Anh. 31, sont en effet datées respectivement de 1690 et 1691; Vivaldi n'avait alors que 12–13 ans et n'entre donc pas en considération en tant que compositeur). Il y a pourtant une œuvre dans les collections de Turin qui peut lui être attribuée: la cantate RV 659, contenue dans une partition anonyme, est écrite par un copiste dont la main se retrouve dans plusieurs autres documents d'œuvres portant le nom de Vivaldi (telles que notamment les cantates RV 652, RV 653, RV 654). Sur ces prémisses se base le fait qu'elle est inventoriée dans le *Verzeichnis* comme une œuvre de ce compositeur, mais il est évident que cette attribution, par principe incertaine, a dû être commentée.

Considérablement plus problématiques sont les œuvres anonymes qui se trouvent dans des volumes renfermant, à l'instar de ceux des collections de Turin, plusieurs manuscrits dont un au moins contient une œuvre attribuée à Vivaldi. Un certain nombre de ses compositions, en manuscrits non autographes, se trouvent actuellement reliés dans de tels volumes, désignés dans le *Répertoire* comme des *manuscrits collectifs.* Il est cependant certain que le nom de l'auteur ne peut être rattaché qu'à la composition individuelle. Les similitudes de la graphie, de l'ensemble instrumental et vocal, des filigranes, etc., ne permettent de tirer aucune conclusion soutenable à propos de l'attribution. A titre d'exemple, le volume Cl. VIII, Cod. 27 à la bibliothèque de la Fondazione Querini-Stampalia à Venise se compose de nombreux manuscrits écrits de mains différentes, comportant des filigranes dissemblables, etc. Le volume contient des sonates à *Flauto Solo* ou à *Due Flauti è Basso,* mais deux manuscrits seulement indiquent le nom de l'auteur: l'une est composée par *Sig. Viualdi* (RV 52), l'autre est d'un certain *Sig. Big.* En partant du fait que la sonate attribuée à Vivaldi est désignée, au crayon rouge, par le n° 2, on pourrait croire que le manuscrit qui porte le n° 3 soit également de lui (le n° 1 est inscrit à la sonate de *Big),* mais une telle supposition est trop conjecturale pour être soutenable. Le fait que la «troisième» sonate soit écrite d'une autre main accentue cette observation. Pourtant, les éditions Schott ont publié la composition sous le nom de Vivaldi (cf. RV Anh. 69; l'éditeur, F. Nagel, affirmant à tort que le manuscrit se trouve à la Biblioteca Marciana, ne précise pas sur quoi se fonde l'attribution à ce compositeur).

Pour terminer l'étude des compositions anonymes en manuscrits non autographes il convient de signaler que quelques œuvres ont pu être attribuées à Vivaldi pour des raisons musicales. Plusieurs concertos contenus dans le recueil récemment découvert à la bibliothèque du conservatoire *Benedetto Marcello* à Venise, Busta 55, vol. 133, comportent des thèmes, des mouvements. etc., qui se retrouvent dans ses œuvres. A titre d'exemple, le 8e concerto du volume, RV 772, ne comporte pas de nom d'auteur, mais étant donné que le second mouvement reparaît dans le concerto RV 224a et le troisième, en version modifiée, dans le concerto RV 205, on semble pouvoir lui attribuer la composition. Par contre, les œuvres dont le style semble «vivaldien» – ce dont le même recueil comporte plusieurs exemples – n'entrent pas en considération: les indices stylistiques sont beaucoup trop vagues et incertains pour permettre une attribution, même conjecturale, à un compositeur de son époque.

Les nombreuses sources gravées et imprimées datant du XVIIIe siècle se divisent, sous le rapport de la question de l'attribution, en deux groupes. Le premier, qui se compose des recueils publiés sous le nom de Vivaldi – avec ou sans numéro d'opus – n'occasionne aucune hésitation. Le nom du compositeur est signalé sur les frontispices. Le second groupe comprend les recueils divers dont les œuvres individuelles sont fréquemment anonymes. Les éditeurs y ont en général communiqué quelques noms d'auteurs sur les pages de titre, mais ils n'ont pas toujours eu le soin de préciser l'identité des œuvres de chaque compositeur. Ce n'est que par recoupement qu'il a été possible d'identifier quelques-unes des œuvres contenues dans ces recueils: pour celles-ci, l'attribution se fonde donc sur les informations communiquées dans d'autres documents. Comme pour les manuscrits non autographes et anonymes, les critères d'ordre stylistique ne sont pas suffisamment objectifs pour être mis en valeur. La liste des sources gravées, desquelles il sera de nouveau question plus loin, est communiquée dans le *Répertoire* où les œuvres sont signalées individuellement avec les noms des compositeurs identifiés.

Sous la rubrique «Inventaires» sont en outre communiquées, dans le même ouvrage, les informations les plus importantes qui sont inscrites ou imprimées dans les anciens catalogues thématiques, à savoir le nom du compositeur et la désignation de l'œuvre individuelle (genre, ensemble instrumental, etc.). Comme on le sait, les documents de cette catégorie sont assez importants sous le rapport des questions de l'attribution et de l'authenticité et méritent de la sorte une attention particulière.

Les inventaires thématiques datant du XVIIIe siècle se divisent naturellement en deux groupes essentiellement différents. L'un ne comprend qu'un seul document, mais celui-ci, découvert et présenté par J.-P. Demoulin[6], est d'autant plus important qu'il est écrit de la main de Vivaldi. Tous les autres, manuscrits ou imprimés, constituent le second groupe.

C'est un fait bien connu que quelques compositeurs ont eu l'idée, sans doute pour des motifs dissemblables, de dresser des inventaires de leurs propres compositions. Les plus célèbres sont incontestablement le *Verzeichnis aller meiner Werke*[7] que Mozart commença en février 1784 et qui fait suite à celui qu'avait écrit son père, et les trois catalogues dressés par Haydn ou écrits sous sa direction, «Entwurf-Katalog», «Kees-Katalog» et «Haydn-Verzeichnis»[8]. Du fait que la musicologie en très large mesure a pu tirer avantage de l'étude de ces documents, il est important de souligner que l'inventaire de Vivaldi pour plusieurs raisons ne peut pas être comparé aux catalogues cités. Premièrement, l'inventaire ne comporte que 7 incipit (voir planche 48), mais il ne contient aucune inscription alphabétique: titre, nom du compositeur, date, destination, désignation des œuvres et des ensembles instrumentaux, etc. L'unique inscription non musicale est le chiffre *1* qui n'est pas excessivement instructif. Il est donc évident que Vivaldi n'a pas cherché, à l'instar de ses collègues, à dresser l'inventaire de sa production. Au sujet de sa fonction, J.-P. Demoulin suggère que le compositeur l'ait dressé en préparant un concert, supposition parfaitement admissible, mais jusqu'à plus ample informé improuvable. Deuxièmement, les incipit sont très brefs et soulèvent de la sorte quelques difficultés au sujet de l'identification des œuvres. Trois compositions sont toutefois facilement reconnaissables: les incipit n°s 2, 5 et 7 sont très caractéristiques et peuvent être identifiés comme les thèmes initiaux des concertos pour violon RV 189, pour orchestre sans instruments solistes RV 126 et pour deux violons RV 513. Les trois œuvres sont attribuées à Vivaldi dans les sources actuellement connues (voir le *Répertoire)*. Il en est de même pour l'incipit nº 1, mais étant donné que la composition existe en deux versions dissemblables (voir le *Verzeichnis* RV 709 et RV 711), l'identité exacte ne peut en être déterminée. Quatre incipit peuvent donc être identifiés comme les thèmes initiaux de compositions sûrement attribuées à Vivaldi, et il est donc logique de penser que les trois autres désignent également des œuvres de ce compositeur. C'est en effet en partant d'une telle supposition qu'ils sont communiqués dans le *Répertoire,* quoiqu'ils soient assez problématiques.

Le nº 3 l'est en raison du fait qu'aucune œuvre n'a été retrouvée qui commence par ce thème, si bien que la composition a dû être inventoriée parmi les œuvres inclassables, RV 743. L'incipit nº 4 ne se compose que de quatre notes, mais bien que le concerto pour violon et orgue RV 542 s'ouvre par la même figuration, l'incipit du catalogue autographe est trop court pour permettre de l'identifier comme le thème initial de cette composition ou, autrement dit, pour exclure qu'il ne s'agisse pas d'une autre œuvre. On ne peut pas éliminer non plus la supposition que Vivaldi se soit trompé en inscrivant les incipit, question qui se voit accentuée par le thème n° 5. Celui-ci est presque identique au début du concerto pour violon RV 286,

Incipit n° 5

RV 286

Exemple 211

mais J.-P. Demoulin en a, à juste raison, noté les différences et est arrivé à la conclusion qu'il est plus probable que Vivaldi ait inventorié une autre œuvre, inconnue.

Il existe à Vienne, dans le fonds d'Este[9], un manuscrit intitulé *Suonata à Viol° Solo del Sig^r IC,* œuvre dont le premier mouvement s'ouvre par le thème suivant:

Exemple 212

mais malgré l'identité absolue entre ce début et l'incipit de Vivaldi, elle n'est pas suffisante pour permettre d'attribuer la sonate à ce compositeur. Les initiales *IC* (qui d'après le microfilm du manuscrit semblent avoir été corrigées) et certains traits stylistiques de la composition rendent une attribution éventuelle particulièrement douteuse. Jusqu'à plus ample informé, il faut donc s'en tenir au concerto RV 286.

Les divers catalogues thématiques non autographes datant du XVIIIe siècle sont dressés dans le but de présenter le répertoire d'un orchestre, d'une cour, d'inventorier la musique d'une collection, d'un magasin de musique, etc. Qu'ils soient écrits à la main ou imprimés aux frais d'un éditeur, ils comportent tous les incipit d'œuvres composées par plusieurs auteurs dont le nombre varie natuellement selon l'ampleur des catologues. Ils ont en outre, de la sorte, ceci de commun que les attributions y sont douteuses ou, pour citer la célèbre affirmation que Breitkopf imprima dans la postface de son premier inventaire de 1762:

Wie manchen Streit hat man nicht auszumachen, und wie manchen geheimen Kampf zu überwinden, wenn man einem jeden Verfasser das Seinige geben, und die unter *verschiedenen Namen* vorkommenden Stücke ihren wahren Meister zueignen will? Und wenn man in so zweifelhaften Fällen, dergleichen mir gar oft vorgekommen sind, durch Nachfragen nicht viel herausbringt, wie leicht wird man alsdann von seiner Beurtheilungskraft eben so oft irre geführt als sicher geleitet?[10]

Deux siècles plus tard, cette incertitude ne s'est aucunement atténuée, ce dont témoignent justement les catalogues qu'a publiés l'illustre éditeur de Leipzig. On y trouve ainsi les incipit de nombreuses œuvres, attribuées à Vivaldi et à d'autres compositeurs, qui soulèvent un doute au sujet de l'authenticité. Plusieurs exemples significatifs seront analysés et commentés plus loin.

Le dernier groupe de sources d'informations relatives à l'attribution se compose des livrets. Ces documents ont déjà été l'objet d'une brève description à l'occasion de laquelle les indications concernant l'auteur d'un opéra, d'un oratorio, d'une *serenata,* etc. ont été présentées (voir p. 95). Il suffira donc, ici, de signaler que les livrets confirment l'attribution à Vivaldi des œuvres dramatiques qui sont laissées, dans les manuscrits, sans nom d'auteur. Se fondant normalement sur la graphie des partitions, l'attribution se voit donc le plus souvent étayée par les indications imprimées; mais qu'il y ait lieu de prendre une attitude critique envers ces sources d'information ne peut guère être plus clairement démontré que par le livret de *Rosmira fedele.* Comme on l'a vu plus haut, cet opéra fut compilé par Vivaldi qui a réunit nombre d'airs de divers auteurs; pourtant, le livret signale sans réserve que la *Musica è del Signor D. Antonio Vivaldi.*

Pour terminer la question de l'attribution il convient de soulever un problème à l'égard duquel la musicologie se voit obligée d'accorder une attention particulière au sujet de certains compositeurs. Lorsque ceux-ci sont membres d'une famille qui comptait plusieurs musiciens – tels que Bach, Mozart, Scarlatti, Couperin, etc. – le nom de famille ne suffit pas, de toute évidence, pour déterminer exactement à qui telle ou telle œuvre est attribuée. On sait, par ailleurs, que le père de Vivaldi, Giovanni Battista, était également musicien, et rien n'empêche qu'il ait fait quelques tentatives dans le métier de compositeur. Cependant, aucune trace n'a été retrouvée qui puisse confirmer une telle supposition. En effet, toutes les œuvres qui portent le nom de Vivaldi peuvent être attribuées au fils, Antonio Lucio. R. Giazotto[11] affirme que son célèbre sobriquet de *Prete Rosso* était déjà à l'époque en quelque sorte un second nom de famille (Rossi), lequel pourrait éventuellement être confondu avec celui d'autres compositeurs, mais cette possibilité n'a pas, jusqu'à présent, été sujet d'actualité.

B. CRITERES D'AUTHENTICITE

Il est très évident que le fait qu'une œuvre soit attribuée directement à un compositeur ou qu'elle puisse l'être indirectement, n'en garantit aucunement l'authenticité. L'attribution est au contraire le point de départ des recherches à effectuer dans le but de déterminer si l'attribution (la paternité) est juste, si la version transmise est originale et si le texte musical du document individuel est exact. Le musicologue n'a effectivement pas seulement le devoir «négatif» d'établir que telle œuvre n'est pas ou ne peut pas être composée par l'auteur à qui elle est attribuée, ni de montrer que telle version et tel texte sont corrompus. C'est au contraire son devoir principal de prouver que la musique n'a pas été composée par un autre auteur, de démontrer positivement l'originalité de la version et l'exactitude du texte. On doit, autrement dit, douter *a priori* de l'authenticité de toute œuvre et chercher à la documenter. L'attribution ne sert qu'à indiquer l'orientation des recherches.

La littérature musicologique consacrée à l'étude des questions de l'authenticité, qu'il s'agisse d'exposés traitant des problèmes et des méthodes en général ou abordant les questions relatives à un compositeur en particulier, affirme qu'une solution se fonde normalement sur deux critères différents, à savoir sur les résultats de l'examen extérieur (codicologique, graphique, historique) des documents et de l'analyse intérieure (musicale, stylistique) des compositions. Ces deux méthodes de recherche ont été amplement discutées si bien qu'il suffira d'en tirer ici les principales conclusions.

Pour ce qui concerne à la fois la parternité des œuvres, l'originalité des versions et l'exactitude des textes, on peut ainsi affirmer que les critères extérieurs sont absolument les plus sûrs. La nature d'un document, sa structure matérielle, sa présentation graphique, les circonstances de sa formation, etc., sont effectivement les seuls éléments objectifs qui permettent de trancher la question, mais cela n'implique naturellement pas que les critères extérieurs comportent la solution infaillible à tous les problèmes qui s'imposent: ils permettent d'établir l'authenticité de certaines œuvres mais laissent la question en suspens au sujet d'autres. Selon les cas, le nombre de compositions douteuses peut être relativement élevé.

A l'égard des œuvres et des textes dont l'authenticité pour ces raisons demeure incertaine on aura tendance à fonder les conclusions sur les critères stylistiques, mais la méthode comporte de toute évidence de nombreuses faiblesses. Ainsi que l'affirme clairement J. P. Larsen[12], par exemple, l'analyse stylistique d'une œuvre n'a aucune valeur en soi: les éléments musicaux ne sont à envisager que sous le rapport de ceux que l'on peut relever des compositions authentiques. Seule la confrontation avec les textes sûrs peut être regardée comme une méthode applicable, mais cela présuppose naturellement à la fois des connaissances consommées du style personnel de l'auteur en question et la certitude de posséder des textes absoluments authentiques. Il s'ensuit logiquement que ceux-ci ne peuvent être reconnus que par le concours de critères extérieurs: le style ne peut pas à la fois être le point de départ et le but des études. De plus, en raison de la relativité des critères stylistiques, ceux-ci comportent inévitablement un élément de subjectivité. La musicologie n'a pas réussi à trouver les moyens de décrire objectivement tous les détails du style d'un compositeur. La confrontation d'un texte douteux avec les œuvres authentiques donnera par conséquent le plus souvent comme résultat des observations telles que «ressemblance frappante», «écriture typique», «thème caractéristique», etc.; si une telle argumentation ne se fonde pas sur une description analytique des œuvres authentiques, la valeur en est considérablement atténuée.

Parmi les affirmations avancées en faveur de la plus grande prudence au sujet des éléments stylistiques il importe de souligner, à l'égard de Vivaldi, la question du style personnel. En tant que sources d'information ces critères sont d'autant plus incertains qu'il est question d'un compositeur profondément enraciné dans les traditions musicales de son époque. En partant des compositions authentiques de Vivaldi il faudrait donc non seulement dresser le catalogue détaillé des éléments de son propre style, mais il serait aussi indispensable de documenter qu'ils ne se trouvent chez aucun autre auteur ou, autrement dit, qu'ils ne font pas partie de son école, de sa région géographique et de manière générale de son époque. L'établissement d'un tel catalogue comporterait cependant d'innombrables difficultés. Les œuvres que l'on semble pouvoir considérer comme authentiques reflètent une telle variation et une telle richesse d'imagination qu'il paraît impossible d'en extraire les éléments essentiels et de les formuler clairement, mais à cela s'ajoute que la musique du compositeur sans aucun doute possible a traversé une évolution stylistique: il suffit en effet de comparer les œuvres datant des premières années de sa carrière (c'est-à-dire d'environ 1711–15) avec celles de ses dernières années pour apercevoir une nette différence d'expression et d'écriture. Les éléments stylistiques sont donc, sous ce rapport, étroitement liés à la question de la chronologie des œuvres. A tout cela se joint le fait que Vivaldi de son vivant a obtenu une réputation européenne, et puisque la meilleure façon d'apprendre un métier consiste à imiter son maître, on ne peut pas exclure qu'un compositeur ait cherché volontairement à adopter les éléments du style vivaldien dans ses propres œuvres[13]. Dans ces circonstances il est naturellement particulièrement imprudent d'avancer des critères musicaux en faveur de l'authenticité d'une œuvre qui, comme cela se produit fréquemment, est attribuée par erreur à un autre compositeur. En vérité, les études stylistiques comparatives ne doivent avoir d'autre fonction que celle d'étayer les résultats obtenus par l'examen critique des éléments extérieurs des documents.

En ce qui concerne la question particulière de l'exactitude des textes, les éléments stylistiques sont toutefois d'une certaine utilité, étant en effet plus objectifs. Cependant, de même que pour les questions de la paternité et de l'originalité, ces indices ne doivent être mis en valeur que lorsqu'ils se se fondent sur d'amples connaissances des textes absolument authentiques. L'étude détaillée des habitudes graphiques d'un compositeur est ainsi, comme il a été démontré notamment dans la Deuxième Partie, indispensable pour la détermination de l'authenticité d'un texte transmis en sources non autographes: elle permet en effet d'établir que tel ou tel détail ne répond pas à l'usage normal tel qu'il se dégage de l'examen des textes qu'a écrits le compositeur de sa propre main.

Pour en revenir aux questions centrales du présent exposé, à savoir celles de la paternité et de l'originalité, il importe de procéder à un classement des documents d'après les critères extérieurs et d'établir, à l'égard de chaque groupe, la valeur que l'on peut leur assigner. Chacune des deux catégories principales – les manuscrits autographes et les documents non autographes – se subdivisent effectivement en plusieurs groupes d'importance inégale, suivant les rapports qu'ils ont avec leur source d'origine. Ainsi, les copies qui sont écrites par des personnes qui se trouvaient aux côtés du compositeur et les éditions imprimées dont il a eu lui-même le soin de préparer la publication, sont logiquement des documents plus sûrs que les manuscrits écrits par des copistes étrangers et les éditions publiées sans son consentement par des éditeurs avec qui il n'avait aucune relation.

Que l'exposé suivant ne se limite pas aux documents qui sont le principal objet du présent ouvrage – les manuscrits autographes de Vivaldi – mais aborde les questions que soulèvent toutes les sources connues est motivé par le simple fait que l'étude systématique des problèmes de l'authenticité ne peut pas être entreprise sans le concours de la documentation intégrale. L'examen critique des sources non autographes – résultant éventuellement en la détermination d'attributions erronées – se rapporte inévitablement aux documents que le compositeur a écrits lui-même.

1. LES MANUSCRITS AUTOGRAPHES

La musicologie vivaldienne se trouve dans la situation très favorable de posséder un nombre élevé de manuscrits écrits de la main du compositeur à qui les œuvres qu'ils contiennent sont attribuées. Les documents qui comportent son écriture et qui sont signés *Del Viualdi* sont effectivement la base la plus sûre des recherches et ils ont l'avantage de permettre que les études soient poussées à un niveau beaucoup plus élevé que si elles ne pouvaient se fonder que sur des sources copiées ou imprimées. Comme il a déjà été dit, il n'y a pas d'intermédiaire entre la volonté du compositeur et les textes qu'il a écrits de sa propre main.

Cette observation n'implique naturellement pas que les manusrits autographes renferment exclusivement et invariablement les œuvres qui sont issues de son imagination. Théoriquement, il peut avoir copié une partie d'un manuscrit d'après une œuvre d'un autre compositeur ou il peut avoir signé le manuscrit qui renferme sa propre version modifiée d'un texte emprunté. Comme on le sait de manière générale, les droits d'auteur n'étaient pas à l'époque sujet à une protection législative ou morale tels qu'ils le sont devenus depuis l'ère romantique. Le fait que le compositeur ait modifié le texte emprunté, qu'il ait adapté, autrement dit, la composition d'un autre auteur à ses propres idées musicales peut être la motivation de la signer en son nom. Nous aurons évidemment de nos jours tendance à faire grief sinon de malhonnêteté, tout au moins d'inexactitude aux compositeurs qui n'ont pas signalé l'origine de leurs emprunts, mais qu'il s'agisse de cas de moralité notoirement suspecte ou simplement d'habitudes de l'époque, la question ne doit certainement pas être laissée hors de considération.

Pour déterminer l'authenticité des œuvres contenues dans les manuscrits autographes il ne suffit donc pas, dans ces circonstances, d'en noter la nature graphique, mais chaque document doit être soumis à un examen critique. Ainsi que l'on a déjà eu l'occasion de le voir sous divers rapports, les manuscrits se divisent effectivement en plusieurs groupes d'importance inégale.

Les manuscrits autographes qui à l'égard de l'authenticité des textes qu'ils renferment sont les plus sûrs sont ceux que l'on peut identifier comme des partitions de travail. Bien que la présence des corrections de composition et des mouvements abandonnés n'exclue pas a priori que le compositeur ait pu emprunter quelques éléments de la substance musicale à des œuvres composées par d'autres, ces indices n'apparaissent que dans les contextes originaux dont ils assurent ainsi l'authenticité. Comme il a été affirmé plus haut au sujet des manuscrit originaux, l'étude critique des corrections est donc une opération de la plus haute importance sous ce rapport.

Les manuscrits autographes qui ne comportent pas ce genre de corrections et ceux qui peuvent être identifiés comme des copies sont naturellement moins susceptibles d'attester l'authenticité des œuvres. Particulièrement problématiques sont enfin les documents que Vivaldi a écrits lui-même mais qu'il a laissés sans nom d'auteur. L'anonymat peut être causé par un simple oubli de la part du compositeur, mais il peut aussi bien s'agir d'une composition copiée dont il ignorait le nom de l'auteur ou dont il a négligé pour d'autres raisons d'indiquer la paternité. A titre d'exemple, le *Beatus Vir* en si bémol majeur RV 598, dont la partition autographe ne comporte aucune indication initiale (voir p. 64), ni aucune correction de composition ou rature quelconque, doit par principe être regardée comme une œuvre d'authenticité incertaine. Aucun indice extérieur ne permet en effet d'éliminer la possibilité que Vivaldi en l'occurence ait copié l'œuvre d'un autre compositeur.

Quelles que soient cependant les considérations qu'occasionnent par principe l'évaluation des manuscrits autographes en qualité de sources d'information, on semble pouvoir conclure que lorsque ceux-ci renferment des textes au sujet desquels l'authenticité n'est pas mise en doute pour des motifs spécifiques, l'attribution à Vivaldi peut être considérée comme certaine. Dans de nombreux cas cette attribution est confirmée par d'autres sources. Il s'ensuit que la très grande majorité des compositions dont un manuscrit autographe a été retrouvé peuvent être regardées comme authentiques.

Les «motifs spécifiques» qui obligent à douter de la paternité des compositions écrites de la main de Vivaldi se divisent en deux groupes. D'un côté se situent les éléments stylistiques et graphiques qui s'opposent aux habitudes du compositeur. Il est particulièrement question à ce propos des airs en partitions autographes qui se trouvent dans les manuscrits qui contiennent un *pasticcio* compilé par Vivaldi: on sait d'avance que ces œuvres comportent des mouvements qui ne sont pas de lui, et comme il a été dit plus haut le compositeur peut avoir été obligé de copier lui-même les mouvements qu'il n'avait pas les moyens d'emprunter matériellement. L'air «In mezzo all'onte irato» de *Rosmira fedele* III, 3 a ainsi été signalé comme exemple de composition dont la disposition inhabituelle de la partition inspire un doute au sujet de l'authenticité (voir p. 184). De même, l'air «Vedeste mai sul prato cader» de *Bajazet* [*Tamerlano*] I, 6, en partition autographe, paraît se distinguer musicalement du style vivaldien, mais comme il a été souligné plus haut une telle observation est trop subjective et se fonde sur des connaissances encore trop insuffisantes du style authentique pour être regardées comme une argumentation scientifiquement défendable.

Absolument objectives sont par contre, d'un autre côté, les attributions à d'autres compositeurs. Les cas où une œuvre est transmise à la fois dans un manuscrit autographe signé *Del Viualdi* et dans un autre document signalant un autre nom d'auteur méritent effectivement une attention particulière. Méthodologiquement, la paternité ne peut être déterminée que par la confrontation des résultats obtenus par l'étude critique de chaque document, opération qui a pour but d'en établir la valeur en tant que source d'information. Pour des raisons évidentes il sera utile d'analyser séparément chacune des œuvres en question.

Le concerto en fa majeur pour violon et orchestre RV 286 qui a déjà été mentionné sous divers rapports se trouve dans un manuscrit non autographe en parties séparées à la Bibliothèque Universitaire de Lund, lequel comporte sur la page de titre le nom de *Sigr Grau* (= Graun?). En face de ce document se trouvent – outre quelques inventaires de l'époque – six manuscrits qui attribuent tous la composition à Vivaldi dont il suffit de signaler ici les deux manuscrits autographes, à savoir la partition à Turin et les parties séparées de la collection intitulée *La Cetra,* et le manuscrit copié avec des inscriptions autographes, déposé à Manchester. Dans ces conditions on semble pouvoir considérer l'attribution à l'autre compositeur comme inexacte.

Les trois concertos en si bémol majeur pour violon RV 371 et RV 379 (op. 12 n° 5) et en sol majeur pour flûte traversière RV 436 qui sont transmis en partitions autographes à Turin, signées *Del Viualdi,* sont inventoriés par Breitkopf sous les noms de respectivement *Giraneck* (Parte IIda, p. 33), de *Cat*[t]*aneo* (même volume, p. 29) et de *Hasse* (Supplemento I, p. 44). Bien que les trois partitions autographes renferment des ratures qui semblent remonter au moment même de l'écriture, elles n'excluent pas que les compositions fussent copiées et injustement signées par Vivaldi. Cependant, aucun document manuscrit ou imprimé n'a été retrouvé qui puisse permettre une confrontation dans des conditions égales. Tant que le nombre des sources – et notamment la qualité des documents pricipaux – entrent en faveur de Vivaldi, il n'y a pas de raisons de ne pas regarder les attributions de Breitkopf comme erronées. Que les noms d'auteurs signalés dans les catalogues de l'éditeur à Leipzig soient réellement sujet à un doute, se voit en l'occurence confirmé par le fait que le concerto RV 436 y est inventorié sous le nom de Vivaldi (Parte IIIza, p. 20), toutefois avec un incipit différent.

Les conditions d'analyse sont manifestement plus favorables et plus intéressantes pour ce qui concerne les derniers mouvements des deux *Gloria* en ré majeur RV 588 et RV 589. Comme il a déjà été affirmé plus haut (voir p. 35), ce sont deux versions légèrement différentes du même mouvement lequel se retrouve en une troisième mouture dans le *Gloria* de Giovanni Maria Ruggieri, RV Anh. 23, dont la partition se trouve à Turin parmi les manuscrits de Vivaldi. L'examen critique de ce document donne comme résultat qu'il possède, en tant que source d'information concernant l'authenticité, les mêmes qualités que celui du *Gloria* RV 588. La page de titre comporte le texte *1708: 9 Sett*^{e} *Ven*^{a} */ Gloria & p due Chorj / di me / Gio: Maria Ruggieri C. V.* qui paraît indiquer qu'il s'agit d'un manuscrit écrit par celui qui a composé l'œuvre, donc d'une partition autographe de Ruggieri. Cette supposition, qui est d'autant plus vraisemblable que la même graphie se trouve dans un autre *Gloria* à Turin, signé également *di me G. M. Ruggieri* (RV Anh. 24), se voit étayée par le fait que la partition en question comporte un mouvement abandonné: à la suite du second mouvement se trouve le début rayé d'un Allegro à la mesure de $\frac{3}{8}$ en ré majeur, remplacé par la composition définitive, un Allegro en $\frac{4}{4}$, sol majeur. Le manuscrit du *Gloria* RV 588, signé *Del Viualdi* et écrit de la main de ce compositeur, renferme également un mouvement abandonné: le cinquième mouvement, Largo à la mesure de $\frac{4}{4}$, remplace un mouvement dont Vivaldi avait commencé (et achevé?) l'écriture; l'ancien mouvement est aussi un Largo en sol majeur à la mesure de $\frac{4}{4}$, mais comporte un thème initial différent. Abstraction faite de l'absence d'une date dans le manuscrit de Vivaldi, les deux documents se situent donc au même niveau, ce qui oblige à envisager deux hypothèses différentes. Premièrement, il est probable que Vivaldi ait emprunté le finale à l'œuvre de Ruggieri et l'ait adapté à un seul chœur, opération qui est d'autant plus facile que la substance musicale est exposée alternativement par les deux chœurs qui ne se réunissent qu'aux dernières mesures. Les faits que Vivaldi ait fait l'usage de cette substance dans ses deux *Gloria* et notamment que la graphie de ceux-ci paraît les situer à l'époque d'*Arsilda Regina di Ponto,* de *L'Incoronazione di Dario* et de *Juditha Triumphans,* c'est-à-dire vers 1715–1717, semblent plaider en faveur de cette supposition. Il est effectivement, dans ces circonstances, peu vraisemblable que Ruggieri ait emprunté son mouvement à l'une des versions vivaldiennes. Deuxièmement, il n'est aucunement exclu que les deux compositeurs aient emprunté le finale à une source commune. Il est vrai que l'ultime mouvement de l'autre *Gloria* de Ruggieri, en sol majeur, est une composition différente, mais il ne paraît pas inadmissible de supposer que les deux compositeurs aient suivi une tradition locale. Cependant, seule la découverte d'une quatrième version contenue dans un *Gloria* en ré majeur d'un autre compositeur vénitien serait en mesure de confirmer cette hypothèse. Quoi qu'il en soit, il faut jusqu'à plus ample informé considérer les finales des deux compositions vivaldiennes comme des emprunts.

La composition que Vivaldi a écrite sur le psaume 115, *Credidi propter quod locutus sum,* RV 605, est pour plusieurs raisons une œuvre énigmatique. La page de titre comporte le texte *Credidi à 5 / à Capella / Del Viualdi,* mais au début de la partition le compositeur a indiqué comment les parties vocales doivent être doublées par des instruments: *Li Primi* [violini] *si cauano dà Alti all'8*^{ua} *Alti* [sic], *Li 2di dalli Canti* et *Le due Violette dalli due Tenori.* (Il ne sera pas inutile d'affirmer sous ce rapport que le terme de *a capella* semble s'appliquer à la partition écrite et non pas à l'ensemble proprement dit; la partition du second mouvement du *Credo* RV 591, écrite à quatre parties vocales et une partie de basse continue, est de même désignée par une inscription apparemment contradictoire: *senza Istrom*^{ti} *Il Pmo Vnis*^{o} *con il canto, Il 2do con l'Alto, la Violetta con il Tenore.)* Ce qui rend le psaume de Vivaldi particulièrement singulier, est le fait que la substance musicale se retrouve dans un *Lauda Jerusalem* dont la partition est transmise parmi les manuscrits de Vivaldi à Turin (voir p. 35). Ce document, écrit d'une main non identifiée, ne comporte aucune inscription initiale permettant d'en déterminer le titre et le nom de l'auteur; à en juger d'après les clefs il est question d'un psaume pour sopranos, contraltos, deux ténors, basse et basse continue. Dans ces circonstances il est impossible de savoir si Vivaldi a emprunté l'œuvre en l'adaptant à un nouveau texte ou si inversement un autre musicien inconnu – ou Vivaldi lui-même – a composé le *Lauda Jerusalem* en se fondant sur l'autre œuvre. Une datation plus ou moins exacte des deux documents, basée sur l'identification de la main inconnue et sur les filigranes, comportera vraisemblablement la clef de l'énigme.

Il existe enfin, dans les partitions autographes des opéras de Vivaldi, un certain nombre d'airs dont l'authenticité est mise en doute par le fait que les mouvements sont attribués, directement ou indirectement, à d'autres compositeurs dans d'autres sources. Les problèmes que soulèvent ces mouvements sont d'autant plus compliqués qu'il est question de compositions dramatiques, domaine dans lequel les musiciens de l'époque empruntaient à leurs collègues avec la plus grande liberté. Malgré les efforts effectués dans le but de dresser l'inventaire complet des sources relatives aux airs qui se rapportent d'une manière ou d'une autre aux opéras de Vivaldi, ce devoir ne peut pas être regardé comme accompli, si bien que l'étude critique de la documentation actuellement connue risquerait de mener à des conclusions précipitées. Pour le présent exposé il faut donc se limiter à constater l'existence du problème et de souligner l'importance de poursuivre des études et les recherches.

Les observations critiques avancées jusqu'ici au sujet de l'authenticité des textes transmis en manuscrits autographes s'appliquent exclusivement à la question de la paternité des œuvres. Pour ce qui concerne l'originalité des versions individuelles des compositions, elle est automatiquement attestée par la nature graphique des documents: même si Vivaldi a emprunté certains éléments musicaux à des œuvres composées par d'autres musiciens, les textes qu'il a écrits lui-même peuvent être regardés comme originaux et donc authentiques en ce sens qu'il a tout au moins dû accepter les modifications qui lui ont éventuellement été suggérées. Que les modifications fussent accomplies au moment de l'écriture d'un nouveau manuscrit ou qu'elles soient comprises dans le document qui renferme la version originelle de l'œuvre, elles ne peuvent effectivement pas avoir été faites par d'autres compositeurs.

2. LES MANUSCRITS NON AUTOGRAPHES

En raison de leur nature, les manuscrits non autographes ont ceci de commun qu'ils soulèvent *a priori* la question de l'authenticité des œuvres et des textes qu'ils contiennent, n'ayant pas de rapports aussi directs avec leur source d'origine que les manuscrits autographes. Il serait pourtant injuste de considérer ces manuscrits en bloc, car il est évident que certains parmi eux se situent plus près du compositeur que d'autres; les premiers obtiennent de la sorte une valeur plus grande que celle que l'on peut assigner aux autres. Il convient par conséquent de classer ces documents d'après leur origine. Etant donné cependant que les travaux effectués sous le rapport à la fois du *Répertoire* et du présent ouvrage ont dû être centrés sur l'étude des manuscrits autographes, il ne m'a pas été possible d'établir un classement détaillé comprenant chacune des sources copiées actuellement connues. Il est vrai que K. Heller a commencé ce travail au sujet des documents qui se trouvent dans les collections et bibliothèques allemandes, mais aussi méritoire et utile que soit cette initiative, elle ne se rapporte qu'à une fraction de la documentation disponible. Aussi paraît-il opportun de signaler ci-après, en étudiant les quatre groupes principaux en lesquels se divisent naturellement les manuscrits non autographes, quelques aspects qui pourront être d'une certaine utilité à l'accomplissement d'un classement systématique.

Avant tout il importe de toute évidente d'identifier les graphies individuelles des manuscrits, opération qui doit être effectuée selon certains principes fondamentaux. Méthodologiquement, les manuscrits non autographes soulèvent à cet égard les mêmes problèmes et les mêmes difficultés que les documents qu'a écrits le compositeur, questions qui ont été développées dans la Deuxième Partie (voir pp. 126–131). L'identification des mains, sur laquelle se base naturellement toute tentative de classement, consiste à noter l'ensemble des éléments caractéristiques des divers signes et inscriptions: clefs, armures, traits d'accolade, figures, queues, barres, pauses, inscriptions alphabétiques, etc.[14]. Il est à ce propos indispensable de tenir compte des évolutions qu'ont pu traverser graduellement les graphies, lesquelles pourront éventuellement concourir à l'établissement d'une chronologie des compositions.

Les manuscrits non autographes les plus importants sont de toute évidence ceux qui ont été écrits suivant les directives du compositeur. En tout premier lieu se situent ainsi les copies qu'ont confectionnées les personnes qui ont travaillé à son service: il existe effectivement dans l'ensemble de la documentation manuscrite un certain nombre de mains qui reparaissent avec une telle fréquence, notamment à Turin, qu'il y a lieu de supposer qu'elles appartiennent à des copistes professionnels, personnes dont l'identité – comme celle des copistes qui ont travaillé pour d'autres grands compositeurs – sera toutefois difficile à déterminer. Il est assez logique de penser que les filles du Pio Ospedale della Pietà aient assumé une telle fonction, supposition qui se fonde surtout sur l'affirmation de M. Pincherle, suivant laquelle deux élèves de l'institution, Bianca Maria et Antonia, auraient refusé d'être rémunérées pour un «long et fastidieux travail de copie»[15]. De plus, l'historien anglais qui a découvert la date de naissance de Vivaldi, E. Paul, a publié un arbre généalogique qui signale deux neveux de Vivaldi ayant eu le métier de copiste: Pietro Mauro et Carlo Vivaldi[16]. Pour des raisons fort évidentes il sera indispensable de poursuivre les recherches biographiques amorcées par ces deux auteurs, notamment dans le but d'établir si les copistes cités ont travaillé au service de Vivaldi.

Pour ce qui concerne le classement des manuscrits écrits par les copistes présumés de ce compositeur, il est évident qu'il faut situer au premier rang les documents qui sont partiellement autographes ou qui renferment quelque inscription ajoutée par Vivaldi. Ces documents comportent la garantie d'avoir été supervisés par l'auteur et se situent, quant à l'authenticité des textes, au même niveau que les manuscrits autographes. Particulièrement importantes sont également les partitions d'opéra à la formation desquelles plusieurs copistes ont contribué en écrivant chacun une partie plus ou moins importante du texte musical. Ces documents ont sans aucun doute été commandés par Vivaldi et comportent, pour la musicologie, l'avantage d'être en quelque sorte le catalogue des graphies les plus importantes. Il ne sera pas inutile de signaler que l'un des copistes qui semble avoir travaillé pendant une assez longue période au service de Vivaldi a écrit des manuscrits déposés actuellement non seulement à Turin, mais encore à Paris et notamment à Dresde: les manuscrits qui sont écrits par le «Schreiber e» de K. Heller sont effectivement assez nombreux.

Le deuxième groupe de manuscrits non autographes auxquels on semble pouvoir assigner une certaine importance au sujet de l'authenticité se compose des documents qu'ont écrits les élèves étrangers de Vivaldi. Plusieurs musiciens se sont effectivement rendus à Venise afin de se perfectionner auprès des célèbres compositeurs et violinistes. Il est attesté que Johann Georg Pisendel et Daniel Gottlob Treu ont étudié chez Vivaldi, et le premier, ainsi que l'a démontré K. Heller, a copié nombre de compositions vivaldiennes lors de son séjour auprès de lui. Bien qu'il ait fréquemment et parfois de manière assez radicale remanié les œuvres, notamment en les adaptant soit à ses propres talents de violiniste, soit à la sonorité de l'orchestre de Dresde, on semble pouvoir considérer ses attributions à Vivaldi comme relativement certaines. C'est ainsi que les concertos RV 292 et RV 302, par exemple, dont les partitions ont été écrites par Pisendel sur du papier italien (filigranes *tre lune)*, doivent être regardées comme des œuvres authentiques de Vivaldi, bien que d'autres sources contestent l'attribution à ce compositeur: le premier porte le nom de *Chelleri* dans un manuscrit du fonds d'Este à Vienne et le second est attribué à *Somis* dans l'une des collections du fonds Blancheton à Paris[17].

Pour ce qui concerne les autres élèves de Vivaldi les recherches ayant pour but de déterminer s'il existe un rapport quelconque permettant d'identifier les copistes des manuscrits non autographes, n'ont pas encore été effectuées. Les résultats qu'ont obtenus par exemple les musicologues dans le domaine de la documentation bachienne en étudiant les manuscrits écrits par les disciples du maître de Leipzig démontrent l'utilité d'accorder une attention particulière à la question. Il ne sera pas inutile de rappeler à ce propos que M. Pincherle communique de nombreux noms de compositeurs italiens et étrangers dont il sera certainement avantageux d'étudier la biographie sous ce rapport[18].

En face des manuscrits copiés à Venise par des musiciens ayant connu Vivaldi personnellement, documents dont le nombre demeurera inévitablement assez restreint, se situent les copies confectionnées par les copistes en général inconnus qui ont travaillé au service d'un orchestre, d'une chapelle, d'une cour, etc. Il n'est en aucune manière étonnant d'observer que quelques collections de musique comportent plusieurs manuscrits écrits par une et même main, vraisemblablement par des musiciens qui ont trouvé les moyens d'augmenter leur recette en acceptant d'assumer la fonction de copiste. C'est ainsi que les fonds des bibliothèques à Dresde, à Lund, à Naples, à Schwerin, etc., contiennent chacun un certain nombre de documents dont la graphie ne se trouve pas ailleurs. Ces manuscrits – et ces collections en général – ont notamment l'avantage de refléter la vie musicale telle qu'elle s'est produite localement, mais en raison de ce caractère particulier la documentation est de toute évidence très douteuse en qualité de source d'information concernant l'authenticité des œuvres attribuées aux compositeurs individuels. Le nombre assez élevé de documents anonymes, d'attributions incertaines ou inexactes – et même de documents comportant deux noms d'auteurs – témoigne des difficultés que soulèvent ces collections.

Le quatrième groupe de manuscrits non autographes se compose enfin des documents qui sont écrits par des mains individuelles et qui de toute évidence sont particulièrement difficiles à classer et à évaluer. Contrairement aux manuscrits dont il a été question précédemment plusieurs d'entre eux peuvent effectivement avoir été écrits par des copistes ayant travaillé pendant une brève période au service de Vivaldi ou au service d'un musicien qui l'a connu personnellement. Au sujet de ces manuscrits il est donc particulièrement nécessaire d'effectuer des études codicologiques dans le but d'en déterminer la provenance et la date. Il semble inutile de souligner que les filigranes sont à ce propos d'ordre capital.

Pour terminer cet exposé sommaire, il convient de présenter quelques exemples des conclusions qu'il a paru nécessaire de tirer en dressant le *Verzeichnis* et le *Répertoire*, ouvrages dont l'une des fonctions est de communiquer des informations relatives aux œuvres qui d'une manière ou d'une autre ont été attribuées à Vivaldi, même si les attributions sont inexactes ou douteuses. C'est ainsi que l'appendice (*Anhang*) du *Verzeichnis* comporte l'ensemble des compositions dont l'authenticité pour diverses raisons doit être regardée comme particulièrement incertaine. En tout premier lieu se situent à ce propos les compositions qui sont transmises en manuscrits non autographes et anonymes mais qui ont pourtant été attribuées à Vivaldi en temps moderne. Parmi ces œuvres on peut citer la sonate pour violoncelle dont le manuscrit se trouve à Wiesentheid (RV Anh. 1), les concertos et sonates anonymes que Vivaldi a exécutés à Amsterdam en janvier 1738 (RV Anh. 2, 3 et 5) ou les compositions vocales des fonds de Turin (RV Anh. 20–38). Un groupe particulier de l'appendice se compose en outre des œuvres qui sont attribuées à deux ou à plusieurs compositeurs dans des documents de valeur historique égale. Lorsque le nom de Vivaldi n'apparaît que dans un manuscrit écrit par un copiste appartenant aux deux derniers groupes signalés plus haut et que l'attribution est contestée par le nom d'un autre compositeur figurant dans un document de la même catégorie, la question ne peut en effet pas être tranchée: l'une des attributions est logiquement inexacte, mais dans ces circonstances les éléments extérieurs de la documentation ne permettent pas de tirer une conclusion en faveur de l'un des compositeurs. C'est ainsi que, par principe, l'absence d'indices objectifs a motivé le catalogage en appendice des compositions telles que RV Anh. 10, concerto attribué à Vivaldi dans un manuscrit à Lund et à Torelli dans un document à Vienne, ou RV Anh. 8 signalé sous le nom de Vivaldi dans l'inventaire manuscrit à Brno mais attribué à Giraneck à la fois dans les catalogues de Breitkopf (Parte IIda, p. 32) et dans un manuscrit à Stockholm. De même, la découverte de documents passés inaperçus en 1971 a obligé le retranchement de plusieurs compositions désignées à l'origine par un numéro d'identification RV. A titre d'exemple, le concerto RV 272 dont l'unique source était alors l'incipit communiqué dans le catalogue dressé en 1839 par A. Fuchs[19], a été retrouvé en deux versions dissemblables attribuées respectivement à Hasse (manuscrit à Schwerin) et à Scaccia (manuscrit à Manchester). Dans ces conditions l'attribution à Vivaldi est si douteuse que le retranchement du catalogue principal paraît justifié.

Il convient d'attirer enfin l'attention sur quelques œuvres dont la paternité ne semble occasionner aucune hésitation, mais dont les versions qui sont transmises paraissent moins certaines. Les problèmes que soulèvent ces œuvres sont dus au fait que les modifications par rapport aux versions qui peuvent être considérées comme originales et authentiques appartiennent le plus souvent aux diverses catégories de transformations que Vivaldi a accomplies lui-même, mais dont il est impossible de déterminer l'auteur. Il est donc fort probable qu'elles remontent à Vivaldi, mais rien n'empêche qu'un autre musicien ait remanié ses œuvres sans son consentement.

Les trois mouvements dont se compose le concerto pour orchestre à cordes RV 111 sont ainsi sans aucun doute composés par Vivaldi. Les deux mouvements vifs se trouvent dans la partition autographe de l'ouverture à l'opéra *Il Giustino* et le mouvement médian n'est autre que celui de la sinfonia qui précède *La Verità in Cimento*. On a déjà pu voir que le remplacement d'un mouvement par un autre, emprunté à une autre composition, est une opération que Vivaldi a effectuée à plusieurs occasions, mais en l'occurrence il n'y a pas moyen d'établir si la compilation des mouvements du concerto en question a été accomplie par lui ou par un autre musicien.

Jusqu'à une époque récente, la seule source connue du concerto en ré majeur pour violon RV 223 était le manuscrit non autographe du fonds Blancheton à Paris, mais la découverte de quelques autres documents conteste que le ton de l'œuvre soit authentique. Toutes ces nouvelles sources – un ancien catalogue à Herdringen, un manuscrit incomplet à Venise et surtout un manuscrit avec inscriptions autographes à Manchester – signalent que le ton du concerto est mi majeur. De plus, le finale se retrouve dans ce même ton dans la version gravée du concerto RV 263a (op. 9 nº 4) où il remplace le mouvement que Vivaldi avait écrit dans sa partition. Dans ces circonstances il a paru juste de regarder la version RV 223 comme non originale: le concerto, dont la paternité ne soulève aucun doute mais qui vraisemblablement a été transposé en ré majeur par un musicien inconnu, a donc été retranché du catalogue et situé parmi les concertos en mi majeur pour violon et désigné par le numéro RV 762. Cette version est en effet plus authentique que l'autre.

Sous ce rapport il faut rappeler qu'il existe un nombre assez élevé d'airs d'opéra qui ont été l'objet de modifications diverses, effectuées suivant les traditions de l'époque dans le but de former des versions pouvant être exécutées par un ensemble réduit (voir p. 103). Sans inspirer le doute au sujet de la paternité des airs, les versions de musique de chambre ont sans doute été transcrites à l'insu de Vivaldi et probablement sans son consentement. En effet, aucune trace n'a été trouvée qui puisse attester que le compositeur ait lui-même transformé de cette manière ses propres airs d'opéra. Jusqu'à plus ample informé, les «réductions» pour voix et basse continue que l'on connaît de sa main sont des manuscrits modifiants (voir pp. 290ss).

3. LES SOURCES IMPRIMEES

Dans l'ensemble de la documentation relative à la vie et à l'œuvre de Vivaldi, l'existence et la quantité assez considérable de collections de compositions imprimées au XVIIIe siècle semblent indiquer que le compositeur était en relation avec certains éditeurs de l'époque. Cependant, aussi nombreux qu'ils soient, les exemplaires qui subsistent de ces recueils constituent non seulement l'unique témoignage de ces relations, mais il s'agit encore d'un témoignage de valeur historique fort limitée. La musicologie vivaldienne ne dispose actuellement d'aucune lettre de Vivaldi adressée à un éditeur, ni d'une réponse, ni d'un reçu quelconque, documents qui auraient pu apporter, directement ou indirectement selon les cas, quelque renseignement au sujet de la participation active de Vivaldi à la publication des diverses collections. A défaut de documentation supplémentaire les recueils imprimés doivent donc eux-mêmes livrer les informations concernant la «légalité» des publications; de même, l'authenticité des textes musicaux doit être établie avant tout par l'intermédiaire d'autres sources, en général manuscrites, renfermant les compositions en question.

Les problèmes que soulève de la sorte la documentation imprimée des œuvres de Vivaldi sont beaucoup trop nombreux et complexes pour être ici l'objet d'une étude circonstanciée. Il ne sera toutefois pas inutile de remarquer que les recherches poursuivies dans ce domaine sont indispensables; les travaux effectués de divers côtés ont ainsi permis de dater la plupart des éditions, lesquelles concourront donc à l'établissement d'une chronologie des œuvres vivaldiennes[20]. Pour ce qui concerne la question de l'authenticité des œuvres éditées, question qui est étroitement liée à celle de la légalité des publications, il suffira de communiquer quelques observations visant à démontrer certains aspects fondamentaux et à établir une subdivision nécessaire des sources imprimées.

En raison du fait que la grande majorité des éditeurs de musique de l'époque ne reculaient pas devant la piraterie, il est théoriquement possible que chacun des recueils gravés ait été publié sans le consentement de Vivaldi. Que la gravure fût faite d'après un manuscrit ou d'après une édition antérieure est à ce propos une question sans importance: si le compositeur n'a pas lui-même sanctionné la publication de ses œuvres, il faut considérer les éditions comme illégitimes.

Cependant, parmi les nombreuses collections imprimées actuellement connues, certains recueils doivent pourtant être regardés comme authentiques dans ce sens. En premier lieu se situent fort naturellement les collections dédiées à quelque personne de haut rang. Ces recueils renferment tous une épitre dédicatoire, signée *Humilissimo Devotissimo Ossequiosissimo Servitore Antonio Vivaldi* ou par une formule analogue. Il n'est pas logique de penser que les éditeurs aient osé rédiger et signer eux-mêmes ces textes qui doivent par conséquent remonter au compositeur. De ce fait il y a lieu de supposer que les compositions contenues dans ces recueils proviennent également de la main de Vivaldi.

Le nombre de recueils dont l'authenticité est ainsi motivée par la présence de dédicaces n'est en réalité pas très élevé: ce sont les opus 1 et 2, publiés respectivement par Gioseppe Sala et Antonio Bortoli à Venise, les opus 3 et 4, édités à Amsterdam chez Estienne Roger, et les opus 8 et 9 qui ont paru chez le successeur de ce dernier, Michel Charles Le Cene. Par contre, les nombreuses réimpressions de ces opus chez d'autres éditeurs, à Amsterdam, à Londres et à Paris, sont vraisemblablement toutes des éditions illégitimes. Il est significatif à ce propos que ni Estienne Roger, ni John Walsh à Londres, ni Le Clerc le Cadet à Paris n'ont imprimé les épitres dédicatoires dans leurs éditions des mêmes collections.

A ce groupe de publications on peut sans doute ajouter les recueils imprimés à Amsterdam désignés par un numéro d'opus mais ne comportant pas de dédicace: les collections opus 5, 6 et 7, publiées probablement par Estienne Roger mais portant sur la page de titre l'adresse de Jeanne Roger, et opus 10, 11 et 12, éditées par Michel Charles Le Cene, ont fort vraisemblablement, elles aussi, été préparées par Vivaldi.

L'authenticité des compositions publiées dans ces 12 premiers opus est d'autre part corroborée par l'existence d'une quantité assez élevée de partitions autographes, dont le caractère général (corrections de composition, transformations musicales, etc.) ne permet aucun doute au sujet de l'attribution à Vivaldi. Par analogie, les compositions contenues dans quelques autres éditions, publiées sans numéro d'opus, doivent être comptées parmi les œuvres dont l'authenticité peut être regardée comme certaine: le concerto RV 189, publié dans recueil n° 35 de Witvogel à Amsterdam, est indubitablement composé par Vivaldi étant donné qu'une copie autographe se trouve dans la collection manuscrite intitulée *La Cetra* et que l'œuvre par surcroît est signalée dans le petit inventaire thématique autographe de Vivaldi (voir pp.

450s). Dans cet inventaire se trouve également l'incipit du concerto RV 513 publié par le même éditeur dans le recueil nº 48. Et parmi les six sonates pour violoncelle, publiées vers 1740 à Paris par Le Clerc le Cadet, trois sont connues de manuscrits partiellement autographes à Naples. Toutefois, il faut souligner que si l'attribution à Vivaldi de ces compositions ne donne lieu à aucune hésitation immédiate, elle n'implique pas que les publications soient légitimes; au contraire, tout porte à croire que Le Clerc a publié les sonates sans l'autorisation de Vivaldi; pour ce qui concerne les éditions de Witvogel, nous sommes dans l'impossibilité de déterminer, d'après la documentation actuellement disponible, s'il s'agit de publications illégitimes ou non.

En face des 12 opus et des quelques publications mentionnées se situe une assez longue série d'éditions dont il faut notamment mettre en doute la légalité et dont les œuvres sont souvent, comme il a été dit plus haut, d'attribution incertaine. Des recueils tels que *Select Harmony,* publié par John Walsh et Joseph Hare (11 concertos publiés d'après les opus 6, 7, 8 et 9 plus un concerto, le 7e, de provenance différente) ou *Three Celebrated Concertos,* édité par Daniel Wright et John Young (3 œuvres publiées vraisemblablement d'après la sélection de 5 concertos de l'opus 4 de Walsh), ne donnent lieu à aucun doute pour ce qui concerne l'authenticité des œuvres désignées par un numéro d'opus, mais il est fort peu probable que les éditeurs en question aient obtenu de la part de Vivaldi l'autorisation de les publier. Pour d'autres collections, telles que *Harmonia Mundi,* édité par J. Walsh et J. Hare, ou notamment les nombreux recueils divers publiés chez Roger à Amsterdam (numéros d'édition 96/97, 188, 417, 432/433, 448), l'attribution à Vivaldi des compositions, gravées souvent sans nom d'auteur, donne lieu à une incertitude particulièrement accentuée. En vérité, chaque recueil imprimé qui porte le nom de Vivaldi à la page de titre doit provoquer une attitude critique: il n'est pas exclu, en principe, que les éditeurs, afin de s'assurer la vente plus facile de leurs publications, aient communiqué les noms des compositeurs les plus recherchés de l'époque, sans scrupuleusement tenir compte du contenu réel des recueils.

Parmi les compositions qui inspirent de la sorte le doute on peut citer le concerto en fa majeur pour hautbois RV 456, dont l'unique source connue est le recueil signalé plus haut, *Harmonia Mundi.* Stylistiquement, la composition diffère sur plusieurs points des habitudes de Vivaldi, mais à cela s'ajoute que la partie de soliste ne semble pas être conçue pour le hautbois; l'ambitus et l'écriture font plutôt penser à une flûte à bec. Ces observations ne se fondent cependant pas sur une base suffisamment certaine et objective pour motiver le retranchement de l'œuvre du catalogue des œuvres attribuées à Vivaldi.

C. L'OPUS 13, IL PASTOR FIDO

Il a été dit plus haut que la musicologie vivaldienne n'a manifesté qu'un intérêt modéré à la question de l'authenticité des œuvres et que la littérature ne présente que rarement les résultats des études effectuées dans le but spécifique de vérifier l'exactitude des attributions à Vivaldi. Il sera assez inutile de chercher à s'expliquer ce défaut notoire, ni d'en développer les conséquences évidentes. Les brèves études précédentes et les exemples cités démontrent que la question mérite la plus vive attention de la part des musicologues tant au sujet des compositions individuelles qu'à l'égard des méthodes d'analyse. En raison du caractère sommaire de ces études il convient de les achever par l'examen particulièrement détaillé d'une œuvre qui inspire un doute au sujet de la paternité et de l'originalité. Il est vrai que le recueil des six sonates pour *musette, vielle, flûte, hautbois* ou *violon,* publiées en 1737 sous le numéro d'opus 13 et avec le titre *Il Pastor Fido,* ne fait pas partie des documents qui constituent l'objet principal du présent ouvrage, mais l'analyse critique de cette collection imprimée servira non seulement à contester quelques affirmations avancées à son sujet, mais encore à compléter ce qui été dit à l'égard des manuscrits autographes en soulignant l'importance de poursuivre les travaux musicologiques et de les baser notamment sur ces documents.

Dans la littérature vivaldienne l'opus 13 n'a été l'objet que d'une attention assez modérée. Alors que certains auteurs tels que M. Pincherle et R. Giazotto le signalent sans le commenter, W. Kolneder suppose que «die erst gegen Ende seines Lebens publizierten Sonaten [opus 13 et 'VI Sonates pour Violoncelle'] schon aus wesentlich früherer Zeit stammen, vielleicht sogar schon zur Zeit der Entstehung der Opera I und II entstanden sind»[21], mais l'auteur ne précise malheureusement pas sur quoi se fonde cette datation. M. Rinaldi, de son côté, s'intéresse notamment à la singularité des instruments: «A molti non sembrerà chiaro che il 'Prete Rosso' scriva, si può dire, al termine della sua carriera, per uno strumento come la *musetta* (altrimente chiamata cornemusa o zampogna), ma è bene sapere che questo strumento era molto in vago nei secoli XVII e XVIII, anche nelle classi più elevati». L'auteur conclut que les sonates pourraient faire partie des «composizioni che il Vivaldi si era impegnato di fornire alle 'figlie' [du Pio Ospedale della Pietà] fin dal 5 agosto 1735»[22]. Plus récemment, J.-P. Demoulin a signalé que «l'instrumentation originelle était vraisemblablement la flûte, le hautbois ou le violon ad libitum», mais si l'auteur doute ainsi de l'originalité des instruments, la paternité des œuvres n'est sujet à aucune hésitation. On apprend en effet que «l'examen un peu attentif du style de ces jolies sonates et une écoute intelligente permet de ne plus avoir de doute: Vivaldi en est l'auteur. Seulement ce sont des œuvres de jeunesse, contemporaines des sonates opus II et d'autres sonates conservées à Dresde, écrites entre 1710 et 1720, achevées peut-être à Mantoue»[23]. Il est regrettable que cet auteur ne communique pas non plus les éléments qui lui ont permis de dater les œuvres.

Le fait que la question de l'authenticité n'ait été soulevée que par le dernier auteur cité remonte sans doute à la présence d'un certain nombre de mouvements dont les thèmes initiaux reparaissent dans d'autres compositions attribuées à Vivaldi. Le compositeur aura donc, en appliquant l'un de ses procédés habituels, emprunté des thèmes à ses propres œuvres ou inversement composé ces œuvres en reprenant les thèmes des sonates. En effet, J.-P. Demoulin affirme que «ce procédé d'échange et de transcription est fréquent chez Vivaldi et plaide, s'il en était encore besoin, pour l'authenticité du *Pastor Fido;* un falsificateur n'aurait du opérer de la sorte». Cette argumentation ne paraît cependant pas très logique: c'est au contraire un fait avéré que les compositeurs de l'époque empruntaient facilement des thèmes les uns aux autres, et si un falsificateur désirait publier ses propres œuvres sous le nom de Vivaldi, la meilleure façon de leur donner un élément de vraisemblance consisterait justement à les composer sur des thèmes authentiques. La présence de ces emprunts dans les sonates de l'opus 13 ne peut en aucune manière être regardée comme une garantie de leur authenticité. De plus, il paraît fort singulier que le compositeur ait employé deux ou plusieurs fois de si nombreux thèmes de ces œuvres, alors que la substance musicale d'autres recueils de sonates, tels que les opus 2 et 5, ne se trouve pas ailleurs; de ce point de vue, l'opus 13 est absolument unique dans la documentation des œuvres de Vivaldi.

Les arguments de J.-P. Demoulin ont encore la faiblesse de ne se fonder que sur l'examen stylistique des œuvres en question et de ne pas être avancés dans le but d'étayer les résultats de l'examen critique du document même. Certains aspects concernant l'éditeur, le titre, le numéro d'opus, l'instrumentation et la formation des œuvres concourent à rendre l'attribution à Vivaldi particulièrement suspecte et à corroborer l'hypothèse d'une falsification. Dans ces circonstances, les éléments stylistiques sont méthodologiquement de valeur nulle: il est effectivement logique de penser que le véritable auteur des sonates ait cherché à imiter la manière d'écrire du compositeur à qui elles furent attribuées, si bien que les traits «typiquement vivaldiens» sont fallacieux. Etant donné, cependant, qu'aucun des auteurs cités plus haut n'a communiqué les résultats d'un examen critique de la documentation relative à l'opus 13, il convient de suppléer à ce défaut en analysant aussi objectivement que possible les divers aspects du recueil.

Gravées en partition à deux (ou trois) portées, les sonates sont introduites par une page de titre qui comporte le texte suivant:

> IL PASTOR FIDO / Sonates / Pour / La Musette, Viele, Flûte, Hautbois, Violon / Avec la Basse continue / Del Sig^{r} / Antonio Vivaldi / Op. XIII / prix en blanc 6^{tt} / A Paris / Chez Me Boivin M^{de} rue St. Honoré à la Regle d'Or / Avec Privilège du Roy.

Un exemplaire complet[24] de l'opus 13 comprend en outre, à la fin du volume, l'*Extrait du Privilege General* selon lequel l'éditeur est autorisé à publier l'ouvrage en question. Le texte de cet arrêté royal est pour plusieurs raisons fort intéressant, notamment parce qu'il contient des indications d'importance capitale pour l'étude des dernières publications des œuvres attribuées à Vivaldi. Voici les extraits les plus importants de ce texte (les mots en italique sont gravés en lettres plus grasses):

> . . . qu'il appart^{dra} salut nôtre bien amé le Sr J. N. M. M. M. Nous ayant fait remontrer qu'il souhaitteroit fair imp^{er} et Graver et donner au public *Les Treize et quatorzieme Œuvre de Vivaldy, La Dixieme Œuvre d'Albinony, La Dixieme Œuvre de Valentiny sans paroles pour la Musette et Vielles.* s'il nous plaisoit luy accorder nos Lettres de Privilege sur ce necess^{res}. *A ces causes* voulant traitter favorablem^{t} le d. Sr Exposant Nous luy avons permis et permettons par ces pñtes de faire jmp^{er} et Graver par tels jmp^{eurs} ou Graveurs qu'il voudra choisir les dites Œuvres cy-dessus spécif-fiées en tels volumes forme marge Caractere, Conjointement ou separem^{t} et autant de fois que bon luy semblera, et de les vendres [!] faire vendre et debiter partout nôtre Roy^{me} et Seigneuries de nôtre obeissance pendant le tems et Espace de Neuf années consécutives a *Compter* du jour de la datte des d^{tes} pñtes; [. . .] *Car tel* est notre plaisir Donné à Paris le 17e jour du mois d'avril l'an de grace 1737 et de notre Regne le vingtdeuxieme.

Ce texte signale que le privilège ne fut pas accordé à la veuve Boivin mais au Sieur J. N. M. M. M. Selon les extraits des registres des privilèges publiés par G. Cucuel, l'autorisation d'éditer les «opp. 13 et 14 de Vivaldi, l'op. 10 d'Albinoni et l'op. 10 de Valentini» fut donné le 21 mars 1737 à un certain

Marchand, Maître de Musique. L'inscription du registre se rapporte sans aucun doute au même privilège, et l'éditeur des sonates doit par conséquent être le Maître de Musique, J. N. Marchand. (Ce nom de famille était fort répandu parmi les musiciens et compositeurs français du XVIIIe siècle, si bien qu'il sera difficile d'identifier la personne en question.) Il y a lieu d'ajouter que le nom de Mme Boivin, sur la page de titre de l'opus 13, est suivi de l'indication *M^{de}* (marchande) ce qui semble indiquer qu'elle n'en fut pas l'éditrice mais qu'elle fut seulement chargée de la vente du recueil. Quoi qu'il en soit, il paraît de toutes manières singulier que la personne qui a obtenu le privilège royal n'ait pas communiqué son nom. Si J. N. Marchand désirait garder l'anonymat, la question est de savoir pour quels motifs il a agi de la sorte.

(Le texte cité plus haut confirme en outre que l'op. 14 de Vivaldi comprenait également des œuvres pour musette et vielle. La supposition avancée par M. Pincherle et reprise par la suite par la plupart des auteurs, selon laquelle l'op. 14 serait identique au recueil de «VI Sonates [pour] Violoncelle» publié en 1740, n'est pas exacte. A la disparité des instruments s'ajoute le fait que ce dernier recueil fut publié non pas par J. N. Marchand ou par Mme Boivin mais par le célèbre éditeur Charles Nicolas Le Clerc, dit le Cadet. La vente en était assurée par Jean Le Clerc (frère aîné de Charles Nicolas?) et par Mme Boivin; si, enfin, les sonates pour violoncelle avaient constitué le quatorzième opus de Vivaldi, il est fort probable qu'il eût été désigné par ce numéro non seulement sur la page de titre du recueil mais aussi dans les nombreux catalogues publiés par Le Clerc Le Cadet, par son frère et par d'autres éditeurs et marchands de musique.)

Des quatre recueils annoncés dans la lettre de privilège, deux ont réellement, semble-t-il, été publiés. Le *Catalogue Général et Alphabétique de Musique imprimée ou gravée en France,* publié en 1742 par Christophe-Jean-François Ballard et Mme Boivin, mentionne ainsi, sous le nom de Valentini (p. 55): *Pour la Musette,* Musica Harmonica, 6 liv., et sous le nom de Vivaldi (p. 56): *Pour la Musette,* Opera 13^{a}, Solo, 6 liv. Une dixaine d'années plus tard, le *Catalogue de Musique Tant Françoise qu'Italiene Mis en ordre par M^{r}* [Jean] *Le Clerc Lainé* annonce, sous la rubrique *Solo, pour les Musettes, et Vielles,* les œuvres suivantes (p. 122): Vivaldy. 13e livre . . . 6 (livres) et Valentini. 10e livre . . . 6 (livres); cette dernière œuvre est sans doute identique au recueil intitulé *Musica Harmonica* signalé dans le premier catalogue. L'absence de toute mention de l'op. 10 d'Albinoni et de l'op. 14 de Vivaldi paraît donc indiquer que ces deux receuils n'aient jamais été publiés. Le fait qu'aucun exemplaire n'en est signalé dans les divers catalogues modernes des sources imprimées – tels que Eitner, RISM, BUC, etc. – étaie cette hypothèse, sans pour autant en être une preuve définitive: aucun exemplaire du receuil de Valentini n'a été retrouvé. Quoi qu'il en soit, il faut se demander s'il est probable que les trois compositeurs italiens cités dans le texte du privilège se soient adressés, individuellement ou d'un commun accord, à un éditeur parisien sans doute peu connu, alors que la plupart de leurs œuvres imprimées jusqu'alors avaient été publiées par Michel Charles Le Cene à Amsterdam? L'existence d'un recueil publié en 1735 ou 1736 par cet éditeur fournit, semble-t-il, une réponse négative à cette question. Le recueil est intitulé: *Concerti a Cinque Con Violini, Violetta, Violoncello e Basso continuo Consacrati* [...] *Don Luca Ferdinando Patigno Marchese del Castelar* [...] *da Tomaso Albinoni Musico di Violino,* et il est désigné comme l'*Opera Decima* de ce compositeur. Il est donc logique de penser que l'éditeur parisien ait obtenu le privilège pour la publication des quatre recueils et ait publié deux d'entre eux sans le consentement des auteurs. Tout porte donc à croire, ainsi, que l'opus 13 soit une édition illégitime, supposition que l'instrumentation singulière des œuvres ne peut qu'étayer.

Un privilège accordé pour la publication de musique écrite pour la musette ou vielle n'avait rien d'extraordinaire au XVIIIe siècle. Au contraire, les divers catalogues de musique publiés à l'époque mentionnent une vaste quantité d'œuvres écrites pour ces instruments: sonates, duos, trios, concertos, menuets, contredanses, pastorales, noëls, etc., composés par une multitude d'auteurs différents: Aubert, Boismortier, Chédeville, Corrette, Guillemain, Guillon, Hotteterre, Lalande, Lemaire, Naudot, Rameau, etc. La prédominance notoire des noms français témoigne de la popularité générale dont les deux instruments ont été l'objet en France; il est intéressant de noter que les catalogues imprimés vers la même époque par les éditeurs de musique à l'étranger (notamment Michel Charles Le Cene à Amsterdam, John Walsh à Londres, Johann Jacob Lotter à Augsburg) qui renferment avant tout des œuvres de musiciens italiens ou d'origine italienne, passent sous silence les compositions pour musette et vielle. Ces instruments étaient certainement attachés principalement, sinon exclusivement, à la vie musicale française.

Pour ce qui concerne l'opus 13 plusieurs aspects affirment que le receuil est étroitement lié aux traditions nationales de l'éditeur, aspects qui s'opposent en même temps aux habitudes du compositeur et au caractère général des opus authentiques publiés à Amsterdam. Avant tout il est significatif que la désignation des instruments communiquée à la page de titre correspond exactement à celles qui apparaissent sur les frontispices des collections composées par des musiciens français. Voici, à titre d'exemple, trois recueils cités d'après le catalogue RISM/A/I:

Les Amuzettes, pièces pour les vielles, muzettes, violons, flûtes et hautbois ... œuvre XIVe (par Jacques Aubert: A 2814).
Trente-troisième œuvre ... contenant six gentillesses en trois parties, pour la musette, la vièle et la basse; qui peuvent se jouer aussi sur la flûte-à-bec, flûte traversière, hautbois, ou violon, on peut doubler toutes les parties, hors les endroits marqués seul, et duo (par Joseph Bodin de Boismortier: B 3386).
Troisième livre d'amusements champêtres contenant six sonates pour la muzette, vièle, flûte traversière, hautbois et violon avec la basse continue (par Nicolas Chédeville: C 1993).

Au sujet des instruments des quatre recueils signalés dans le texte du privilège une question s'impose: est-il vraisemblable que trois compositeurs indiscutablement enracinés dans les traditions musicales *italiennes,* peut-être vers la même époque de leur carrière (en 1737 Vivaldi avait 59 ans, Albinoni 66 et Valentini 57), écrivirent des œuvres destinées à être exéctuées avec des instruments qui étaient à la mode en France? L'absence d'une dédicace dans l'opus 13 semble exclure que les œuvres furent commandées par quelque amateur de musette français, et les noms d'Albinoni et de Valentini paraissent réfuter la supposition avancée par M. Rinaldi, disant que les sonates étaient destinées aux filles du Pio Ospedale della Pietà. De ces observations on semble donc pouvoir exclure que Vivaldi ait composé les œuvres pour ces instruments, mais la question est de savoir si l'affirmation de J.-P. Demoulin, qui est arrivé à la même conclusion, est exacte. Les désignations facultatives des parties instrumentales sont connues, cela est vrai, dans certaines œuvres authentiques de Vivaldi, mais il n'a jamais, dans ses manuscrits, laissé aux exécutants le choix entre les cinq instruments de l'opus 13. A cela s'ajoute que le remplacement d'une flûte ou d'un hautbois par un violon normalement est motivé, comme on l'a vu dans la Troisième Partie, non pas par le désir de remettre le choix de l'instrumentation aux musiciens mais plutôt par la nécessité, dictée par des raisons pratiques, de modifier les ensembles originaux. La supposition que «l'instrumentation originelle était vraisemblablement la flûte, le hautbois ou le violon ad libitum» n'est ainsi guère soutenable. Au contraire, si Vivaldi a composé ces sonates, il les aura écrites, selon toutes les apparences, pour un instrument. Il y a donc lieu de supposer que la version des sonates publiées à Paris ne remonte pas à Vivaldi mais est plutôt le résultat de modifications effectuées par l'éditeur.

Malheureusement, il est impossible de savoir quelles étaient les œuvres qui devaient constituer l'op. 10 d'Albinoni publié par Marchand. Cela nous oblige à envisager deux hypothèses différentes. Si, d'une part, l'éditeur français avait pris connaissance de l'op. 10 authentique publié à Amsterdam, il faut supposer que son édition à lui, annoncée avec le même numéro d'opus, dût renfermer des arrangements pour musette des concertos composés et publiés pour violon et orchestre à cordes; par analogie, les opp. 13 et 14 de Vivaldi et l'op. 10 de Valentini auraient été composés pour des ensembles semblables et publiés initialement avant 1737, mais transcrits par la suite en vue de l'exécution à la musette ou à la vielle. Cependant, dans ce cas le texte du privilège général aurait vraisemblablement précisé (à l'instar du privilège accordé par exemple à Chédeville le 12 octobre 1739[25]) qu'il s'agissait de transcriptions, et les anciens catalogues d'éditeurs auraient sans doute mentionné les compositions originelles. Or, tous les documents actuellement connus sont silencieux à l'égard de la publication de tels recueils. Ainsi, le catalogue le plus important pour les éditions de musique italienne de l'époque, à savoir celui de Michel Charles Le Cene, publié à Amsterdam en 1737, annonce seulement les opus 1 à 12 de Vivaldi, les opus 1 à 5 et 7 à 9 de Valentini et, naturellement, les opus 1 à 10 d'Albinoni. Si d'autre part l'éditeur français ignorait l'existence du véritable opus 10 de ce dernier compositeur, ce qui paraît être l'hypothèse la plus vraisemblable, le numéro d'opus 10 de son édition ne peut pas remonter à l'auteur, même si les œuvres qu'il avait l'intention de publier étaient composées par Albinoni. Il faut au contraire supposer que Marchand ait désigné lui-même le volume projeté par un numéro d'opus qu'Albinoni n'avait pas utilisé. Etant donné, en outre, qu'aucune trace n'a été retrouvée des recueils originaux des opp. 10 de Valentini et 13–14 de Vivaldi, tout porte donc à croire que ces numéros remontent également à l'éditeur français.

Il en est de même pour ce qui concerne le titre du recueil, *Il Pastor Fido* qui, malgré la langue, n'est pas nécessairement d'origine italienne. Le caractère champêtre de la musette a fort naturellement incité les divers auteurs à désigner leurs compositions par des titres dans le goût pastoral, mais il faut reconnaître, certes, que les titres français sont de beaucoup les plus fréquents: *Les loisirs du bercail* (Boismortier), *Amusements champêtres* (Chédeville), *Le berger fortuné* (Corrette), *Festes rustiques, Divertissements champêtres* (Naudot), etc. Mais on trouve parfois des titres italiens; parmi les exemples, le plus intéressant est celui qui figure en tête d'une chanson publiée dans le *Mercure de France* de novembre 1751: *Le Pastor Fido Musette Les Paroles sont de Mr Pécelier, et la musique de Mr Piffet le Fils.* La présence d'un titre italien sur le frontispice l'opus 13 ne peut donc pas, à elle seule, affirmer que Vivaldi en soit l'auteur. Au contraire, ce titre doit attirer notre attention sur les autres opus de ce compositeur, désignés de manière analogue par un titre descriptif.

Exception faite des opus 1 et 2, imprimés à Venise, qui sont intitulés respectivement *Suonate da camera* et *Sonate,* les titres qui apparaissent dans les opus authentiques de Vivaldi ornent les frontispices des collections dans lesquelles le compositeur a fait graver une épitre dédicatoire: *L'Estro Armonico* (dédié à Ferdinando III), *La Stravaganza* (Vettor Delfino), *Il Cimento dell'Armonia e dell'Inventione* (Comte Venceslao de Marzin), *La Cetra* (Charles VI). Les opp. 5, 6, 7, 10, 11 et 12 ne comportent par contre ni dédicace, ni titre descriptif. La présence de celui-ci est donc, semble-t-il, de manière générale liée à l'hommage que Vivaldi a voulu manifester en publiant ses œuvres, et l'opus 13 fait visiblement exception à cette règle. Rien n'empêche à la vérité que la désignation *Il Pastor Fido* ait été ajoutée par l'éditeur et qu'elle ait été conçue en italien pour répondre à la nationalité de l'auteur indiqué sur la page de titre.

Il est certain que les observations critiques avancées jusqu'à présent reposent pricipalement sur des considérations hypothétiques et qu'elles demeurent de ce fait sur le plan de l'incertitude, mais elles suscitent d'un autre côté des doutes si nombreux au sujet de la publication des six sonates qu'il semble justifié de mettre en question l'authenticité des œuvres mêmes. Ainsi qu'il a été affirmé plus haut, ce problème doit avant tout être étudié avec le concours de la documentation et résolu si possible par l'intermédiaire de la nature des sources connues. Il faut constater pour commencer que nous ne connaissons aucun manuscrit autographe de ces œuvres, mais l'argument n'est pas convaincant: nous ne connaissons pas non plus les partitions autographes des compositions publiées dans les six premiers opus. De plus, aucun manuscrit copié, pouvant confirmer l'attribution à Vivaldi et attester que les sonates aient circulé en manuscrit avant d'être gravées, n'a été retrouvé; à cet égard *Il Pastor Fido* se distingue manifestement de la majorité des opus authentiques (en effet, seuls les opp. 1 et 5 ne sont connus que des sources imprimées).

Les seuls documents qui se rapportent à l'opus 13 sont donc les manuscrits et les éditions de l'époque qui renferment les compositions dont la substance musicale se retrouve dans les sonates. Aussi ne sera-t-il pas inutile d'examiner ces emprunts dans le but d'identifier les œuvres qui, d'une manière ou d'une autre se rapportent aux sonates et notamment de voir si ces œuvres comportent quelque trait commun.

Jusqu'à plus ample informé six mouvements au total sont introduits par un thème que l'on retrouve dans d'autres œuvres, mais alors que quatre d'entre eux ne soulèvent, malgré certaines différences notoires, aucun problème au sujet de l'identification des autres compositions, deux thèmes sont moins facilement repérables, n'étant pas entièrement identiques aux incipit des autres œuvres qui entrent en considération. Les quatre paires de mouvements qui ne donnent lieu à aucune hésitation sont:

1) opus 13, sonate n° 3, 2ᵉ mouvement; opus 6, concerto n° 2 (RV 259), 1ᵉʳ mouvement:

Exemple 213

2) opus 13, sonate n° 4, 4ᵉ mouvement; concerto en la majeur de G. M. Alberti, 1ᵉʳ mouvement:

Exemple 214

3) opus 13, sonate n° 5, 4ᵉ mouvement; concerto en la majeur de J. Meck (attribué dans plusieurs sources à Vivaldi), 3ᵉ mouvement:

Exemple 215

4) opus 13, sonate n° 6, 4ᵉ mouvement (*Allegro ma non Presto*); opus 4, concerto n° 6 (RV 316a), 1ᵉʳ mouvement (*Allegro*); les deux thèmes initiaux sont identiques:

Exemple 216

Les difficultés que soulèvent les deux derniers mouvements en question remontent au fait que plusieurs œuvres renferment des thèmes apparentés à ceux des sonates.

5) opus 13, sonate n° 2, 2ᵉ mouvement; a) sinfonia de l'opéra *Ottone in Villa,* 3ᵉ mouvement; b) opus 4, concerto n° 7 (RV 185), 4ᵉ mouvement; c) opus 7, libro I, concerto n° 2 (RV 188), 3ᵉ mouvement; d) concerto en ut majeur pour hautbois RV 447, 3ᵉ mouvement:

Exemple 217

La confrontation des cinq thèmes initiaux démontre que les mouvements diffèrent assez considérablement les uns des autres: avant tout, le développement qui suit à partir de la mes. 5 ne réapparaît pas intégralement dans les autres mouvements; les parties de basse – et notamment celles des premières mesures – sont toutes dissemblables; les structures des mouvements sont en outre très dissemblables. Il n'est donc aucunement aisé de désigner le mouvement qui se rapproche le plus de celui de la sonate.

Un problème analogue s'impose au sujet du dernier thème. Les deux premières mesures de la partie de musette se retrouvent dans un concerto pour violon attribué à Vivaldi, mais le thème ressemble d'autre part aussi de manière frappante au début du concerto de J. Meck cité plus haut.

6) opus 13, sonate n° 4, 2e mouvement; a) concerto pour violon RV 339, 3e mouvement; b) concerto de J. Meck, 1er mouvement:

Exemple 218

Malgré les difficultés d'identification que soulèvent de la sorte les deux derniers thèmes cités de l'opus 13, il n'est pas nécessaire de chercher longtemps pour trouver que les œuvres signalées qui entrent certainement ou éventuellement en considération ont ceci de commun qu'elles étaient toutes connues en France à l'époque. Les catalogues de musique publiés par Le

Clerc «Lainé» annoncent ainsi les 12 opus de Vivaldi, y compris donc les opp. 4, 6 et 7 cités plus haut. Le concerto de Meck, publié sans nom d'auteur par Jeanne Roger à Amsterdam entre 1716 et 1721, était d'autre part connu en France comme œuvre de Vivaldi ce dont témoigne par exemple une transcription anonyme pour un instrument non identifié, contenue dans un manuscrit à la Bibliothèque Nationale à Paris[26]; ce document comporte plusieurs inscriptions en langue française et la transcription en question y est intitulée *Vivaldi Concerto 6 in Valen. &c miscelani,* indication qui renvoie à l'édition publiée par J. Roger. Le concerto d'Alberti se trouve enfin dans le volume «opus I» du fonds Blancheton, manuscrit qui de même est incontestablement d'origine française.

Il est assez remarquable que deux sonates au moins se rapportent ainsi à des concertos composés par d'autres auteurs, et on doit logiquement se demander si Vivaldi a pu emprunter les thèmes à ces œuvres. Comme on l'a vu, une telle supposition n'est pas irréfutable quoiqu'il paraisse fort singulier que de tels emprunts se trouvent côte à côte avec les thèmes, assez nombreux, qu'il aura repris de ses propres compositions. Inversement, la supposition avancée par J.-P. Demoulin, selon laquelle Meck (et Alberti) auraient composé leurs concertos en se basant sur des thèmes vivaldiens ne peut pas être rejetée; toutefois, le fait que les thèmes proviennent de ce recueil et que les mêmes compositeurs, jusqu'à plus ample informé, n'ont pas emprunté d'autres thèmes – ni à Vivaldi, ni à d'autres musiciens – ne peut que paraître étrange.

Ces diverses observations nous obligent enfin à envisager l'hypothèse d'une falsification qui en raison de la nature de la documentation actuellement connue ne peut être que conjecturale, mais qui a pourtant l'avantage de fournir une explication plausible des problèmes que soulèvent les nombreux traits singuliers de l'opus 13.

Suivant cette hypothèse un musicien français – probablement J. N. Marchand – s'est proposé de composer quelques séries de sonates pour les instruments à la mode en France et en a obtenu le privilège du roi. Pour des raisons qui demeurent obscures il n'a pas désiré les publier en son nom mais les a attribuées à des compositeurs italiens et a cherché, de diverses manières, à rendre cette attribution vraisemblable. D'une part, il a désigné les collections par des titres italiens et par des numéros d'opus que ces musiciens, selon toutes les apparences, n'avaient pas utilisés eux-mêmes. D'autre part, le compositeur des sonates a emprunté un certain nombre de thèmes à des œuvres qu'il avait les moyens de connaître et qu'il a éventuellement regardées comme authentiques. Pour ce qui concerne le concerto d'Alberti, il peut effectivement à l'époque avoir été attribué à Vivaldi dans quelque manuscrit actuellement inconnu; sinon, le compositeur aura emprunté le thème à l'œuvre sans se soucier du fait qu'elle n'était pas composée par le musicien sous le nom de qui il a publié ses sonates.

En faveur de cette hypothèse plaide notamment le fait que les sonates comportent plusieurs traits stylistiques qui doivent être considérés tout au moins comme uniques dans la production vivaldienne. En dehors du caractère singulier de l'instrumentation, on y trouve ainsi des désignations de mouvements telles que *Un poco Vivace, Fuga a Capella, Pastorella ad libitum, Allegro ma non presto, Moderato* qui n'apparaissent pas dans les compositions sûrement authentiques. Il en est de même pour ce qui concerne la mesure de $\frac{4}{8}$ (qui par erreur est indiquée comme $\frac{8}{4}$). Le troisième mouvement de la quatrième sonate, la *Pastorella ad libitum,* est en outre exceptionnel, étant gravé en partition à trois portées comportant les parties de musette, de *Violoncello obligato* et d'*Organo.*

Du fait qu'il est ainsi possible d'avancer deux théories différentes au sujet de la paternité des six sonates et que la documentation actuellement connue ne permet pas, à elle seule, de trancher la question, il sera naturellement utile de soumettre les éléments musicaux – les thèmes, les formes, les harmonies, etc. – à une analyse plus détaillée. Mais contrairement à ce qu'affrime J.-P. Demoulin, une telle opération ne peut pas être accomplie pour le moment. Outre les raisons qui ont été signalées plus haut, la détermination de l'authenticité de l'opus 13 basée sur l'étude stylistique des œuvres se heurte effectivement à un obstacle important: la musicologie vivaldienne n'a pas encore publié une description circonstanciée et détaillée des éléments qui appartiennent au style du compositeur, si bien qu'il est impossible d'effectuer les comparaisons nécessaires. Pour des raisons évidentes ce devoir s'impose donc avec urgence. Le nombre et les qualités des nombreux manuscrits autographes qu'Antonio Vivaldi nous a laissés offrent cependant, semble-t-il, les meilleurs moyens de l'accomplir avec succès.

p. 56 17. Le manuscrit partiellement autographe de l'opéra *Farnace* (Giordano 36) comporte également de nombreux indices de ce genre, laissant supposer que la composition a été remaniée.

p. 63 18. Il n'est pas exclu que le concerto fût dédié à l'empereur Charles VI; *per Sua Maesta Cesarea Carlo* [VI] est effectivement une interprétation plausible.

p. 66 19. Un manuscrit non autographe à la Bibl. du Conservatoire à Paris (Bibl. Nationale, cote: D. 12.741) renferme la même composition; elle y est intitulée: *Sinfonia / ò sia Preludio / al Drama / Del Ercole sul Termodonte / in Capranica / 1723 / Del Sig^{r} D. Ant^{o} Viualdi.*

p. 75 20. Dans les éditions du *Kyrie* RV 587 publiées par Ricordi et par Eulenburg, les éditeurs n'ont pas compté les mesures de chaque mouvement mais les ont numérotées consécutivement de 1 à 193. Ce procédé, adopté par Ricordi pour la musique instrumentale, est peu pratique et s'oppose aux habitudes générales de Vivaldi.

p. 80 21. Cote du manuscrit: Ac e^{4} 346 (fonds de la Bibl. du Conservatoire).

p. 82 22. Voir – outre l'exposé de J. LaRue (Bibl. n° 53) – l'article de F. Hudson (Bibl. n° 43).

p. 89 23. Cote du manuscrit: D. 10.778 (fonds de la Bibl. du Conservatoire).

p. 93 24. Voir Bibl. n° 64, vol. II.

p. 95 25. Certains sujets dramatiques étaient en effet si populaires à l'époque que les inventaires d'opéras mentionnent souvent les mêmes titres, mis en musique par des compositeurs différents. Voici à titre d'exemple quelques représentations en Italie du *Griselda* d'Apostolo Zeno (voir Bibl. n° 13):

1701	Venezia	A. Pollarolo
1703	Firenze	T. Albinoni
1706	Napoli	D. Sarro
1707	Piacenza	F. Chelleri
1710	Rovigo	G. M. Capello
1716	Brescia	G. M. Orlandini
1718	Milano	M. A. Bononcini
1720	Venezia	G. M. Orlandini
1721	Roma	A. Scarlatti
1728	Venezia	T. Albinoni
1735	Venezia	A. Vivaldi

p. 100 26. Les deux livrets cités se trouvent à Venise, Biblioteca Marciana